ERSHISHIJIZHIZHONGGUO

《二十世纪之中国——乡村与城市社会的历史变迁》丛书

2012年列入"十二五"国家重点图书出版规划增补项目

2013年入选新闻出版总署国家出版基金资助项目

2013年入选新闻出版总署新闻出版改革发展项目

2012年列入山西出版传媒集团重大出版工程项目

本书为教育部人文社会科学研究项目（13YJC770034）

丛书主编　王先明

国家出版基金项目
NATIONAL PUBLICATION FOUNDATION

二十世纪之中国——乡村与城市社会的历史变迁

融入与疏离：乡下人的城市境遇——以青岛为中心

（1927—1937）

■ 柳敏 著

山西出版传媒集团
山西人民出版社　山西经济出版社

图书在版编目（CIP）数据

融入与疏离：乡下人的城市境遇——以青岛为中心（1927—1937）/
柳敏著.—太原：山西人民出版社，2013.11
（二十世纪之中国——乡村与城市社会的历史变迁/王先明主编）
ISBN 978 - 7 - 203 - 08474 - 7

Ⅰ.①融… Ⅱ.①柳… Ⅲ.①农民 - 城市化 - 研究 - 青岛市 -
1927～1937　Ⅳ.① D 422.64

中国版本图书馆 CIP 数据核字（2014）第 076945 号

融入与疏离：乡下人的城市境遇——以青岛为中心(1927—1937)

著　　者：柳　敏
责任编辑：武　静
装帧设计：柏学玲

出 版 者：山西出版传媒集团·山西人民出版社 山西经济出版社
地　　址：太原市建设南路 21 号
邮　　编：030012
发行营销：0351 - 4922220　4955996　4956039
　　　　　0351 - 4922127（传真）　4956038（邮购）
E - mail：sxskcb@163.com　发行部
　　　　　sxskcb@126.com　总编室
网　　址：www.sxskcb.com

经 销 者：山西出版传媒集团·山西人民出版社 山西经济出版社
承 印 者：山西出版传媒集团·山西新华印业有限公司

开　　本：787mm×1092mm　　1/16
印　　张：24.75
字　　数：360 千字
印　　数：1 - 3 000 册
版　　次：2013 年 11 月第 1 版
印　　次：2013 年 11 月第 1 次印刷
书　　号：ISBN 978 - 7 - 203 - 08474 - 7
定　　价：58.00 元

如有印装质量问题请与本社联系调换

总 序 GENERAL PREFACE

ERSHI SHIJI ZHI ZHONGGUO

　　20世纪的中国，经历着史无前例的社会变迁。这一变动的时代性特征之一，一定程度上体现为传统时代的城乡一体化发展进程逆转为城乡背离化发展态势。伴随着中国与西方交锋以来军事、政治与经济的挫败，以及由此而来的知识分子的传统文化认同危机，现代化（或西方化）与城市化成为显而易见的社会潮流，传统城乡"无差别的统一"为日益扩大的城乡差异所代替，近代农民群体也从"士农工商"的中层政治身份一变而为"乡下人"这一饱含歧视色彩的社会底层，由此形成的城乡社会——经济与文化断裂不仅是20世纪社会结构畸形化与不平衡性的显著现象，也是至今仍横亘在中国现代化进程中的重大社会问题之一。

　　即使在当代社会发展进程中，巨大的城乡分离化也不容忽视，明显的城乡对比已经成为社会认同危机的主要表现之一。当新农村建设如火如荼却面临种种困惑时，当乡村人才的空心化现象日益突出时，当城市化的进程突飞猛进时，当城市景观和生活方式与国际接轨时，城市人与乡下人成为国人赫然的身份标识，现代日益扩大的城乡失衡与传统中国城乡之间的无差别的统一体形成鲜明对比时，深入研究城乡关系的历史变迁就成为一个理解当下中国政治、经济与文化发展的必要途径。此外，对于近代中国社会的认识，无论是政治家、社会学家还是经济学家，都不约而同地将之解析为城市与乡村两大基本单位，中国近代社会之不平衡性、半封建性、半殖民性等特点均可从城市和乡村社会结构的析分中被实证；而城乡之间的关系与特征，亦成为深度理解和把握近代中国历史的不可回避的焦点问题。

有时我们不得不惊叹"历史惊人地相似"！从20世纪二三十年代的"农业破产"、"农村衰败"、"农民贫困"成为举国至重的话题，到新世纪以来被广泛关注的"农民真苦、农村真穷、农业真危险"的当代"三农"话语；从1926年王骏声提出的"新农村建设"问题，到新世纪以来持续推进的"社会主义新农村建设"。尽管不同时代条件下，它所聚焦的时代主题内容会有所不同，但如此一致的话语或命题的背后却应该深伏着共趋性或同质性的深层致因。这至少给我们一个基本的提示，即农业、农村与农民问题，是百年来中国社会发展或乡村变迁中始终存在的一个重大课题。它是伴随着工业化、城市化与现代化进程而导致的传统城乡一体化发展模式破解后，乡村社会走向边缘化、贫困化、荒漠化和失序化的一个历史过程。"三农"的困境生成于工业化、城市化与现代化进程之中，这是近代以来城乡背离化发展态势下生成的一个"发展问题"。"三农"从来就不是一个孤立存在的问题，如果没有工业化、城市化、现代化进程的发生，"三农"不会凸现为时代性问题。当然，这并不意味着传统时代没有社会问题，但是问题的呈现和表达不会如此集中在"三农"方面。一个多世纪以来的历史演进的客观事实的确显示了"三化"(工业化、城市化与现代化)与"三农"二者的相关性。问题在于，会是怎样的相关？如何揭示二者互相影响和相互制约的内在关系，并寻求最佳的或最有效的协调方略？

传统农业始终是一个低产出的行业，大部分农民的收入不可能迅速提高，得到高收入的人都是进城从事其他行业的人。社会分工、社会分化始终伴随着城乡背离式发展趋向前行，从而整体上的贫富差距在城乡之间成为一种显性的社会不平等。人口逐渐从农村迁向城市，城乡之间的收入差别就是这种活动的推动力。但在先进国家里，这个工业化过程是在200多年里完成的。在此过程中总体的经济年增长率也不过2%~3%。这部分增长不是靠农业，而是靠在城市中发展起来的工业和服务业。农业生产的收入总是低的。为了平衡城乡之间的收入差距，政府都采取对农业补贴的办法，几百年来已经成为传统。反观我国的情况，在新中国成立后的30年工业化的过程中非但没有补贴农民，反而是剥削农民；再加上对农民的身份歧视，事实上农民成为低人一等的群体，造成严重的城乡二元化结构，城乡收入差别变得极其突出。改革开放后我国经济增长率达到10%左右，这部分增长几乎都是在城市中发生的，所以农业产出占GDP的比重从1983年的33%降低到2005年的12%。在此过程中幸亏有几亿农民进城打工，沾上了工业化的光，否则城乡收入差距还会更大。我国农村金融的衰败，将大量农民储蓄调动到城市里搞非农项目，进一步使得农民收入增长困难。这一人类社会发展的共同规律，说明了总体上收入差距发生的过程是相伴着工业化过程而发生的。这也是库兹涅茨研究收入分配的倒"U"形曲线的原因。

　　"三农"问题形成的历史成因和时代特征，如果仅仅局限于现实的考量，或将既无法捕捉到问题的实质，恐也难以探寻到真正的求解之道。事实上，百年来关于中国乡村发展论争的各种主张和方案，以及由此展开的各种区域实验与社会实践，其丰富与多样、繁难与简约，已经有着足够的样本意义和理论认知价值。在百年中国的历史进程中审视"三农"问题的历史演变，或许会有更深刻的思想领悟！历史的选择和运行有着它既有的逻辑进程，因此有关中国乡村道路选择的理论思考和种种分歧，却依然为我们的历史反思和长时段观察提供了理性辨析的基础。

　　近年来，对于近代城乡关系的研究存在诸多薄弱之处。学界研究的主要态势要么关注城市化历史，要么偏重于乡村史研究，城乡关系仅仅作为这些研究的副产品而出现；城市与乡村是一个预设的、对立的地域单元。

但是事实上，无论是城市化进程还是现代化进程，从根本上来说其实就是一个乡村社会变迁的过程：从农业社会转变为工业社会，从农耕文明转变为城市文明，从传统生活方式向现代生活方式的演变过程。如何广阔而全面地呈现20世纪中国社会历史的变迁，并深入揭示一个世纪以来的历史演进轨迹与规律，从而为当代中国发展的路向选择和理论思维提供丰厚的历史经验与启示，当是这一丛书设计的基本诉求或宗旨。

王先明

2013年1月7日于津城阳光100国际新城西园

目 录 CONTENTS

ERSHI SHIJI ZHI ZHONGGUO

导 论

一、选题缘起 ……………………………………………… 1

二、学术史回顾 …………………………………………… 4

三、研究思路 ……………………………………………… 22

四、本书的创新点与难点 ………………………………… 33

五、文献说明 ……………………………………………… 34

第一章 青岛的城市化进程

第一节 青岛开埠前的生态环境与社会状况 …………… 38

一、生态环境 ……………………………………………… 38

二、社会概况 ……………………………………………… 42

三、政治沿革 ……………………………………………… 52

第二节 青岛城市的发展与城乡区隔的形成 …………… 56

一、德占时期的城乡分治 ………………………………… 56

二、青岛市政建设与城乡分野 …………………………… 67

小 结 …………………………………………………… 81

第二章 乡下人进城与城市的制度安排

第一节 乡下人进城 …………………………………… 84

一、乡下人进城之概况 ……………………………… 86

二、乡下人进城的原因 ……………………………… 92

三、乡下人进城的媒介 ……………………………… 111

四、乡村移民对青岛城市人口结构的影响 ………… 116

第二节 青岛市对乡村移民的制度安排 ………… 125

一、城市的门槛 ……………………………………… 125

二、保人制度 ………………………………………… 129

三、遣返规则 ………………………………………… 135

四、机会不均 ………………………………………… 141

小　结 ………………………………………………… 143

第三章 乡下人的日常生活

第一节 谋生之道 ………………………………… 147

一、苦力 ……………………………………………… 149

二、工人 ……………………………………………… 161

三、店员、学徒、小商贩等 ………………………… 165

四、女工、女佣与娼妓等 …………………………… 169

五、城郊农民：边缘的机遇 ………………………… 177

第二节 生活状况 ………………………………… 179

一、物质生活与消费水平 …………………………… 179

二、里院生活与社会交往 …………………………… 200

三、工作方式与价值观念的变化 …………………… 209

四、乡村移民的社会流动 …………………………… 214

小　结 ………………………………………………… 223

第四章　政府对乡下人的改造

第一节　教育改造 ·· 227
一、社会教育的兴起 ·· 227
二、社会教育的实施 ·· 229
三、社会教育与移民的城市化 ································ 240
四、教育改造的有限性 ·· 245

第二节　住房改造 ·· 253
一、住房改造的背景 ·· 253
二、住房改造的开展 ·· 257
三、住房改造与移民的城市化 ································ 263
四、乡下人对平民院的改造 ·································· 268

小　　结 ·· 271

第五章　乡下人与城市犯罪

第一节　近代青岛犯罪现象概述 ························ 275
一、罪犯人数 ·· 276
二、犯罪类型 ·· 280
三、罪犯构成 ·· 281

第二节　近代青岛犯罪的个案审视 ···················· 285
一、烟赌案:物质与精神生活的碰壁 ······················ 285
二、窃盗案:城市经济的挤压 ······························ 287
三、诈骗案:交往模式的考验 ······························ 289
四、拐卖潜逃案:婚姻观念的冲击 ························ 291
五、违警案:乡土习俗与城市规范的冲突 ·················· 294

第三节　乡下人犯罪与城乡文化冲突 ················· 295
一、旧习惯的新挑战 ·· 297
二、现代观念的传统制约 ···································· 299
三、城市生活的新问题 ·· 300

小　结 ……………………………………………………… 303

第六章　城市人与乡下人的互动
第一节　从《乡下人逛青岛》与《山雨》看乡下人的城市际遇 …… 309
一、《乡下人逛青岛》：上层农民的城市之旅 ………… 310
二、《山雨》：普通农民的逃亡之路 …………………… 316
三、不同的城市生活，相似的城市际遇 ……………… 322
第二节　城市人印象中的"乡下人" ……………………… 326
一、对"乡下人"的传统记忆 ………………………… 326
二、1930年代青岛城市记忆中的"乡下人" ………… 330
三、"乡下人"话语的差异及其思考 ………………… 338
小　结 ……………………………………………………… 344

结　语
一、城市里的乡下人：融入与疏离 …………………… 348
二、城乡对立与城乡间的认同危机 …………………… 354

参考文献 ……………………………………………………… 361
后　记 ………………………………………………………… 383

导 论 INTRODUCTION

一、选题缘起

伴随着近代西方列强入侵以来中国在军事、政治与经济方面的挫败,以及由此而来的知识分子对传统文化的认同危机,西方化与城市化成为显而易见的社会潮流。传统乡村成为时代的弃儿,在政治风雨与经济大潮中日益飘零萧索,传统城乡"无差别的统一"为日益扩大的城乡差异所代替,近代农民群体也从"士农工商"的中层政治身份一变而为"乡下人"这一饱含歧视色彩的社会底层。城乡之间的经济与文化断裂不仅是 20 世纪社会结构失衡乃至畸形化的显著现象,至今也是横亘在中国现代化进程中的重大社会问题,影响着中国全面、和谐地发展。

如今,明显的城乡对比已经成为社会认同危机的主要表现之一,当乡村人才的空心现象日益突出时,当城市化的进程突飞猛进时,当城市的物质景观与生活方式日益与国际接轨时,"城里人"与"乡下人"成为国人赫然的身份标识,现代日益扩大的城乡失衡与古代中国的城乡统一形成鲜明对比,由此,研究城乡关系的历史变迁成为一个理解当下中国政治、经济与文化发展的必要途径。另一方面，对于近代中国社会的认识，无论是政治家、社会学家还是经济学家，都不约而同地将之解析为城市与乡村两大基本单位，中国近代社会之不平衡性、半封建性、半殖民性等特点均是借助于城市和乡村社会结构的分析而获得证明，城乡关系成为理解近代中国不可回避的焦点问题。

而引人注意的是，查阅相关论著，对于近代城乡关系的研究存在诸多薄弱之处，这也成为研治城市史与乡村史学者的共识①。如下文将指出的，它是一个附属于城市史与乡村史的略带提及的问题，当今学界要么关注城市史，要么关注乡村史，城乡关系仅仅作为这些研究的副产品而出现。城市与乡村是一个预设的、对立的地域单元，双方的联系集中于生产要素如劳力、资金、原料、商品等方面的互通有无，或者是文化体系中民间信仰、风俗习惯、生活方式等方面的融合。但一些问题却语焉不详或歧见迭出，如城市里的乡下人如何应对巨大的城乡环境转换？民国制度层面如何安排进城的乡下人？乡下人与城里人怎样相互碰撞由此产生身份认同？等等。社会的历史首先是人的历史，研究城乡关系要着眼于以人为载体的货物、资金的流动，也要把握乡下人与城里人的交互影响及其产生的心理积淀，这种城乡认知的分化是经济社会层面城乡分化的结果，也是更长远的城乡断裂的缘由。法国社会学家孟德拉斯指出："20亿农民站在工业文明的入口处：这就是在20世纪下半叶当今世界向社会科学提出的主要问题。"②在传统乡村和当代都市都面临着巨大社会变迁的时候，探求乡下人的都市境遇，关注生命的现代化进程具有重大的历史与现实意义。进城的乡下人承载并制约着城市与乡村的近代化进程，一方面，他们充当着乡村变革的启动器，另一方面也是城市走向完全近代化的关键点，并成为城乡信息沟通、文化传播、不断整合的理想载体。

---

① 〔美〕黄宗智：《长江三角洲小农家庭与乡村发展》，中华书局2000年版，第333页，它指出城乡差距对了解近代都市史的重要性，并提醒我们关注城市中景况比工业无产者更糟的由农村流入城市的半无产者；〔美〕李丹著，张天虹、张洪云、张胜波译：《理解农民中国：社会科学哲学的案例研究》，江苏人民出版社2008年版，第98页，"哪些城市特征能影响到哪些乡村特征，这是一个有待解决的问题"；〔美〕史明正：《西方学者对中国近代城市史的研究》，《近代中国史研究通讯》1992年第13期，第97页。

② 〔法〕H.孟德拉斯著，李培林译：《农民的终结》，中国社会科学出版社1991年版，第1页。

从特定地域入手分析中国近现代史似乎已经成为研究乡村史或城市史的一个趋势,不仅因为中国领土之广袤,也更因其发展进程之失衡、城市类型之多样、农村情形之复杂,得出任何结论都有可能找到相应的论据。地域分析不是制约普适性研究的障碍,反而是为其提供样本。如此,选择一个区域或城市作为研究切入点成为研究城乡关系的必要途径,正如英国学者巴勒克拉夫所言,"目前侧重于地区史或区域史的研究,其原因主要是出于实践上的,而不是出于理论上的考虑"①。为此,我选择了青岛作为研究对象。

为什么会关注青岛呢?青岛的城市特点、乡土文学的兴盛以及笔者的地域接近性是重要原因。近代青岛地域较为固定,政治相对安定,经济稳步发展,吸引了来自各省的大量农民,是典型的移民城市,城市中乡下人群体庞大。1933年的调查显示,就全国22省比较,山东之全家离村户数位居第二(196 317户),仅次于最高的湖北(220 977户);有青年男女离家的农户,山东仍为第二,仅次于最高的江苏(489 327户)。②这些山东农民闯关东、做华工,并大量前往近代都市(包括青岛市)谋生。此外,青岛都市与乡村的自然状况与发展的连续性得以保持,相对于其他地区战乱冲击、匪祸频仍、灾害并起、发展受扰的社会环境,青岛由于特殊的政治经济状况而为近代都市乡下人的历史考察提供了良好的实验地区和突出类型。据此可以关注城市对乡村吸引力之表现与效力、近郊地区城市化进程对乡民的影响、乡下人的城市境遇、特定城市内部不同群体如何应对彼此文化的冲击等等问题。

1930年代,青岛在山东大学创立前后,集聚了一批文化名人,包括王统照(1927~1929、1931~1934)、闻一多(1930~1932)、老舍(1934~1937)、沈从文(1931~1933)、洪深(1934~1937)、吴伯箫(1931~1935)、梁实秋(1930~1934)、臧克家(1929~1934)、萧军与萧红(1934)等。③同时,青岛的新闻媒体蓬勃发展,并从

---

① 〔英〕杰弗里·巴勒克拉夫著,杨豫译:《当代史学主要趋势》,上海译文出版社1987年版,第240页。

② 章有义编:《中国近代农业史资料》第3辑(1927—1937),生活·读书·新知三联书店1958年版,第886页。

③ 括号内年代为学者们寓居青岛的时间段。

政论报开始向都市报转变，关注都市问题和平民生活。这些都市文人从不同角度关注着近代中国城乡的失衡、平民的都市生活，在乡土文学与都市文化的白描中勾勒了近代青岛乡下人的进城处境，以他者的眼光建构了边界模糊的乡下人印象，并熔铸成20世纪20年代至30年代乡下人群体身份凸显的时代印迹。乡土作家与都市文人为考察乡下人的都市境遇提供了窗口，也以知识分子的主体自觉性在城里人与乡下人之间划下了文明与落后、现代与传统的鸿沟。

青岛与上海、天津、北平、武汉相比，没有那种历史的厚重感和老于世故的市民，却有朴实的民风，民国时期游人一下轮船，往往能感觉到这里短工帮的朴实不能与上海等地精明圆滑的市民相比。[①]山东农村的朴实风气浸染了这座城市，当外界称其为"东方瑞士"时，城市里的主力却是山东农民，在西化与现代化的进程中，乡民的文化传统在都市中依然表现出强劲的韧性。

由于近代中国长期的战乱与匪患、地方权力体系频繁的变动，造成许多城市历史档案的残缺，而近代青岛尽管历经政权更迭，但每段不同政府的统治时期时间较长且相对稳定，并都比较注重市政建设，政府公报、各部门档案、报刊等资料有连续记录且保存较好，为研究青岛进城农民的生活提供了宝贵史料。

二、学术史回顾

（一）乡下人进城：文学的焦点与史学的交点

1.文学形象：生活的强者与建构的弱者

乡下人进城和城里人下乡是中国现当代文学的一个母题。[②]自民国以来，乡下人进城的文学叙事"成为一个具有相当规模的自在的文学运动，体现着文学界知识分子的良知、与当下生活对话的能力"[③]。都市乡下人成为近代中国文学着力描写的个案，如鲁迅《阿Q正传》中的阿Q、王统照《山雨》中的奚大

---

①　抚瑟：《青岛回顾记》，《新游记汇刊》卷十，"山东"，中华书局1921年版，第11页、12页。

②　陈军整理：《"乡下人进城"论题的多向度对话》，《扬州大学学报（人文社会科学版）》2007年第4期，第19页。

③　徐德明：《"乡下人进城"小说的生命图景》，《文艺报》2006年12月28日，第3版。

有、萧军《第三代》中的汪大辫子夫妇、老舍《骆驼祥子》中的祥子、茅盾《子夜》中的吴老太爷等，这些进城的乡下人成为现代文学史群众画像长廊中耀眼的明星。

当前，学界普遍认为中国古代社会的城市与乡村在文明层次和文化认同上有较强的一致性，"它的城市是乡土的、田园的自然经济的一个合理的延伸，它的市井社会是整个乡土社会的另一种表现形式"①。农民在法律体系和主流话语中的地位仅次于读书人，而高于手工业者和商人，"'城市傲态'在中国确乎也是存在的；但在其特定内容上，在其强度上，在其对中国整个文化的意义上，中国的城市傲态与西方的城市傲态却有深刻的差别"。"无论是城垣还是城郊集中区的实际边界，都没有在建筑方面把城市从乡村分开。服装式样、饮食方式、交通工具，或是日常生活的其他显见的方面，也都没有显示出城乡之间特有的区分。"②而进入近代以来，肩负启蒙任务的知识分子们明显感觉到两者的分裂。时人对城乡关系变化的关注在 1910 年代已经开始，主要是舆论界人士，他们在五四运动前后以新的文学形式（如新小说、新诗歌、杂文等）借助大众传媒传递着社会变化的信息。此时的报刊或文学著作中对城市与乡村的关注开始着眼于价值评判，以社会道德和经济发展为价值取向，出现了两种互相矛盾的倾向，一种是指斥城市的罪恶，怀念乡村的美德；一种是描述城市的先进，愤慨于乡村的落后。如雪村指出："贫民之多，盗贼之众，疫疫之多，拐骗淫赌以及种种不道德极险恶之行为，在我国各都市中，恐亦无出其右。"③坚瓠也感叹都市生活的弊害在于美的嗜好之堕落，导致奢侈淫乱之风盛行，从而死亡率与犯罪率也不断增高。④他们以道德作为评判城乡疏离的标尺，认为"其实正是乡下佬，才真是文明的创造人，都市人不过是文明的耗

① 张未民：《批评笔迹》，吉林人民出版社 2002 年版，第 78 页。

② 〔美〕牟复礼：《元末明初时期南京的变迁》，施坚雅主编，叶光庭等译：《中华帝国晚期的城市》，中华书局 2000 年版，第 118 页、129 页。关于明清时期中国的城乡关系，学界争论较大，本书结语部分将进行介绍。

③ 雪村：《都市集中与农村集中》，《东方杂志》第 12 卷第 9 期，1915 年，第 6~7 页。

④ 坚瓠：《都市集中与农村改造》，《东方杂志》第 18 卷第 17 期，1920 年，第 2~3 页。

费者、腐败者、堕落者"[1]，"城市是罪恶之源"[2]。在以道德取向为标准指出城乡的断裂与对立时，文人们也在社会进化的序列中将城市作为先进生产方式的代表，将乡村和农民视为封建落后的代表。如鲁迅的小说体现了严重的城乡分离倾向，他认为乡村是"非人的和与世隔绝的中国社会的代表"[3]，将其作为中国社会落后的象征加以鞭挞，以激发读者的社会变革意识。他塑造了大量中国农村的典型人物，如阿Q、华老栓、祥林嫂等，表露了知识分子"哀其不幸，怒其不争"的普遍情绪。冯友兰的《新事论》也传达了一种知识人和城市人眼中的城乡形象，"我们常听见许多关于城里人与乡下人的笑话。照这些笑话所说，不但城里底人比乡下底人知识高，才能高，享受好，即城里底狗，亦比乡下底狗，知识高，才能高，享受好。……所以城里人到乡下，常觉得什么都是不合适底，什么都看着不顺眼，听着不入耳。而乡下人到城里，则常觉得什么都是合适底，什么都看着顺眼，听着入耳"[4]。在20世纪30年代的大批知识分子如老舍、臧克家、沈从文、王统照等人的笔下，近代城乡之间出现了经济发展与人文风貌的疏离。尽管古代文人作品中不乏农村的悲苦情形和城市生活的纸醉金迷，如杜甫的《三吏》、《三别》等，但其主要着眼于社会不同阶层的断裂和地域的差异而非城乡的鸿沟。整个民国时期，由舆论界引导的这种城市是道德的陷阱与现代的象征、农村是纯朴民风的守望地与落后思想的大本营的贬低乡下的情绪，迅速成为整个社会的主流观念，并宣示着城乡之间社会心理的对立关系。

但文学话语中对于乡下人城市境遇的关注基本上建立在一种他者居高临下的透视下，并形成类似的叙事模式：一是关注乡下人在城市的弱者地位与随之而来的磨难与困惑、奋斗与沉沦，二是描述乡下人进城碰壁后的乡土回

---

① 筑山：《乡下老和文明》，《农民》第5卷第26期，1930年，第1页。

② 熊今悟：《都市社会之形成及其病态》，《社会半月刊》第1卷第5期，1934年，第49页。

③ Taotao Liu.*Local Identity in Chinese Fiction and Fiction of the Native Soil*；Taotao Liu and David Faure.*Unity and Diversity：Local Cultures and Identities in China*.Hong Kong：Hong Kong University Press，1996.pp.143~145；David Faure and Taotao Liu(eds.).*Town and Country in China: Identity and Perception*.Palgrave Publishers，2002.指出中国的乡土文学呈现出一种城市与乡村、精英与民众的分离景象。

④ 冯友兰：《新事论》，《三松堂全集》第4卷，河南人民出版社2001年版，第219～220页。

归或在此基础上的乡土神化。他们共同传递着一种乡下人进城的悲苦情绪，却缺少对进城乡下人的主体经验的挖掘。如苏州大学刘祥安教授所说，卷入这样一个叙事和关注的平民知识分子，"通过对愚昧的大众的叙述，建构了一个叙事者的至高无上的地位和身份的叙事是值得怀疑的。知识者在这些问题上的反省是不尽深入的"[1]。

农民在知识人的话语构建中无疑处于弱者和落后者的地位，但其顽强的生存意志、生存能力早已为当时的西方观察者所惊叹[2]，中国民众的求生欲望与生活本领已经内化为民族精神的一部分。透视近代农民的生活尤其是城市里乡下人的处境会发现，在极度恶劣的生活条件、残酷的竞争环境中他们依然坚强地生活着，与媒介构建的弱者形象形成强烈的反差，这使我们关注一个问题，为什么农民形象的客观现实与象征性现实存在脱节？农民如何感知自己的社会地位与生存处境，如何感知城市与应对城市的挑战？乡村的城市认知来自何种渠道？这样的群体认同对城市与乡村有什么影响？[3]已经有学者逐步意识到身份认同对近代社会发展的影响，刘陶陶将城乡分别对中国历史上身份认同的影响作了大致的时代划分：在明清时期，城乡分别不是个人身份的明显标记；直至20世纪早期，区分城乡的地方自治作为社会变迁的动因，导致将农村视为落后之源的观念开始萌动；1920至1930年代，农村落后观反过来影响了社会学家对中国社会的理解。他以五四时期的乡土文学为切入点，分析了鲁迅

① 陈军整理：《"乡下人进城"论题的多向度对话》，《扬州大学学报 （人文社会科学版）》2007年第4期，第19页。

② 〔美〕明恩溥著，陈午晴、唐军译：《中国乡村生活》，中华书局2006年版，第129页、193页；〔美〕E.A.罗斯著，公茂虹、张皓译：《变化中的中国人》，时事出版社1998年版，第79~97页。

③ 〔美〕大卫·斯特兰德（David Strand）：《人力车的北京：二十年代的市民和政治》（*Rickshaw Beijing: City People and Politics in 1920s*），加利弗尼亚大学出版社1989年版；〔美〕卢汉超著，段炼、吴敏、子语译：《霓虹灯外——20世纪初日常生活中的上海》，上海古籍出版社2004年版。这些有关北京、上海这样的大都市的工人和市民生活的著作涉及乡民与市民在城市的碰撞、传统风俗与现代文明的对接，但并未涉及专门的乡下人研究。

等人作品中的城乡分割倾向，①开创了从群体认同角度把握城乡关系的新视角，但这项研究还是一个粗线条的勾勒，从认同角度来考察城乡分化依然只是一个文学问题而缺少进一步的实证支撑，从城里人与乡村人的互动影响、社会认同方面继续探讨城乡关系和城市里的乡下人处境依然有足够的余地。

2.学术印象：农民进城与城市生活

当乡下人指农村人时，对乡下人的研究已经有一系列成果，包括基于社会分层视角的地主、富农、贫农、雇工等的研究②，基于文化心理层面的乡土意识的论述③，但将乡下人置于城市的空间，却未得到学界足够的关注。黄宗智曾指出，对城市里的乡下人、城郊结合地的农村人，尚未作系统研究。④近年来一些著作虽然不是专门考察城市里的乡下人，却从不同层面涉及其进城原因、生活状态与风俗习惯，从不同角度丰富了对城市乡下人的研究。

（1）关于农民进城的原因、概况和影响

19世纪末20世纪初，随着西方资本在华投资设厂、倾销商品和华人举办实业的热潮初兴，农村自然经济受到更严重的冲击，政局不宁、民生艰难、乡村凋敝，而与此同时，口岸城市获得快速发展，传统社会安土重迁的农民开始离乡进城，并于20世纪20年代至30年代达到高潮。这种离乡潮引起了当时社会学家和历史学家的关注，并伴随新世纪以来中国农民工问题的出现而再度为学界瞩目。人口的流动成为研究近代农村衰落、农民离村和近代城市化

---

① Taotao Liu. *Local Identity in Chinese Fiction and Fiction of the Native Soil*；David Faure and Taotao Liu. *Unity and Diversity: Local Cultures and Identities in China*. Hong Kong: Hong Kong University Press, 1996. pp.139~160.

② 如陈翰笙：《中国农民》，《陈翰笙文集》，商务印书馆1999年版；毛泽东：《毛泽东农村调查文集》，人民出版社1982年版；朱玉湘：《中国近代农民问题与农村社会》，山东大学出版社1997年版。

③ 如张鸣：《乡土心路八十年——中国近代化过程中农民意识的变迁》，陕西人民出版社2008年版；周晓虹：《传统与变迁：江浙农民的社会心理及其近代以来的嬗变》，生活·读书·新知三联书店1998年版。关于乡村社会结构与社会阶层等方面详实而丰富的研究情况见王先明：《中国近现代乡村史研究及展望》，《近代史研究》2002年第2期。

④ 〔美〕黄宗智：《长江三角洲小农家庭与乡村发展》，中华书局2000年版，第333页。作者也指出卢汉超当时正在进行关于上海人日常生活的著述。

进程中不可回避的问题，大量研究农村人口流动方面的论著也为分析乡下人进城的社会背景与流动规模提供了借鉴。

民国时期，政府和高等院校的社会学与经济学者们对农民离村情况进行了调查，包括实业部对全国 22 省①，行政院农村复兴委员会对浙江、江苏、陕西、河南、云南等省，金陵大学农学系、南开大学经济学院等对江淮与东北，田中忠夫、陈翰笙、李景汉、陈正谟等对江苏、安徽、山东、浙江、广东、河北、河南、陕西及东北各省进行的相关调查。学者们对近代农民离村的人数与比率、离村去向、性别结构与离村的影响进行了现象描述与总结，其成果汇集于章有义主编之《中国近代农业史资料》第二、第三辑，该书对农民进城的人数、谋生方式作了初步概括，尽管存在分类统计不严密、分析欠周密等问题，但这些文章与资料保存了大量关于近代农民进城的第一手信息，为相关的后续研究提供了基础。

1990 年代，学界进一步对农村人口流动的概况和影响进行了深入探讨②，研究成果集中在三个方面。一是对城乡人口流动的规模、形式、流向、地域构成和影响等问题进行了地区性或全国性考察。③关于农村人口进城的比重，学者们的观点不尽相同。姜涛认为，20 世纪 30 年代对全国乡村人口迁徙方向的调查表明：无论是全国或分省统计，仍以乡村地区间互相迁徙的比例为最大，城乡之间相互迁徙的，比例则较为接近，而以由城市回迁乡村的比例更高一些，中国城市近代化成分的不断扩大，并没有真正动摇传统的人口城乡结构。④王文昌则在《20 世纪 30 年代前期农民离村问题》一文中，对农民离村现象的特点、原因、影响进行研究，指出农民离村的普遍性，认为农民离村的特点是农民主要流向城市。⑤二是关于农民离村进城的主要原因。王文昌认为农业危机加深、繁重的苛捐杂税、连年的战乱及频繁的灾荒等，一方面使农业生产受

---

① 这一系列调查成果分别见《农情报告》、《中国农村》、《东方杂志》和《河南省农村调查》等六省调查报告。

② 池子华、王晚英的《20 世纪中国农村人口流动研究概述》(《中国农史》2005 年第 3 期)对近代农民离村、流民与移民问题进行了详实的梳理，本书不再赘述。

③ 王跃生：《近代中国人口的地区流动》，《人口与经济》1991 年第 4 期。

④ 姜涛：《中国近代人口变迁及城乡人口结构的现代启示》，《战略与管理》1994 年第 4 期。

⑤ 王文昌：《20 世纪 30 年代前期农民离村问题》，《历史研究》1993 年第 2 期。

到严重影响,另一方面也给近代城市带来社会问题。鲁西奇以 1927 年~1937 年为考察时段,对近代农民离土情况及离土率进行分析,认为农民离土是"经济压力和经济吸力"①引发的。何一民认为相对于数千年来中国人安土重迁的传统习俗,近代以来,在比较利益之下,更多的人将目光由农村转向了城市。与此同时,由于近代中国人均占有耕地日渐偏少,且土地兼并又日趋严重,造成农村的大量隐性失业和劳动力过剩现象,从而使中国农村产生一股无形推力。在推力与拉力的共同作用下,农村人口向城市流动趋势增强。②彭南生指出人口压力是农民离村的主要原因,静态的人口压力系地狭人稠引起,动态的人口压力包括天灾人祸、技术提高带来农村剩余劳动力增加所致。③在静态和动态的人口压力中,近代中国农民离村既不是城市工业化所产生的"拉"力,也不是农村经济关系变更所产生的"推"力,农民离村与离业处于脱节状态。④三是农民进城后的社会影响。移民的增加,一方面促进中国的城市化进程,另一方面使得农业生产衰退,城市畸形发展,也引发了一系列城市社会问题(诸如职业结构畸形、失业、社会治安、娼妓问题等)。⑤这些研究着眼于城乡间人口流动的区间性考察,关注人群在城乡两大生态系统中的迁移动态与趋势,而流民入城后,置身都市间的社会境遇、多样化生活与群际互动尚待继续探讨。

(2)关于城市下层社会研究

相比文学著作,史学研究中对乡下人的都市境遇考察无论是数量还是深度均大为逊色,但随着 20 世纪末期社会史研究的复兴,大量城市社会史的论

① 鲁西奇:《中国近代农民离土现象浅析——以 1912—1937 年间为中心》,《中国经济史研究》1995 年第 3 期。

② 何一民主编:《近代中国城市发展与社会变迁(1840—1949 年)》,科学出版社 2004 年版,第458 页。

③ 彭南生:《也论近代农民离村原因——兼与王文昌同志商榷》,《历史研究》1999 年第 6 期。

④ 彭南生:《近代农民离村与城市社会问题》,《史学月刊》1999 年第 6 期。

⑤ 彭南生:《近代农民离村与城市社会问题》,《史学月刊》1999 年第 6 期;王印焕:《二三十年代河北农民离村后的流向及其社会影响》,中国现代史学会编:《二十世纪中国社会史研究》,当代世界出版社 1998 年版。

著从不同角度呈现了进城农民的谋生方式与贫苦生活。池子华采用整体性研究与区域性研究相结合的手法，对流民现象发生的原因、流民的空间和职业流向、流民对近代中国社会所产生的效应、近代中国如何解决流民问题等，进行了考察，指出流民是一个超越社会制度的普遍性问题，并从流民的角度分析近代农民进城的动机、城市流民的"职业"构成，为认识乡下人的社会流动提供了大量典型事例与精当分析。其另一部论著《农民工与近代社会变迁》，以江南地区为例比较全面地论述了进城农民工的生存状态、其处于社会底层的困境与艰辛的奋斗历程。①

　　伴随着近年来"从下往上看的历史"研究的兴起，学者们对城市下层民众的考察从多个侧面揭示了乡下人进城后的都市生活，尤其是对城市贫民中人力车夫、娼妓、乞丐群体的研究取得了丰富成果。②众多研究集中于探讨不同城市下层群体的地域来源、形成特征、职业生活、社会关系、社会救济、城市影

　　① 池子华：《中国近代流民》，浙江人民出版社1996年版；《农民工与近代社会变迁》，安徽人民出版社2006年版。

　　② 有关乞丐的研究主要有：邓小东的《略论民国时期的乞丐问题》，《宁夏社会科学》2004年第1期；邓小东的《民国时期的乞丐及乞丐救济》，《晋阳学刊》2004年第1期；池子华的《沉重的历史省思——近代中国的乞丐及其职业化》，《中国党政干部论坛》2004年第4期；卢汉超的《城市人：近代上海的乞丐和游民》，《城市史研究》(19~20辑)，天津社会科学院出版社2000年版，等等。有关人力车夫的研究成果主要有：王印焕的《民国时期的人力车夫分析》，《近代史研究》2000年第3期；马陵合的《近代人力车夫与城市化症结——以20世纪30年代上海人力车夫的救济为中心》，《中国社会历史评论》第4辑，商务印书馆2002年版；王印焕的《交通近代化过程中人力车夫与电车的矛盾分析》，《史学月刊》2003年第4期；邱国盛的《北京人力车夫研究》，《历史档案》2003年第1期；邱国盛的《人力车与近代城市公共交通的演变》，《中国社会经济史研究》2004年第4期；孔祥成的《现代化进程中的上海人力车夫群体研究——以上海20世纪20—30年代为中心》，《学术探索》2004年第10期；卢汉超：《霓虹灯外——20世纪初日常生活中的上海》，上海古籍出版社2004年版；李明伟：《清末民初中国城市社会阶层研究(1897—1927)》，社会科学文献出版社2005年版，等等。有关娼妓、游民等的研究成果主要有：张百庆的《中国城市早期现代化过程中的娼妓问题》，《史学月刊》1999年第1期；池子华的《中国近代流民》，浙江人民出版社1996年版；刘海岩的《空间与社会：近代天津城市的演变》，第八章"城市边缘阶层"，天津社会科学院出版社2003年版；刘海岩的《近代华北自然灾害与天津贫民化的边缘阶层》，《天津师范大学学报》2004年第2期；张超的《民国娼妓问题研究》，武汉大学博士学位论文，2005年，等等。

响等问题，并形成史学界关于下层民众悲苦生活的普遍形象。

王印焕以详实的资料分析了民国时期城市人力车夫的数量、入城原因与目的、识字率、籍贯、工作状况、收支、住房、婚姻与家眷情况及其社会矛盾，[①]指出全国人力车夫不会低于50万，人力车夫绝大多数是来自乡村的破产农民，其劳动强度大，收入微薄，且社会地位极其低下，与苦力、粪夫、清道夫相差无多。张利民等指出，近代化过程中离村农民的三种职业转换，其中第一种职业换位便是，从到城市谋生的身份转变为工人、店员等。吸引农村移民的主要职业有产业工人、季节性工人、各类学徒、各种劳力、各类差役等等。[②]源源不断地进入城市的破产农民，是城市下层社会人口的主要来源，他们陆续补充到城市下层社会的各个角落，逐渐站稳脚跟后，又不断面临来自农村移民的冲击。无业游民、乞丐和下等娼妓是下层社会的主要成员，他们来自农村破产进城者和城市失业的各种人员，是生活最无保障的部分。[③]

对于农村妇女进城后的生活，体现在对民国娼妓的研究中，广大农民在封建主义与资本主义的双重剥削下，不断弃土离乡，流入城市。"男子靠苦力谋生，女子只好卖身觅食。""不仅农村妇女进城后多以此为业，即使城镇贫民女子也有不少人因经济窘困而下海为娼。"[④]"妇女进入城市的渠道主要有随流、投亲、自由性流动等几种途径"，"虽然土地兼并、天灾人祸所产生的强大推力，使广大农民涌向城市，做苦力、做车夫、做女工、做女佣、当妓女等，但流民普遍的低素质使其很难找到称心如意的职业，苦力收入不足以养家糊口，这样，妻子女儿走出家庭、走进劳动力市场就成为必然"。农村女性进城后，主要从事女工、家政、招待、娼妓等业。[⑤]

这些成果丰富了城市社会史研究的内容，便于研究者宏观把握进城农民

① 王印焕：《民国时期的人力车夫分析》，《近代史研究》2000年第3期。

② 张利民、周俊旗、许檀、汪寿松：《近代环渤海地区经济与社会研究》，天津社会科学院出版社2003年版，第554页。

③ 张利民、周俊旗、许檀、汪寿松：《近代环渤海地区经济与社会研究》，天津社会科学院出版社2003年版，第558页、561页。

④ 武舟：《中国妓女生活史》，湖南文艺出版社1990年版，第329页。

⑤ 张超：《民国娼妓问题研究》，武汉大学博士学位论文，2005年，第37~41页。

的整个生活状况与社会境遇，但视角相对单一，仅将城市下层社会作为一个相对孤立的整体社会单元进行考量，对城市不同阶层间的互动、下层群体间的社会关系、下层社会群体与城市空间和人文环境间相互作用等领域的研究还可以继续展开。

对中国城市下层社会民众的研究越来越得到海外学者的重视。一组上海的市民研究成果，如卢汉超[①]、韩起澜[②]对小市民和城市贫民的关注，生动再现了城市普通人的日常生活及其社会网络。特别是韩起澜的《苏北人在上海（1850—1980）》，立足于族群问题，从苏北人（主要是乡下人）移民上海后的日常生活、文化生活、劳工市场、自我认同等方面分析了原籍与社会等级结构的关系及这种关系对上海城市化过程的影响，深化了对城市中来自乡村的社会阶层的认识。卢汉超所著的《霓虹灯外——20世纪初日常生活中的上海》，从城市的各个细节入手，引用大量的文献资料，展现出一幅近代上海的市井生活图景，并揭示了传统力量在中国近代史上的重要地位。法国安克强、德国叶凯蒂、美国贺萧对上海妓女史的研究，对妓女与文人关系的研究，在方法上很有启发意义。王笛的《街头文化——成都公共空间、下层民众与地方政治（1870—1930）》，以中国内陆城市成都作为研究对象，考察城市空间、下层民众、大众文化与地方政治的关系，以街头空间为中心，展示各种文化现象，揭示了下层民众的街头空间和文化传统的丧失以及他们为自己命运所作的抗争。这些研究打破单一的对社会群体的静态考察，而是突出城市下层民众的社会网络甚至政治影响及其发展脉络，从不同视角透视出社会底层的立体镜像。

（3）乡村移民的城市化问题

人类学家与社会学家曾关注不同类型的文化接触促使乡村社会变革的进程[③]，进城农民面临新的社会环境与职业生活，也经历着城市对其自身的磨砺

---

① 〔美〕卢汉超：《霓虹灯外——20世纪初日常生活中的上海》，上海古籍出版社2004年版。

② 〔美〕韩起澜著，卢明华译：《苏北人在上海（1850—1980）》，上海古籍出版社2004年版。

③ 周晓虹：《传统与变迁：江浙农民的社会心理及其近代以来的嬗变》，生活·读书·新知三联书店1998年版，第107页。

与改造,促使他们与传统诀别并迈向现代行列。诚如列宁所说:"与居民离开农业而转向城市一样,外出做非农业的零工是进步的现象。它把居民从偏僻的、落后的、被历史遗忘的穷乡僻壤拉出来,卷入现代社会生活的漩涡。它提高居民的文化程度及觉悟,使他们养成文明的习惯和需要。"①关于移民的城市化问题,乐正和忻平的论著中有深入的分析。乐正指出移民社会中各种文化背景的价值观念、生活方式的并存、整合、变异、优化,形成某种独特的社会性格,晚清上海的移民群体中也发生着这种心态变异。他将移民的近代化过程解析为传统文化的内化、上海化和西化三次社会化过程。②忻平指出:"大批移民来到上海后,严酷的社会压力与生存竞争使他们改变了原先的价值观、生活方式与职业构成,经过学校、工厂、社会的熏陶与训练,由原先的'日出而作,日入而息'的农业人口变为操纵现代大机器的工业人口或其他非农业的城市生产、服务人口,从而提高移民的现代劳动技能、生存能力与竞争意识等现代人的素养。""他们成为熟练的技术工人的过程,也是逐步地从传统劳动力变为具有现代专业技能的现代社会人的过程。"③徐牲民认为,特定的历史要求,使上海的移民群体展现了两种特质。首先,他们割断了与传统的物质依存关系,并在一个充满生机和竞争的城市中,以生存和发展为动力,极大地激发了主观能动性和创造力。其次,这些移民群体在离别乡土的同时,也就相当程度地割断了与传统的宗族、血缘和社会文化的联系,而进入到上海这个市场经济、商业伦理和法治规范的近代社会形态中。接着,独立自主、个体本位与民主意识,也就渐次成为这些移民转变为近、现代市民的思想观念的基本标志和尺度。④李长莉从晚清上海社会生活变迁与伦理观念近代化的关系着手,指出下层民众社会行为与观念的改变正是来自于生活方式的变动。⑤上述

14

---

① 列宁：《俄国资本主义的发展》，《列宁全集》第 3 卷，人民出版社 1984 年版，第 530 页。

② 乐正：《近代上海人社会心态（1860—1910）》，上海人民出版社 1991 年版，第 174~175 页、183~188 页。

③ 忻平：《从上海发现历史——现代化进程中的上海人及其社会生活（1927—1937）》，上海人民出版社 1996 年版，第 63 页。

④ 徐牲民：《上海市民社会史论》，文汇出版社 2007 年版，第 33~34 页。

⑤ 李长莉：《晚清上海社会的变迁——生活与伦理的近代化》，天津人民出版社 2002 年版，第 545 页。

关于上海人的研究著作中，均将移民作为一个整体进行分析，尤其以知识分子与商人群体等社会中层为参照体系论述移民的城市化，下层民众尤其是农村移民的都市化问题则未受到充分关注。

（4）城乡的变迁：经济维度与制度安排

近代城乡变迁的动因是什么？是经典马克思主义学说中所说的"生产力的发展"，还是现代多数论者所言的贸易作用、交通刺激，抑或如费孝通先生所说的"不同生活形式的接触"，还是多因素的结合？费孝通曾提出社会变迁中都市与农村变化的"最重要的动力是各种不同生活形式的接触"，并认为都市"是一个社会变迁的中心，一个人类行为改变形式的大熔炉"。[①]费先生是从社会流动中人或群体的重要性来看待社会关系的变动的。与社会学者的角度不同，历史研究者更关注贸易活动对城乡关系变迁的影响。如《近代上海城市研究》、《近代重庆城市史》、《近代天津城市史》、《近代武汉城市史》、《东南沿海城市与中国近代化》、《近代山东市场经济的变迁》等著作中都重视开埠通商所引起的城乡间的经济变化，并分析了早期口岸城市对中国近代城乡关系的影响。赵彬通过对近代烟台城乡关系的考察，认为："贸易是城乡关系转型的前提和基础。"[②]林星在对福州与厦门这两个城市的研究中也认为"对外贸易是通商口岸城市城乡关系转型的前提。对外贸易不仅推动了城市的发展，也推动了农村社会的嬗变"[③]。以上结论均是建立在对近代开埠通商和交通枢纽城市，尤其是沿海与沿江地区近代化启动较快城市研究的基础上。众多研究者也关注近代交通业尤其是铁路事业的开始与发展对中国乡村城市化的推动作用，这些论著多从铁路推动市场与人口变迁、工商业繁荣、新兴城镇增加及城市功能变迁和市民观念转化等方面，分析了铁路在相关城市近代化进程中

① 费孝通：《社会变迁研究中都市和乡村》，《费孝通文集》第 1 卷，群言出版社 1999 年版，第 113 页、115 页。

② 赵彬：《近代烟台贸易与城乡关系变迁》，《山东师范大学学报（人文社科版）》2002 年第 2 期，第 81 页。

③ 林星：《近代东南沿海通商口岸城市城乡关系的透视 ——以福州和厦门为个案》，《中国社会经济史研究》2007 年第 2 期，第 72 页。

的重要作用。①

　　无论与论者关注的是贸易格局、铁路建设，还是生产要素的流动，均不约而同着眼于经济生活维度的考察，这似乎印证了学者的看法，对都市史的研究不是受到如 M.Weber 所认为的"只有透过欧洲的自治城市，才能掌握理解都市（的发展与原理）之限制"，就是被"只有从像美国都市经验中所见到的工业化脉络中，才能理解都市化"的看法所束缚。②马敏的研究则关注了政治层面的城乡关系，他指出清末自治按照人口划分乡和城镇，从法律上和行政上改变了城镇和农村认同的格局，从这个意义上讲，清政府不知不觉参与了20世纪初的城乡转型过程。③也有学者从科举制度废止后，农村智力资源向城市流动、读书人心态开始转变所导致的中国近代城乡文化的二元化结构方面，分析教育制度的变动对城乡关系的影响。④这些研究从制度层面入手，为理解城乡分化提供了新颖而有力的视角。尽管如此，从制度层面分析民国时期城乡关系的研究非常少见，如乡下人进城后是否受到政策限制及城市相关制度对进城乡下人的社会安排等问题。

---

　　① 曹洪涛、刘金声：《中国近现代城市的发展》，中国城市出版社 1998 年版，第 205~231 页；隗瀛涛主编：《中国近代不同类型城市综合研究》，四川大学出版社 1998 年版，第 35~38 页；田伯伏：《京汉铁路与石家庄城市的兴起》，《河北大学学报》（哲学社会科学版）1997 年第 2 期；姜益、徐精鹏：《铁路对近代中国城市化的作用探析》，《上海铁道大学学报》2000 年第 7 期；王守中、郭大松：《近代山东城市变迁史》，山东教育出版社 2001 年版，第 96 页、192 页；江沛、熊亚平：《铁路与石家庄城市的崛起（1905—1937）》，《近代史研究》2005 年第 3 期；钟建安、陈瑞华：《近年来中国近代城市史研究综述》，《社会科学评论》2007 年第 4 期；江沛、徐倩倩：《港口——铁路与近代青岛城市变动（1898—1937）》，《安徽史学》2010 年第 1 期，等等。

　　② 〔日〕贵志俊彦著，钟淑敏译：《中国都市史研究的课题及其寻求的理论架构》，《近代中国史研究通讯》2000 年第 30 期，第 73 页。

　　③ 马敏、朱英：《传统与近代的二重变奏——晚清苏州商会个案研究》，巴蜀书社 1993 年版；吴滔：《书评：*Town and Country in China: Identity and Perception*》，《历史人类学学刊》第 2 卷第 2 期，2004 年，第 166 页。

　　④ 王奇生：《民国时期乡村权力结构的演变》，周积明、宋德金主编：《中国社会史论》下卷，湖北教育出版社 2000 年版，第 588~589 页；王先明、李丽峰：《近代新学教育与乡村社会流动》，《福建论坛（人文社会科学版）》2005 年第 8 期；罗志田：《科举制废除在乡村中的社会后果》，《中国社会科学》2006 年第 1 期。

置于近代青岛这个特定的时空背景下,笔者发现,城乡在物质环境、经济发展与管理制度的差异日益扩大的同时,也在民众的心理认同层面产生了微妙的变化。寓青文人与青岛媒体的话语体系彰显了知识分子对近代城乡分离的忧思,"乡下人"的群体身份正是在相关的语言表达模式中得以树立,进城乡下人的居住空间与谋生行业的集聚、社会问题的突出与日常生活的艰辛无声地将城市人与乡下人、城市与乡村划出高下与优劣之分,折射出城市社会中的城乡认同危机,因此,社会变迁中民众对城市与乡村的情感依托与价值判断差异亦值得研究者关注与反思。

（二）关于"青岛城市史"的研究

由于青岛在近代政治、经济与外交方面的特殊地位,国内外研究者对近代青岛的关注也未曾中断。新中国成立前的著作以介绍青岛地理、沿革、政治、经济、人口、建筑、景区为主,如谋乐编的《青岛全书》、田原天南所著《胶州湾》、张武的《最近之青岛》、谢开勋的《二十二年之胶州湾》、叶春墀的《青岛概要》、民国《胶澳志》、山东大学化学社编辑的《科学的青岛》、骆金铭的《青岛警察沿革》和《青岛风光》、倪锡英的《青岛》、白泽保美的《德意志时代青岛营林史》以及政府编纂的《青岛指南》(1933年、1936年、1939年、1947年)和各类统计报告等。或者对列强侵占青岛的事件进行追溯并分析占领区情况,如《山东问题》、《山东问题汇刊》、《日本蹂躏山东痛史》、《日本对华商业》、《日本侵占区之经济》等,亦有《东方杂志》、《大公报》、《中外经济周刊》、《青岛时报》、《青岛工商季刊》、《青岛教育》等各地报刊和各类游记对青岛的相关报道。20世纪80年代后,青岛史研究兴起,以下从内容和视角两个方面进行总结[①]。

1.殖民统治视野下的青岛

（1）关于德占时期的青岛

青岛市档案馆和博物馆整理并编纂了部分德国侵略胶州湾的历史材料,为青岛的近代史研究做了宝贵的基础性工作。王守中的《德国侵略山东史》全

[①] 关于青岛城市史研究状况,青岛市档案馆周兆利先生有详实论述与精当分析,见周兆利:《青岛城市历史研究:长风引浪会有时》,青岛市历史学会2009年史学年会会议发言稿。本书则立足于城市史的研究视角,对其进行梳理。

面研究了近代以来德国对整个山东地区的侵略历史，并对德占后青岛发生的变化进行了专门论述。①胡汶本等的《帝国主义与青岛港》详述了外国对青岛港的控制与掠夺。②余凯思大量运用德国官方档案、私人通信、德国媒体报道，从文化学和符号学层面研究了德占时期胶州湾的中外互动情形，对殖民统治下的中国社会进行了广泛而深入的探讨，将宏观的背景与微观的话语、心理分析结合，揭示了本土文化与外来文化、中心与边缘交错作用下被占领城市内部统治与抵抗互相作用的过程。③赵洪玮的博士论文《德占时期青岛城市发展研究》以青岛地区历史文化渊源与近现代城市发展为切入点，探讨了1898年~1914年间青岛的城市发展，提示了在殖民主义语境中青岛城市发展的个性与共性，认为殖民主义与民族主义、殖民文化与民族文化的交互作用具有主导性，影响着青岛发展的大方向和基本格局。④

（2）关于日据时期的青岛

黄尊严的《日本与山东问题（1914—1923）》，刘大可等的《日本侵略山东史》，青岛市档案馆编的《帝国主义与胶海关》和《铁蹄下的罪恶——日本在青岛劫掠劳工始末》，本庄比佐子编的《日本的占领青岛与山东社会经济（1914—1922）》，庄维民、刘大可的《日本工商资本与近代山东》，这些著作研究了日本的殖民政策、劳工掠夺和经济扩张，庄维民和刘大可的著作更进一步探讨了华商和华资的发展以及殖民化与现代化的关系。

2.现代化视野下的青岛

台湾"中央研究院"近代史研究所主持编写的专刊《中国现代化的区域研究》丛书中有张玉法编写的《山东省（1860—1916）》卷，他以现代化指标为参照，研究了近代山东省政治、经济、社会的发展状况，将青岛的发展融入整个

① 王守中：《德国侵略山东史》，人民出版社1988年版。

② 胡汶本等编著：《帝国主义与青岛港》，山东人民出版社1983年版。

③ 〔德〕余凯思著，孙立新译，刘新利校：《在"模范殖民地"胶州湾的统治与抵抗——1897—1914年中国与德国的相互作用》，山东大学出版社2005年版。

④ 赵洪玮：《德占时期青岛城市发展研究》，山西大学博士学位论文，2008年。

中国和山东的历史进程中加以分析。①李万荣以德租时期青岛城市早期现代化的表征为线索，评述了外力条件下青岛开埠的进步作用及其向现代城市嬗变过程中的积极因素，分析19世纪末20世纪初青岛城市的发展动力及经验教训。②任银睦对青岛德日占据时期的政治、经济与社会的现代化进程进行了分析，并将其置于青岛城市腹地的广阔时空中探讨青岛早期现代化与山东区域社会间的关系，是第一本以早期青岛城市社会发展为焦点的国内专著。③曹洪涛、刘金声的《中国近现代城市的发展》、吕伟俊的《山东区域现代化研究（1840—1949）》、复旦大学历史地理中心主编的《港口—腹地和中国现代化进程》和吴松弟主编的《中国百年经济拼图：港口城市及其腹地与中国现代化》，也对青岛港口以及城市的发展有所涉及。刘春玲对1898年~1949年间青岛市政建设的发展脉络以及青岛市政建设和管理的特点与规律进行了详实的分析，探讨了德租、日占、北洋政府和国民政府统治时期青岛城市政府的构建和运行机制的差异、不同时期的城市规划和公益事业及文化娱乐方式，丰富了近代城市管理的个案研究，并在一定程度上深化了青岛社会建设研究。④

3.区域变迁视野下的青岛

山东社科院庄维民的《近代山东市场经济的变迁》对近代青岛的经济状况进行了系统的研究，结合整个山东省的经济发展，展现出青岛作为山东省最重要的贸易港口所起到的重要中转作用。⑤王守中、郭大松的《近代山东城市变迁史》，张利民等的《近代环渤海地区经济与社会研究》、《华北城市经济近代化研究》等著作将青岛发展置于山东及至华北地区的经济区域下，探讨各地经济发展及其相互关系。江沛、徐倩倩的论文《港口—铁路与近代青岛城市

① 张玉法：《中国现代化的区域研究》山东省（1860—1961）卷，台北，"中央研究院"近代史研究所1982年版。

② 李万荣：《胶澳开埠与青岛早期的城市现代化（1897—1914）》，东北师范大学硕士学位论文，2002年。

③ 任银睦：《青岛早期城市现代化研究》，生活·读书·新知三联书店2007年版。

④ 刘春玲：《青岛近代市政建设研究（1898—1949）》，吉林大学博士学位论文，2010年。

⑤ 庄维民：《近代山东市场经济的变迁》，中华书局2000年版。

变动(1898—1937)》,研究了近代交通体系与青岛城市发展的紧密关系。①

4.城市规划视野下的青岛

曹胜的硕士论文《德占时期青岛城市建设研究》对德占初期青岛城市规划和建设、德占中后期青岛城市的拓展,以及德占时期青岛的城市建筑风格进行初步论述,探索了德占时期青岛城市建设的成败得失。李东泉的《青岛城市规划与城市发展研究(1897—1937)》,董良保的《二三十年代青岛城市发展研究(1922—1937)》,杨蕾的《日本第二次占领时期的都市计划研究》,周一星、杨焕彩的《山东半岛城市群发展战略研究》等论著从地理学和建筑学、城市设计角度对近代青岛的城市规划和建设历史进行了较为广泛而深入的研究。②

总体来看,青岛城市研究形成了殖民话语和现代化范式框架下的以政权建设、经济扩张、城市规划为主导内容的研究格局。随着国内史学研究视角的转换(从宏观到微观、从编年式到叙事式),新领域的崛起(城市文化史、城市社会史),理论创新(冲击—反应到中国中心、革命范式到现代化范式)及学科整合的趋势加强(文化人类学、社会学、心理学、政治学、经济学等学科的植入),青岛的城市史研究逐渐深化和丰富。从论文来看,任银睦研究了近代青岛人口变迁和移民与青岛社会现代化的关系,郭芳和崔玉婷研究了青岛早期移民的社会结构和 1937 年以前青岛的华人社会阶层,马树华对青岛的文化空间与日常生活、蔡勤禹对青岛公益事业、田龄对德占时期文化政策与社会风尚、张树枫对青岛商会、马庚存对青岛工人等方面的研究都深化并充实了

① 王守中、郭大松:《近代山东城市变迁史》,山东教育出版社 2001 年版;张利民、周俊旗、许檀、汪寿松:《近代环渤海地区经济与社会研究》,天津社会科学院出版社 2003 年版;张利民:《华北城市经济近代化研究》,天津社会科学院出版社 2004 年版;江沛、徐倩倩:《港口—铁路与近代青岛城市变动(1898—1937)》,《安徽史学》2010 年第 1 期。

② 曹胜:《德占时期青岛城市建设研究》,山东师范大学硕士学位论文,2003 年;李东泉:《青岛城市规划与城市发展研究(1897—1937)》,北京大学博士学位论文,2003 年;董良保:《二三十年代青岛城市发展研究(1922—1937)》,南京大学博士学位论文,2005 年;杨蕾:《日本第二次占领时期的都市计划研究》,中国海洋大学硕士学位论文,2007 年。

我们对近代青岛城市社会的认识。①

　　2006 年以来,涌现出大量关于青岛城市史研究的硕士论文,如张丽英探讨了青岛 1925 年前后工人运动的过程、工人生活状况和工运的意义;廖礼莹分析了"华洋分治"政策所导致的青岛人口结构、人口空间分布和人口特征的变化;林丰艳大量运用青岛近代报刊,对青岛市民文化的特征、原因进行了初步研究;孟川借鉴货币银行学、金融学的理论和研究方法,从货币金融的发展历程、机构、社会经济功能、近代青岛与以上海为代表的其他通商口岸之间的金融互动关系等方面,对近代青岛的货币金融进行了研究;盛雷利用大量档案史料对解放战争时期青岛商会的命运进行了探讨;陈亮探讨了民国时期霍乱流行与政府开展的公共卫生事业。这些新生力量以新颖的视角、珍贵的档案史料拓展了青岛城市史研究。②

　　总体来看,青岛史研究领域不断扩展,研究视角走向多元,学术队伍逐渐

---

①　任银睦:《清末民初移民与城市社会现代化——青岛社会现代化个案研究》,《民国档案》1997 年第 4 期;郭芳:《早期青岛移民社会的构成》,《青岛教育学院学报》2002 年第 4 期;崔玉婷:《抗战以前青岛华人社会阶层分析》,《文史哲》2003 年第 1 期;蔡勤禹:《青岛开埠与慈善公益事业兴起》,《史林》2010 年第 6 期;田龄:《德国占领青岛时期的文化政策及其实施》,《史学月刊》2007 年第 9 期;田龄:《德占时期青岛社会风尚的变迁》,《历史教学(高校版)》2007 年第 8 期;马树华:《民国时期青岛的文化空间与日常生活》,《东方论坛》2009 年第 4 期;马树华:《"中心"与"边缘":青岛的文化空间与城市生活(1898—1937)》,华中师范大学博士学位论文,2011 年;马庚存:《论中国近代青年产业工人的历史命运》,《史林》2007 年第 6 期;张树枫:《近代青岛的三大会馆与青岛商会》,李长莉、左玉河主编:《近代中国的城市与乡村》,社会科学文献出版社 2006 年版,第 577~587 页。

②　张丽英:《五卅运动在青岛》,山东师范大学硕士学位论文,2006 年;廖礼莹:《德占时期青岛的"华洋分治"与人口变迁(1897—1914)》,中国海洋大学硕士学位论文,2007 年;林丰艳:《青岛市民文化研究:以报纸所见资料为中心(1922—1937)》,山东大学硕士学位论文,2007 年;孟川:《近代青岛货币金融述论(1897—1937)》,苏州大学硕士学位论文,2007 年;盛雷:《"二衙门"的最后时光:1945—1949 年的青岛市商会研究》,华中师范大学硕士学位论文,2009 年;陈亮:《二十世纪三十年代青岛霍乱流行与公共卫生建设》,中国海洋大学硕士学位论文,2008 年;刘佳慧:《近代青岛市民心态研究(1898—1937)》,山东师范大学硕士学位论文,2010 年;杨蕾:《民国早期青岛犯罪研究(1923—1927)》,青岛大学硕士学位论文,2010 年;张伟:《青岛市民社会生活研究(1922—1937)》,青岛大学硕士学位论文,2010 年,等等。

壮大,相关机构日益重视。青岛市档案馆、史志办公室和各区政协等组织在资料整理、史料挖掘、资源开放、译著引介等方面用力颇多,成效尤著;一批海内外新生学术力量在资料运用、视角切入、学科整合、区域延伸等方面关注日多,成果丰富。但与对上海、成都、武汉、天津等城市的研究相比,青岛城市史在研究方法、研究区域、研究内容、研究时段等方面有待进一步开拓与深化。如从社会史角度来看,研究者们对近代青岛的政治沿革、外交冲突、经济发展、文化教育方面着墨较多,对城市社会生活与社会问题的考察较为薄弱,近代青岛在物质与制度层面较为清晰,精神层面则影像模糊。近代青岛研究注重的是物质的流动、青岛与外地的交往、中外之间的碰撞与协调,却缺少青岛内部民众的活动(当然不仅仅是工运、学潮和罢市),尤其是不同阶层的人们的互动。在硬性的行政管理措施、经济增长指标、基础设施建设之外,民众的认知心理、文化适应这些软性的深层的变化亦能体现社会历史发展的坐标。

三、研究思路

(一)时间之界定

从 1898 年胶澳开埠到 1937 年抗日战争时国民政府退出,青岛从无到有,从荒凉渔村到现代都市,从世人鲜知到蜚声海内,不仅改变了山东省和华北区域的经济社会发展格局, 也为青岛地区的长期发展奠定了坚实的基础。如果说德占日据时期的青岛是一个高度符号化的殖民区域和民族痛史的典型象征的话,1929 年~1937 年间青岛在国民政府时期的经济成就、行政地位、旅游声望和城市规划使之成为近代城市管理和文化建设的典范。1928 年,新成立的南京国民政府推行《市组织法》,按照新的市政体系建设各大城市。1929 年 4 月,国民政府接管青岛,并设为特别市,此后至 1937 年底被日本再度占领,这 8 年间,青岛的政局相对稳定,社会相对安宁,城市化快速发展。此期也正是民国政府大力开展社会建设的阶段, 亦面临乡村日益衰败、城市人口激增而产生的系列社会问题。1930 年代青岛的重整与发展折射出国民政府的复兴决心与艰难处境。在此过程中,传统与现代、都市与乡村、大众与精英、发展与痼疾、束缚与蜕变和城市的兴起如影随形，民众的城乡认同危机继民族认同危机后成为社会的突出问题，城乡形象的认知差异成为城乡分化的深层因素。1937年后，青岛城市处于发展的中断期，故而本书将主要讨论1929年~1937年间青岛乡村移民的城市境遇。

(二)地域之限定

本书以近代青岛为研究范围，以期从个案考察的具体而微的描述中探讨近代中国的城乡关系。青岛地域以青岛市政府实际管辖区域为限，即山东半岛南岸，东北界崂山与即墨县接壤，西跨海西抵胶州北境，东南滨黄海。自1922年中国收回胶澳至1935年7月，青岛境域自北纬36°19′24″，南至水灵山岛之南，即北纬35°44′33″，西自东经120°3′45″，东至塔连岛，即东经120°52′10″。[①]自南窑半岛起，中经崂山主峰，西折，顺白沙河，抵河口，沿胶州湾之沙岸，包阴岛，转向南，于濠北头，横截狭路，将薛家岛划入，再由大湾口起，沿薛家岛东岸，抵海西峡之端，越海回至南窑半岛，即为青岛全区境界。所辖海陆面积1128.253平方公里，其中陆地面积551.753平方公里，领海面积576.500平方公里。[②]1935年7月，经山东省政府和青岛市政府会呈行政院核准，将原属于即墨县的崂山东部山脉全部划归青岛市管辖，全市陆地面积增至746.75平方公里。

青岛，本来是一个小渔村，背依青岛山，村前是青岛河的入海口，口外有小青岛。[③]"青岛"一词自明代万历年间开始出现于史料记载中，当时即指胶澳地区南部前海湾内的一个小岛，万历年间因倭寇犯边，即墨县令许铤请开海运，朝廷谕准，于是即墨境内开放了三处贸易港口，即金口、女姑口和青岛口。正是有了青岛山、青岛河、小青岛，青岛口才得以逐渐发展，到清朝后期已成为

①　民国《胶澳志》卷二，"方舆志一·境界"，台北，成文出版社1968年影印本，第154页。

②　民国《胶澳志》卷二，"方舆志二·面积"，台北，成文出版社1968年影印本，第160页。此数据为德国租借时测量，其区域自自北纬35°53′30″至36°16′30″，自东经120°8′30″至东经120°37′40″止。因一些礁岛未列入计算，加之30年来沙涨潮低，陆地面积有所增加，故德定租界时胶澳全区面积与1930年代之青岛市面积有所不同。但因彼时丈量未定，难有确数，故仍以德国租借时测量数为准。

③　鲁海：《青岛旧事》，青岛出版社2003年版，第6页。

繁荣的海港。①同治四年(1865)在青岛设东海关分关后,青岛口的居民多改为从事海运、商贸,经多年发展,青岛从小渔村、海口发展成为小市镇。1891年,登州镇总兵衙门由登州(今蓬莱)移至青岛口,1891年亦被政界与学界视为青岛建置的开始。1897年德国强占胶澳并于次年迫使清政府签订租界条约,1899年德皇下令将租借地的"新市区"命名为青岛,至此,青岛由小小的渔村,到海运港口,再到商贸市镇、军港,至德占后发展成为真正的城市。②德租日占时期一直沿用胶澳之名,市区名为青岛,乡区则分李村和海西,1929年4月南京国民政府接管胶澳商埠,同年7月设青岛特别市,1930年改称青岛市。通观当时著作,或称胶州湾,或称青岛,德政府报告则概称胶澳。根据青岛历史沿革和习惯称谓,一般将德占胶澳全区称为青岛。

众多20世纪初期的报刊辞章和当代学术著作均以渔村来概述青岛在开埠前的社会状态。这个说法曾引起一些研治青岛历史者的质疑③,这涉及对"青岛"一词含义的理解,如若按德国占领前的状况,以"青岛"指称胶州湾以东的青岛口,此地有从事货物转运与销售的坐贾和逢集会与年节来此摆摊的临时商贩,则已然发展为繁荣的市镇;如若"青岛"一语指青岛村或泛指整个胶澳地区,因青岛村的村民主要从事渔业,而"青胶区在三十年前,全区有一百六十余渔村,计沙子口区二十余村,李村区南部八九村,台东区二十余村,四沧区三十余村,仙家寨区西部十余村,海西全区七十余村,每村渔户占内村户口之半"④,则以渔村来形容开埠前整个胶澳地区的荒僻、零落、闭塞与守旧,亦不为过。

① 鲁海:《青岛旧事》,青岛出版社2003年版,第7页。

② 亦有人认为"青岛"这个名称,原指小青岛(也叫琴岛),以岛上"山岩耸秀,林木蓊郁"而得名。明永乐年间云南移民迁居至此后,先后建立上青岛村、下青岛村等村落,并有了青岛山、青岛口之称,即"先有青岛,后有青岛村"。

③ 宋连威认为,自清末章高元在胶澳驻防后,青岛地区开始"突破旧时单一渔村的格局形式,逐渐向集镇化过渡"(参见宋连威:《青岛城市的形成》,青岛出版社1998年版,第46页)。赵洪玮认为,到光绪年间,青岛城镇商业形态已粗具规模(参见赵洪玮:《德占时期青岛城市发展研究》,山西大学博士学位论文,2008年,第8页)。

④ 国立山东大学化学社:《科学的青岛》,编者1933年版,第81页。

本书所涉及的城市范围仅指青岛市区。青岛市区最初只有旧属即墨仁化乡的 9 个小村，历经德占、日据、北洋政府与国民政府统治的四个阶段，其都市范围伴随着城市发展的进程而日益扩大，至 1934 年，"市乡区域，暂自海泊河口，东至海泊桥，东南取直角，至太平角各路为限，凡在此界限以南以西之陆地，均为市内，其余为市外"①。核心地区在普集路、青海路以南至青岛湾沿海，太平山以西至小港沿、后海崖一带。

（三）相关概念的界定

论述城乡关系者，经常会以一组相似的、仿佛不言自明的概念表述这两大经济实体或地域单元，如都市、城市、乡村、农村。从民国至现在，相关学术著作和报刊中言及城乡关系多未加以特别注明或解释。迄今为止，地理学、社会学、经济学、生态学、文化学等学科尽管对其中的一个或两个概念进行了研究和多方面的阐述，对其理解却很难一致。本书结合社会史、地理学概念对此进行初步界定。

1.城市与乡村

自民国至现在，多数学者将都市与城市等同，如邱致中认为"从广义看都市与城市是一样的"②，麦夷等人认为"城市又称都市"③。至于都市之定义则强调人口、职业等方面与农村不同，如顾复认为："都市者于一定区域内，人口在二万以上（假定数），人民之职业，以工商为主，而繁华之处也。"④本书所指的城市是政治、经济、文化高度发展的核心地区，它是人口密集、居住在一个集中地区、从事非农职业的、为一个统一的正式政治体系所管理的有机组织。生存方式的非农性、人口的密集性和众多性、有市级建置单位的政府管理是城

---

① 《青岛市编订门牌规则》（1934），青岛市档案馆藏，A17-2-1108。

② 邱致中：《都市社会学原理》，有志书屋 1934 年版，第 5 页、25 页。

③ 麦夷、江美球编著：《城市社会学概论》，贵州人民出版社 1988 年版，第 22 页。

④ 顾复编：《农村社会学》，上海，商务印书馆 1933 年版，第 14 页。近代其他社会学者如吴景超、翟克、邱致中、言心哲、童润之的都市定义亦与此类似。当下的"都市"一词更多是在城市社会学与文化学中的概念，作为人类城市历史发展的高级空间形态，指的是大城市或巨大城市，城镇、城市与都市本身，恰好构成了人类城市文明深层结构的三要素。参见刘士林：《都市化进程论》，《学术月刊》2006 年第 12 期；刘士林：《都市与都市文化的界定及其人文研究路向》，《江海学刊》2007 年第 1 期。

市的三大要素。

　　民国时期，农村与乡村是并称互用的。冯和法认为："农村也可称为'乡村'，不过农村这个名词更可以表示出其人民共同生活的特征。"[①]顾复认为，农村"谓农民耕种土地，经营农业之村落也"[②]。随着城镇的兴起与发展，目前人们更多将乡村与农村区别开来，以乡村涵括集镇与村落，指都市以外的地域。王先明认为："以社区结构的视角来看，乡村是相对于城市的包括村庄和集镇等各种规模不同的居民点的一个总的社会区域概念。农业是乡村产业的主体，乡村主要是农业居民的聚居地，但乡村不仅仅是农业，农村的概念不能等同于乡村。作为中华文明孕育和发展根基的乡村社会，是包含了士、农、工、商各业和各阶层的集合体，也是聚集了经济、文化、政治、风情、习俗等民族性、区域性极强的各种规范的生活共同体。"[③]据此，本书所指乡村包括农村与集镇，而农村是以耕种土地形式的农业生产为主要职业，人口密度稀少的农民共同生活形成的有机组织，集镇是由集市发展而成的、为一定区域内广大农村提供经济、文化和生活服务的居民点。

　　随着城市化的发展，落实在具体时空场景中的城市与乡村其范围与边界都是一个不断变动的过程，需要结合特定区域的发展而动态把握。

　　2. "乡下人"

　　概念是历史发展的产物，"乡下人"一语较早见于明代民间文献典籍如《古今杂剧》、《山歌》中，是民众口头传播中的专用词，其意与"乡民"、"乡人"同。晚清时期在白话小说尤其是《官场现形记》、《二十年目睹之怪现状》中使用频率渐高，指称乡村民众，并包含着乡下人识见浅陋的意味和乡下人进城时的自卑心理。20世纪30年代以来，"乡下人"不仅是民间文学中的常用词语，更成为作家文学的重要言说对象，是文人们表达人文关怀、现实关怀的自觉观照群体，并日益进入大众报刊的视线，成为城市文学的调侃来源与社会问题的关注热点。

　　"乡下人"，作为都市中城里人的对应性群体，是城市市民对来自农村或集

---

　　①　冯和法：《农村社会学大纲》，上海黎明书局1934年版，第34页。

　　②　顾复编：《农村社会学》，商务印书馆1933年版，第1页。

　　③　王先明：《中国近现代乡村史研究及展望》，《近代史研究》2002年第2期。

镇的人的俗称,带有社会构成的城市一端对农村另一端的优势。"乡下人"的称谓暗含着一个空间与身份的对比情境,即城里人与乡下人、城市与乡村间产生了互动。"现代历史上,既有大都市称呼内地人为乡下人的,也有小城镇上的人称来自于乡间的人们为'乡下人'(在沈从文、叶圣陶等 30 年代的小说叙述中),数十年来上海人称呼苏北、内地的外来者统统为'乡下人'。"①"乡下人"还是一个表示居住地域和社会联系的概念,体现了民众的一种社会分层模式,如在吴江的群众语言中还一直保留着传统的分层模式,即:"城里人"、"街上人"(镇上人)、"乡下人"。②

在民众视角与社会舆论中,乡下人标识着身份的高下,往往含有都市人自身优越,贬低、藐视外乡人的意味,"土气"、"土头土脑"成为乡下人的常用修饰语。③从文化人的精神层面看,乡下人也指质朴自然的田园气息以及读书人对乡下文化的一种回望情结甚至是神往,没有落伍、贫瘠、狭隘、因循守旧等内涵,而是指向他们心灵深处那种朴素的、深厚的、率性的、安宁的乡村向往,如沈从文、萧乾、芦焚等作家往往以"乡下人"自称。

本书着眼于社会学的地域构成、职业指标和生活方式,所指的乡下人是与城市或城里人发生互动的以务农为业,居住于乡村,社会关系以血缘与地缘为核心,打上乡土烙印的农村人群体。它具有如下特征:1.乡土性。他们皆曾经或仍将以务农为生,生长于农村,至少在青少年时期在乡村完成了第一次社会化过程,接受了乡土文化体系的熏陶与影响,对乡村价值观念、生活方式、文化规范与社会意识产生适应与认同。2.城居性。他们不是永远定居乡村的农民,而是受到社会结构变动、个人命运变化影响,或因生活所需,流动到城市里暂住或永久定居的乡民。3.非正式渠道入城。正式渠道是指组织制度关系所规定的途径,包括军人的调动、官员的选任、学生的升学与就业、经济组织中职员的调派等。非正式渠道入城是沿着组织制度体系之外的各种渠道的流动,如家族家庭关系、同乡关系、非法的拐骗渠道、个人意愿等。

---

① 徐德明:《"乡下人进城"的文学叙述》,《文学评论》2005 年第 1 期。

② 费孝通:《小城镇 大问题》,《费孝通文集》第 9 卷,群言出版社 1999 版,第 233 页。

③ 费孝通:《乡土中国》,《费孝通文集》第 5 卷,群言出版社 1999 年版,第 316 页。

二十世纪之中国——乡村与城市社会的历史变迁

28

按照乡下人在城里的居留久暂及其与城市间的互动关系，本书中的乡下人包括城郊结合地带亦工亦农或离土不离乡的半农民、来自乡村前往城市谋生的外来移民和经过城市或去城市探亲访友的乡村过客。

(四)研究理论和研究方法

尽管克利福德·格尔茨曾指出，我们对于"大观念"即理论的幻想，没有什么理论是解释一切的钥匙，而就在它适用的地方运用它，在它能扩展的地方扩展它，理论是尚待发育的幼芽，而非所向披靡的利剑。[①]但丰富的社会科学理论及其观点却激发我们深入人类历史更广阔的空间，寻求更深入的理解。

在乡下人向城市的流动中，盛行于人口学界的"推—拉"理论，将纷繁复杂的人口迁移动因简化为城市的吸引力与乡村的阻碍力，而城市与乡村间亦各有推与拉力，唯作用力大小不同，由此导致人口的流动。此理论提醒我们以乡村与城市、经济与社会发展的宏观环境作为大规模人口迁移情境的两个重要分析维度。

乡下人进城后，面临的一个重要问题是移民的城市化。社会融入(social inclusion，亦译为社会融合)作为西方社会政策研究领域中兴起的概念，一直以来被应用于异质性社会群体间的个人与群体或群体之间，尤其是外族移民与原住居民的融入研究。在中国语境下，因21世纪以来农民工井喷式地涌入城市，导致了农民工群体研究的迫切性，"社会融入"移植为研究中国乡村移民的生存与发展的重要视角。近代的移民潮早在19世纪中叶启动，在20世纪二三十年代中国农村大衰败、城市自治大发展的背景下达到一个高潮。移民的社会适应与融合现象在1930年代已经凸显，政府也为此开展系列计划，将移民生计救助与住房保障、国民教育与社会教育、工商发展与公共建设相结合，力图安置外来移民以稳定社会秩序。尽管由于时代境遇、执政理念与地方实力等原因未能有整体起色，但一些城市在相关领域的努力取得了重要进展。

当前学术界对社会融入的定义可谓见仁见智，总体而言，它包括学界实证研究领域中注重的群体间成员关系的维持与主观感受，以及政府政策研究中

---

① 〔美〕克利福德·格尔茨著，韩莉译：《文化的解释》，译林出版社1999年版，第4页。

关注的社会各类行动者对整个社会的认同。①2003 年欧盟在关于社会融合的联合报告中作出如下定义：“社会融合是这样的一个过程，它确保具有风险和社会排斥的群体能够获得必要的机会和资源，通过这些资源和机会，他们能够全面参与经济、社会、文化生活和享受正常的生活，以及在他们居住的社会享受应该享受的正常社会福利。”社会融入要确保他们有更多的参与生活和获得基本权利的决策机会。卡梅伦·克劳福德（Cameron Crawford）认为，社会融合至少包含两层意思：“一是在社区中能在社会、政治、经济、文化生活层面上平等地受到重视和关怀；二是在家庭、朋友和社区拥有互相信任、欣赏和尊敬的人际关系。”②

从社会政策角度来看，社会融入是指异质群体特别是外来移民以社会公民身份对社会公共服务与正常活动的参与，对社会发展机会的分享，渗透了社会平等的思想。社会融入是一个具有价值取向的概念，国家或组织的意识形态贯穿其间，它提供了一种理想甚至是空想的个体与人群间的相处状态、良好和谐的社会秩序，反映了一个积极进步的人类社会福利发展的方式。尽管社会融入是随着全球化与城市化快速发展，于 20 世纪末期广泛应用于现代社会发展与地区间社会整合的理论，但中国近代城市化过程中的移民潮现象与异质群体的社会融入问题，给考察社会融入提供了合适的社会情境与研究空间，而社会融入概念的引入也丰富了近代城市史研究的视角，深化了中国城市化研究的内容。

从社会融入的视角来审视近代乡村移民的进城问题，可以发现，城市化与社会融入紧密相连。因为从城市化的内涵来看，城市化包括两个方面，一方面是指变农村人口为城市人口、变农村地域为城市地域的过程，即城市化的数量过程；另一方面是指城市文化、城市生活方式和价值观等城市文明在农村地域和农村移民中的扩散，即城市化的质量过程。③异质性个体和群体与城市

---

① 悦中山、杜海峰、李树茁、费尔德曼：《当代西方社会融合研究的概念、理论及应用》，《公共管理学报》2009 年第 2 期。

② 嘎日达、黄匡时：《西方社会融合概念探析及其启发》，《国外社会科学》2009 年第 2 期。

③ 仲小敏：《世纪之交中国城市化道路问题的讨论》，《科学·经济·社会》2000 年第 1 期。

生活方式及价值观念的融合是城市化过程的应有之义，也是城市化的最终目标与实现途径。正如有学者认为的，外来人口在居住、就业等城市生活各方面融入城市居民社会的程度，即社会融入度，是城市化的一个进程和阶段。在此阶段，外来人口经过集中化(形式城市化)、常住化(过渡城市化)阶段，逐渐过渡到市民化(实质城市化)阶段。[①]移民的社会融入，离不开城市化进程中相关制度体系的支撑，牵涉到城市体制对移民的容纳与保护、移民的能力提升与收入支持、移民的社会发展与资源获取，进而实现心理与文化上对城市的认同。移民的社会融入，是城市化的标尺，也是城市化的手段和目的。

社会融入的核心目标是作为城市公民对城市公共资源与公共服务的分享，是一个动态的城市社会制度发展过程，也是个体生命的体验历程。乡村移民的城市融合要经历求职、定居、适应、融入等系列阶段，他们需要获得正当的工作，有稳定的收入、固定的住所，遵循城市生活规范，参与城市的正常活动。乡村移民的社会融入包括三个层面：经济层面、社会层面、心理层面或文化层面。经济层面的适应是立足城市的基础；社会层面是城市生活的进一步要求，反映的是融入城市生活的广度；心理层面的适应是属于精神上的，反映的是参与城市生活的深度，只有心理和文化的适应，才说明流动人口完全地融入于城市社会。[②]从经济层面来看，移民的社会融入有其物质外观，体现在收入、衣着、住房等静态视觉符号上；在社会层面上，体现在身份转变、工作方式、日常生活与社会交往等动态符号中；而心理和文化层面则深潜在移民思想意识中，透过移民物质与文化生活的程式反映出来。

无论推—拉理论、社会融入或文化冲突论，不同理论冲击了头脑中的成见、偏见，但也有冲击后的无所适从，只能视诸多理论为一种方法罢，而方法只能在一定条件下应用，决不能照搬到我国。既然如黄宗智先生所言："它(指理论)既可以使我们创造性地思考，也可以使我们机械地运用。它既可以为我们打开广阔的视野并提出重要的问题，也可以为我们提供唾手可得的现成答案并使人们将问题极其简单化。它既可以帮助我们连接信息和概念，也可以

---

① 王桂新、张得志：《上海外来人口生存状态与社会融合研究》，《市场与人口分析》2006年第5期。

② 任远、邬民乐：《城市流动人口的社会融合：文献述评》，《人口研究》2006年第3期。

给我们加上一些站不住脚的命题。它既可以使我们与中国研究圈子之外的同行进行对话，也可以使我们接受一些不易察觉但力量巨大的意识形态的影响。它既可以使我们进行广泛的比较，也可以使我们的眼见局限于狭隘的西方中心的或中国中心的观点。"①在借鉴理论的同时，本书坚持论从史出，强调史料的核心价值。

坚持社会史的研究视角，关注普通群众、基层社会的历史。历史学与社会学者研究普通人的历史，往往按照一定的标准将人们区分为高低不同的等级序列，或按照马克思的阶级分层，或按照韦伯的三重标准，即财富——经济标准，威望——社会标准，权力——政治标准的多元标准，或按照职业声望对社会成员进行分层，以此揭示不同群体与个人的社会关系与社会地位，解析社会发展规律。但民国时期的中国城市不仅存在着明显的不同等级的分层格局，也存在着严重的分群现象，包括籍贯相同产生的族群与同乡，身份相同的乡下人与城里人等。本书以分群社会为立足点，探讨不同身份群体间的社会距离与认同问题，同时尝试从社会结构入手，分析乡下人进城后的日常生活、制度安排与空间分布，构筑都市乡下人社会生活的立体图景。

笔者深信一个世纪前屈维廉对于历史任务的分析，那就是："与别的时代相比较、相对照来观看自己的时代，从而使人觉察到自己时代的特性。"②史学工作者不仅仅是发现历史事实，而且必须解释它们，发现和体验人的发展。当然，历史的形成总是以鲜活的生命和经验为基石的，本书坚持以史料为据，但并不束缚心灵的广阔性，对历史保留温情与敬意之时，尤须谨记"史家追叙真人实事，每须遥体人情，悬想事势，设身局中，潜心腔内，忖之度之，以揣以摩，庶几入情合理"③，从进城乡下人的平实生活中勾勒城市与乡村的互动，从日常生活出发探索地域性和全国性的重大社会问题：城乡分离。同时将下层民众境遇置于制度体系与国内都市的宏观场景中，关注大环境与小生命间的互

---

① 黄宗智主编：《中国研究的范式问题讨论》，社会科学文献出版社 2003 年版，第 103 页。

② 〔英〕沃尔什著，何兆武、张文杰译：《历史哲学——导论》，广西师范大学出版社 2001 年版，第 200~201 页。

③ 钱钟书：《管锥编》第 1 册，中华书局 1979 年版，第 166 页。

相影响，以呈现特定社会结构中群体间的社会与文化关联。

(五)主要内容

本书以国民政府统治时期青岛城市中乡下人的生活状态、社会境遇为切入点，从青岛的城市化进程、乡下人进城的原因、在城市的日常生活、城市对乡下移民的接纳与改造、乡下人在城市的犯罪及城里人与乡下人的互动等方面，审视乡下人在城市中的境遇。一方面，由于近代与乡村在政治环境、经济发展、社会管理与生活方式上的差异，青岛吸引了山东乡村移民尤其是周边地区乡下人的目光，乡下人在工作与生活方面也努力融入城市。与他们原来的境遇相比，多数进城乡下人获得了物质生活水平的提高与满足。另一方面，从文化层面来看，乡下移民携带的传统乡土文化因子与在城市遭遇到的生活困境和法律约束形成城乡文化的冲突，城市知识分子及原有移民对乡下移民的歧视显示了乡村与城市、乡下人与城里人之间的疏离，由此造成的城乡之间的认同危机，成为城乡断裂更长远的问题。

第一章：青岛的城市化进程。探讨青岛从渔村到城市的转变过程，此期，一体化的胶澳地区开始了分化过程，并形成青岛人文地理上的双重生态格局。第二章：乡下人进城与城市的制度安排。分析民国以来乡下人进青岛的规模、原因、渠道及其对城市发展的影响，并从制度层面探讨城市权力体系对外来移民的接纳与限制。第三章：乡下人的日常生活。讨论乡下移民的谋生方式和生存状态，在新的职业与新的生活场景中乡下人也开始了城市化进程，一些乡下人甚至可以凭借先天的社会关系网络与后天的勤奋与磨砺实现身份转换，进入上层社会。同时他们将乡村文化传播到城市的日常生活中，使近代青岛在西方政治、经济、文化的影响下又浸染了中国的传统文化与乡土气息，在此意义上，城市具有中国文化的合理内核而不是西方冲击下的复制品。第四章：政府对乡下人的改造。探讨青岛市政府主导的平民住房建设与社会教育事业对进城乡下人融入城市生活的影响。第五章：乡下人与城市犯罪。将近代青岛城市犯罪问题置于文化冲突的理论视野中考察，审视两种异质文化交接处的乡下人的都市境遇以及城市制度与生活方式对乡下移民的挑战与排斥。第六章：城市人与乡下人的互动。分析青岛传媒作品中体现的城里人与乡下人的碰撞，透视乡下人对自己社会地位与生存处境的感知、对城市的印象，以及城市人对乡下人的认知定式与心理疏离。

近代以来,伴随着城乡交通联系的加强与城市信息的冲击,城市在经济发展、物质环境、生活方式乃至价值判断上获得了优越于农村的傲态。在进城的农民眼中,城市里的磨炼与识见将城乡区别赫然呈现在城乡交结处的人们心上;在城市人眼中,乡村的破败、枯燥与乡下人的困窘、浅陋成为一种集体记忆,并通过占据社会主流话语地位的城市媒体传递出来,由此,城乡由天然的统一体向城优乡劣的客观与象征符号转变。尽管城市里的乡下人在经济层面日益融入城市生活中,但社会心理层面存在着的城里人对乡下人的歧视与疏离现象,无疑阻碍着乡下人的城市化进程。

四、本书的创新点与难点

(一)创新点

1.不同于众多学者从经济联系探讨城乡关系,本书从社会史角度进行观照,以一个特定的、对于中国近代社会发展而言不可回避却往往被忽视的庞大群体——城市中的乡下人为窗口,透视乡下人在城市的生活状态与城市化,以及城里人与乡下人之间的心理疏离;探讨城市环境与生存方式对乡下人的影响,和乡下人的文化移植在城市成长中的烙印,一定程度上有助于从微观而具体的场景中丰富对城乡关系的认识。

2.将近代青岛的都市与乡村发展作为一个整体进行观照,不仅关注其间的政治、经济与教育联系,更属意于二者的文化互动、精神影响,研究视线不止于政府文书、官方数据,更下移到普通民众的生活场景、街头风貌中,关注城市与乡村的彼此影响与渗透,从社会史与文化史的角度丰富近代青岛城市的研究。

3.现代化是中国近现代历史的重要问题,而乡下人的空间与身份转换提供了现代化的感知与体认方式,本书从社会状况、文化语境方面对近代中国"进城乡下人"的境遇进行叙述与阐释,在此基础上思考现代化进程中生命的跃动与回应。

(二)难点

1.城市中的乡下人多属于社会底层,他们在文献记录中往往属于被遗忘的角落,历史中的失语状态使得对其形貌的探明是一项费时费力而收效微薄的工作。即使在有限的政府公文、旅客游记、作家散文、报刊记录中留下他们的身影,也多半是与城市问题、乡下佬特色紧密相连,对他们的生活场景、人情风貌的全面勾勒几乎成为不可能。笔者只能在有限的资料记录中挖掘其生存的足迹,减少论文的偏失与错漏。

2.除了资料收集的困难与有限,还有措辞与论证的审慎,正如布洛赫所言:"世上最困难的事情莫过于自我表述。"①关于城乡的差异与社会认同问题,在显性的经济关联与制度体系外,尚有隐性的文化差异与心理感知,如何准确捕捉与阐释城乡间在文化层面的对立与融合,处理历史记录与客观现实的差异,从文字资料形成的拟态环境中复原客观历史场景、社会意识,并避免文字表述再次建构的缺失,永远是史学工作者的技术性难题,就像语义学家柯日布斯基所言:一物无论说它是什么,它都不是。如何从有限而驳杂的符号体系中剥离出社会现象的客观内容与内在关联,将是立意行文时必须谨慎对待的难题。

五、文献说明

首先,本书所用清末至民国时期出版的史料包括地方志、专著、游记、各种相关刊物等数种,另外,特别重视对青岛市档案的充分利用。

从 1898 年德租胶澳至 1928 年北洋政府统治结束,青岛此时期的地理沿革、社会情形、政治制度、经济生活在《胶澳志》中有最详尽的记载,这也是第一部青岛志书,故此期的青岛城市研究以《胶澳志》所载为主,并兼参考当时中、德、日人出版的专著,如谋乐的《青岛全书》、田原天南的《胶州湾》、谢开勋的《二十二年来之胶州湾》、叶春墀的《青岛概要》和张武的《最近之青岛》等

---

① 〔法〕马克·布洛赫著,张和声、程郁译:《为历史学辩护》,中国人民大学出版社 2006 年版,第141 页。

书。1928 年至 1937 年的史料以青岛市政公报、青岛市各部门的行政汇编和档案记录为主,辅以当时媒体报道、时人游记和已有的青岛城市史研究成果。

本书较有特色的是,比较全面地使用民国时期青岛市的相关档案、报刊资料研究近代青岛社会,这些报刊有青岛市档案馆、国家图书馆、北京大学图书馆、南开大学图书馆、上海市图书馆等处收藏的民国时期山东以及青岛发行的部分报纸和期刊,如《青岛时报》、《正报》、《青岛青年》、《农村生活》、《青岛画报》、《沧口民众》、《青岛社会》、《体育周刊》、《都市与农村》、《青岛市乡村建设月刊》等。这些资料中对于青岛市民和农村生活的描写将为我们展示青岛城市与农村生活中底层人民的面貌。这些刊物中,因为《青岛时报》所记年限为 1927 年至 1936 年,记载了青岛政治、经济政策与发展情形,尤其关注青岛的社会生活,并对青岛市井风情有较连续的观察记载,故对于民国时期青岛社会状况的分析将以此刊与当时政府出版的调查汇编、青岛指南为主,以他种刊物和相关资料为补充参证。其他在外埠创办并在青岛发行、有一定销售市场的《大公报》、《益世报》、《申报》、《北洋画报》;外地创办但关注青岛城市发展的期刊,如《东方杂志》、《晨报》、《地学杂志》、《中外经济周刊》、《行政研究》、《中国社会》等刊物,或略略数语,或详述一事,或及政治冲突,或论经济联系,也从不同侧面反映了青岛现代化进程中的群体生存状态。

其次,本书采用的新中国成立后编辑出版的史料以山东省、青岛市、区各级政协文史委员会编写的地方志、文史资料以及青岛市档案馆撰写的各种大型资料汇编等为主。包括台湾出版的系列山东资料丛刊《山东文献》、山东省地方史志编纂委员会编的《山东史志资料》、中国人民政治协商会议山东省委员会文史资料研究委员会编的《文史资料选辑》、山东省政协文史资料委员会编的《山东文史集萃》、青岛市档案馆编的《胶澳租借地经济与社会发展——1897—1914 年档案史料选编》、《青岛开埠十七年——< 胶澳发展备忘录 > 全译》等,青岛市史志办公室编的系列志书,特别是青岛市内各区政协文史委员会编写的《李沧文史》、《四方文史》、《崂山区志》、《黄岛文史》等,其中含有大量的口述史资料,极大扩充了我们对青岛地区风土人情的了解。

最后,是现代中国与海外研究青岛的专著(包括尚未出版的博士论文)。这些研究成果已如前所述,要说明的是,由于近代青岛的统治者分别有德国、日本和中国，因而海外著作中主要是德国和日本学者从中外关系史和殖民统治、经济发展、民族主义角度对青岛都市作了考察，给笔者以重大启示。同时由于语言能力的限制，对于德文与日文著作、刊物与档案史料不能全面观照，只能就已经翻译成中文和英文部分的相关著作①进行研读，或参阅张玉法、庄维民等学者著作中引用的日文文献。

---

① Jefferson Jones. *The Fall of Tsingtau*. Boston, 1915；John E. Schrecker. *Imperialism and Chinese Nationalism: Germany in Shantung*. Harvard University Press, 1971，〔日〕田原天南的《胶州湾》，刘善章、周荃主编的《中德关系史译文集》、《中德关系史文丛》、《中德关系史论文集》，青岛市博物馆编的《德国侵占胶州湾史料选编（1897—1898）》、《胶澳租借地经济与社会发展——1897—1914 年档案史料选编》、《青岛开埠十七年——〈胶州发展备忘录〉全译》，古德·肖尔的《三种旗帜下的青岛》，余凯思的《在"模范殖民地"胶州湾的统治与抵抗———1897—1914 年中国与德国的相互作用》，〔德〕托尔斯藤·华纳的《近代青岛的城市规划与建设》，等等。

第一章 CHAPTER ONE

青岛的城市化进程

　　城市化，尽管国内外学术界尚没有对此形成一致的定义，但基本都认为城市化是第一次工业革命后，伴随着生产力的发展而出现的第一产业结构向第二、三产业结构的转变，及由此形成的"城市人口增加、城市规模扩大、农村人口向城市流动以及农村中城市特质增加的过程"①。青岛的形成，与众多近代新兴口岸城市的崛起一样，来自于西方列强的侵入，是外力推动的结果。自1898年德租胶澳到1937年抗日战争爆发后国民政府退出，青岛从僻远的传统市镇发展为近代工商要埠，成为民国时期的九大城市之一。其城市化进程，也是青岛广大乡村地区向城市形态的转变过程，在此过程中，青岛市这个政治辖区内形成迥然有别的城与乡的双重生态格局，城市与乡村各有不同的政治体制、经济形态、社会结构与生活方式，拉开了青岛地区发展的内部差距。

---

①　郑杭生主编:《社会学概论新修》,中国人民大学出版社 2003 年版,第 338 页。

第一节 青岛开埠前的生态
环境与社会状况

ERSHI SHIJI ZHI ZHONGGUO

一、生态环境

1.地质状况

传统社会的发展总是更多受制于自然地理状况，优越的地理位置赋予其后续发展的有利条件。胶澳地区位于山东半岛南岸，内拥胶州湾，并有零星岛屿点缀周边。青岛"形势险要，因胶州湾之伸入，天然区分为两半岛，以东半岛南端之团岛与西半岛北端之海西峡，昂首对峙，俨若二虎之据关，足扼胶州湾之咽喉，控青市之要塞，而钳制鲁豫诸省"①。北邻即墨，西连胶州，陆地面积并所属 25 个岛屿，合计共 551.753 平方公里。大部分地区为崂山山脉及其支脉所覆盖，这些支脉在北边是石门山脉，中间为李村南山脉，南支为浮山脉。②区内冈陵起伏，平原少见，各山脉之间为冲积层，平衍可耕。河流众多而季节性明显，每年多数月份内河道干枯，而在七八月雨季时变为山洪。尽管洪水深度很少超过几英尺以上，但是洪水从山坡上带下大量泥沙碎石。在千百年来雨

① 冯小彭：《青岛市政府实习总报告》，萧铮主编：《民国二十年代中国大陆土地问题资料》第 192 卷，台北，成文出版有限公司和美国中文资料中心 1977 年联合出版，第 92625 页。

② 国立山东大学化学社：《科学的青岛》，编者 1933 年版，第 13 页。

水和河水的冲积作用下,形成河谷与平原间的可耕地。也由于雨水的作用,各处山坡和山谷地带都被切割成为无数条深沟深壑。①

全区最肥沃的土地,仅有北边的白沙河南岸仙家寨一带,土呈黑色,含腐殖土较多,但因胶州湾气候润湿,盐分浸存于土壤中,阻碍了植物生长。其次是李村河与张村河间的平地,自李村南山以迄河东、河南及阎家山一带,为两河之水流冲积而成,土质坚密,富于蓄水性,而空气流通艰难,肥料与土壤分解迟缓,所以不如白沙河流域肥沃。李村河北岸及沧口南方的沙岭庄一带,地味硗薄,土呈黄褐色,因地势倾斜,露天分解的细土为雨水冲刷,表层养分含量减少,仅余沙砾覆于地面,故不宜耕种。崂山东部山地由片磨岩分解而成,土层较浅,表土为片磨岩风解的沙土。东海岸登窑一带则含有黏土,可以种麦或培植果木,但固着性较差,不堪蓄潴水分,易于干燥而地味硗薄。崂山南面的沙子口一带,山脉多直接入海,河流较短,水量不丰,陆地上冲积层不多,加上风化作用特强,碎岩屑堆积山下,河水力弱,不能尽数冲去,也不适于农作。②其余山麓与坡地或因沙砾众多,或因表土有机成分被雨水冲刷,或因半酸化作用加强而土质贫瘠,利用困难,耕作条件比较恶劣。

胶州湾内外的小岛或半岛,如塔埠头(俗称胶州码头)、薛家岛、水灵山岛、竹岔岛、黄岛、红石崖等处,都是山岭起伏,平原罕有,砂石多而沃土少,所有田地,不能深耕,"所树禾苗,根浅茎弱,及秀实之际,受海风吹荡,则根摇而茎折,秀而不实,故谷荒之灾,屡见不鲜,虽大有之年,每亩收量,不过数斗,人多地少,奚能足民之食,惟植地瓜,其生也,根块而蔓伏,土质既宜又避海风,其收入也,每亩可数千斤,几敷一岁之食,至于林业则地狭土硗,与海风吹杀之故,亦无甚发展之余地也"③。总体来看,"胶澳区负山面海地质硗确,比诸两县原有之地实为贫瘠"④。青岛市内因属花岗石层,井水和泉水储量较少,又地

---

① 《胶海关十年报告(1892—1901)》,青岛市档案馆编:《帝国主义与胶海关》,档案出版社1986年版,第76页。

② 民国《胶澳志》卷二,"方舆志五·地质",台北,成文出版社1968年影印本,第180~182页。

③ 《薛家岛、黄岛、竹岔岛、水灵山岛渔业之现在与将来》,《青岛时报》1933年7月17日,"自治周刊"第50期。

④ 民国《胶澳志》卷五,"食货志一·农业",台北,成文出版社1968年影印本,第679页。

处滨海，水质苦涩，不适于饮料。①这样的地质状况并不宜于农业发展，所以开埠前青岛乡村社会基本延续着传统的农耕和渔业生活方式，发展缓慢。

2.气候条件

青岛南临黄海，气候温和，"虽夏日之炎炎，不敌海风之拂拂，凉生轩户，清送花香"。"北枕群山，藉层峦为屏障，不畏朔风之凛冽，只知冬日之和融，夏可避暑，而冬又可避寒。"②春夏秋冬四季，寒暖适中，而严冬不冻。海拔高度平均约 78 米，"与日本东京、美国旧金山，或英属直布罗陀的纬度相同"。③青岛自 4 月至 7 月下旬为多雾之期，每周常有一次或数次之浓雾，由海上袭来，虽不至于有害健康，然衣服器皿建筑往往受潮。自 12 月至翌年 3 月，则空气干燥，寒威稍加，然霜雪稀少，海不结冰，故青岛最适宜之季节为 4 月中旬至 6 月中旬与 9 月末至 11 月末的两期。青岛为海洋气候，受到海水散热吸热缓慢的特性调节，虽到夏至，并不炎热，直至 8 月，气温达到最高，冬至后气温下降亦慢，在 1 月底 2 月初达最低温。即使盛夏时，气温也不超过 35.6℃以上，虽在严冬，也不会降至零下 12.8℃，所以青岛发展后，避暑避寒的旅客逐年日增，④并影响到青岛当地商业与服务业的发展。

青岛夏季多南风及东南风，冬季多北风及西北风，风之强度，微风最多，强风次之，暴风较少，平均风力为 3 级，6~7 级以上的风，平均每年 50 天左右。青岛虽处海边，但没有海啸台风之患。年均降雨量为 768 毫米，春季少雨，夏季多雨，7~8 月雨水最多，占全年的 70%，约为 537 毫米。⑤春天雨少，因而树木艰于发育；夏天雨多，故土层易生罅裂，所以民间植树罕得成林，仅于古庙坟园稍有树木成长。⑥胶州湾历史上偶有冰冻，近百年来，真正影响出海作业的很少。

---

① 民国《胶澳志》卷二，"方舆志五·地质"，台北，成文出版社 1968 年影印本，第 183 页。

② 〔德〕谋乐辑：《青岛全书》，青岛印书局 1912 年版，第 191 页。

③ 〔日〕田原天南：《胶州湾》，刘善章、周荃主编：《中德关系史译文集》，青岛出版社 1992 年版，第 24 页。

④ 民国《胶澳志》卷二，"方舆志六·气候"，台北，成文出版社 1968 年影印本，第 184~185 页。

⑤ 民国《胶澳志》卷二，"方舆志六·气候"，台北，成文出版社 1968 年影印本，第 185 页；寿扬宾编著：《青岛海港史》(近代部分)，人民交通出版社 1986 年版，第 2 页。

⑥ 民国《胶澳志》卷五，"食货志二·林业"，台北，成文出版社 1968 年影印本，第 706 页。

3.港口条件

山东半岛的沿海港湾较多,有崂山湾、汇泉湾、荣成湾、石岛湾、胶州湾等, 但只有胶州湾附近地势平坦, 尤其是白沙河以北至莱州湾间有一片狭长的平原,成为莱州湾与胶州湾之间便利的通道。湾内面积广阔,在全水面满潮时, 为 560 平方公里。[1]在圆形的 18.5 公里之内, 大船可航行其中, 另外尚有东西长 7000 多米、宽 1000 米、深 6 米 (退潮时) 的航路可供使用, 入港口宽约 3000 多米, 深 10 米, 便于船舶出入。[2]出湾航道的深度总在 10~40 米之间, 胶州湾的深度是足够的,不仅中、小型船舶可以聚集, 亦足以保证大型的船舶航行、锚泊和停靠。[3]冬季虽有大寒及降雪天气, 水域常年不冻,仅西北的浅滩处常有结冰现象。湾内很少遇到台风, 不存在强烈的潮流。潮水涨落之差约 3 米,便于泊船,也没有烟台港口周围众多侵蚀水上建筑的穿孔虫。[4]胶州湾附近的地质构造,多为海滨沉淀及浅海沉淀,沿岸河流较多,近岸多为泥质,对于建筑大型港口而言,工作量不算大,且能保持足够的深度与宽度,因此青岛有天然商业地的美誉。腹地山东、河北的农产原料及矿产资源十分丰富,清嘉庆年间时金岭镇铁矿已经开采。而胶州湾在山东半岛之南,不像之前开埠的芝罘(烟台)因处于山东半岛最东北,绵延的群山与糟糕的陆路切断了它与富庶地区的联系,青岛成为南北货物运输极有希望的工商地,以致 1896 年前来进行技术调查的德国海军技师李希霍芬称胶州湾为"中国北半部最大和最好的港口", 李希霍芬认为胶州湾有优越的装船条件,并且易于建立横穿山东平原到济南的铁路,而使其成为整个山东省经济发展的基地。[5]

① 民国《胶澳志》卷二, "方舆志二·面积", 台北, 成文出版社 1968 年影印本, 第 157 页。

② 〔日〕田原天南:《胶州湾》, 刘善章、周荃主编:《中德关系史译文集》, 青岛出版社 1992 年版, 第 13 页;〔英〕约翰·E.施瑞克:《胶州湾战略地位的潜能与价值》, 刘善章、周荃主编:《中德关系史译文集》, 青岛出版社 1992 年版, 第 67 页。此处考虑到上下文中前后长度单位的一致性,将海里、英里均换算作公里或米。

③ 寿扬宾编著:《青岛海港史》(近代部分), 人民交通出版社 1986 年版, 第 3 页。

④ 〔日〕田原天南:《胶州湾》, 刘善章、周荃主编:《中德关系史译文集》, 青岛出版社 1992 年版, 第 14 页。

⑤ 〔英〕约翰·E.施瑞克:《胶州湾战略地位的潜能与价值》, 刘善章、周荃主编:《中德关系史译文集》, 青岛出版社 1992 年版, 第 69~70 页。

二、社会概况

1.经济状况

胶澳地区租借前，其东部与西部分别属于即墨县与胶州的边远乡区，居民以务农为生，沿海地区还兼以捕鱼为业。居民充分利用当地有限的自然条件，每块土地，甚至是极小的地方都被开垦了。①他们在山坡种植果树，在山林间求取做饭的燃料，或利用山上的柞树养蚕织丝。②当地农民的土地零碎而分散，"往往仅长二三十公尺，宽数公尺，而梯田则更随地形山坡，弯曲狭小而不规则，或前有溪涧，有坎有堤，更或在陡坡上填成坡地，变为耕田，凡可利用耕种者，积数百年之辛劳，形如花园片片，出人想象"③。对自然造化之物的极致利用，显示出当地人口与土地关系的紧张与生产的农业特性。

由于山地、谷地、沙地、港湾居陆地多数，适于农耕的土地面积十分狭小。除北部仙家寨以外，鲜有大地主，山村与渔村只占有少量贫瘠的耕地。据1903年《胶澳发展备忘录》载，沙子口附近的14个村庄平均每人占有耕地0.6亩，很难借此维持一家生计。④德占时期，平原、山村、岛屿不同地区间农民的人均耕地一直在0.5亩至1.2亩之间。据1915年调查的土地台账所载，李村区内宅地、耕地总计111 000余亩，占全部面积的17%，按照李村当年人口98 879人计算，平均每人仅得1.12亩地。⑤而胶州湾海岸周边的小岛上(包括黄岛、阴岛、薛家岛、水灵山岛等岛屿)，总计农耕地面积28 025亩，人口30 111人，人

① 《胶澳发展备忘录(截止到1898年10月底)》，青岛市档案馆编：《青岛开埠十七年——〈胶澳发展备忘录〉全译》，中国档案出版社2007年版，第20页。

② 谢开勋：《二十二年之胶州湾》，上海，中华书局1920年版，第94页。

③ 〔德〕威廉·马察特著，江鸿译，纪恒昭校：《单威廉与青岛土地法规》，台北，"中国地政研究所"1986年版，第9页。

④ 《胶澳发展备忘录(1902年10月—1903年10月)》，青岛市档案馆编：《青岛开埠十七年——〈胶澳发展备忘录〉全译》，中国档案出版社2007年版，第234页。

⑤ 民国《胶澳志》卷五，"食货志一·农业"，台北，成文出版社1968年影印本，第679页。

均耕地不足 1 亩。①

乡村耕地实行两年三熟制，最便宜和最丰产的大众粮食是农作物中产量占首位的甘薯，几乎每家农户全部耕地的一半都要种植甘薯，此外种有谷子、黍子、稗子、大麦、小麦、大豆、荞麦等，蔬菜主要是萝卜和白菜。根据典型和普遍适用的、没有其他副业来源的中等家景的土地所有者的情况来计算农村一户人家的收入和商品，一等地每亩的纯产值为 23 吊制钱，二等地每亩 15 吊制钱，三等地每亩 10 吊制钱。通常一个中等家景的农户拥有中等土地 10 亩，其产量可以养活四五口之家。10 亩地的粮食产量价值是 150 吊，其支出为：粮食 100 吊，衣服 15 吊，零用(灯、家用器具等)5 吊，共计 120 吊。但一般的农户家庭拥有耕地在 5 亩左右，收入为 75 吊，而支出并未减少，农民生计之艰难由此可见。幸有山林海滨可资利用，居民们从事畜牧业、果树业和渔盐业等贴补家用。副业在当地农民的生存中占有一定地位，李村、坊子、流亭、华阴等定期的市集为他们提供了交换物品的便利。

农村中出于营利或自己食用目的而饲养家畜的人很少，农民喂养牛、骡、驴、马，旨在耕地或驮物，饲养猪来积肥，育肥后卖出的钱和喂大它所用的花费相抵，盈余甚微。果树业和林业也是耕地贫乏的居民尤其是山民重要的收入来源，在青岛北部乡区，东流水的坡地(王埠庄和上流庄)、登窑低地、李村河南部的丘陵地带为水果产区，按其种植能力，每亩可分别获得 100 吊、60 吊和 20 吊钱的收入，果树品种有苹果、梨、石榴、枣子、栗子、核桃、葡萄、李子、杏子、樱桃、柿子等。崂山附近的居民在山坡地带种植松树、橡树、椿树和竹子，②虽大多短矮，但在荒山众多的中国是少见的。③每年春天，树木的枝杈被砍下作为柴烧或在集市上出售，木柴价格为每斤 10~16 文制钱，干草一斤为

①　叶春墀：《青岛概要》，上海，商务印书馆 1922 年版，第 14 页，此处人口数量按 1918 年调查计算。

②　《胶澳发展备忘录(1902 年 10 月—1903 年 10 月)》，青岛市档案馆编：《青岛开埠十七年——〈胶澳发展备忘录〉全译》，中国档案出版社 2007 年版，第 237~242 页。

③　〔日〕田原天南：《胶州湾》，刘善章、周荃主编：《中德关系史译文集》，青岛出版社 1992 年版，第 16 页。

10~20 文制钱，多少可以贴补耕地养家的不足。①

全区有 160 多个渔村，②每年 4 至 6 月是捕鱼的主要季节，村子里最富裕的渔民一起出海捕鱼，收获后分别核算，除渔民自食之外，其他的鱼大部分被制成咸鱼或干鱼出售，每个渔民卖鱼所得盈利约 80 吊钱。③这并不包括购置渔具所必需的约 30~50 吊钱的资金，渔民还要承担海上风浪侵袭的生命风险。

胶州湾一带，本无制盐的行业。1900 年前后，渔户萧廷蕃联合许多渔业同行，在海阳县沿海一带，利用捕鱼的闲暇晒盐运卖，制造量较少，但收获竟比单纯业渔者高出数倍，此后制盐者日益增加。到 1908 年，胶州湾岸的盐滩，共有 254 处之多。④较大的晒盐场在阴岛，共有 4 处。盐场使用传统的方法，乘涨潮时将海水导入在海滩已经挖掘出的凹地上，朝海一面筑坝拦水，海盐在水分蒸发后逐渐析出。每斤盐价值 2 文制钱，平均每个盐场可得 800 吊钱。⑤

除制盐外，青岛的手工业种类较为多样，如胶州湾东海岸有养蚕业，西海岸有麦秆编织业，在村庄里有纺线和编草帽辫的，但主要供自用。⑥还有从事建筑（泥瓦匠、石匠和细木匠）、医生、理发、铸铁、织麻、打铁、修车、烧炭、屠宰等传统行业的 800 人，这些手工业和商业活动者多是农民兼营，其活动范围和形式与其特点相适应：总是小型的、手工业式的，根本就不雇佣伙计。大型的有组织的社会实业活动还未出现，仙家寨一家由十几个股东共同经营、产品销往中国内地的大型酿酒厂仅是个特例。农、工、商、服务业的分工，还未导致

---

① 《胶澳发展备忘录（1902 年 10 月—1903 年 10 月）》，青岛市档案馆编：《青岛开埠十七年——〈胶澳发展备忘录〉全译》，中国档案出版社 2007 年版，第 239 页。

② 国立山东大学化学社：《科学的青岛》，编者 1933 年版，第 81 页。

③ 《胶澳发展备忘录（1902 年 10 月—1903 年 10 月）》，青岛市档案馆编：《青岛开埠十七年——〈胶澳发展备忘录〉全译》，中国档案出版社 2007 年版，第 240 页。

④ 谢开勋：《二十二年之胶州湾》，上海，中华书局 1920 年版，第 101 页。

⑤ 《胶澳发展备忘录（1902 年 10 月—1903 年 10 月）》，青岛市档案馆编：《青岛开埠十七年——〈胶澳发展备忘录〉全译》，中国档案出版社 2007 年版，第 240 页。

⑥ 〔日〕田原天南：《胶州湾》，刘善章、周荃主编：《中德关系史译文集》，青岛出版社 1992 年版，第 17 页。

永久的社会划分或阶级的形成，①乡村的生产与经营活动依然保留着自给自足的传统色彩。

村民们主要通过集市开展商业活动。李村集是胶澳地区最大的集市，每年11月至次年3月份期间，李村集最为兴旺。在春节前夕繁忙的时节，前来赶集的人数可达15 000人，在生意最冷淡的夏季，只要天气适宜，赶集人数也不少于4000人。集市上提供的货品一般接近70种，据1902年前后的一次调查，主要以燃料、渔产品、地瓜干和蔬菜水果为主，农产品和手工业品是集市上的主要货物，并且进行着实物交换。小商贩们也调节着生产者和消费者间的商品需求，他们走村串巷兜售着一些低级货品。另外，在一些较富庶的地方如仙家寨和李村，乡间的每个村子开设的小客店或者持有官方许可证的大烟馆里都有经营固定生意的小商人。②明清以来沿海贸易较为活跃的港口如塔埠头等处也有从事出口贸易的商店，青岛口内"旅客商人，云集于此"，"宏轲连轴，巨舰接舻"。③1865年以来，在青岛、塔埠头和金家口设立东海关的分关后，青岛、女姑等口"百物鳞集，千艘云屯，南北之货既通，农商之利益普"④，贸易日益繁荣。青岛各港口出口产品主要有水果、白菜和黑毛猪，梨和胶州白菜以及沧口猪肉在全中国都被视为鲜美的品种，甚至有从上海运来的猪，往往旋即由此运回上海，在那里可以当作美味的"沧口猪"卖出高价。⑤1902年，在沧口有25家、女姑口有12家、沙子口有7家、东盐场有6家这样的出口商店。⑥青岛口

① 《胶澳发展备忘录（1902年10月—1903年10月）》，青岛市档案馆编：《青岛开埠十七年——〈胶澳发展备忘录〉全译》，中国档案出版社2007年版，第234页。

② 《胶澳发展备忘录（1902年10月—1903年10月）》，青岛市档案馆编：《青岛开埠十七年——〈胶澳发展备忘录〉全译》，中国档案出版社2007年版，第235页。

③ 《重修天后宫碑文》（1865年立），转引自寿扬宾编著：《青岛海港史》（近代部分），人民交通出版社1986年版，第3页。

④ 《重工旧规碑文》（1871年立），转引自寿扬宾编著：《青岛海港史》（近代部分），人民交通出版社1986年版，第3页。

⑤ 《胶澳发展备忘录（1902年10月—1903年10月）》，青岛市档案馆编：《青岛开埠十七年——〈胶澳发展备忘录〉全译》，中国档案出版社2007年版，第235页、239页。

⑥ 《胶澳发展备忘录（1902年10月—1903年10月）》，青岛市档案馆编：《青岛开埠十七年——〈胶澳发展备忘录〉全译》，中国档案出版社2007年版，第235页。

二十世纪之中国——乡村与城市社会的历史变迁

46

1896 年有 65 家商铺,除外地商人来此赁屋暂营的店家外,各类商店达 58 家,"计车马、旅店七,洪炉一,成衣、估衣、雉发三,油坊、磨坊、染坊六,杂货、竹席、瓷器店铺五,药铺二,当铺一,织网、麻、草、油蒌木材八,肉鱼盐铺行六,鞋帽、皮货各一,纱布绸店、广洋杂货店三,酒馆、饭铺九,酱园、豆腐坊各一,糕点茶食三"①。其中,经营出口业的商人没有自己的船只进行海外贸易,他们从生产者手中收购货物,然后趸卖给来自宁波与福建的大帆船主。这些商人多是专门的生意人,已从当地单纯从事农业的人口中分离出来,并受过较好的文化教育。如胡存约、傅炳昭和丁敬臣等,他们有自己的商会组织实行社会式经营,由多名商人分工合作并分取盈利,他们也积极参与集捐赈饥、修筑庙宇、协调民事的社会活动,但还是保持着传统的贸易与交换方式。与青岛进行货物贸易的地区,北到牛庄,西到安东卫、石臼所、胶州、海州,南达江淮闽浙广粤,东至朝鲜半岛。②从这些港口转运的货物西达潍县,东到即墨,北至烟台,主要销售于胶东一带。

综上所述,开埠前的胶澳地区地瘠民贫,物产稀薄,农林畜牧概不发达。③正如谢开勋所言:"那时的农业,不过是守着种于地收于天的成训,并没有一点讲求的想头。至于荒草地,除了樵夫打柴以外,更是没有第二种的用途了。"④除在滨海港口有若干职业商人外,广大胶澳地区基本停留在传统的自然经济阶段,是小农经济与家庭手工业相结合的典型农业区,生产规模小,生产力水平低下。生活必需品尽可能自给自足,集市交易采取实物交换的形式。乡民们充分利用大自然的恩赐,靠山吃山,靠水吃水,发掘山林与渔盐之利。改良生活主要建立在精耕细作的终岁辛劳和风调雨顺的好年成上,向土地讨生活是基本的生存保障,农业生产依然是该地区最重要的营生,甚至于多数人是唯一的生存方式。

① 胡存约:《海云堂随记》,青岛市档案馆等编:《德国侵占胶州湾资料选编(1897—1898)》,山东人民出版社 1986 年版,第 25 页。

② 胡存约:《海云堂随记》,青岛市档案馆等编:《德国侵占胶州湾资料选编(1897—1898)》,山东人民出版社 1986 年版,第 21~25 页。

③ 民国《胶澳志》卷五,"食货志六·商业",台北,成文出版社 1968 年影印本,第 777 页。

④ 谢开勋:《二十二年之胶州湾》,上海,中华书局 1920 年版,第 89 页。

2.社会生活

青岛乡间的村落构成一个个的居民群,开埠前,全区有 280 多个村庄,除辟为市区的青岛湾沿岸村落被强行搬迁形成市区外,市外 274 个村庄,"户口密于西北而薄于东南,盖西北仙家寨一带气候温暖,土壤肥沃,且偏在内地与县治接近,地方秩序较为安稳,至东南方面滨海多山,此地以及海西多以渔业为主,户口较稀"①。就户口分布之疏密言之,据德人调查,市外 274 村内,有人口百名以下者 36 村,100 人以上至 500 人者 144 村,500 人以上乃至 1000 人者 70 村,1000 人乃至 2000 人者 20 村,2000 人以上者 4 村。②多数村庄人口在 300 人左右,从平原到山巅,从小岛到沟涧,都有村落或农舍,少者不及 10 人,多者近 4000 人。③村民多聚族而居,村庄的名称多是以著姓大族命名,他们通过血缘纽带、共同的生活利益及彼此保护的需要集合在一起,一般通过公众选举出他们的村长,年限不定,窝落村和松山后村的村长从 1895 年、1896 年任职,直到 1932 年尚在任。④也有的村庄村长是轮流值年,由每户家长轮流出任。即墨与胶州县治对该地的管理基本通过村长与乡绅完成,青岛口等沿海港口设关后,地方胥吏加强了对当地商业税收的控制。

乡民日常生活所需的物品基本都靠自给自足,食物来自于自种之园地,制衣之布、建屋之砖、取火之柴、系物之绳,也多自己制作。农村妇女穿裤,到城市才着裙,她们的衣物由棉布制成,通常染成靛蓝色,或者天蓝色,和黄土绿地构成中国农村景观的主旋律。⑤"稍裕之家,则油、酒、酱、酢大都自制,故阖村妇孺恒有工作,终岁积蓄不至外流。"村民饮食,冬季朝夕两餐,春夏秋则朝午夕三餐,通年食物以甘薯为主,每人每天平均需要 2.5 斤到 4 斤,甘薯之外,杂以粟豆、高粱、小麦。冬春时节食用甘薯居多,夏秋两季则食粟居多。副食品

---

① 民国《胶澳志》卷三,"民社志一·户口",台北,成文出版社 1968 年影印本,第 231 页。

② 民国《胶澳志》卷三,"民社志一·户口",台北,成文出版社 1968 年影印本,第 231~232 页。

③ 〔德〕谋乐:《山东德邑村镇志》,青岛市档案馆编:《胶澳租借地经济与社会发展——1897—1914 年档案史料选编》,中国文史出版社 2004 年版,第 373~424 页。

④ 《青岛市村长姓名调查表》,青岛市公安局编印:《青岛市公安局业务报告》(20 年度),内部资料,1932 年。

⑤ 〔德〕卫礼贤著,王宇洁等译:《青岛的故人们》,青岛出版社 2007 年版,第 19 页。

二十世纪之中国——乡村与城市社会的历史变迁

48

为自家醃制的萝卜、白菜、菠菜、韭菜、茄子及豆腐之类，只有上流社会才会吃馒头、鱼肉，普通乡民吃肉也有机会，"惟每逢霖雨之后，有贺雨之典礼，少长咸集，相聚称庆，沽酒杀猪，共为欢饮，藉贺雨以互相慰乐"①。因为生活简单、欲望无多，社会比较安定。尽管收入菲薄，但税收较低，田赋每亩为64文，并无来自官府大的压力，生活是平淡而自足的。村民们以浅层井水或河水为生活用水，人畜共处一室，常常随地大小便，并不讲究卫生。依山的居民用花岗岩建造房屋，所需石材遍布于附近山地，这些石头极易加工，一个人垒墙绰绰有余。地面系干打垒而成，门闩也是木制，窗棂糊纸，夏季逐渐撕去，以利通风，冬天来临之际重新糊制。房屋前墙一般用芦苇和泥土为皮，里面三间互相贯通。②也有些房屋用土坯制墙，屋顶以草覆盖，并用黏土压实。富户用花岗石及砂岩石等建屋。建筑费大约草房每间(约四方步)50吊，瓦房每间80至120吊。乡民建筑新屋及修理旧屋，大都自己工作，亲友邻里协力助成，并不雇佣工匠，稍裕之家虽雇工建筑，上梁之日邻里也竞相帮忙，③乡间保持着纯良之俗、古朴之风。

旧志谓胶州"人民朴野，以农为务，士敦经术，俗多狷介，衣冠文物有古先王之风。生性阔疏，民贫俗俭"。即墨县中，"民以樵苏为业，鱼盐为利，淡泊自足，不尚文饰。士好经术，人务耕织，礼义之风有足称者"。④村民安分守己、勤勉朴素，由于缺乏牲畜，耕种土地非常辛苦。有时候你还会看到人拉的木犁。一般是全家一起下地干活，晚间，姑娘媳妇们坐在院子的门洞里说笑闲谈，老年人则聚在他们的佑护神——关帝的小庙里，或是大树下，抽着旱烟袋，谈论村中事务或天下大事。⑤村民重视生、婚、丧礼，俭朴之家，布衣银饰外，聘礼亦准备制钱二十千(文)，富裕之家则十倍于此，丧亦厚葬，守孝三年，孝敬双亲，重

① 民国《胶澳志》卷三，"民社志五·生活"，台北，成文出版社1968年影印本，第374~375页。

② 〔德〕卫礼贤著，王宇洁等译：《青岛的故人们》，青岛出版社2007年版，第18页。

③ 〔日〕田原天南：《胶州湾》，刘善章、周荃主编：《中德关系史译文集》，青岛出版社1992年版，第17页；民国《胶澳志》卷三，"民社志五·生活"，台北，成文出版社1968年影印本，第383~384页。

④ (清)严有禧纂修：乾隆《莱州府志》，《中国地方志集成》山东府县志辑44，卷二"风俗"，凤凰出版社、上海书店、巴蜀书社2004年版，第57页。

⑤ 〔德〕卫礼贤著，王宇洁等译：《青岛的故人们》，青岛出版社2007年版，第61页、20页。

死甚于待生。兄弟析居，大都俟父母亡故之后，析产平分而长子较优，父母在则听父母支配。[①]

乡人出行较为困难，众多的丘陵与山谷使这里的陆路运输十分困难，联络各村的道路很狭窄，大城镇之间的道路稍宽，也只能步行。在胶澳租借前，仅有可通骡车的4条街道和可通独轮车的6条路，将几个大的村落、港口与总兵老衙门连接起来，其他村庄则小路崎岖，不堪通车。[②]骡马车辙高低不平，行人牲口跋涉尤累，对于商人们来说，多担路上风险，多花路费开支，并多耽误时间。有时在一场大雨以后，陆上交通要暂时停顿，甚至在夏季降雨季节，要全部停止。[③]没有合适的河道，没有方便的陆路打通此地与内陆的联络通道，没有山体的绿化，缺少肥沃的土壤，沿海地区，"高下起伏，直同石田，不仅草木不繁，亦且童童无土"，所以在当地居民的回忆中，"未让德人以前，一片荒莽，绝少人烟"。[④]

由于土地和生产技术的制约，居民的物质生活是贫乏的，文化活动也简单，"娱乐方面，亦甚淡薄，演戏赛会，均属罕见"[⑤]。陆地农村尚有中医、药剂师共50人，而水灵山岛上绝无医药，有疾只好听其自愈或自毙。[⑥]虽然普遍贫寒，传统的私塾教育依然延续。1906年的调查表明，除青岛、大鲍岛、台东镇、海西、水灵山诸岛和黄岛外，农村有246所学校，它们分布在有17 614个家庭（82 000人）的209个村庄里。平均72个家庭（约360人）拥有一所学校，有137所学校设在祠堂里，3所设在庙里，106所设在私宅里。每所学校里授课的只有一名老师，因此老师总数与学校数一样，为246名。这246所学校共有2994名学生，全部是男生，没有女生，上学儿童占总人口的3.7%，占18岁以下男孩的20%。大部分学生在7~10岁期间入学，在校学习4~5年。绝大多数学生来自其

① 民国《胶澳志》卷三，"民社志三·风俗"，台北，成文出版社1968年影印本，第363~364页。

② 民国《胶澳志》卷六，"交通志一·道路"，台北，成文出版社1968年影印本，第873~874页。

③ 《胶海关十年报告（1892—1901）》，青岛市档案馆编：《帝国主义与胶海关》，档案出版社1986年版，第75页。

④ 抚瑟：《青岛回顾记》，《新游记汇刊》卷十，"山东"，中华书局1921年版，第13页。

⑤ 《本市农业概况调查》，《青岛时报》1932年8月29日，第6页。

⑥ 《水灵山岛调查报告书》（续），《青岛时报》1932年9月12日，"自治周刊"第7期。

学校所在的村庄，有 2708 人，其余 286 名学生来自外村，来自本村和外村的学生比重分别为 90.4%和 9.6%。长期住在学校里的学生总数（包括外村学生）有 625 人，他们分布在 158 所学校里，平均每个学校有 4 人住读。

除去初次拜师时支付的见面礼（每个学生约为 200 个小钱），家长每年为每个学生开销的学费等共计 3.36 吊。此外还要为笔墨纸砚和书本支出约 2~3 吊，有时还需要给老师提供膳食的费用。学校的课程主要是识字课，如三字经、百家姓、千字文、四书、五经，在课堂上还有写字和方法训练，除了这种语言训练，有 41 所学校还开设了算术课，主要是教授"九九乘法表"和用算盘运算。这些私塾是建立在个别家庭自愿结合基础上的，他们缺乏持久性和内在的连续性，不少学校达到少数开办者的目的后便解体了。①

3.职业结构

1897 年，德人调查全区人口总数为 83 000 人，②以此人数与陆地面积相比，人口密度为每平方公里约 150 多人，与山东全省 200 多的人口密度相较，胶澳地区可谓人烟稀疏。③居民主要业农、渔，亦有各种手工业者和商人。全区 283 个村庄中，160 多村有半数为渔农兼业，则业农者占十之七八，业渔者十之二三，并有少数人从事手工业和商业，全部脱离农业与渔业的手工业者和经商者较少。

---

① 《胶澳发展备忘录》（1905 年 10 月—1906 年 10 月），青岛市档案馆编：《青岛开埠十七年——〈胶澳发展备忘录〉全译》，中国档案出版社 2007 年版，第 457~462 页。

② 民国《胶澳志》卷三，"民社志一·户口"，台北，成文出版社 1968 年影印本，第 231 页。另据胶澳总督府 1898 年、1903 年、1906 年的备忘录估计为 6~8 万人，约 7 万人，或称李村区 82 000 人。包括岛屿居民，则 83 000 人可代表胶澳全区乡村人口之概数。

③ 关于民国时期 1920~1930 年代山东省全省人口密度平均水平，因人口统计数字和年份的差别，有不同数据，或算得每平方公里 244~281 人（参见白眉初：《中华民国省区全志》第 4 卷《山东省志》，北京师范大学史地系 1925 年版，第 4 页，面积换算为平方公里后所得），有每平方公里 208 人之说（参见从翰香主编：《近代冀鲁豫乡村》，中国社会科学出版社 1995 年版，第 134 页），或为 237~262 人（据《民国山东通志》第 1 册，台北，山东文献杂志社 2002 年版，第 238 页、241 页计算而得），或按 1931 年内政部调查之人口计算为每平方公里 180 人强（参见杨文洵等编：《中国地理新志》，上海，中华书局 1935 年版，第五编，第 72 页）。

当地手工业者大约 800 人, 行业众多, 包括泥匠、铁匠、木匠、兽医、吹鼓手、唱戏艺人和说书艺人等(见表 1.1), 一些人还兼营商业, 自产自销其手工产品, 这些工商业活动没有真正从农业中分离出来, 他们更多分散在广大农村。乐师、唱戏艺人和说书艺人, 年收入分别为 30~60、100~200、40~70 吊钱。[1]按二等地每亩纯产值为 15 吊钱和一人年均生活费近 30 吊来衡量, 这些从事娱乐行业者的年收入还是相当丰厚的。

表 1.1 1898 年前青岛、李村附近 48 个乡镇中职业类别列表[2]

职业类别	人数	职业类别	人数	职业类别	人数
泥匠	430	兽医	4	说书艺人	8
铁匠	34	扎纸裱糊匠	8	教书塾师	41
染匠	10	皮革制造匠	15	僧道	12
木匠	98	吹鼓手	47	占卦算命	11
锡匠	8	唱戏武技	45		

无论从地质状况、经济发展、物质生活、文化教育, 还是职业构成来看, 胶澳地区和中国千千万万的典型农村社区一样, 以家庭和宗族的血缘关系为纽带建立起个人与家庭的社会关系, 遵循着代代相沿的耕作、生活与教育方式, 信守勤恳节俭的持家之道与安分守己的处世信念, 从祖辈那里继承下来的物质与社会习俗足够使他们享有在狭小的村落中生生不息所需要的技能与规范。虽然土地贫瘠、生活贫困、劳作艰苦, 但丝毫没有影响他们乐在其中的趣味, 闲暇时的聊天、打牌, 节日时的赌博、听戏、迎神赛会、看杂耍是公共的娱乐方式, 在没有新式的生活来临前, 人们对此是怡然自得的。[3]与山东其他土

① 《胶澳发展备忘录》(1902 年 10 月—1903 年 10 月), 青岛市档案馆编:《青岛开埠十七年——〈胶澳发展备忘录〉全译》, 中国档案出版社 2007 年版, 第 234 页。

② 根据日译德文《关于胶州地区的土地和税收政策问题》一书中的数字编制, 原书 1899 年青岛刊印, 转引自任银睦:《青岛早期城市现代化研究》, 生活·读书·新知三联书店 2007 年版, 第 193 页。

③ 胡存约的日记透露出商人的自足, 德国人占领青岛后拍摄的当地村民的照片则折射出村民对生活的恬淡适应, 卫礼贤的回忆中, 尽管有蚊子与苍蝇的肆虐, 村民们依然有把话桑园下的自得。

壤肥沃、耕地较多、村落密集的地区比较，这里是耕地不足、土质不良、水源不均、人口稀少、交通不便、自给困难的偏远山地，而绝不是《北华捷报》等外国在华媒体所宣称的富饶平坦、果树茂盛、村庄繁荣的繁盛之区。①占领当局可以作为一种传播策略来吸取其国内舆论对其新占领地的关注，但不能解决乡村与世界发展的实在差距，占领胶澳不久，殖民当局即意识到他们要以多大的努力与资金来投入到对远东这片土地的开发。"海运发达，靠海才有优势；海运发达，襟江才有经济意义。"②这片潜力无限的襟山面海之地，只有架起海陆交通的两翼，才能真正实现经济的起飞和社会的突变。而在此前，依托传统商贸与渔耕产业的青岛还停留在百年前的发展格局，没有产业结构的更新换代、技术资金的强劲输入，没有显著的人口增长和人口聚集区，更遑论现代城市的管理体制与基础设施。

三、政治沿革

青岛自1898年租与德国，由德人统治17年，至1914年日本乘第一次世界大战之机对德宣战占据青岛，复于1922年归还中国，1938年日本再度占领青岛，直至1945年。近半个世纪中，青岛政权几易其手，政局屡次变迁，兹不赘述，仅将1898年前青岛政治沿革略作梳理。

现代青岛政界与学界将1891年定为青岛城市建置的开始，因为这一年，清政府在胶州湾驻兵设防，修筑总兵衙门、炮台等建筑，故下文以1891年为界将德占前青岛的政治情形分两个阶段作一概述。

1.设防前概况

青岛市辖境，旧名胶澳，包括海东、海西两部分，胶州湾以东区域，德占前属即墨县仁化乡，胶州湾以西之阴岛属里仁乡，薛家岛属胶州沾化乡辛林社，

---

① 《胶州湾消息》，1897年12月24日《北华捷报》(英文)(摘录自德国《东亚劳埃德》报)，青岛市档案馆等编：《德国侵占胶州湾资料选编(1897—1898)》，山东人民出版社1986年版，第475页。

② 张仲礼主编：《近代上海城市研究》，上海人民出版社1990年版，第10~11页。

黄岛属沾化乡安林社,塔埠头属胶州济实乡海林社。①清乾隆年间以即墨隶于胶州,而统属于莱州府,直至清末胶澳为德国强占。就胶澳全区形势在历史上的地位而言,大抵汉唐以前,设险在陆,如燕国伐齐,田单以即墨一地,收复失地,保存齐国。宋元以后,置重在海,因为随着文明的进步,海洋用途日益广泛,青岛曾于唐代时作为赴印留学的高僧与日本遣唐使的往来通道。宋代以降,海运愈见重要,宋初曾于青岛沧口一带置密州市舶司,与广州、泉州、明州(今宁波)共同负责中国与南洋的贸易往来。自元、明、清三代建都于北京,军粮民食,仰给南方,漕运往往取道胶澳,粮船从江淮出发,经胶州、成山赴大沽口,胶澳成为南北航海必经之路,胶澳口外的诸多小岛,也为航海者提供了避风供水的停息地,所以胶澳商业更形发展,成为商贾荟萃之地。明代中叶,因倭寇侵扰,朝廷在沿海地区选择重要地带设立卫所,如胶澳境内即设浮山所,附近设有灵山卫和鳌山卫。因明代防范倭寇,实行海禁,胶莱运河屡次淤塞,所以至明代时期胶澳外贸渐形衰落。清代乾隆年间,设胶州关分卡于青岛口,凡胶州湾内如女姑口、沧口等进出商船,均在此处纳税。胶澳地区货物转运原集中于胶州的胶莱河口,因河口淤积,便以近海湾的塔埠头为泊船卸货之地,其后胶莱河口日形淤积,塔埠头的市街逐年外移,于是商业盛区,渐由胶州境而迁入青岛市境关。②塔埠头成为当地最繁盛的贸易港口,输出商品有大豆、豆油、豆饼、药材、猪肉等,输入商品有糖、茶、瓷器、纸张、竹木及江南棉花。③1859 年塔埠头和金家口设立厘税局,青岛口、女姑口设分局;1861 年烟台建立东海关后,1865 年在青岛口、塔埠头和金家口均设立东海关的分关,同时在女姑口、沧口、沙子口、登窑口等设卡征税,④胶州湾诸港至此全部纳入海关税收控制体系中,广大乡村地区则依然处于各州县官府管理之下。

① 民国《胶澳志》卷一,"沿革志一·历代设治沿革",台北,成文出版社 1968 年影印本,第 19 页。

② 冯小彭:《青岛市政府实习总报告》,萧铮主编:《民国二十年代中国大陆土地问题资料》第 192 卷,台北,成文出版有限公司和美国中文资料中心 1977 年版,第 92614~92616 页。

③ 张利民、周俊旗、许檀、汪寿松:《近代环渤海地区经济与社会研究》,天津社会科学院出版社 2003 年版,第 33 页。

④ 寿扬宾编著:《青岛海港史》(近代部分),人民交通出版社 1986 年版,第 8 页、20 页。

2.胶澳设防

　　洋务运动期间，中国筹设海军，加强海防边防，大臣许景澄议论海军事宜时，极言胶澳形势险要，且为西方垂涎，请求开辟胶澳为海军驻地。因得到御史朱一新支持和北洋大臣李鸿章的重视，清廷便于 1890 年派刘含芳、琅威理等人到胶澳视察。琅威理主张筑堡设防，但因经费限制，胶澳未能有所部署。1891 年 5 月李鸿章与山东巡抚张曜巡视胶澳，1892 年春调登州总兵章高元率清军一镇共 2000 名官兵移驻胶澳。章高元建总兵衙门于青岛村天后宫旁，又在青岛山和团岛修筑炮台，设置骧武、广武、嵩武、炮兵营。在青岛驻守的近 6 年时间里，章高元部进行了有限的初步建筑，包括一座总兵衙门，建在香火较旺、村民重视的天后宫南侧，作为军队首领的居住和办公场所。1893 年修建了军用码头——栈桥，长 200 米，宽 10 米，石头筑成，水泥铺面，俗称铁码头，并在总兵衙门的前方修筑了小码头，长 100 米，宽 6 米，又称衙门桥，这两个码头供军用物资装卸和北洋船只停靠。东镇建立了电报局，小鲍岛附近则建了一座炸药仓库，还有未修筑完工的 3 处炮台和 4 座兵营。[1]驻兵期间，章高元还修建了几条能到达其他港口和重要村庄的骡马路。当时，青岛村为渔船聚集之地，旧有居民三四百户，大都以渔为业，"章高元驻兵而后渐成为小镇市矣"[2]。

　　军港的开拓，刺激了青岛商业的发展，但这种商业主要是依赖于军队的，服务项目亦十分有限。当 1894 年章高元把军队尽数带走，赴辽东参战时，商店由于失却依赖，竟致纷纷关门。[3]兵营、炮台与栈桥的修筑，只是影响到青岛村、青岛口、会前村等少数村落，给天后宫增添了热闹，商业铺户也随之增加，1895 年由原来的 49 家增加到 61 家，又增加到 1896 年的 65 家。驻军对道路进行了平整，通骡车的路共 75 里，将老衙门和人口较多的中心村落和港口，如四方、水清沟、沧口、李村、张村、姜哥庄和沙子口等地连接起来；通独轮车的路有 61 里，贯穿较大的偏远村落、市集和港口。[4]但多数村落只有崎岖小路，

① 寿扬宾编著：《青岛海港史》（近代部分），人民交通出版社 1986 年版，第 30 页。
② 民国《胶澳志》卷一，"沿革志一·历代设治沿革"，台北，成文出版社 1968 年影印本，第 26 页。
③ 寿扬宾编著：《青岛海港史》（近代部分），人民交通出版社 1986 年版，第 82 页。
④ 民国《胶澳志》卷六，"交通志一·道路"，台北，成文出版社 1968 年影印本，第 873 页。

亦有无路通达者。此时胶州湾只有经过胶州与烟潍大道相联系的一条陆上通道，保持着与西部经济中心的联系，海运贸易虽然通达江南与东北港口及朝鲜，但依然是传统土产品的转口贸易，仅仅依靠中国平底帆船在塔埠头、女姑口、沧口三个海港进行有限的交易。因为胶州湾附近山峦起伏，与山东内地各商业地区的交通不便，贸易发展极为缓慢，主要满足胶、即两地的日常需要。

总体而言，清末于胶澳设防既不是作为独立的行政管辖机构，也不负有发展当地经济的职能，只是增加了青岛口的军事力量，却不能促进整个胶澳地区经济形态的转型与贸易格局的变化。除在宋元之后对于运输上稍形重要，明季防寇曾短期内设为重镇外，青岛口不过是"三五渔村点缀其间"[①]的小型市镇，整个胶澳地区并无重要变化可言，因此与论者称此时为青岛发展史上的"洪荒时期"[②]。19 世纪末的青岛既算不上封建古国的军事重镇，更非传统的政治城市，而仅为偏僻的沿海渔村。[③]

---

① 冯小彭：《青岛市政府实习总报告》，萧铮主编：《民国二十年代中国大陆土地问题资料》第 192 卷，台北，成文出版有限公司和美国中文资料中心 1977 年版，第 92617 页。

② 国立山东大学化学社：《科学的青岛》，编者 1933 年版，第 6 页。

③ 任银睦：《青岛早期城市现代化研究》，生活·读书·新知三联书店 2007 年版，第 18 页。

第二节 青岛城市的发展与城乡区隔的形成

ERSHI SHIJI ZHI ZHONGGUO

一、德占时期的城乡分治

1.德占胶澳与村落变迁

诚如费正清等所言："任何人把 1912~1949 年的中华民国与在它之前的晚清时期及在它之后的人民共和国作比较，都将被外国人这些年里影响中国人生活甚至参与中国人生活的程度所打动。"[①]青岛城市化的启动正是从德国租借胶澳之后开始，并经日本占据、北洋统治、国民政府管理后逐渐扩大与发展。

德国租借胶州湾之始末，事关国运，历来为学界与政界研究透彻，关于其占领之原因、经过无关本书题旨，只是对于胶澳由乡村到城市的变化与城乡不同的管理体制需详细考察。德国自 1870 年完成统一后，迅速完成工业革命，成为欧洲资本主义国家的后起之秀，尔后开始与英国竞争海上霸权，力图在中国获取一块海陆军根据地，作为在远东扩张势力的基础。从 1896 年派地质学家李希霍芬来中国调查富源时即特别注意山东，8 月，复命令东洋舰队司令

---

① 〔美〕费正清编，杨品泉等译，谢亮生校：《剑桥中华民国史（1912—1949）》上卷，中国社会科学出版社 1994 年版，第 1~2 页。

查批之提督调查胶州湾附近山东半岛的经济状况与军事形势，确认青岛为东亚最有价值之良港。1897 年德国派著名河海工程专家佛朗求司在技术方面进行精密调查和详细报告，对胶州湾的位置、形势、面积、港口、岛屿、气候、潮流、潮汐、动植物、泊锚地、地质、饮水、居民、商业、交通、渔业、牧畜、道路、房舍、建筑材料、工业、车站地点等都有切实研究，对如何利用土地、开发交通以与香港、上海竞争拟有逐条计划。[1]在德国外交大臣、海军部和媒体眼中，胶州湾在现有的中国海岸上，占据有希望的位置。作为军港，易于防守；作为商港，水深而不结冰，在短期内无淤塞之虞；而且，从胶州的地点看，是处在与日本、直隶、朝鲜各海及扬子江江口相距为中心的位置上，被称为是中国最好的风土和气候，其腹地有贮藏丰富的煤田矿区，与内地铺设的铁道相交叉，可当作重要的商品吞吐口。[2]

1897 年（光绪二十三年），德国借口曹州教案中德国传教士被杀，派遣军舰到中国胶州湾，强占炮台，一面继续派舰队示威胁迫，一面同清政府总理衙门交涉。中德于 1898 年订立《胶澳租借条约》，德国租借胶澳地区 99 年，并取得胶济铁路建筑权和铁路旁百里以内的采矿权。

早在 1896 年 11 月，德国已经形成决议：一旦德国军队占领该胶州湾就马上开始征购土地。[3]占领胶澳后，依照此前的调查与勘测，德国对收购工作进行了详细规划。首先，德国在占领后即发布告示，"占领期间，非经德总督之许可，禁止任何财产之转移"[4]。其次，了解当地土地情形、土地所有权问题，以及面积大小等等，制定可行税率与地价。再次，研究如何将收购的土地出售给德侨及华人。

其中，最重要的环节——征购土地是在细致的劝服、耐心的沟通、优良的

---

① 民国《胶澳志》卷一，"沿革志一·历代设治沿革"，台北，成文出版社 1968 年影印本，第 27 页。

② 《外交大臣在 1898 年 2 月 8 日帝国议会上的演说》，青岛市档案馆等编：《德国侵占胶州湾资料选编（1897—1898）》，山东人民出版社 1986 年版，第 407 页。

③ 〔德〕余凯思著，孙立新译，刘新利校：《在"模范殖民地"胶州湾的统治与抵抗——1897—1914 年中国与德国的相互作用》，山东大学出版社 2005 年版，第 247 页。

④ 〔德〕威廉·马察特著：《单威廉与青岛土地法规》，台北，"中国地政研究所"1986 年版，第 8 页。

第一章

57

青岛的城市化进程

价格与适当的镇压下完成的。为取得优先购买权，德海军司令与土地所有者一一订立预购契约。按此契约，地主今后只准售地给德国海军司令或其接任者，即德国政府，而不准售给他人。地主受此约束，德海军司令付给地主一次性补偿费，其金额为每年应交地税额的两倍。①1897 年德军侵入胶州、即墨，索取土地税册，②"至于随后之收买，则每次按本地之常价，由村长之谈判为之公定。在收买之价值内，扣除从前所给予之代价。在未收买以前，与业主之订立条约者，依旧官业耕种居住，除发卖以外，均得自由处置"③。尽管以优良价格征收，但本质上仍有不合理之处，如征收良田原则上很少超过每亩 75 马克的价格，征收劣等林地却很少达到最低标准每亩 25 马克的。而且，数千农民对于祖传之地，习惯上颇为留恋，乃至不愿出售，交涉颇为费事，因此购地工作，费时先后竟达数年之久。④但德国以占领者身份对中国有绝对优势，殖民当局威胁说，如果村民不同意出售，土地就会被没收。⑤德占当局还以进厂做工、进店为徒的利益劝诱当地村民。至 1901 年 10 月，大致辟市建港必需之用地，已告完成，占地达 9 村，面积约 2000 公顷，平均每 1000 平方公尺所费为 60 马克，全部收购价为 120 万马克或 60 万银元，即每公顷约 300 元（即每平方米 0.03 元）。⑥1898 年 10 月 3 日开始标卖土地，"五日内，以每平方米 1 元的价格售出土地十万五千三百九十平方米。购买土地的主要是那些准备在青岛开设

---

① 〔德〕威廉·马察特：《单威廉与青岛土地法规》，台北，"中国地政研究所"1986 年版，第 9~10 页。

② 《山东巡抚张汝梅致总署电》（1897 年 12 月 14 日），青岛市档案馆等编：《德国侵占胶州湾资料选编（1897—1898）》，山东人民出版社 1986 年版，第 285 页。

③ 〔德〕单威廉著，朱和中译：《胶州行政》，上海民智书局 1933 年版，第 4 页。

④ 〔德〕威廉·马察特：《单威廉与青岛土地法规》，台北，"中国地政研究所"1986 年版，第 14 页。

⑤ *Dirk Alexander Seelemann. The Social and Economic Development of the Kiaochao Leasehold (Shangtung, China) under German Administration 1897—1914*,PhD Diss.,Ms.Toronto,1982.p.138，转引自朱建君：《殖民地经历与中国近代民族主义：德占青岛（1897—1914）》，人民出版社 2010 年版，第 87 页。

⑥ 〔德〕威廉·马察特：《单威廉与青岛土地法规》，台北，"中国地政研究所"1986 年版，第 14~15 页，并见译者注。

工厂、商店的德人。此后每隔一段时间，当局继续出售土地"①。收买的临海 9
个村庄的土地用于建立新的市区，胶澳督署对拟建房屋的高度、面积、布局、
绿化等都有严格的建筑标准和审批程序。

德国许诺的美好前景尚未来临，一些当地居民即开始了居无定所、日渐贫
困的生活。德人征购土地后，把上青岛村、小鲍岛村、小泥洼村、海泊村里农家
的房子，一律收来，烧毁尽净，并让他们到台东镇和离青岛市较远的地方再
盖。②会前村有一家共 11 口人，原有土地 7.5 亩，渔船一艘，迁离时其房地产和
渔船仅折算为 970 元，他们被迫远栖棘洪滩，生活日见贫困。③据时人回忆：
"当时青岛多数人以捕鱼为生，村庄多而散。德军来了，不管是渔民还是农民，
也不事先安置，就连打带哄把这些住户撵走了。有的人赶到西大森、西岭一
带，即便是给个十元八元的，也盖不起房子，只好用些席子搭些小房。"④

1899 年秋天，胶澳总督府开始规划将台东镇作为华人居住区，失去家园与
土地的原来拆迁 9 村的华人以及外来的商贩与劳工都可以在这里建造或租住
房屋。台东镇于 1899 年底基本建成。⑤大鲍岛被改建成华商聚居之地，为修建
海泊河水源地，扫帚滩村民于 1901 年全部迁往台东镇，⑥小泥洼则新建为华人
劳工住宅区台西镇，并于 1900 年完工。⑦

---

① 《胶海关十年报告（1892—1901）》，青岛市档案馆编：《帝国主义与胶海关》，档案出版社 1986
年版，第 49 页。

② 谢开勋：《二十二年之胶州湾》，上海，中华书局 1920 年版，第 53 页。

③ 时桂山、马庚存：《德帝在青岛的暴政与青岛人民的反抗》，青岛市政协文史资料委员会编：
《青岛文史撷英》（德日占领卷），新华出版社 2001 年版，第 166 页。

④ 邹升三：《1901 年青岛见闻点滴》，青岛市政协文史资料委员会编：《青岛文史撷英》（德日占
领卷），新华出版社 2001 年版，第 171 页。

⑤ 〔德〕谋乐：《山东德邑村镇志》，青岛市档案馆编：《胶澳租借地经济与社会发展——1897—
1914 年档案史料选编》，中国文史出版社 2004 年版，第 377~380 页。

⑥ 侯文程：《去而复归的村庄》，中国人民政治协商会议青岛市四方区委员会文史资料工作委
员会编：《四方文史资料》第 1 辑，内部资料，1999 年，第 70 页。

⑦ 〔德〕托尔斯藤·华纳著，青岛市档案馆编译：《近代青岛的城市规划与建设》，东南大学出版
社 2011 年版，第 116 页。

这样，经过三年左右的征地标卖、拆迁重建，原有的海沿附近9个村落全部开始动工建设新的房屋、道路、电灯、自来水、下水道、行道树与港口，青岛成为"一个非常活跃的市场，军舰上所有的木匠，都得到命令，要把炮台和衙门收拾好准备住人。每天早晨八点开始，木匠、刨工以及各种工人一直干到天黑，甚至到深夜。裱糊匠和在地板上工作的人都很忙。毁坏的墙壁正在糊上干净的新纸。在正忙着干这种不习惯的活的我们的水手们当中，有许多中国工人"①。地价也不断上升，"在建筑业务兴旺时，大鲍岛华人住区，每平方米的地价涨到三元半，这时青岛管辖范围内大部分土地都已脱售"②。自从青岛被占领以来，可耕农地的价格已经提高四倍。③昔日平静古老的村落正为烦嚣忙碌的建筑工地所取代，失去传统农渔职业的村民开始以出卖劳力为生，当胶澳地区大多数村庄还在延续昨日的劳作与生活时，海湾的一角已经搅动了，此后的胶澳出现了迥然有别的发展格局。

2.城乡分治的管理体系

占领青岛后，德国设置了殖民政权——胶澳总督府进行管理，总督拥有广泛的权力，包括行政权、军事权、行政颁令权与立法权，他还拥有一定的外交权，可以直接与山东济南的中国地方政权打交道。1910年以前，总督还拥有征税权，他是胶澳地区军事、民事和司法管理的首脑，德占胶澳的事务除邮政和司法官吏直接受德国本部管辖外，其余均由总督负责。德占殖民当局主要由三个部门组成，即驻军事务管理、民事管理和司法管理部门，另外还有独立的直接对总督负责的财政局、卫生局和公共事务局，由青岛欧洲人根据总督法令选举产生的政府参议会作为咨询机构。④民政部负责管理民事，为处理租界

---

① 《胶州消息》，1898年1月7日《北华捷报》，青岛市档案馆等编：《德国侵占胶州湾资料选编（1897—1898）》，山东人民出版社1986年版，第484页。

② 《胶海关十年报告（1892—1901）》，青岛市档案馆编：《帝国主义与胶海关》，档案出版社1986年版，第49页。

③ 《胶海关十年报告（1902—1911）》，青岛市档案馆编：《帝国主义与胶海关》，档案出版社1986年版，第145页。

④ 〔英〕拉尔夫·A.诺瑞姆著，刘忠世译：《胶州的行政管理》，刘善章、周荃主编：《中德关系史译文集》，青岛出版社1992年版，第113~114页。

内的华人事务,掌管华人的管理、缴纳税费等事宜,民政部成立专办中华事宜辅政司,其工作由华人事务专员负责,当时任职最长的华人事务专员为单威廉,欧洲人则直接由民政部管理。为实现军事建设与经济掠夺的目的,殖民政府制定了严格的行政管理制度、完备的法律系统,并部署了强硬的武装力量来处理地方争端。1899 年 10 月,德皇威廉二世正式命名"胶州保护地的新市区"为"青岛",实行华洋隔离与城乡分治的居住、司法、管理模式,致力于建立一种"现代的、合理化的、驯服的社会体系"。其他广大乡村包括李村区和海西诸岛,管理上主要沿用传统的权力系统,并辅以严厉的司法管制。

（1）市区与乡区的形成

德占当局社会控制的一个突出特点是对华人的空间隔离与独立的行政管理体系,[①]空间是任何权力运作的基础,[②]对胶澳的分区规划成为德国殖民当局权力渗透与秩序维持的重要方式。为利于德国的殖民控制和出于卫生状况的考虑[③],1900 年 6 月 14 日德国胶澳总督公布《治理青岛包岛东西镇章程总则》,把胶澳租借地分为内外两界,内界包括青岛、大鲍岛、小泥洼、孟家沟、小鲍岛、杨家村、台东镇、扫帚滩、会前等 9 村,其余占领区内的 274 村为外界,称李村区。[④]青岛内界亦划分为二,不准欧洲人与中国人混住,其界限如下:"起自西边非大利街、北边候汉娄阿街一线,由此顺溯小北山岭,过挂旗山至凤台岭,再由此相沿各山岭,至会前东山以至海沿止。"[⑤]即今之保定路沿德县路到观海山,经信号山至青岛山,再从太平山直到海沿,此界线以南,不准起盖华式房屋,仅容西人、雇佣各人以及常佣等人在内限数居住。内界中的青岛

---

① 〔德〕余凯思著,孙立新译,刘新利校:《在"模范殖民地"胶州湾的统治与抵抗——1897—1914 年中国与德国的相互作用》,山东大学出版社 2005 年版,第二章。

② 〔法〕米歇尔·福柯、保罗·雷比诺:《空间、知识、权力——福柯访谈录》,包亚明主编:《后现代性与地理学的政治》,上海教育出版社 2001 年版,第 13 页、14 页。

③ 德国方面认为,区隔"尤其可以避免中国居民用过的脏水流经欧洲人居住的地方,这些脏水往往会产生极大的危害"。海军建筑顾问博克曼 1913 年语,转引自〔德〕余凯思:《在"模范殖民地"胶州湾的统治与抵抗——1897—1914 年中国与德国的相互作用》,山东大学出版社 2005 年版,第 275 页。

④ 〔德〕谋乐辑:《青岛全书》,青岛印书局 1912 年版,第 11 页、194 页。

⑤ 〔德〕谋乐辑:《青岛全书》,青岛印书局 1912 年版,第 13 页。

第一章

61

青岛的城市化进程

村与会前村成为欧洲人住宅与行政管理中心，其他小泥洼等 7 村成为华人居住区。行政区划分为青岛、李村两区，区置区长，均以德人充任，各区行政受民政部长的指挥，李村区长兼司警察。青岛区又分为青岛、大鲍岛、小泥洼等 9 个小区，李村区分为各村庄，小区长及村庄长均以华人充之。①

随着城市发展，1910 年德占当局调整区划，将内界的 9 个村合并为 4 个区，青岛、会前合并为青岛区，大鲍岛、孟家沟、小鲍岛村合并为大鲍岛区，台东镇、杨家村、扫帚滩合并为台东镇，小泥洼更名为台西镇。这样，除青岛是欧人居住区外，其他如大鲍岛区、台东镇、台西镇成为华人居住区，形成"两个截然不同的青岛，一个有大约 2500 名欧洲人，另一个与之相连但在所有方面都与之不同，有大约 4 万名华人"②。华人居住区内，稍有资产的商人铺户均住于大鲍岛区，"至东镇西镇，则为华人中流以下之萃集所，与内地之普通乡镇相似。对于生活程度低下之住民，亦不可少之设备也"③。其余 274 村为李村区所辖，依然是典型的农家村落。

（2）对城乡的管理

德国殖民当局对华、洋实行分治与隔离的同时，也形成了对中国人的不同管理方式。1900 年，中国人事务专员单威廉拟定《中国人条例》，规定华人按照城市规划，分别在市区（内界）与乡区（外界）居住，内界各小区由胶澳总督"简派一公举相宜堪用之人充作区长，至于粮约于势不能免之处，亦可按照此例选派一人"，每一区内由各房主保举后经总督选拔数人充当董事。按照此规定，每个区设有区长、粮约（征税员）和董事（地方首领）各一位，董事由各区区长管辖，区长和粮约都归中华事宜辅政司直接管束，如果发生违反规章的舞弊行为，辅政司将处以罚款或直接罢免。④

---

① 民国《胶澳志》卷一，"沿革志二·德人租借始末"，台北，成文出版社 1968 年影印本，第 48 页。

② W Blane.Tsingtao and Its Significance:with Some Impressions from a Recent Visit .Nineteenth Century and After,（Dec），76：1914，p.1221，转引自朱建君：《殖民地经历与中国近代民族主义：德占青岛（1897—1914）》，人民出版社 2010 年版，第 95 页。

③ 叶春墀：《青岛概要》，上海，商务印书馆 1922 年版，第 5 页。

④ 〔德〕谋乐辑：《青岛全书》，青岛印书局 1912 年版，第 12 页。

总督管理乡村土生土长的老百姓所遵循的指导思想和基本原则是,"使华人习惯于新的状态,基本上无须限制他们在宗法家庭中的共同生活和他们一直享有的家庭自主。对华人的私人关系和华人社区内部的领导的干预,基本上不超过当地公共秩序和安全及个体参与者愿望所要求的程度"①。即胶澳行政机构设置初期的宗旨,"系将青岛区造成欧洲式市街之中心,李村区造成中华式之村落"②。乡村地区的管理机构是李村区公所(青岛区公所也对属于西部岛屿的村庄兼行管理),设治安官主持其事,乡村里,治安官兼管司法与民政,是政府与该辖区本地人之间的唯一联结。③在不触动德国殖民者利益的情况下,居民们可以按照惯例选举村长,村长任职年限不一,他们可以安排人员进行值更和管理山林、码头,聚族而居的各个家庭可以选举自己的族长并与之调节家庭关系。此外,区公所在大的村落中派有自己信任的中国人,负责通知和传播官方布告,实施区公所改善道路、栽植森林、改良土壤、修筑堤坝等事宜。④

法律是殖民当局管理占领地、操纵其发展的重要手段,对乡区的司法管制,在民事案件中主要应用中国法律,并以德国法律为必要补充,刑法方面则按中、德法律和总督法令共同实行。1897年德国刚占青岛时,其舰队司令棣利斯便发布《告占领地中国官民》一文,一方面以军事力量威吓中国当地民众,"若居民中有行恶事者,则应依中国法律,毫不徇私地予以严惩。再者,若违抗德意志官宪命令,有敢于对之怀有恶意行为者,则应依德意志军法,给以严厉惩罚"。另一方面宣布沿用原有管理系统,"占领地内的中国官衙官吏应照旧忠于其职。中国官民均应读此告谕,并应服从之"。1898年中德达成租借条约时,托尔柏尔司令官即通令:"租借地内的居民,若有不服从德意志官宪命令

① 《胶澳发展备忘录(1899年10月—1900年10月)》,青岛市档案馆编:《青岛开埠十七年——〈胶澳发展备忘录〉全译》,中国档案出版社2007年版,第95页。

② 〔日〕白泽保美著,白垛达译:《德意志时代青岛营林史》,出版地不详,1940年版,第67页。

③ 拉尔夫·A.诺瑞姆著,刘忠世译:《胶州的行政管理》,刘善章、周荃主编:《中德关系史译文集》,青岛出版社1992年版,第114页。

④ 《胶澳发展备忘录(1899年10月—1900年10月)》,青岛市档案馆编:《青岛开埠十七年——〈胶澳发展备忘录〉全译》,中国档案出版社2007年版,第95页。

者,必依法给以惩处,不予宽容。租借地内人民必须认清并服从之。"①此后,德占当局陆续颁布了一系列市区与乡区民众的司法规则,在遵循原有统治秩序的同时,又辅以德国军法,实行严厉的军事管制。

对乡村而言,经常遭受的严厉惩治来自林业处罚,农民折伤树枝或扫收树叶,甚至刈取森林中的野草,都会被拘至山林局,从重处罚。处罚的种类包括罚洋钱、打板子、坐监牢。除此之外,只要不发生田地买卖、修改或新建房屋等特别需要李村区公所批准的事情,村民按照以前村落传统的习俗行事并不会出现难以适应的麻烦与不便。②从 1900 年至 1913 年,乡村民事与刑事案件大大少于市区,且民事案件大部分通过调解而结案,乡村社会在有德一代是相对安定的。17 年来,德国在乡村的管理体系基本没有变化,这种以华制华的手段看来是令总督与当地居民两下满意的。而当局对于税收则屡有变动。1898年,税收额沿用旧有税单,一官亩收税 64 文,以中国官府所出粮册为凭。③至1904 年,针对侵吞公款和土地产权混乱的现象,总督府对整个税制进行了彻底改革,实行土地登记法,以掌握土地占有关系的实际情况,并规定每亩地征税 200 文制钱,同时解雇地区收税员,由村长负责收取税款,每年分春、秋两季征收。④1908 年胶澳当局再次更改税收额,小亩(240 弓)税收增加至 350 文,中亩(360 弓)增至每亩 520 文,村长于每年秋后一季征收。⑤这种不断增加税收的做法,加重了民众的负担,也透露了殖民政府对城市大力投资时,对乡村不断榨取的一面。

在市区的中国人接受的管制远远严苛于乡村,德占当局的相关条例对市区中国人的出行、张贴公告、集会、庆典、疾病报告、垃圾处理等方面都有严格

① 〔日〕田原天南:《胶州湾》,青岛市档案馆编:《德国侵占胶州湾资料选编(1897—1898)》,山东人民出版社 1986 年版,第 395~396 页、401 页。

② 〔德〕谋乐辑:《青岛全书》,青岛印书局 1912 年版,第 85 页。

③ 〔德〕谋乐辑:《青岛全书》,青岛印书局 1912 年版,第 93 页。

④ 〔德〕谋乐辑:《青岛全书》,青岛印书局 1912 年版,第 95~96 页;《胶澳发展备忘录》(1903 年10 月—1904 年 10 月),青岛市档案馆编:《青岛开埠十七年——〈胶澳发展备忘录〉全译》,中国档案出版社 2007 年版,第 275~276 页。

⑤ 〔德〕谋乐辑:《青岛全书》,青岛印书局 1912 年版,第 96~97 页。

规定,中国人的住房根据华人事务专员的命令会随时接受检查。

首先是交通管制。在青岛和鲍岛区,中国人从晚上 9 点钟至清晨日出期间,没有路灯时,在街上行走必须点燃灯笼,否则禁止出行,在市区遛狗须给狗戴笼头;①出行不许制造噪音,青岛、大鲍岛两处不准用有响单轮小车运货;②各种车辆在日落后 1 小时至日出前 1 小时,必须悬挂边灯,必须在马路中间行驶,车辆往来时须在右边行驶;各种船只载客数与载货量都须禀报巡捕局核准;洋车夫必须年满 18 岁,身体强壮,衣着干净,严禁各车夫叫喊或围扑招揽生意;③在青岛会前湾等前海各路,暑期不准乘车、骑马、牵骡马驴狗等行走。④

其次是卫生管理。遇有传染病症或疑系染病情状限期 24 小时内房主或租主,病者家属、亲族等人须向邻近巡捕房报明;每房房主必须设立厕所,随时洒扫洁净,大小便外别项秽污之物不得倾倒在内,每日须将各项秽物搬除,如由卫生局工役搬除须按照衙门所定标准给以薪资;在没有欧人住址的地方耕种大田者要修砌倾倒垃圾的粪坑;在他人房屋近处养牛、羊、猪等,都要巡捕局核准,各房主要将院内、房内设法洁净,该房前后的官道要随时修筑打扫等;⑤青岛区和大鲍岛区院内厕所不准挖地坑,必须备有铁桶或木桶;居民和铺户不能在市街、院落、空地等处随便倾倒垃圾;⑥严禁在市区,包括台西镇、台东镇内,对牛、猪、绵羊、山羊、马、骡、驴进行宰杀、剥皮、剖腹,这些事项仅可在公共屠宰场办理;外界等地运鲜肉至内界,只有猪、牛可剖分运入,其他幼、小动物须全身运进,并要由官宰局检验。⑦

第三,关于公共秩序。不能随便张贴华文告示;除公议的大型神诞庆典外,不能擅自聚众会议;除娶亲发殡外,其他赛会游戏、燃放纸鞭爆竹、设立戏台演戏都须向总督和中华事宜辅政司禀报;在市区起盖华人房屋,暂置佣人工

① 〔德〕谋乐辑:《青岛全书》,青岛印书局 1912 年版,第 12 页、30 页。

② 〔德〕谋乐辑:《青岛全书》,青岛印书局 1912 年版,第 41 页。

③ 〔德〕谋乐辑:《青岛全书》,青岛印书局 1912 年版,第 80~81 页。

④ 〔德〕谋乐辑:《青岛全书》,青岛印书局 1912 年版,第 40 页。

⑤ 〔德〕谋乐辑:《青岛全书》,青岛印书局 1912 年版,第 13~14 页。

⑥ 〔德〕谋乐辑:《青岛全书》,青岛印书局 1912 年版,第 41 页、42 页、52 页。

⑦ 〔德〕谋乐辑:《青岛全书》,青岛印书局 1912 年版,第 43~44 页。

匠等事项,必须先行禀报巡捕局查核批准;①开采石头须由地亩局核准,并在规定地段作业;②各项营业都须请领执照并按规定纳税,不得延误。

德国占领当局将西方的市政管理模式搬到中国,无论是市区秩序的维护,还是道路的管理,德国管理者严格执法,即使对五六岁的孩子也毫不姑息,所以当地居民深知:"居此间者,必谨守法度,乃可免祸,稍不慎,罚即随之。"③1908年,为了减少对乡村地区的花费,总督府公布法令,对女姑口、沧口、沙子口、塔埠头等港口和李村、台东、台西的华商征收特别捐税(如房捐、过称税、市场摊位捐、码头税等),以使中国民众负担李村乡区的公务开支,筹措经费进行修路、建桥、建学校和造林等公益活动。尽管受到商人的罢市抵抗,在双方的妥协下,多数税捐还是如期征收。④

在严密的法令规章和强硬的司法惩罚下,青岛区的中国人生活在重重限制与监视下,开始学习适应新的生活环境。在新开办的工厂与码头上,工人们按照严格规章进行劳作,火车站的苦力都有统一的服饰与标牌,按照规定的价格与流程给来来往往的旅客服务,洋车夫们规规矩矩地按照先后顺序排队等候客人,嘈杂与随便被严厉的警棍驱逐殆尽,街道上干净、整洁、静穆。⑤随着市区街道、建筑、电灯、自来水、下水道、城市绿化、铁路、港口、工厂等城市建设项目的展开,一个按照"模范殖民地"样板设计的近代城市在胶澳东南部崛起,新的城市文明似乎很容易就取代了旧有文化,甚至,连生命力顽强的地方戏剧,也只能在天后宫和三江会馆这样的特定场所,才能一展风采。在随后30余年的发展中,青岛由军港驻地到工商大埠,逐渐拉开了与乡区的距离。

66

---

① 谋乐辑:《青岛全书》,青岛印书局1912年版,第12~13页。

② 谋乐辑:《青岛全书》,青岛印书局1912年版,第74页。

③ 抚瑟:《青岛回顾记》,《新游记汇刊》卷十,"山东",中华书局1921年版,第20~21页。

④ 《胶澳发展备忘录(1908年10月—1909年10月)》,青岛市档案馆编:《青岛开埠十七年——〈胶澳发展备忘录〉全译》,中国档案出版社2007年版,第672页;青岛市档案馆等编:《胶澳租借地经济与社会发展——1897—1914年档案史料选编》,中国文史出版社2004年版,第48~51页、326~330页。

⑤ Gardner L.Harding.Tsing-tao,Key to What,Everybody's Magazine,Feb.1915,(32):p.149.

二、青岛市政建设与城乡分野

马克思曾指出殖民主义所负有的"双重历史使命",德国租借胶澳,一方面侵犯了中国政治主权,破坏了中国旧有的农业社会经济格局,将青岛纳入现代世界体系中,变中国为其原料产地和商品市场;另一方面也向占领地输入新的观念、技术、资金,并开始按照规划进行城市建设,启动了青岛城市化进程。青岛城市的开发完全是在没有旧城市格局的基础上根据现代城市规划实施的,按照城市规划来进行建设也内生为青岛城市发展的一个传统;另一方面,与上海、天津等由几个帝国主义国家共同分割支配的"拼盘式"的城市发展布局不同,近代青岛基本一直处在单一强权的控制之下,城市发展打上深重的殖民统治烙印,成为近代沿海城市中具有殖民地特征的资本主义性质的城市。[1]从1898年至1937年,历经40年建设,青岛从一个既非商业中心、又非行政中心的与中国封建政权和农村经济相依存的小小军事驻地,脱颖而出,成为20世纪上半期全国经济产量第六、贸易总额第三、人口第九的重要城市,其快速的城市化进程大致分为三个阶段。

1.德占日据时期(1898~1922)

德国把青岛定位为军事基地与重要的商业中心,志在树立经济繁荣、政治稳定、军事便利的样板租借地,显示新兴资本主义国家德国的雄心与实力。它用科学规划、专业性实施和国家监督为"现代化"、"讲究效益"的殖民政治提供一种典范,[2]建设青岛的背后是其走向世界的一种筹谋与表态。因此,德国租借时期纯以设立市政基础、开发实业为务,无论是青岛城市规划还是管理,均积极进行,精心布置,并不惜大量投资。租借地的建设经费历年均由德国国库补助,1898年至1913年共补助1.625亿马克,而就地所筹之岁入共计0.365

---

① 任银睦:《青岛早期城市现代化研究》,生活·读书·新知三联书店2007年版,第328页。

② 〔德〕余凯思著,孙立新译,刘新利校:《在"模范殖民地"胶州湾的统治与抵抗——1897—1914年中国与德国的相互作用》,山东大学出版社2005年版,第1页。

亿马克，[①]这样的大手笔，无论是日本之于台湾还是英国之于威海卫，均难以比肩。德国占领初期投资金额较多，自1908年后，德国本土补助逐渐减少，而胶澳收入年年增加。[②]

1897年德国强占胶澳后，于次年公示了青岛建设规划图。这个草图基本确立了沿海岸发展的思路[③]，并开始兴建城市基础设施，成绩最为称道并影响城乡格局者，一为修路设港，其次是市政建设，再次为商业开发。

首先是1899年胶济铁路开工，1904年全线竣工，干线全长395.2公里，支线长45.7公里，[④]建设费用共5290万马克，[⑤]胶济铁路将青岛与西部重要的政治与经济结点济南、周村、潍县、高密、胶州等地连接起来。1898年4月，青岛开始进行港口建设，至1908年大港建成，总投资5000余万马克。小港主要用于停泊民船，大港则停泊军舰与大型轮船。同时，于大港码头上建盖货仓分租于商行和船行，大港以北填筑海面兴建造船厂。港口兴建均利用当时德国的先进技术，设计科学，容纳量大，坚固实用，分轮船码头、帆船码头、前海码头三处，以致当局自夸："从装卸设备的方便和安全来看，青岛超过了东亚所有港口……即使最大的货轮也可以在码头上将货物直接转装上火车。"[⑥]近代化的港口兴建后，山东花生油、柞丝、铁、煤炭、棉花、豆饼、兽皮等输出到南方沿海各埠，并从上海等地进口棉货、烟卷、木材、火油、面粉、白糖等。1906年，青岛港外贸进口额超过烟台港，1910年进出口总额也超过烟台港。1900年胶澳贸

① 民国《胶澳志》卷一，"沿革志二·德人租借始末"，台北，成文出版社1968年影印本，第50页。

② 《德意志之山东经营》，1914年5月1日《东方杂志》第10卷第11号，第8页。

③ 〔德〕托尔斯藤·华纳著，青岛市档案馆编译：《近代青岛的城市规划与建设》，东南大学出版社2011年版，第102页。

④ 青岛市档案馆编：《胶澳租借地经济与社会发展——1897—1914年档案史料选编》，中国文史出版社2004年版，第464页。

⑤ 民国《胶澳志》卷一，"沿革志二·德人租借始末"，台北，成文出版社1968年影印本，第64页。

⑥ 《胶澳发展备忘录（1905年10月—1906年10月）》，青岛市档案馆编：《青岛开埠十七年——〈胶澳发展备忘录〉全译》，中国档案出版社2007年版，第400页。

二十世纪之中国——乡村与城市社会的历史变迁

易总额不过390多万两,至1913年增加到6641多万两,[1]在中国49个港口中占第19位。[2]青岛已经建筑了一座新的商港,具备可供大型轮船使用的码头、仓库和一些现代设施,并且那里已和山东铁路连接起来,成为山东省会和其他一些内陆贸易中心的终点站。[3]青岛港修建后,来自德、英等国的洋行开辟了青岛通向欧洲、亚洲的航线,包括到烟台、大连、天津、上海、香港、汕头、海州、石臼所、牛庄、宁波等中国港口的航线和通往新加坡、马赛、安特卫普、伦敦、神户、科伦坡、赛得港、不来梅、热那亚、利物浦、鹿特丹、汉堡等地的国外航线,每周或每月均有到国内外的轮船,青岛从山东的穷乡僻壤一跃而为华北和东亚的重要商港。

其次,开展了市政建设,德国军署、法院、邮局、电话局、公私馆第,次第修筑,"石垣粉壁,焕然一新,旧日之茅茨草舍,铲除殆尽"[4]。德国对于建造房屋,规定严格,凡新盖楼房的高度、面积、窗户、绿化比例、墙体颜色、烟筒打扫次数等都有特别要求,由此形成青岛红瓦绿树的自然与人文景观。胶澳当局尤其注重卫生,对饮用水水源、管道及排泄秽水的沟渠均分开修建,对传染病的预防、食物的取缔、污秽尘芥的扫除、医师药铺的设立均有严密规则,而当地官吏又能认真执行,这保证了青岛街区尤其是欧洲人居住区的洁净与卫生。德占时期的青岛市建筑按其性质可分为四区:一、青岛区,大部属官厅会社及欧美人之住所,建屋以坚固为务,兼重卫生、交通与防火。二、大鲍岛区,多属华人居屋,沟渠设备整齐,利于卫生和防火。三、埠头区,以船行和进出口商行为主,而供职于埠头之人员多居于此。四、别庄(墅)区,在青岛区东南方,与海水浴场、竞马场接近,多属绅富别墅,德人之海军兵营亦驻于此。[5]同时,先后

---

① 寿扬宾编著:《青岛海港史》(近代部分),人民交通出版社1986年版,第90页;王守中:《德国侵略山东史》,人民出版社1988年版,第186~187页。

② 张武:《最近之青岛》,出版地不详,1919年,第33页。

③ 《胶海关十年报告(1892—1901)》,青岛市档案馆编:《帝国主义与胶海关》,档案出版社1986年版,第43页。

④ 张相文:《齐鲁旅行记》,1910年5月4日《东方杂志》第7卷第3号,第21页。

⑤ 民国《胶澳志》卷一,"沿革志二·德人租借始末",台北,成文出版社1968年影印本,第52~53页。

开辟海泊河和李村水源地，进行了与港路建设相配套的工程和重要的市政建设，如街道、自来水、电力、公路、上下水、海岸防浪堤坝等。这些工程自 1898 年起陆续开工兴建，至 1913 年底在市内建成道路总长 80 650 米，在市内与郊区共建大小桥梁 700 余座。上下水道建设规模宏大，从 1903 年至 1910 年，共安装污水、雨水排水管道 56 500 米。①

再次，开创了青岛现代工商业。德占时期一切处于草创，当局重在港湾、道路、水电工程等基础设施建设，对于工业建设，发力较少。所办工业多依附于路港等建筑项目和市政事业，一般为官办，如胶澳电气公司、造船厂、电灯厂、自来水厂、屠兽场、四方机车厂，另有属私营之砖窑厂二三所和满足欧洲人生活所需的啤酒厂、缫丝厂、汽水厂、面粉厂、精盐厂和蛋厂各一所。②青岛最早的银行——德华银行于 1899 年创办后，十多家洋行纷纷进驻。现代的工商业开始在青岛出现，新的公共娱乐方式也开始引进，包括电影院、舞厅、海水浴场、跑马场、欧人俱乐部等。德占时期的规划引发了德占当局强烈的自豪感，如媒体所言："茫茫青岛，四望无垠，地错山海，荆棘丛杂，此中国数千年来荒而不治之地也，而自我德租借后，土开田治，路筑岸修，商旅辐辏，蔚成大埠。抚今思昨，有若另一天地者，此我德人不惜重资，惨淡经营所致也。"③

如果说，"文明是在社会公益要求下产生的人类自我约束和规范的积极成果"④，在人类创造、传播的各类物质、制度和精神财富中，城市文明显示了进取的、有正面效应的那些部分，那么，综观德人统治时期，引进西方物质成果的同时，德占当局自占领伊始，即颁布系列章程，并于 1900 年设立巡警，通过系列的司法规章与行政制度建设来维护与巩固其城市建设的成果，上至地区治理和地方治安、华人民事诉讼、海关、征税与买田章程，下至养狗、打猎、义

---

① 青岛市史志办公室编：《青岛市志·政权志》，五洲传播出版社 2002 年版，第 439~440 页。

② 民国《胶澳志》卷五，"食货志七·工业"，台北，成文出版社 1968 年影印本，第 846 页；陈真、姚洛、逄先知合编：《中国近代工业史资料》第 2 辑，生活·读书·新知三联书店 1958 年版，第 758~759 页。

③ 《纪青岛历年之发达》，《协和报》1910 年 12 月 8 日，第 5 页。

④ 饶会林主编：《城市文化与文明研究》，高等教育出版社 2005 年版，第 8 页。

地、厕所、街道卫生等章程。"在近代史上，警察始终和城市文明的发展息息相关。"①德占当局通过巡警与相关部门的严格执法来推行近代城市行为规范和生活常识，此期也成为青岛城市化启动和城市文明的奠基时期。

　　1914年日本借口对德宣战出兵占领胶澳，设青岛守备军司令官进行统治，基本沿用德占时的市乡管理政策。德国是从长久的考虑出发，"优先发展港口航运、铁路、矿山，并以其发展促市建，以其利润扩展市建。同时，德国最主要的目的是要把青岛建成军、商混合港，因此，把城市建设放在其次"②。而日本"所特别注意者为市面之扩充与工厂之提倡"③。日本把实业放在重要地位，无论是政界还是商界均急于在青岛打下一个经济基础。1907年，在青岛的日本人还只有33户，196人，从事于照相、咖啡店和娼妓业，其中30%（59人）为妓女。④但1917年后日本资本家和平民大量涌入青岛，到1922年，资本在50万元以上的日本企业已有80家。⑤1916年至1922年为青岛工业的建设时期，所有日本人经营的棉纺、面粉、火柴、盐场、油坊、缫丝、冰厂、蛋厂大都于此时期成立，每年进口的建筑材料和厂用机械动辄巨万。⑥这些新式企业向青岛区北边扩展，台东镇有丝厂、油房、铁工厂、洋火各工场等。⑦沧口、四方成为纱厂集中之区，而市内聊城路、辽宁路一带，商店日辟，住屋增多，市区街道从中山路向北延展至馆陶路一带，工厂、道路、民房、商店、市场、戏院等大量增加，从1915年到1919年，5年间建筑面积58 667坪，占全部青岛中外建筑面积85 858坪的68%。⑧至1922年，市区面积"较之昔日德人时代，扩张至二三

　　① 王先明：《中国近代社会文化史续论》，南开大学出版社2005年版，第447页。

　　② 寿扬宾编著：《青岛海港史》（近代部分），人民交通出版社1986年版，第107页。

　　③ 《青岛过去经营政策之比较》，《交通杂志》，1934年第2卷第6期，第87页。

　　④ 寿扬宾编著：《青岛海港史》（近代部分），人民交通出版社1986年版，第109页。

　　⑤ 《青岛之现势》，1940年版，第14页，转引自寿扬宾编著：《青岛海港史》（近代部分），人民交通出版社1986年版，第109页。

　　⑥ 民国《胶澳志》卷五，"食货志七·工业"，台北，成文出版社1968年影印本，第847页。

　　⑦ 叶春墀：《青岛概要》，上海，商务印书馆1922年版，第102页。

　　⑧ 寿扬宾编著：《青岛海港史》（近代部分），人民交通出版社1986年版，第108页。

倍以上"①。尤其是日本在青岛设有 6 家纺织厂,资本总额达 15 500 万元,棉纺业在全国仅次于上海,居第二位。

2.民国政府时期(1922~1937)

1922 年 12 月,民国政府接收青岛,设胶澳商埠局管辖,成为中国现代市制的实验地。当时正值各地自治风潮迭起,北洋政府本想以商埠之组织实行自治,作为中国建设市政的模范,但在军阀混战之下,所有精神物力大都耗于用人行政方面,1922~1931 年的 10 年间,青岛十易其市长,城市建设没有大的进展,只是延续德日政策,对于道路、造林有修补之力,工商业仍操之于日本手里,日本设立的工厂,资本在 50 万元以上者,有 20 多家,民国政府投资 50 万元以上的仅有华新纺织和永裕制盐两家。②

但此时中国的民间组织开始活跃,各种同业公会、同乡组织和公益团体、慈善机构、新式学校纷纷出现。德日时期华人社会团体仅有齐燕会馆、三江会馆、广东会馆三个同乡会馆,以及辅助殖民当局统治华商的青岛商会组织和 1918 年成立的华人公益组织——青岛同善社,而民国政府接收后,政治环境的改变、城市经济的推动、社会交流的扩大与民间力量的发酵,推动了民间团体的兴起。德日时期,同业组织仅有青岛商会,接收后数年间,出口业、商业、房产、畜产、行栈、民船、水产、棉纱、煤炭业等公会纷纷成立,人力车业、人力货车业、报界和新闻记者界也开始成立各自的行业组织,达 15 个之多。而随着外来人口的增加,以敦睦乡谊为宗旨的同乡组织开始兴起,1922 年至 1925 年成立者即有 19 个。青岛公益组织如胶澳中国青年会、胶澳平民教育促进会、胶澳自治促进会、万国道德会、青岛道院、万国体育会、中国体育会等相继组建,各类娱乐组织和学术团体也逐渐涌现,如国际俱乐部、青岛狮会、武术实益会、公善社、青岛气象学会等,1927 年青岛妇女会成立。③

中国收回青岛主权后,"教育一端,始生剧变"④,中国本土教育受到重视,

① 叶春墀:《青岛概要》,上海,商务印书馆 1922 年版,第 16 页。

② 寿扬宾编著:《青岛海港史》(近代部分),人民交通出版社 1986 年版,第 138 页。

③ 民国《胶澳志》卷三,"民社志九·结社",台北,成文出版社 1968 年影印本,第 432~442 页。

④ 青岛市档案馆编:《帝国主义与胶海关》,档案出版社 1986 年版,第 240 页。

尤其是华人中小学教育进步匪浅,先后开设公、私立中学,师范学校,职业学校8所,小学由原来的37所增设为61所,学生由3000人达到近万人。[1]平民教育与通俗教育开始启动,平民教育促进会、基督教青年会等组织开办平民学校、平民读书处等,推广民众教育。1924年,青岛第一所中国人自己创办的大学——私立青岛大学设立。尽管市政紊乱、经费不足、师资薄弱,但为青岛教育事业的发展开创了新的局面。

1929年国民政府接管青岛,改为青岛特别市,直隶中央政府行政院,成为与南京、上海、天津、汉口并列的中国五大直辖市之一,仍以旧时胶澳商埠地界为其管辖区域。国民政府于1930年5月颁布实施新的《市组织法》。1930年9月4日,国民政府根据此法撤销特别市的称谓,青岛特别市改称为青岛市,但仍属行政院辖市。经短暂的人事变动后,1931年12月,沈鸿烈就任青岛市长,直至1937年12月在日本侵华战争阴影的笼罩下率部撤离青岛,7年间,正值世界经济危机爆发后中国农村经济加速衰败和日本占领东三省后对华北展开经济、政治渗透时期,市政当局审时度势,一面与日本、山东、东北地方势力周旋,同时,着眼于世界潮流与青岛地区及至胶济沿线农村发展,开始全面建设青岛,开创以都市之力反哺乡村之建设局面。市长沈鸿烈少时受儒学教育,青年时赴日求学,眼光开阔,行事缜密,就任前曾负责渤海湾包括青岛的海防,对青岛市乡了解详细。沈鸿烈能够同时与日本人、北方军阀集团及南京政府保持良好关系。在他的管理下,青岛对南京政府的财政贡献,远大于管理青岛所需的行政成本,因此在1930年代,沈鸿烈在南京政府中的威望一直很高。[2]这为青岛开展诸方面建设提供了有利条件。

莅任之初,沈鸿烈宣布十大施政纲领,革除旧弊,着重于经济建设与文化建设。经济建设方面,强调合理化与组织化,加强行业内部的分工合作与城乡的经济联系,由于政局稳定、举措得力,中国本土工商业开始有较大发展,华

---

① 民国《胶澳志》卷七,"教育志",台北,成文出版社1968年影印本,第990~991页。

② 外务省情报部:《现代中华民国满洲帝国人名鉴》,东京,东亚同文会1937年版,第253页,转引自〔美〕鲍德威著,张汉、金桥、孙淑霞译:《中国的城市变迁——1890—1949年山东济南的政治与发展》,北京大学出版社2010年版,第167页。

人投资的新兴企业相继创办，包括造纸、制针、时钟制造、火柴业、日用化工、文化用品、皮件手工业、塑料制品等行业，1937年，本国重要的工厂已达150家。[①]1932年10月中外商店共计为6746家，其中日商开设有929家。[②]至1933年同业公会组织已达到36个，其中，银行、钱庄、航运、火柴和律师等业也都成立了同业公会。[③]"往者本市繁荣仅恃商业，十余年来，工厂蜂起，制造发达，纺纱火柴卷烟等类，尤负盛名。现计市内中外商店，不下七八千家，资本总额，三万一千八百余万元，各类工厂不下二百二三十家，资本总额与出口总值，均在九千万元以上。"[④]青岛由商业为主、工业为辅的格局转变为工商业并重的近代城市。

一批市政工程也陆续兴建，如青岛港三号码头、青岛市大礼堂、水族馆、青岛体育场、海水浴场、栈桥回澜阁、中西旅馆、崂山道路等。1933年开设民用航空运输线，与北平、上海、天津、南京等地有了空中运输通道。第三号码头和青岛船坞的修建扩大了青岛港的航运能力，陆路交通也不断发展。胶济铁路连接津浦铁路，贯通全国及欧亚大陆，长途汽车通达山东重要市镇，市区也开辟了10条公共汽车线路，使乡区、市区与景区的交通更为便捷。市政当局通过举办国货展览会、华北运动会、国际少年夏令营、全国体育讨论会、物理学会、职业教育社年会、中国农学第十届年会、全国第四届铁路沿线产品展览会和图书馆博物馆两协会的年会等会议扩大青岛在中国的知名度，促进了青岛旅游业和社会经济的发展。1935年，沈氏主持制定了《青岛市施行都市计划案》，明确将青岛定位为"中国五大经济区中黄河区的出海口，工商、居住、游览城市"[⑤]，青岛成为公认的桃源区，"红瓦绿树、碧海蓝天"的美名蜚声海内外，甚至有人认为青岛"可以算是全中国最美丽最新式的一个都市"[⑥]。

---

①　青岛市政府招待处编印：《青岛概览》，编者1937年版，第111页。

②　青岛市社会局编：《青岛市商店调查》，青岛市社会局1933年版，第1页。

③　魏镜：《青岛指南》，"社会纪要"类，平原书店1933年版，第3~5页。

④　殷梦霞、李强选编：《民国铁路沿线经济调查报告汇编》第5册，国家图书馆出版社2009年版，第125页。

⑤　陆安：《青岛近现代史》，青岛出版社2001年版，第111页。

⑥　倪锡英：《青岛》，上海，中华书局1936年版，第29页。

文化建设方面,青岛政府的目标是生产化与社会化,将学校教育与社会教育相结合,大力推广社会教育,利用各种途径开展平民教育与职业教育,各类面向成人的教育学校达100余所。同时,国立山东大学的创办和青岛的繁荣幽静也吸引了众多文化名人的讲学、定居,文化气息日益浓厚。公众性和全市性的文体活动开始增多,如体育运动会、化装溜冰会、脚踏车比赛、风筝比赛、爬崂顶比赛、劳工婴儿健康比赛、化装讲演活动、教育电影等定期举行,电影院、戏院、茶馆等娱乐场所数量增加,市区公园不断开辟,青岛的大众娱乐节目日益丰富。

3.城乡的分野

从1898年城市化进程启动,至1937年,青岛从偏远的乡村逐渐发展为现代化都市,可谓近代青岛城市化进程最快的时期。通过两翼——优良的港口、贯通广大农村腹地的胶济铁路,青岛插上飞翔的翅膀,改变了其在山东原有经贸网络中的边缘地位,其自然经济及传统商贸活动与世界经济体系接轨,并迅速取代烟台,崛起为胶东半岛日益成熟的现代经济体系中的终极市场及区域经济中心,[①]改变了山东西强东弱的发展格局,影响了整个山东乃至华北的经济格局。

40年间,尽管青岛历经四个不同政权的控制,但城市化的步伐没有中断,并在不同时期表现出各自的特点。

德占时期,青岛的城市外观粗具规模,道路的改善与港口铁路的兴修将偏僻的海角延伸为东亚贸易的中心城市,铁路与轮船引发了运速与运量的增加,将人们和货物延伸到更广袤的地方,也刺激了商品的流通与人口的流动,建筑物、货物、人群开始集中在特定地方,加上现代化城市规划理念的引进,一个按照西方模式建筑的近代城市开始出现。正像德占当局所定位的那样,城市化早期阶段的青岛呈现出军港与商港的物质外观。

日据时期,出于经济扩张与掠夺的需要,日本资金大量涌入青岛,工业开始有了重大发展。各类轻工业尤其是棉纺业出现,并奠定了青岛与上海、天津

---

① 江沛、徐倩倩:《港口—铁路与近代青岛城市变动(1898—1937)》,《安徽史学》2010年第1期,第43页。

在棉纺业三足鼎立的局面，商店也沿街兴办，产业结构有了重大转变。由于工商业对劳动力容纳能力的加强，城市人口开始大量增加，为普通市民建造的房屋开始在商业和交通便利地区尤其是铁路沿线出现，城市的带状发展更为明显，而工商业城市亦在此期形成。

北洋政府时期，在主权回归的激励与社会各界彼此联系加强的影响下，虽然经济发展与基础设施没有大的变化，但民间力量发展壮大，逐渐形成按照同业或同乡等社会关系组织的团体，城市的内在肌理逐渐饱满。功能不同的社会组织从社会救助、经济发展等方面开始参与到城市管理和市民生活中，民众公共意识开始激活，青岛城市建设从物质与制度层面开始步入精神层面。

国民政府接管时期，是青岛的全面建设时期。一方面，市区经济与文化建设获得长足发展，1934 年至 1936 年青岛对外贸易总额居全国第三位或第四位；①青岛市 1932 年度的岁入总数为 543.6818 万元，仅比南京、上海及广州三市少，但若按人均计算，仅次于南京；②随着教育的发展和文化名人的入驻青岛，以及大众报刊与大众娱乐场所的兴起，青岛文化沙漠的状态有了很大改观，旅游城市的形象也日益深入人心。另一方面，原来依附于都市经济隐性拉动的乡村开始在政府主导下进入都市反哺乡村的建设阶段，青岛都市范围不断向周边扩充，都市与农村联系不断加强，青岛乡区开始了近代化历程。如果说德占日据时期搭建了城市的骨架，那么在民国政府接管后青岛开始有了自己的血肉与精气神。

一个新兴的工商业城市矗立在胶州湾畔，并形成青岛市区与乡区、沿海城市与传统市镇外观上的巨大反差。

首先是地理环境的变化。"城市是包括了自然环境却又以人造物和人文景观为主的一种地理环境。"③作为一种新文明的栖息地，最易于识别城市身份

① 胡汶本等编著：《帝国主义与青岛港》，山东人民出版社 1983 年版，第 95 页；寿扬宾编著：《青岛海港史》（近代部分），人民交通出版社 1986 年版，第 172 页。

② 叶子刚：《从青岛的财政论到建设》，《都市与农村》创刊号，1935 年 4 月，第 5~6 页。

③ 周一星：《城市地理学》，商务印书馆 1995 年版，第 7 页。

的是其独特的自然景观与人文景观，即城市文明中的物质维度。除了总兵衙门和天后宫外，青岛传统的乡土符号几乎一扫殆尽，新兴的市政设施和公共设施不断丰富与完善。昔日濯濯童山披上绿色的外衣，沿海渔村中低矮的石头房和草房被整齐坚实的楼房代替，崎岖的土路变为宽敞洁净的柏油路，正如游客所言："余自抵岛后，颇思觅土居，以觇旧日之建筑式，竟未之见，高下错落，一望皆红瓦蜂窗，德式之制为多，已无平居下户矣。"①干净宽敞的街道、坚固高耸的建筑、铺设平坦的路面、排列整齐的路灯、鳞次栉比的店铺、琳琅满目的商品、繁忙的港口铁路、一驰而过的市虎（汽车）、靓丽合身的服饰、青翠茂盛的树木……一切前所未见的物质符号矗立在昔日的渔村里，强烈的视觉对比彰显了城市的异样与耀眼。黄包车、汽车、西式建筑、高大的厂房和烟囱、自来水、电影院、电话、啤酒、浴场与轮船火车，种种新兴的事物，即使传统的城镇也无法比拟，新的城市图像由此呈现。康有为赞赏青岛"碧海青山，绿树红瓦，不寒不暑，可舟可车"。沈从文也对青岛印象颇佳："在青岛时，海边、山上我经常各处走走，早晚均留下极好印象，大约因为先天性供血不良，一到海边就觉得身心舒适，每天虽只睡三小时，精神特别旺健，解放后到其他城市度夏，总觉得不如青岛。"②这与山东省省会城市济南留给到访者的印象大不相同，1931年，济南居民的典型住宅仍然是昏暗的，泥土地面、茅草屋顶，没有自来水或公用户外厕所③，给到访者的脑海中留下中世纪或乡村集镇的印象。④

其次是经济结构的转型。城市聚集了高密度的人口和社会经济活动，有比乡村大的人口密度和建筑密度，它是人类物质财富和精神财富生产、积聚和传播的中心，是工业、商业、交通、文教的集中地，影响面极为广阔。开埠前青岛地区几乎全部为务农、打鱼者，8万多人口中，从事手工业及经商者仅占百

① 抚瑟：《青岛回顾记》，《新游记汇刊》卷十，"山东"，中华书局1921年版，第23页。

② 沈从文：《忆青岛》，山东省文化厅史志办公室、青岛市文化局史志办公室编印：《山东省文化艺术志资料汇编》第22辑，内部资料，1990年，第44页。

③ 〔美〕鲍德威著，张汉、金桥、孙淑霞译：《中国的城市变迁——1890—1949年山东济南的政治与发展》，北京大学出版社2010年版，第165页。

④ *North China Herald and Supreme Court and Consular Grzette*，28 April 1931，p.119，转引自〔美〕鲍德威著，张汉、金桥、孙淑霞译：《中国的城市变迁——1890—1949年山东济南的政治与发展》，北京大学出版社2010年版，第165~166页。

78

分之一。传统的农业经济方式与商品贸易格局很快随着青岛工商业的兴起不断萎缩，城市拆迁中的失地农民与源源不断的外来人口逐渐成为城市的主体，成为非农业人口，并改写着青岛城乡人口比例，至 1935 年，整个青岛地区城市人口已经达到 43%①，人口密度为每平方公里 841 人，远远超过开埠前的 150 人，若以市区面积来算，人口密度则高达每平方公里 1220 人。城市里，男性的比例远远超过乡村，人口的高度集中与异质性呈现出与传统乡土社会村落稀疏、聚族而居完全不同的人文景观。与经济结构变化相伴随的是职业结构的变化，开埠前基本仍以农业为主，以传统手工业、娱乐、教育、商业为辅，至二三十年代，传统农业社会职业结构逐渐转化为以工商服务业者为主体的现代社会职业结构，公务员、律师、新闻记者、西医、银行家、妓女、企业工人、洋车夫等新的职业出现。青岛城市地位不断提高，功能不断完善，不仅成为山东地区的经济与文化中心，也是华北乃至东亚重要的工商城市与旅游城市。

再次是生活方式的更新。如前所述，开埠前青岛乡民的衣食住行基本自足自给，通过家庭内部的分工与合作就能解决各家农户对于食物、燃料、衣服、房子、绳子、酒、醋等日常用品的需要。乡民们在日期固定的集市上互相交换农产品和手工业品，春播夏耕、秋收冬藏，兼事渔业者在春夏农闲时出海捕鱼，换取食物等，贴补家用。年节时的娱乐古朴而简单，公共娱乐除大型迎神赛会外几乎没有，生活按照季节的变化节奏缓慢而有条不紊地进行着。村民们一般不需要出远门，生老病死都在亲族与近邻的协助下安排处理。而在城市出现后，原有的聚族而居的村民分散地迁移到城市的各个角落，失去了田地，开始按照钟点在码头、工地或工厂从事体力劳动，一些人也开始在商店或洋行学习新的生意经。劳作方式的变化带来消费行为的变化，食物与衣服的供给者不是家人而是市场，食物的结构也有所不同，面粉至 30 年代已经成为工人们的主食。人与自然环境的密切联系随着城市化进程日益分裂，城市的规章与法令、规划与管理、社会团体的成立熔铸了人们新的人际关系与社会交往方式。城市中衣食、消费、娱乐、交往的新方式连同强制管理、违警犯罪等旧行为的改造涌现出来，呈现出新旧杂陈、丰富多样的城市生活面貌。

----

① 骆金铭编著：《青岛风光》，兴华印刷局 1935 年版，第 136~138 页。

不过,殖民统治者当初实行的分区而治的城市建设格局,被后续统治者基本承继下来,并逐渐拓展,不仅形成城市与乡村赫然有别的风貌,在市区内部,也呈现出迥然相异的两般世界。银行、影院、澡堂、浴场、公园的出现丰富了人们的业余生活,一切外在环境更为光鲜亮丽,却不属于所有居民。欧洲人及中国上层社会占据了青岛山海位置最佳、市政建设最完备的青岛区,而中国普通居民只有在港口与铁路附近的大鲍岛区与台东、台西居住。台东镇与台西镇,成为华人中流以下萃集之所,与内地之普通乡镇相似。①大鲍岛被改建成华商聚居之地,坐落于此的三江会馆全是中国传统式建筑,黑瓦黑清水墙,红木廊柱、廊檐,并建造了宏大的中国式戏楼,其他华人建筑仍以中式砖木石结构为主。"青岛经过德国和日本几十年经营,隔着海湾边上不到20英里的一座村庄却依然如故。除了新建的基督教堂与传统的神祇并肩存在和花生壳被城市新工业收买之外,当地人民的生活几乎与近在咫尺的大城市毫不相干。"②中国并不能因为西方文化的渗透而迅速现代化。即使在德占时期,当局控制了青岛的政治与司法,但中国商品在青岛的对外贸易中越来越多,青岛经济不是"德国化"而是"中国化"了。③在华人区,中国传统的饮食衣物、器物文化、出售商品中,依然呈现中国风格,在此,外来的物质符号不过是传统风貌激流深处的飘零物而已。

居民心态亦表现出趋新又守旧的特点。近代文明在青岛的传播不是仅仅依托强硬的律法,而是通过影响人们日常观感与生活体验的方式,作为一个样板符号去呈现,人们对新事物亦不断接受和认可,甚至以趋新为尚。青岛开埠后,建筑与日常生活都充满着异国的情调。中产阶层也竞相在着装与居住等方面学习外国人,"结果,生活在青岛市内的一般职业较高或较为有钱的

---

① 叶春墀:《青岛概要》,上海,商务印书馆1922年版,第5页。

② 黄仁宇:《资本主义与二十一世纪》,生活·读书·新知三联书店1997年版,第468~469页。

③ Annette S. Biener. *Das Deutsche Pachtgebiet Tsingtau in Schantung* 1897—1914. Institutioneller Wandeldurch Kolonial-isierung,Bonn,2001. p.133. 转引自孙立新,王保宁:《德国殖民统治下的青岛中国人社会(1897—1914)》,《山东大学学报(哲学社会科学版)》2007年第2期。

人，都成了欧化型的中国人了"①。所以青岛乡间尚能力守俭朴古风，而市区则年来踵事增华，迥非昔比。②物质文化的渗透力，无远不及，如冯客所说的"大批进口货品无可避免地嵌入了日常生活的结构中"③，一般民众的日常生活中也陈列了新式之物，如进口肥皂、洋布、毛巾等等，而西式饮食与服装也为买办与富商追随，欧人的娱乐、社交与文化活动渐为有财力的中国人所接受与模仿。④外来宗教力量与新式教育亦影响到更多的市民，连仆役与苦力也苦学德文。以宗教为例，"胶澳一区为外人占据者二十余年，比之内地尤形隔阂，市区以内儒释道之感格远不如天主堂耶稣教之有势力"⑤。

新的城市物质文明似乎很容易地就取代了旧器物，但传统习俗却无法更改，"青岛市五方杂处，衣食住之嗜好乃混合南北各地风尚而成"，市区北方人仍以粟麦杂粮为主，南方人仍以米食为主。本省籍之商家住户每日二餐，外省籍每日三餐，各从其故乡之习惯。⑥生命力顽强的地方戏剧，依然在天后宫、三江会馆和各种小戏院里，吸引着大批本土民众。当初德人欲毁天后宫，因华商傅鸿俊等竭力阻止，天后宫得以保存，数十年间一直为中国民众祈福问吉之所，"庙中则杂供财神地祇，一般迷信之市民朔望入庙拈香祈福"⑦。现代影院固然令贫苦民众止步不前，民间流浪艺人却为他们提供了娱乐空间，并形成有固定场所的简易的小戏院，俗称西大森戏院。⑧前来观看戏剧的多是外县来青做工的农民、船工和从事海上贸易的商人。青岛虽荟萃中外人士，却以山东人为最多，其勤俭朴素与不懈进取之精神，淡泊自足与不尚文饰之气质，濡

①　倪锡英：《青岛》，上海，中华书局1936年版，第135页。

②　民国《胶澳志》卷三，"民社志五·生活"，台北，成文出版社1968年影印本，第372页。

③　〔荷〕冯客：《民国时期的摩登玩意、文化拼凑与日常生活》，李孝悌：《中国的城市生活》，新星出版社2006年版，第425页。

④　关于德占时期新事物的传播及其对青岛风尚的影响，参见田龄：《德占时期青岛社会风尚的变迁》，《历史教学》(高校版)2007年第8期。

⑤　民国《胶澳志》卷三，"民社志四·宗教"，台北，成文出版社1968年影印本，第367页。

⑥　民国《胶澳志》卷三，"民社志五·生活"，台北，成文出版社1968年影印本，第372页。

⑦　民国《胶澳志》卷三，"民社志十二·游览"，台北，成文出版社1968年影印本，第480页。

⑧　青岛市史志办公室编：《青岛市志·文化志》，新华出版社1998年版，第31页。

染着青岛这座殖民城市,他们"与外人接触机会虽多,无浮华轻薄之风"①。

小　结

　　德国占领前的胶澳地区,土地贫瘠,物产不丰,居民延续着传统的自给自足的农业生活,并充分利用大自然的恩赐,靠山吃山,靠水吃水,发掘山林与渔盐之利。农业生产依然是该地区最重要的营生,甚至于多数人是唯一的生存方式。青岛居民主要业农、渔,亦有各种手工业者和商人。全区业农者占十之八九,业渔者十之一二,少数人从事手工业者和商业,全部脱离农业与渔业的手工业者和经商者较少。商人集中在沿海一带几个贸易较为活跃的港口,如塔埠头、女姑口、沧口、青岛口和沙子口等,与东北以至华南地区的沿海港口进行着传统的农产品贸易与交换方式。海运贸易虽然通达江南与东北港口及朝鲜,但依然是传统土产品的转口贸易。胶州湾附近山峦起伏,与山东内地各商业地区的交通不便,贸易发展极为缓慢,主要满足胶、即两地的日常需要。从人文地理、经济状况、职业结构、生活方式等方面来看,胶澳属于农(渔)村地区,隶属于胶州、即墨两县,即使在清末胶澳设防后,局部地区成为海防军镇和贸易口岸,也不能忽视整体上胶澳地区作为乡村的特点。

　　青岛虽历经政局更迭,但总体来看,较其他地区社会安定,40年间,无论是建筑风貌、经济格局、管理制度还是居民心理均产生巨大变化。在行政区划上脱离原来胶、即两县的管辖区域,成为独立的行政单位,从被德、日殖民统治的城市到民国时期的自治城市,此间,近代市政制度逐渐引入并确立,市政建设渐次开展,经济结构不断转变。至1930年代中期,青岛成为国内外著名的工商业城市、避暑胜地与华北重要港口。而德占当局实行的华洋隔离与城乡分治的居住、司法、管理模式,为后续管理者承接下来,一体化的胶澳地区开始了分化过程,并形成青岛人文地理上的多元势差结构。虽然自日占之后华洋分离的格局被打破,但青岛乡区与市区的分隔,市区中休闲商业区与工厂

---

① 　叶春墀:《青岛概要》,上海,商务印书馆1922年版,第10页。

苦力区，市区与台东、台西两镇的区别，这种区域、等级划分形成的空间隔离与社会排斥隐现于整个青岛城市化发展进程中，形成不同城市区间、市民与乡民间分化与对立的历史缘由。

第二章 CHAPTER TWO

乡下人进城与城市的制度安排

地区的城市化,是一个"变传统落后的乡村社会为现代的城市社会的自然历史过程"①,也是乡下人流向城市、城市人口不断扩充的进程。在青岛城市化进程启动和 20 世纪华北地区社会变动的交相作用下,乡村人口不断流向城市,并改变了青岛人口的自然、社会与空间结构。乡下人进城,是一幅丰富多彩又悲壮哀婉的人口流动画卷,远不像文人雅士那样从容不迫、兴味盎然,更不如官员巨贾那样踌躇满志、有备而来。乡下人从农村走向城市的过程,也是农民生存状态和社会问题的写照。本章主要从两个方面考察乡下人的进城概况,一是立足于移民自身,分析乡下人移民青岛的背景、动机、条件、关系渠道及其影响;二是立足于青岛市政府在制度层面对乡村移民的安排,探讨城市权力体系对外来移民的接纳与限制。

---

① 高佩义:《关于城市化概念含义的研究》,《城乡建设》1991 年第 1 期。

第一节　乡下人进城

从 1898 年青岛开埠时人口 8.3 万余人，至 1937 年 5 月时，青岛市中外人口达 577 196 人，[1] 40 年间激增近 7 倍。尽管与同时期上海、天津等近代口岸城市相比，青岛人口总数较少，但其人口增长速度却异常迅速，超过上海[2]。人口的增长是多种因素共同作用的结果，包括与社会生产力发展水平、人口政策、生育观念、价值取向等联系的人口自然增长，亦包括与自然环境异常、政治格局和社会经济变动相影响的人口机械变动，也有因为辖区变动导致的人口增减。近代青岛辖区自开埠以来直至 1935 年 5 月间并没有变化，1935 年将崂山西部划归青岛，增加乡区人口 2 万余人，辖区的变动并非青岛人口增加的主要原因。而从有文字记载的 1924 年至 1937 年间青岛人口的自然变动来看，青岛各年份的死亡人数均多于出生人数，[3] 即人口自然增长率为负。显然，青岛增加的人口主要来自于外来移民的大批迁入。

德国侵占胶州湾以来，青岛外来人口主要有北方乡村移民、南方移民、官

① 《青岛市户口统计表》(1937 年 5 月)，青岛市档案馆藏，B22-1-217。

② 上海自 1900 年至 1937 年，人口从 108.7 万增至 385.1 万，增长近 4 倍。参见忻平：《从上海发现历史——现代化进程中的上海人及其社会生活（1927—1937）》，上海人民出版社 1996 年版，第 40~43 页。

③ 青岛市档案馆编：《青岛数字全书》，中国文史出版社 2003 年版，第 51 页。

僚移民及国外移民。山东省在 20 世纪初期除了铁匠铺以外,几乎没有任何工业,很难在山东找到船厂等新式企业所必需的专门工匠,因此,德占当局就需要从南方省份,特别是从上海为铸造、机器、造船、缫丝等车间招用中国工匠。"工人中除了本省人以外,还有来自宁波、上海和广东为数不少的中国南方人。他们在青岛找到的工作多是机械技工、商店店员、服务员、厨师等。"①除技工与监工外,南方移民中不乏买办和商人,外国洋行必须雇佣华人买办以与内地的栈商相互交易,这促使广东、江浙的一些买办移民青岛,其中比较著名的有何永生、莫季樵、杨浩然、朱润身、田昭麟、丁敬臣等人。也有些南方商人前来寻求生意,或承揽建筑工程,或经营运输业,或开办作坊,或建立货栈、钱庄、商店、饭店、妓院等。山东人和南方人在大鲍岛、台东镇和台西镇一带开设商店和批发商行较多。②1911 年辛亥革命爆发后,大批晚清贵族官僚纷纷离开京师及地方官衙署,进入外国租界或外国占领区中避难,逊清王公贵族、高官旧吏寓青者达一百余家,青岛成为逊清遗老聚集人数最多的城市。③外籍侨民中以日人与德人居多。德占时期,外国人数最多者为德人,包括驻军在内,自 1902 年到 1913 年间,约在 2000 余人到 4000 人间。其次是日本人,德据青岛时期约 200 人左右,到第一次世界大战后,日本强占青岛,日本移民遂渐达 2 万人。即使青岛归还中国,但在日本第二次占领青岛前,日人依然保持在 1.8 万左右的规模。

1930 年代,青岛市政建设优良,商业发展迅速,工业初步形成,转运贸易发达,成为华北及至东北亚重要的商品集散地和山东工农产品进出口的重要枢纽。较发达的社会经济、自由的贸易机制、众多的就业机会吸引了工商、劳动界人士。又因青岛气候温和,冬无严寒,夏无酷暑,物产丰富,环境优美,非常适合人类居住,也吸引着不少名人雅士或闻人政客寄寓于此。特别是相对于 20 世纪上半期兵祸匪患几遍全国的动乱局面,青岛远离战乱,政治局势相对稳定,成为各阶级避难的世外桃源。

---

① 青岛市档案馆编:《帝国主义与胶海关》,中国档案出版社 1986 年版,第 62 页。

② 青岛市档案馆编:《帝国主义与胶海关》,中国档案出版社 1986 年版,第 62~63 页。

③ 鲁勇:《逊清遗老的青岛时光》,"后记",青岛出版社 2006 年版。

许多移民不是为了改善生活条件，而完全是在生存环境恶化与社会风气劣化的推动下被迫前来青岛。尤其是对进城的乡下人而言，乡村的破败、生活的困窘、兵匪的掳掠、骗子的拐卖、家庭的束缚等社会或个人问题，将他们推向城市中。

一、乡下人进城之概况

乡下人进城是近代以来中国城市化和社会发展进程中的重要现象，本书以城市记录为例勾勒其中的人生百味、悲欢离合。由于资料偏重于城市底层，不能全面如实反映乡下人进城的原因、途径与情境，但有限的信息传达中亦可以勾勒农民进入城市的丰富画面。

自19世纪末20世纪初西方资本在华投资设厂、倾销商品及华人举办实业的热潮初兴，农村自然经济受到严重的冲击，政局不宁，民生艰难，乡村凋敝，而与此同时，口岸城市获得快速发展，传统社会安土重迁的农民开始离乡进城，并于20世纪20~30年代达到高潮。青岛人口以来自山东农村的移民为主，这与1920年~1937年间山东农民离村现象严重有密切关联。农民离村已经成为不可忽视的社会问题，吸引了国内外学者的目光，大众媒体和国民政府也给予了高度关注，并进行了调查与统计。根据这些调查，山东省农民离村情况如下：

1.山东省农民离村现象

关于离村比率。据南开大学教授王药雨1931年的调查，山东离村率最低为西部的夏津和恩县，约10%左右；最高为南部费县、莒县，达60%左右。[①]1932年，山东各地的离村比率，夏津与恩县各为10%，昌邑县为35%，日照县约20%，其西北乡和北乡则约在40%，费县、莒县、临沂一带，离村农民约占全村人数的60%左右。[②]据1933年调查，山东共有107县，有离村报告者93县，占

---

① 许涤新：《农村破产中的农民生计问题》，章有义编：《中国近代农业史资料》第3辑（1927—1937），生活·读书·新知三联书店1958年版，第882页。

② 王药雨：《山东农民离村的一个检讨》，天津《大公报》1934年5月23日，"经济周刊"第64期。

全省 86.91%;有报告的各县农家占全省农户的 86.4%。其中,全家离村的农户数有 196 317 家,占报告各县总家数的 3.8%;有青年男女离村的农家 410 385家,占报告各县总农户数的 7.9%;[1]有人口离村的家数达 60 余万户。

关于离村原因。王药雨在九一八事变前调查山东农民离村的主要原因,认为第一由于经济上的压迫,第二由于天灾人祸。[2]据 1935 年调查,山东省农民离村原因百分比分别为:农村经济破产 3.9%,耕地面积过小 5.6%,乡村人口过密 6.2%,农村金融困敝 0.6%,水灾 12.9%,旱灾 9.0%,匪灾 7.6%,其他灾患 2.3%,贫穷而生计困难者 31.8%,捐税苛重 0.6%,佃租率过高 0.3%,农产歉收 2.3%,副业衰落 0.3%,求学 4.2%,改营商业或其他职业 3.1%,其他 8.7%,不明 0.6%。[3]由此可见,贫穷而生计困难占 31.8%,为农民离村的重要原因,而造成农民贫穷而生计困难者则与下述三方面因素皆有关联。一是天灾人祸,水灾和旱灾两项合并为 21.9%,再加上农产歉收主要与天气有关,天灾造成的原因达 24.2%,人祸(匪灾等灾患与赋税)占 10.5%,天灾与人祸二项达 34.7%。[4]次要原因为地狭人稠(耕地面积过小、乡村人口过密、佃租率过高),占 12.1%。再次为经济凋敝(包括农村经济破产、金融困敝、副业衰落等),占 4.8%。

关于离村去向。据 1935 年调查,山东省全家离村之去处所占百分比为:到城市逃难 11.7%,到城市做工 22.3%,到城市谋生 13.9%,到城市住家 6.3%,到别村逃难 8.5%,到别村务农 17.3%,迁居别村 5.7%,至垦区开垦 7.7%,其他 6.6%。[5]前往城市的户数占到全家离村去处的 54.2%。从山东省各县有青年男女离村之去处所占百分比看,到城市工作 28.9%,到城市谋生 19%,到城市求学 18.7%,到别村做雇农 20.2%,到垦区开垦 8.2%,其他 5.0%(其他一项,包括

---

[1] 农业部中央农业实验所:《农情报告》第 4 卷第 7 期,1936 年 7 月,第 173 页。

[2] 王药雨:《山东农民离村的一个检讨》,天津《大公报》1934 年 5 月 23 日,"经济周刊"第 64 期。

[3] 农业部中央农业实验所:《农情报告》第 4 卷第 7 期,1936 年 7 月,第 179 页。

[4] 1930 年前山东农民离村原因中,列为"兵匪"项者为 14%,与此次调查有所不同,因为所调查县乡情形不一,对于一些村庄而言,受到匪徒劫掠可以说是最主要的原因。参见唐致卿:《近代山东农村社会经济研究》,人民出版社 2004 年版,第 376 页。

[5] 农业部中央农业实验所:《农情报告》第 4 卷第 7 期,1936 年 7 月,第 177 页。

赴国外谋生、当兵、赴淮河流域开河及不属于上列各项之原因者）。①进入城市的青年人占 66.6%。综合全家离村与个体离村的去向来看，到城市去的农民占离村农民的半数以上。其次是去东三省垦殖，据路遇研究，1917 年以前，山东移民去东北者多为春往冬归，大部分在矿业、制造业、森林业或船业方面做工。1917 年之后，移民渐向农业发展，携带家属前往者逐渐增多。到 1928 年，据满铁、中东路及其他公共团体调查，85%的移民志在农业，为工者 10%，在奉省的移民 60%被人雇佣垦地，30%自领官地垦荒，其余 10%被人雇为工人。②一些离村比率偏高的县份，也恰是该省闯关东的主要地区。如果遇到天灾人祸，出外逃荒的人数就更多。1928 年的华北旱荒中，华洋义赈会在致纽约的电文中指出："山东最困苦之灾民，总计有千万以上，约占全省人数四分之一。其中三百万已赴外省就食，或在省内寻觅生路，二百万在家忍饿，所余之五百万，则以草根树叶等充饥，恐饿毙者，不免有二三百万之众。"③不同年份因为经济、社会等方面不同的原因，农民离村的去向可能不同，但进城是农民重要的选择，正像饶涤生所说："农民离村的最大去路，自然是逃亡都市。"④

2.青岛市区乡下人之规模

关于青岛市区的人口统计中，没有明确的从农村移居城市的乡下人的具体数字，只能从相关史料中窥其概貌。中国传统社会中农村人口占绝对优势，这样的职业结构使得近代都市在奠基与发展初期均由农村移民构成其主体。

近代青岛的产业工人基本来自农村。德国初占青岛时，工厂从南方招用的工人很抱团，瞧不起作为锻工与苦力的山东人，并总是与他们发生争执，从而一再造成有预谋的袭击和械斗。因此，青岛船坞工艺厂决定把山东农民子弟培养成合格的工人，从 1902 年到 1908 年总计招收了 490 名来自山东农村的学徒。⑤乡村移民成为青岛早期工人的重要来源，也为此后源源不断来此谋生的

① 农业部中央农业实验所：《农情报告》第 4 卷第 7 期，1936 年 7 月，第 178 页。
② 路遇：《清代和民国山东移民东北史略》，上海社会科学院出版社 1987 年版，第 54 页。
③ 《鲁灾民数百万将饿毙》，天津《大公报》1928 年 4 月 24 日，第 6 版。
④ 饶涤生：《日趋严重的农民离村问题》，《申报月刊》第 4 卷第 12 号，1935 年 12 月 15 日，第 71 页。
⑤ 青岛市档案馆编：《胶澳租借地经济与社会发展——1897—1914 年档案史料选编》，中国文史出版社 2004 年版，第 429~431 页。

家乡父老提供了关系网络。整个德占时期，从山东农村和全国各地涌来的技工、壮工等每年保持在数万人，一部分从事建港，一部分从事他业。[①]1900年德国人建四方机厂时，有中国工人270名，多数是来自当地的铁匠、木匠，少数是从上海、天津等地招来的技术工人。[②]随着城市建设的发展和乡村经济的破产，移民陆续来到青岛，青岛四方一带"工厂林立，需用劳工数量甚多，惟当此农村破产之际，乡人多弃农事而就食都市"[③]。华新纱厂创办后，其学徒、工人来自山东各地农村。[④]至1930年代初，从籍贯来看，青岛成为客籍的天下，特别是就中心市区的第一、二区而言，本地原有居民约占11%，而外地移民达89%，其中，山东人占60%以上。[⑤]本地居民专门从事商业者至多不超过800人，而外地移民中除外国移民、官僚地主移民及南方的商人、买办、技工移民外，绝大多数均来自山东乡间。其他城市的人口情况也说明近代中国城市中下层民众多来自农村，如，"天津的近代产业工人，一般都来自北方农村中破产的农民或手工业者"[⑥]，中国城市人口的增加，"除了微不足道的外侨和地主商人之外，那十字街头鸠形鹄面的失业者，便是从内地农村破产中逃出的农民了"[⑦]。如卢汉超的研究所认为的："工厂老板们喜欢从他们的家乡招募工人。"[⑧]忻平、朱邦兴对上海工人的研究亦表明：上海工人多源于外地农村。[⑨]同乡情结使雇主与雇员间建

---

① 寿扬宾编著：《青岛海港史》（近代部分），人民交通出版社1986年版，第53页。

② 山东省地方史志编纂委员会编：《山东省志·铁路志》，山东人民出版社1993年版，第420~421页。

③ 《胶济铁路二十二年份各站年报》，《铁路月刊》（胶济线）第5卷第4期，1935年4月30日。

④ 青岛市李沧区政协文史委员会编：《李沧文史》第4辑《记忆中的村庄》（中），青岛出版社2008年版，第157页。

⑤ 青岛市政府秘书处编印：《青岛市行政统计汇编》（20年度），"公安"编，编者1932年版，第11页。

⑥ 来新夏：《天津近代史》，南开大学出版社1987年版，第123页。

⑦ 饶涤生：《日趋严重的农民离村问题》，《申报月刊》第4卷第12号，1935年12月15日，第73页。

⑧ 〔美〕卢汉超著，段炼、吴敏、子语译：《霓虹灯外——20世纪初日常生活中的上海》，上海古籍出版社2004年版，第41页。

⑨ 忻平：《从上海发现历史——现代化进程中的上海人及其社会生活（1927—1937）》，上海人民出版社1996年版，第153~154页。

立起自然而然的联系,便于管理。而日资企业喜欢在企业附近的农村招工,也是出于便于控制的考虑。

在青岛工业起步初期,青年工人基本来自山东各地农村,在 1920~1930 年代城市工业有了长足发展后,青岛乡区民众成为工人的主要来源。青岛本地居民基本以农业为主,但土质贫瘠,人均耕地约 1 亩,专恃农业生活困难,而多数工厂皆设于城乡接壤的四方、沧口一带,村民多为农工兼业,"少壮者做工于工厂,老弱之辈则从事耕耘。全区工人约有二万,籍非本市者固不甚少,而本地居民犹占大多数"。"第七区土地平沃,其西部接近沧口,故往工厂做工者亦颇不少。"①在李村乡区,村民不能专恃农作维持生活,亦多赴纱厂做工。②北王庄上流村,处于李村河上游,由于山岭薄地不适宜庄稼生产,又处于上流地带,水源缺少存储设施,流失快,造成水资源缺乏,所以粮食产量极低,为了生存,村里人不得不出去自谋生路,到码头给人扛大包、搬运货物,干一些出苦力的行当,维持生计。③吴家村的村民,大半均在市内外各工厂做工,专靠田地生活的占极少数。④

除了工人,城市中大量商店学徒、无业者亦多来自农村。商店的学徒、店伙多与各店经理有地缘关系。媒体评论道,山东排斥他籍人,其性颇强,官厅用人无论矣,即社会商业,亦复如此,大抵登莱青各帮,团体甚固,外省人几无从插足。⑤以青岛近代有名的钱庄"义聚合"为例,"旧社会,本市商号帮派观念浓厚,一般是从经理到店员多任用本县人"。而义聚合钱庄打破了帮派观念,录用外县人,并为从业者所赞许,但其店员之中,与经理同籍的掖县人依然居多数,外地人占少数⑥。像商店、行栈、苦力、拉车等行业中,帮派意味尤其严重,

---

① 《青岛之农村续》,《青岛时报》1934 年 7 月 9 日,"自治周刊"第 99 期。

② 《李村乡区农村经济概况调查》,《青岛时报》1933 年 3 月 19 日,第 6 版。

③ 青岛市李沧区政协文史委员会编:《李沧文史》第 4 辑,《记忆中的村庄》(下),青岛出版社 2008 年版,第 173 页。

④ 《巡阅天后宫四方路台东镇吴家村小记》,《青岛时报》1934 年 2 月 19 日,第 6 版。

⑤ 《青岛归客谈胶澳近况》,《申报》1923 年 1 月 19 日,第 9 版。

⑥ 杨浩春、周岱东:《青岛义聚合钱庄》,青岛市政协文史资料委员会编:《青岛文史撷英》(工商金融卷),新华出版社 2001 年版,第 271 页。

经营者多吸纳原籍老乡，在各行业中形成诸如黄县帮、掖县帮等以乡族为核心的商业势力。

从 1933 年前后胶济沿线客流量较大的车站来看，青岛车站来往旅客以工商、学生为主要部分。大港车站旅客以青岛工人及来往关外的小工为最多。四方车站旅客以附近工厂的工人为最多，商人次之，农人最少。女姑口车站旅客以农工居多数。城阳车站旅客主要为农、工、商各界。李哥庄车站旅客以农民、小贩及赴青岛各工厂工人为最多。由蔡家庄车站前往青岛的旅客，半数为土产商，半数为牛商；前往四方、沧口的旅客，全部为工厂工人。①可见，外地移民乘火车至青岛者以小商贩和工人居多，亦有胶东附近村民赴青岛者。总体来看，青岛劳工除青岛市附近及即墨、胶州数县土民外，以来自鲁南一带者为多。②如 1929 年青岛纱厂罢工时，仓库居住的工人有八九十名，其中原籍在胶济沿线者即达 59 名。③

从定居者的情况看，青岛西岭一带，是农村移民最集中的栖居之地。据媒体报道，青岛西镇菠菜地、马虎窝、挪庄一带，有许多的贫民窟，"这些人们都是从乡间迫逼来的，他们被逼的原因，或是水旱天灾，或是兵燹匪患，生活无术的时候，便拖老带少，忍痛的背井离乡，跑到这地方来"④。"我国的农村，受水旱天灾的肆虐，兵灾匪患的摧残，苛捐杂税的压榨，不但趋于破产，渐渐到了没落之途。一般穷苦的人，在乡间无法仁足，便不得不拖妻携子的往都市上跑。"⑤胶济铁路自青岛至大港站沿线也随处可见初来青岛的农村移民用铁皮、草席和木板搭盖的三三两两的简易住所。在青岛有亲戚或乡邻者则寄居在市内各里院中。任平民住所管理员的刘裕先给市政府的呈词中提到，平民

①　《胶济路二十二年份各站年报》，《铁路月刊》（胶济线）第 5 卷第 3 期～第 6 卷第 4 期，1935 年～1936 年。

②　《胶济路二十二年份各站年报》，《铁路月刊》（胶济线）第 5 卷第 3 期，1935 年 3 月 31 日。

③　《日厂停工潮中之救济》，《青岛社会》创刊号，1929 年 10 月 10 日。

④　《平民院阶级之分析》，《青岛时报》1936 年 3 月 29 日，第 6 版。

⑤　《谈谈挪庄：昔日席棚蟹舍街巷龌龊难停步，而近红瓦粉墙已成完美平民院》，《青岛时报》1936 年 3 月 2 日，第 6 版。

第二住所共 566 户中，"向日务农者不可胜数"①。

1920 年代是青岛人口增加最快的时期，较 1910 年代人口增加 85.5%，正如胶海关的报告指出的，此十年来，"青岛中外人口，激增甚巨。其故有三：内地匪氛不靖，乡民避难商埠，一也。本埠商业，日形发达，外侨麇集，经营懋迁，二也。俄人来此谋生，络绎不绝，三也"②。至 1930 年代，这些移民十多年的乡下人已经发展为城市社会的主体部分，一些移民获得稳定的住所与工作，并逐渐习惯了城市生活，成为乡下人眼中的"青岛人"。③

二、乡下人进城的原因

关于人口迁移的原因与规律，自工业化进程启动后，即为西方学术界所关注，并在人口迁移的宏观经济理论、社会发展视角的迁移规律、迁移微观理论、人口迁移的选择性和迁移后果研究等方面形成了有代表性的理论学说④。如马克思曾论述了资本主义生产发展与人口迁移间的内在联系，指出不同生产方式有不同的迁移形式。还有，人口学家唐纳德·伯格阐释的"推力—拉力"理论，经济学家刘易斯的两部门结构发展模式，经济学家舒尔茨创立的"投资—效益"理论，托达罗针对发展中国家提出的劳动力迁移模式，等等⑤。其中，"推—拉"理论自 1950 年代提出以来，在学术界十分流行，被广泛用于解释人口迁移的原因。唐纳德·伯格认为，人口迁移是两种不同方向力量作用的结果，一种是促使迁移的力量，另一种是阻碍迁移的力量。在迁出地，存在着一种起主导作用的推力，把原居民推出常居地，产生推力的因素有自然资源枯竭、农业成本增加、农村劳动力过剩导致的失业或就业不足或较低的经济收

① 《刘裕先呈》(1933 年 9 月 24 日)，青岛市档案馆藏，21-3-133。

② 《胶海关十年报告(1922—1931 年)》，青岛市档案馆编：《帝国主义与胶海关》，档案出版社 1986 年版，第 244 页。

③ 《乡下人逛青岛》中，在青岛生活 20 多年的乡下人刘剥皮与大金夫妇回大金家拜年，引来乡邻们的围观，争睹"青岛客"的风采。见《乡下人逛青岛》，《青岛时报》1934 年 5 月 17 日，第 10 版。

④ 李竞能编著：《现代西方人口理论》，复旦大学出版社 2004 年版，第 135~174 页。

⑤ 马侠：《人口迁移的理论和模式》，《人口与经济》1992 年第 3 期。

入水平等。但迁出地也存在拉力,如家人团聚的欢乐、熟悉的社区环境、在出生和成长地长期形成的社交网络等。比较看,迁出地推的力量比拉的力量大。同时,在迁入地,存在一种起主导作用的拉力把外地人口吸引进来。产生拉力的主要因素是:较多的就业机会、较高的工资收入和生活水平、较好的受教育机会、较完善的文化设施与交通条件、较好的气候环境等。同时,迁入地也存在一些不利于人口迁入的推的因素,如迁移可能带来的家庭分离、陌生的生产生活环境、激烈的竞争和生态环境质量下降等。综合来看,迁入地的拉力比推力更大,占主导地位。①

近代离乡潮引起了当时社会学家和历史学家的关注,也成为当今史学界研究的重要内容,关于农民进城原因的研究作为农民离村现象的一个重要方面,亦有许多研究成果。②当今史学界探讨近代农民离村的原因时,多关注人口压力的影响。如彭南生指出人口压力是农民离村的主要原因,静态的人口压力系地狭人稠引起,动态的人口压力包括天灾人祸、技术提高带来农村剩余劳动力增加所致。③在静态和动态的人口压力中,近代中国农民离村既不是城市工业化所产生的拉力,也不是农村经济关系变更所产生的推力,农民离村与离业处于脱节状态。④鲁西奇以 1927 年~1937 年为中心,对近代农民离土情况及离土率进行分析,认为农民离土"除极少数靠近工业城市的区域与工业化有关之外,绝大多数是因为天灾人祸及经济压力的驱迫而成,是被动的不是自动的,是病态的不是正常的"⑤。何一民认为,相对于数千年来中国人安

---

① Bogue D. J. Internal Migration, P. Hauser, O. D. Duncan, eds. *The Study of Population*. Chicago: University of Chicago Press, 1959.pp.486~509. 转引自肖周燕:《人口迁移势能转化的理论假说——对人口迁移推—拉理论的重释》,《人口与经济》2010 年第 6 期,第 78 页。

② 从全局论述者,如池子华:《中国近代流民》,浙江人民出版社 1996 年版;池子华:《农民工与近代社会变迁》,安徽人民出版社 2006 年版;王印焕:《1911—1937 年冀鲁豫农民离村问题研究》,中国社会出版社 2004 年版。

③ 彭南生:《也论近代农民离村原因——兼与王文昌同志商榷》,《历史研究》1999 年第 6 期。

④ 彭南生:《近代农民离村与城市社会问题》,《史学月刊》1999 年第 6 期。

⑤ 鲁西奇:《中国近代农民离土现象浅析——以 1912—1937 年间为中心》,《中国经济史研究》1995 年第 3 期。

土重迁的传统习俗，近代以来，在比较利益之下，更多的人将目光由农村转向了城市。与此同时，由于近代中国人均占有耕地日渐偏少，且土地兼并又日趋严重，造成农村的大量隐性失业和劳动力过剩现象，从而使中国农村产生一股无形推力。在推力与拉力的共同作用下，使农村人口向城市流动趋势增强。①

夏明方曾指出："把人口的流动看作是经济、政治、社会、文化、自然环境等各方面因素综合作用的结果，无疑是正确的，但也必须看到在不同的地区、不同的历史时期，各方面的因素所显示出来的影响力却有很大的不同，厘清其中的主导和非主导因素、直接和间接因素、本源的或触发性因素及其相互之间的关系，对于认清人口流动的性质、规律及其影响，无疑是至关紧要的。"②他在对诸多农民离村因素进行翔实考辨后，强调："在所有的因素之中，自然灾害或者说生态环境的突变和恶化是其中最主要的直接推动力和触发力。"③

青岛人口的增加，亦与城市发展的吸引与农村生态恶化的推动有相当关联，但推力与拉力的强度间存在极度不平衡。对于外商、官僚与南方移民而言，城市的吸引力无疑更大，但对乡村移民来说，城乡间的作用力存在着因人因地而异的情形。以往关于农民离村的研究成果主要立足于对农村情况的调查资料，从青岛市进城移民的相关资料来看，乡下人进城主要基于以下原因：

1.农村破产，生活贫困

作为传统农业大国，农民的生存希望基本寄托在土地上，山东又是人口大省，地少人稠，其人口密度"在北方各省中雄踞榜首，民食十分艰窘"④。1918年~1920年间，山东省人均耕地面积在 2.94 亩~3 亩间。⑤据胶济铁路车务处1932 年度调查，胶济沿线各县普遍存在粮食不能自给的问题。其中，海阳县"每年全县产粮，尚不足十个月民食之用"，牟平县"当地生产，不足消费，尚须

---

① 何一民主编：《近代中国城市发展与社会变迁（1840—1949 年）》，科学出版社 2004 年版，第458 页。

② 夏明方：《民国时期自然灾害与乡村社会》，中华书局 2000 年版，第 92 页。

③ 夏明方：《民国时期自然灾害与乡村社会》，中华书局 2000 年版，第 109 页。

④ 从翰香主编：《近代冀鲁豫乡村》，中国社会科学出版社 1995 年版，第 294 页。

⑤ 《民国山东通志》第 1 册，台北，山东文献杂志社 2002 年版，第 241 页。

仰给外地"，文登"全县出产，不足自给"，福山"山多地瘠，物产不丰，食粮不敷百分之三十左右"，蓬莱"全年出粮，仅足半年之用"，黄县、栖霞、掖县、招远、昌邑等县也都不同程度地存在食粮不足的问题。①即使风调雨顺，耕作所得仅勉强自给自足。正常年景下，土地肥沃的平原地带，农作物收成能维持 10个月左右的时间；在耕地稀少、土壤贫瘠而人口稠密之区则可能面临四五个月的缺粮期，食粮仰给于东三省或邻县。脆弱的农业经济还经常被各种政治气候与自然环境的变动扼住命脉，天灾人祸随时致农民于流离失所的境地，平度、掖县、即墨等土壤肥沃之区，也受战事匪祸或经济不景气的影响，民生拮据。

民元以来，山东各地不断发生大面积的水旱灾害，1921 年夏秋，各地水灾灾民达 280 万人；1924 年华北数省水灾，山东受灾地区广至 40 余县，灾民达数百万家；1927 年山东有 56 县受灾，灾民达 2086 万之多，有些县份当年食粮减产七至九成；此后连续两年发生大面积灾害，受灾县份扩及 82 县，灾民亦增加到 700 余万。②1933 年后，华北农村水旱交作，并受世界经济危机之波及，不仅农民生活困顿，中小商人亦受影响，歇业日多，家贫如洗，致各处灾民盈道，饿殍遍野，乡民纷纷向都市求生。

离青岛最近的胶县、平度和即墨的贫民，来青岛较为便利，因而移民青岛者众。如王作善等数十人，原籍平度迭遭天灾人祸，无以聊生，辗转来到青岛，到 1929 年政府赐台东镇利津路官地，得以搭盖板房二百余间，暂时安居。③青岛市有限的口述史资料也表明许多村民是在日子实在过不下去的情况下才到青岛生活的，青岛周边地区的人们普遍认为，青年来青岛闯，可以吃上饭。④1933 年公建平民住所完成后，不少来青岛谋生的外乡人申请平民住所居住，

① 殷梦霞、李强选编：《民国铁路沿线经济调查报告汇编》第 5 册，国家图书馆出版社 2009 年版，第 190 页、213 页、236 页、334 页、407 页。

② 《民国山东通志》第 3 册，台北，山东文献杂志社 2002 年版，第 1757~1758 页；山东省地方史志编纂委员会编：《山东史志资料》第 1 辑，山东人民出版社 1982 年版，第 37 页。

③ 《1933 年家庭实业社卷——王作善呈文》（1932 年 7 月 12 日），青岛市档案馆藏，B21-1-21。

④ 见对荣秀珍、王秀兰、张维东等老人的访谈，青岛市市南区政协编：《里院·青岛平民生态样本》，青岛出版社 2008 年版，第 104 页、126 页、138~139 页。

有个人记录可见的 18 户中（见表 2.1），在原籍因各种原因致生活困难者 13 户,原因不明者 4 户,随子女前来者 1 户。

表 2.1　1933 年请领租平民住所人员情况表①

姓　　名	年　　龄	籍　　贯	来青前职业	来青岛的原因	在青岛的职业
马全善	30	肥城	不明	在籍生活困难	苦力
姜玉仁	28	江苏赣榆	农民	家乡饥荒	拉车
李登年	30	平度	不明	在家无房无产	拉大车
徐立宏	20	胶县	读书人	年景荒乱　家贫如洗	苦力
李宗先	不明	不明	农民	无房产土地	挑菜贩卖
潘成义	29	掖县	不明	不明	苦力
张同文	30	胶县	小商	年景荒乱　小商歇业	工人
傅本基	不明	济宁	农民	水灾后无法生活	拉大车
邓玉成	52	莒县	不明	不明	苦力
王全顺	35	滋阳	不明	年景荒乱　小商歇业	工人
陈锦年	52	肥城	不明	儿子充当警士　随同来青	无业
张绪法	42	胶县	不明	不明	苦力
徐学文	30	胶县	农民	家道贫寒	拉大车
逄文发	26	胶县	不明	不明	苦力
薛瑞程	37	胶县	不明	家道贫寒	做工
刘成发	42	胶县	不明	家道贫寒	苦力
陶先进	39	平度	不明	因贫所迫	不明
孙贵业	36	胶县	不明	家遭匪患　一贫如洗	商

　　也有的灾民扶老携幼,从鲁西来到青岛。难民傅本基,原籍济宁,因家乡发生水灾,房屋被淹,五谷不生,在家乡无法生活,便向省政府恳求发得难民乘车券,一家 6 口来到青岛谋生。因初次来青岛,又没有认识的人,被一位先生

---

　　① 《请领平民住所》(1933 年),青岛市档案馆藏,B21-3-133、B21-1-15。

领到西岭小菜市居住,每天拉大车为生,全家赖此糊口。[1]青岛四方机厂的早期工人组织"圣诞会"的组织者郭恒祥,是山东章丘县埠村人,因为生活所迫,19岁时来到青岛,进入四方机厂第四场当工人[2]。

2.躲避兵匪,乱世求生

民国前期山东境内的军事行动频繁。1912年~1937年的20余年间,中国政权更迭频繁,各派系之间频繁的争斗与割据也无一不伴随着军事行动与交锋。而且,在各支军队内部,还经常因待遇苛刻而发生兵变。由于纷争、动荡的政治局势,华北外患侵寻、内乱频作。进入20年代后,先是直、皖、奉各系之间的迭次战争,随后是新旧军阀及新军阀间的混战,直鲁联军、晋军、奉系、韩复榘等各支部队均在华北展开角逐,战争绵延至1930年。战事稍停,日本对华北的侵略攻势接踵而来。无论冲突与战事出于什么样的动机与目的,在安分守己的农村居民那里并没有多大区别,都是破坏力极强的战祸,华北农民遭受着严重的苦难。正如马若孟先生所言:"没有其他现象对农村造成过像敌对的军事集团互相争夺地盘时造成的这样的动乱和不幸。"[3]

民国以来,军阀割据,政权的武力化使整个社会陷入严重的失序状态,兵灾和匪患轮番蹂躏,尤其以京津门户、华北军事要地河南和山东为重。山东匪患不绝,其土匪之猖獗,分布地区之广,仅次于河南。[4]至1918年,"兖、沂、曹、济一带,上产之家必通匪,不通匪则无以保业;中产之家必蓄匪,不蓄匪则无以安生;贫穷之人必为匪,不为匪则生活无路"[5]。张宗昌督鲁期间(1925~1928),军事活动频繁且对土匪采取纵容态度,山东匪祸不断蔓延。又因军费浩繁,人民赋税沉重。以昌邑县为例,每年征收田赋4次,每亩田地年纳赋税8元以

---

① 《请领平民住所》(1933年),青岛市档案馆藏,B21-3-133。

② 王学让、王玉森:《四方机厂第一个工人群众组织"圣诞会"》,中国人民政治协商会议四方区委员会文史资料工作委员会编:《四方文史资料》第1辑,内部资料,1999年,第27页。

③ 马若孟著,史建云译:《中国农民经济——河北和山东的农民发展,1890—1949》,江苏人民出版社1999年版,第313页。

④ 蔡少卿主编:《民国时期的土匪》,中国人民大学出版社1993年版,第125页。

⑤ 《钱锡霖为解决山东匪祸条陈》(1918年11月29日),章伯锋、李宗一主编:《北洋军阀(1912—1928)》第1卷,武汉出版社1989年版,第638页。

上，竟超过一亩地的全年所得的净利一倍左右。①而 1928 年至 1930 年期间的二次北伐和中原大战的狼烟蜂起，使人民负担倍增，生存环境进一步恶化。大批破产农民和无业游民或者投充军队，或者沦为土匪，也有退伍或溃败兵士，以劫掠为生，更加剧了山东农民的痛苦。据不完全统计，山东境内的土匪 1925 年有 2 万，在 5 年之后，就扩大了 10 倍，刘桂堂一股就达 2 万之众。②据各县地方志载，1912 年~1935 年间全省 107 县中有 84 县有土匪武装力量出没，数目最多的临沂有 26 股，诸城 15 股，胶县 14 股，寒亭 12 股，临朐 11 股，平度 10 股，高密 10 股，鄄城 10 股。③总的来说，鲁南诸县受到土匪的影响最大，沂蒙山区的峄县、费县、滕县、蒙阴、临沂，是孙美瑶、刘黑七、石敦福等悍匪活动的巢穴，另一方面，与邻近的皖北相比，它们相对富裕一些，因此也成为皖北匪帮抢劫的一个主要目标。尽管土匪可能是处于逆境的人们对其“所处的环境尽可能作出适当的反应”④，但土匪也使更多乡民处于钱粮荡尽、无家可归的逆境。

青岛尽管政治较为安定，但也有刘得胜、孙百万、马文龙等 2000 余名劫匪在黄岛、薛家岛、胶南等海西一带侵扰不停。而与青岛临境的胶县、平度、高密、诸城、临沂正是山东匪患最重的地区，胶东北部地区受刘珍年等军队的洗劫亦重。兵荒马乱之时，许多乡民以离家较近的青岛为避难之所，从青岛市贫民调查情况来看，来自胶县、临沂、平度、日照等匪祸重灾区的贫民亦最多。⑤从 24 项进入习艺所的请求来看（见表 2.2），有 7 户因家乡匪患侵扰，逃难来青，其原籍正是民国时期匪灾严重的地区。

---

① 王药雨：《山东农民离村的一个检讨》，天津《大公报》1934 年 5 月 23 日，“经济周刊”第 64 期。

② 冉光海：《中国土匪（1911—1950）》，重庆出版社 1995 年版，第 8 页；〔英〕贝思飞著，徐有威等译：《民国时期的土匪》，上海人民出版社 1992 年版，第 39 页。

③ 张金保：《民国时期山东土匪问题论析——以社会调控论为视角的探讨》，山东师范大学硕士学位论文，2007 年，第 33 页。

④ 〔英〕贝思飞著，徐有威等译：《民国时期的土匪》，上海人民出版社 1992 年版，“序言”，第 4 页。

⑤ 《西岭贫民住窟户口表》（1931 年 10—12 月调查），青岛市档案馆藏，B21-1-4；《青岛市各公安分局管界贫民调查表》（1932 年 4—6 月调查），青岛市档案馆藏，B21-3-69。

表 2.2 1929 年贫民习艺所入所请求者信息①

姓 名	年 龄	籍 贯	入所前状况
刘永发三兄弟	18、15、13	即墨吴家村	孤儿,身贫如洗,无依无靠
王小索	16	平度王家村	家贫逃来青岛,终日讨饭
白其昌	15	不明	只身谋生,食不果腹
解纪胜	15	即墨	家贫,无力求学
张海明二兄弟	14、12	寿张	因避荒乱,随父母来青,乞讨度日
王鸿仪	17	诸城	家贫,因避荒乱逃离来青,乞讨为生
李宝太	16	掖县	家贫无依流落在青,衣食无着
韩光荣	15	高密西乡横路屯庄	1928 年该村被土匪掠焚一空,父亡母盲,逃难来青,沦为乞丐
王吉祥两兄弟	15、13	即墨	家中尚可维持,来青谋事,商界无成,栖身无地
万泰嵩	20	即墨	家贫如洗,在青岛沿街乞食
李桐文	14	堂邑	家贫如洗,来青谋生
郭庆尧	15	沂水左泉镇	家本贫寒,连年兵燹匪劫,又遭蝗旱,来青谋生无着,行将乞讨
邹日桢	16	高密	父母在原籍乞讨,流落来青,栖身无地
王鉴	16	安邱	无亲属无衣食,乞食来青
刘云	13	即墨西北乡张哥庄	孤儿,家贫如洗,讨饭为生
张集	14	胶州三里河	父亲卖鱼为业,父老子幼,糊口无资
李其宜	16	日照	家寒所迫,逃难来青,举目无亲
纪桥	14	即墨大北曲	家中赤贫,无业谋生
管家麟	13	益都	父亲供职警界,原籍因匪患,房产一炬,四口眷属逃难来青
吕传溪	18	牟平	家贫如洗,孤儿,逃难来青
杨寿彭	15	益都	穷无依归,流落来青,行将乞讨
曹占元	16	茌平	家本小康,因土匪占据村庄,来青谋生
刘锡聚	14	掖县	家贫如洗,由家来青投奔乡里
彭得丰	16	日照	家贫如洗,本地匪患甚重,逃难来青

---

① 《青岛总商会收请入贫民习艺所函件》(1929 年),青岛市档案馆藏,B38-1-482、B38-1-483。

除了贫穷之家赴青谋生，乡村富户也举家迁移，寻找暂居之所，一旦匪患平息，便相机回迁。1928 年间各县土匪蜂起，老百姓不得安居，青岛市因未受到战争侵扰，内地稍有资财者，遂视青岛为桃源仙境，于是纷纷搬来逃难。"是年冬田间收获完毕之后，乡间的混乱越发厉害，即无积蓄之人，也变卖田园来此桃源中，图谋生活。"①胶东尤其以 1929 年前后土匪力量较多，如杀人魔王刘桂棠(又称刘黑七)1928 年被北伐的何应钦看中，收编为国民党新四师，刘率部一万余人，由平邑经费县、临沂、莒县、日照，而后至胶东，后西转张店，一路上连抢带夺，所到之处，烧杀奸淫，无所不为。②居民极感不安，凡有资财者，均纷纷迁避，以致"胶路来青之客车，此项避难者极形拥挤"③。孙宝善和李小七等数股土匪则自 1930 年起，各聚众数百人，在胶县抢劫绑架，烧杀掳掠。④移民青岛者不断增加，当年青岛市社会局进行了大规模的住户调查，发现在台西一带，避难的乡村居民为数不少，租住青岛台西西藏路、费县路一带的难民住户很多，"近月来胶东不靖，乡间之中等资产者每数家合赁房一间，仅将妇女送青避居，所携物件甚简"⑤。"云南路西部及滕县路，在后海一带，地极偏僻，房屋皆近三四年内建筑，房间亦广大整洁，每间月租不过三二元之谱，住户多胶济沿路各县富家，最近胶东土匪蜂起，各县富家各携所有来青，其未能赁得房屋者，则寄居亲友处，故室内满屯箱支及包裹等件。"⑥在汶上路一带也有数户由外县避乱来青，"室内并无床铺，仅设席于楼板上"⑦。

在臧克家的家乡诸城，土匪数量多，破坏力强，为害惨烈，不少乡民避乱青

---

① 《青岛市百业萧条房租未减》，《青岛时报》1934 年 2 月 10 日，第 6 版。

② 王秉伦等搜集：《杀人魔王刘黑七》，中国人民政治协商会议山东省委员会文史资料研究委员会编：《文史资料选辑》第 16 辑，山东人民出版社 1985 年版，第 152 页。

③ 《内地居民来青避难》，《青岛时报》1934 年 4 月 17 日，第 6 版。

④ 王相：《胶城匪乱》，中国人民政治协商会议山东省胶州市教科文卫体与文史工作办公室编：《胶州文史资料》第 20 辑，内部资料，2006 年，第 53 页；胶州市志编纂委员会编：《胶州市志》，新华出版社 1992 年版，第 653 页、596 页。

⑤ 《为呈报六月十二日奉派调查杂院情形》(1930 年 6 月 14 日)，青岛市档案馆藏，B21-2-44。

⑥ 《为呈报六月四日奉派调查杂院情形》(1930 年 6 月 6 日)，青岛市档案馆藏，B21-2-44。

⑦ 《为呈报六月九日奉派调查杂院情形》(1930 年 6 月 10 日)，青岛市档案馆藏，B21-2-44。

岛，当 1933 年他还在青岛大学读书时，其六祖姑母因为故乡闹土匪也寄寓在青岛。①又如青年车夫李邦初，本是泰安西乡的中产家庭子弟，1926 年，鲁、豫两军作战于该县之西，炮火摧毁，百数十里无人烟，致李家房屋焚烧净尽。兵燹之后，盗匪蜂起，官方督促人民办理团所，以谋守卫，征收保安费用，一年中达 5 次之多。地方虽有此项保卫团丁，而绑架之事仍不能免。"至 1927 年秋，李父被匪架掳，连看至赎，经五月有余，卖田售园，赎票用费达一万七千余元，及至赎出，则为一死去多月之尸首。此时李之家产，业经耗去十之八九，其母以伤夫惨死，又痛家业破亡，于 1928 年春去世。李一姊一妹，并皆连续亡过。邦初年事既少，不善经营，且税收杂捐，月有数起，至 1932 年，祖遗家产已荡然无存。同乡少年，与之处此同样境地者，亦复不少，多于前数年盗匪盛行之际，相率结伴铤而走险，李以手无缚鸡之力，乃求亲告友，凑得川资，远来青市。"②

青岛也吸引了亡命之徒的目光，山东各县的逃犯或兵匪被打散后，来青岛暂时栖身以避难，伺机再起。1937 年青岛市公安局侦缉土匪案卷中，安邱县景芝镇人赵丕君原以看坡为业，后因玩枪走火，又不慎打伤警察，便逃来青岛。即墨人邵守法曾于 1935 年腊月初绑架村民，1936 年腊月又到本家邵守江家抢劫，于年底跑来青岛推大车，当苦力谋生。③"1930 年 5 月，胶州闹兵灾，土匪乘机行劫，除城里富商外，受影响的农民不少人来青岛避难，还有像土匪陈宝璋部下被王台红枪会打散后，也来青岛躲避红枪会并谋事。"④以致青岛社会局称："胶澳一区民风向称淳朴，青市在从前有夜不闭户之风，自近来内地各县举办清乡，匪人遂群以青市为逋逃薮而宵小鼠窃之辈亦遂由此渐多。"⑤土匪的流入引起了青岛市社会局与公安局的警惕，当局在各路口要塞加大了对过往车辆的盘查力度。

---

① 臧克家：《臧克家全集》第 5 卷，时代文艺出版社 2002 年版，第 134 页。

② 《天灾人祸　农村破产　富家子弟流为劳工》，《青岛晨报》1935 年 8 月 21 日，第 6 版。

③ 《1937 年青岛市公安局侦缉土匪案卷》，青岛市档案馆藏，A17-3-1540。

④ 《1930 年青岛市公安局侦缉土匪案卷》，青岛市档案馆藏，A17-3-572。

⑤ 《青岛市社会局公函 263 号：为函请调查本市交通状况保卫情形希查照见复由》(1932 年 9 月 23 日)，青岛市档案馆藏，A17-2-399。

3.寻求发展机会,投靠亲友

如果说农村经济的崩溃、生活的挤压、兵匪的劫掠,迫使乡民离乡背井,成为绝大多数农民被动进城的动因,那么寻求更好的发展机会,则成为农民主动离乡的诱因。青岛工业的发展提供了较多的就业机会,农村里生计恶化的农民,在亲友乡邻的信息交流中,燃起对城市生活的向往,他们希望到都市去寻找新的改善生活的机会。胶州"自光绪二十四年,德人于青岛筑港,并建筑铁路后,本县繁荣,移于青岛。不但四方商贾不复来此经商,即本地居民,亦多移住青岛。本县人口因之大减"①。即墨,"农占百分之九十,商占百分之二,工占百分之一,军政学占百分之三,以渔盐为职业者占百分之一,其他占百分之三","近以交通便利关系,来青服务于工商界者日众"。②一些工商业者,为扩大经营,或者寻求更理想的发展空间,依托老乡或亲属到青岛从事原有职业,或弃农为苦力、学徒。如滕虎忱因德国于 1899 年修建胶济铁路,为谋生计便与五弟跟随父亲前去青岛,在铁路工程处充当修路苦力。③青岛附近的农民,往往乘农闲时分来青岛做苦力或小工。如姜少福,胶县南庄人,24 岁,至1930 年止,在青岛出苦力已有 7 年多。他一般在 5 月间,回家锄地瓜,至 8 月间收好地瓜后,再来青做工。④

邻近青岛的胶东各县,外出谋生者向来以经商较多,如海阳县民"性喜商业,经商最为擅长,凡东北及南北沿海各埠,胥有邑人之踪迹焉",福山因"当地生产,不足自给,故人民多逐利于四方,以维生活",黄县"人口之密为胶东各县之冠,务商者最多,约占总人数百分之五十",昌邑县则"人心机巧,勇于冒险","故年来在海外贸易及各口岸都会之经营绸业布业者踵相接"。⑤"东部

---

① 殷梦霞、李强选编:《民国铁路沿线经济调查报告汇编》第 5 册,国家图书馆出版社 2009 年版,第 551 页。

② 殷梦霞、李强选编:《民国铁路沿线经济调查报告汇编》第 5 册,国家图书馆出版社 2009 年版,第 131 页。

③ 张蓝田、宋伯良:《滕虎忱与潍县华丰机器厂》,中国人民政治协商会议山东省委员会文史资料研究委员会编:《文史资料选辑》第 14 辑,山东人民出版社 1983 年版,第 148 页。

④ 《三分局送匪犯孙玉昌等一案》(1930 年 10 月 17 日),青岛市档案馆藏,A17-3-572。

⑤ 殷梦霞、李强选编:《民国铁路沿线经济调查报告汇编》第 5 册,国家图书馆出版社 2009 年版,第 188 页、333 页、658 页、451 页。

滨海之地,民性冒险,故出外经商者甚多。福山、黄县、昌邑、掖县之人,足迹所至,几遍沿海各埠。又以地多岩石,稼穑维艰,故民多从事渔盐。"①而青岛工商业发展较快,成为胶东各县商家投资与发展的乐土,大批乡民也随着这些商帮到青岛谋生。

城市的发展所具有的吸引力似乎对周边乡村影响更大一些,如青岛省内移民,"大都来自邻邑,而以胶县平度为最矣"②。从离青岛较近的胶县辛安镇的台头村来看,"村民的生活条件并不太差,除非在作物生长期意外发生旱灾,平时他们有足够的东西可吃"③。但随着青岛的发展对胶州湾沿岸市镇与村落的刺激,"台头村与青岛之间的人口流动急剧上升,在年轻一代中尤其如此。一些人离开村子去寻找农业以外的工作,一些人去接受新式或高等教育,还有一些人仅仅因为受新事物的吸引。结果,过去的人口稳定不能再保持。当老一辈还对所谓'外国恶魔'愤恨不已,父亲和祖父仍坚持没有什么生活方式比种地更好时,儿子和孙子却正想着工厂、铁路、机器厂或开始从商生涯和接受较高的教育程度。年轻人想去看看新世界,过过新生活。他们知道这种新生活不在村庄而在大城市,所以只要有机会他们就准备出去,这就是村里的情况"。"当第一批去城里的人回家探亲时,他们给村庄带来了更多新的吸引,他们的新衣服、新行李,他们带回来的钱,他们关于城市奇特事物的故事,都对那些仍留在村里的人产生了巨大影响。渐渐地,当村民看到邻居因儿子或女儿在青岛或其他城市工作寄回钱得到好处时,父亲开始鼓励儿子离家,去其他地方寻找机会。结果每年都有越来越多的年轻人离开村庄。"④在中国,多数在城里找到工作的村民与其亲属仍保持着密切的联系,乡村与城市保持着人员往来与信息流通,城市的机遇与新事物的传闻也刺激了更多年轻人对城市

---

① 胶济铁路管理局车务处:《胶济铁路沿线经济调查报告总编》,"人口·民生状况",编者 1934 年版。

② 民国《胶澳志》卷三,"民社志三·移殖",台北,成文出版社 1968 年影印本,第 502 页。

③ 〔美〕杨懋春著,张雄、沈炜、秦美珠译:《一个中国村庄:山东台头》,江苏人民出版社 2001 年版,第 226 页。

④ 〔美〕杨懋春著,张雄、沈炜、秦美珠译:《一个中国村庄:山东台头》,江苏人民出版社 2001 年版,第 196 页。

的向往,青岛亦不例外。

4.女性进城:出走与被卖

传统中国的女性,像他们的丈夫固着在土地一样,她们坚守在家庭中处理烦琐的家庭事务。在履行生育、教养、侍亲的女性天职外,自给自足的生活方式更赋予农家主妇们纺织、缝制、各类食品收藏与加工等周而复始的手工活计,妇女们很少跨出家门庭院或村落,但特殊的时代境遇,既给女性提供广泛接触外界的机会,也迫使安守妇道的女性沦落他乡。一些女性随着他们的家人进城谋生,更多女性是在不同的生活、家庭、社会压力下流入城市。女性进城,有两大不同于男性的特殊情形:

其一,摆脱家庭束缚。近代乡村通行着夫唱妇随,嫁鸡随鸡、嫁狗随狗之类丧失妇女主体性的教条和俗语,女性地位低下不仅得到法律的肯定,且得乡规家训之支持,从中央到地方形成了系统规范,将女性禁锢于家庭中的父权、夫权之下。但自民国以来,不少女性开始选择离家出走,以城市作为摆脱家庭束缚或旧式婚约的避难所。如 35 岁的潍县人蒋氏,亲夫王吉祥,因夫妻关系不和,在家打闹,丈夫又娶。蒋氏便托人谋当女仆,1935 年 7 月经乡里介绍到李秀林家当女仆,半年后不愿意在李家,便来青岛投奔李的亲戚郭德崇(39岁,潍县人,在青岛卖馒头)。[1]孙文泗,56 岁,胶县人,务农为业,妻孙薛氏为续弦,"半老徐娘嫌夫丑老,于日前以探亲为名,私行潜逃来青,借居易州三十四号其娘门姊妹家中,后孙找到带回,大讲自由恋爱之新说,一时将孙老头气昏,孙将妇告公安局"。[2]素嫚,21 岁,平度人,因家里逼婚逃青。[3]潍县南流人宋德善,以务农为业,数年前娶妻李氏,现年 26 岁,于 1933 年秋,在原籍因与其夫发生口角,遂逃来青岛,投入山西路双合里 78 号为娼,被其夫来青岛寻获后,李氏誓不回家,遂被揪赴警所转送公安局讯办。[4]

---

① 《一分局送李秀林告郭德崇拐带伊妻一案》(1936 年 7 月 1 日),青岛市档案馆藏:A17-3-1611。

② 《嫌夫年老　竟欲离婚》,《中华报》1931 年 12 月 5 日,第 3 页。

③ 《一分局送乔李氏告陶张氏诱拐妇女一案》(1932 年 5 月 17 日),青岛市档案馆藏,A17-3-1041。

④ 《背夫潜逃》,《青岛时报》1934 年 2 月 18 日,第 6 版。

在 1932 年青岛市公安局诱拐妇女的案卷中（见表 2.3），记载较详细的涉及女性异常情况进城的 24 人中，有 9 人是与公婆或丈夫发生口角，相处不睦，愤而离家的。许杜氏，18 岁，徐州府人，夫许德玉，45 岁，潍县，务农，以 360 元娶许杜氏为妻，因夫妻间口角之争，许杜氏自行出走至青。[1]赵张氏，19 岁，诸城人，因常常遭婆母斥骂和丈夫殴打，故 1932 年春节期间带了三毛多钱逃来青，表示"宁死不回家"，如果丈夫来青岛跟她过，她还跟他。[2]刘李氏，22 岁，平度人，因婆家常打骂，故逃来青。[3]被乡亲或陌生人拐骗进城的 3 件案件中，均是因为与父母或丈夫争吵，负气出走，从而给拐卖者以行骗机会。如周魏氏，23 岁，即墨人，因夫妻口角，偷跑出来遇一老妈，欲将其送宝兴里为娼。[4]

表 2.3　1932 年青岛市公安局诱拐妇女案卷中女性进城原因分析

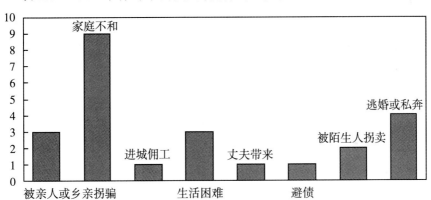

也有的女性被丈夫以各种理由逐出家门后，求生无门，行乞到城市。如刘张氏，26 岁，即墨黄山南范岭后人，夫刘中礼，务农，嫌住娘家日久，逐出回家，

---

①　《三分局送许德玉指控赫许氏诱拐伊妻许杜氏一案》（1936 年 3 月），青岛市档案馆藏，A17-3-1609。

②　《三分局送赵张氏潜逃不愿回籍投海一案》（1932 年 4 月 26 日），青岛市档案馆藏，A17-3-1039。

③　《一分局送王戴氏等诱良为娼一案》（1932 年 7 月 6 日），青岛市档案馆藏，A17-3-1040。

④　《二分局送周魏氏背夫潜逃一案》（1932 年 8 月 5 日），青岛市档案馆藏，A17-3-1038。

娘家亦不收留，跑出，讨饭行乞至沙子口。①

其二，遇人不良，受骗入城。青岛男女比例严重失调，②尤其男性青壮年人口比例较大，众多成年男子婚配困难，故拐卖妇女的市场庞大且利润可观。被拐卖者多为贫苦人家女子，有些是为父母所价卖，有些是为同乡所引诱，也有的是在进城谋生的过程中遭遇陌生人贩卖。她们年岁不一，或不足10岁，或年近40岁，到青岛后，一般堕入青楼，也有的被卖与他人为妻。胶县人王小兆，9岁时，母亲将其卖给青岛东海楼开乐户的王孙氏家，16岁时不堪虐待逃出。③李刘氏，19岁，昌乐人，其母亲刘夏氏1931年9月将女儿领来青岛，押在升平里为娼，母亲获得20元后回家。李刘氏在升平里20天，因身体有病，婆家不接收，被王正祥赎出。王正祥也是胶县人，26岁，住福康北里，在景昌隆商号当伙计，李刘氏在升平里时认识了他，王正祥被刘夏氏索要50元后得以与李刘氏生活。（后因婆家起诉，刘夏氏又来青找女儿。）④又如平度县南乡南阜村人王张氏，38岁，丈夫王希寿本在原籍务农，于1930年因病身死，遗下张氏及其子王卓庭，20岁的王卓庭在昌邑县城里学徒理发。张氏因家中赤贫，谋生困难，即于1933年10月，随青岛台东住户李学颜之母来青谋生，本拟自求生路，孰料事与愿违，竟被人贩卖。⑤尚秀珍，平度南乡上河头村人，因遭生母谴责，听人劝到青谋事，逃往蓝村车站，被不知姓名妇拐至青岛四方。⑥1929年青岛市育婴堂送济良所的18名妇女，多是遭绑架而来的乡下女子。（见表2.4）

---

① 《六分局送查获逃妇刘张氏一口一案》(1932年10月12日)，青岛市档案馆藏，A17-3-1039。

② 青岛1930年代性别比达150以上，远远高于山东省117的性别比，详见本节第三部分。

③ 《王孙氏告刘双喜诱拐》，青岛市档案馆藏，A17-3-1038。

④ 《二分局送刘夏氏等告李刘氏潜逃一案》(1932年1月6日)，青岛市档案馆藏，A17-3-1038。

⑤ 《老妇被人价卖》，《青岛时报》1934年3月23日，第6版。

⑥ 《五分局送管林氏私藏逃女尚秀珍一案》(1932年1月6日)，青岛市档案馆藏，A17-3-1038。

表 2.4　育婴堂送济良所 18 名妇女(1929 年)[①]

姓　名	原　　籍	入所原因
李袁氏	沂州城内东门首衙门前	不明
刘氏	临沂	10 月被绑架
万赵氏	郯城	8 月被绑架
朱杨氏	郯城县南关	被架年余
金张氏	海州	1928 年 12 月被绑架
李氏	临沂县郭家山	1928 年 7 月被绑架
钟牛氏	海州刘家围子	1928 年 10 月被绑架
黄刘氏	沂州府城南六十里马匪窝	1928 年 8 月被绑架
王氏	临沂瓦子埠	1928 年 7 月被绑架
于陈氏	临沂东北郑氏坡	1928 年 5 月被绑架
王氏	临沂郭家山	1928 年 9 月被绑架
高王氏	郯城县北一百十里王家庄	1928 年正月被绑架
王氏	临沂沟子涯	1928 年 2 月被绑架
刘氏	临沂别家宅子	1928 年 5 月被绑架
李陈氏	临沂砚石庄	1928 年 11 月被绑架
门黄氏	赣榆黄家围子	1928 年正月被绑架
贺李氏	赣榆双埠东李会埠	1928 年 8 月被绑架
不明	不明	1928 年 5 月被绑架

　　有些女性因丈夫在青岛打工,多年不回,就和老乡来青岛寻求亲人。1931
年 4 月,刘秉均因欠外债与债主发生纠纷,便来青岛避难,刘走后,刘妻李氏
在家,被债主逼债,便携女儿同老乡钟宪武来青岛。[②]李氏与钟同居,即使被刘
秉均找回,也不愿同丈夫生活。[③]社会生活的丰富多彩、诡谲多变远远超过文
字符号所呈现的面貌,乡下人进城不唯体现了因自然灾害、经济萧条的社会
结构性变动,民众被迫流离的时代趋向,也体现了个体命运的颠沛流离。许多
乡下人的进城并非策划已久、从容不迫,而是偶发事件刺激下的应急之选,是

　　① 《育婴堂送济良所 18 名妇女》(1929 年),青岛市档案馆藏,B38-1-479。

　　② 《一分局送刘秉均告钟宪武诱拐伊妻一案》(1932 年 3 月 9 日),青岛市档案馆藏,A17-3-1037。

　　③ 《一分局送刘秉均告钟宪武拐带一案》(1936 年 7 月 25 日),青岛市档案馆藏,A17-3-1609。

因躲避债务、寻找亲人、随主人搬迁等个体生存境遇变化的临机行事。

从1891年到1937年，当历届青岛占领当局雄心勃勃地大兴土木、建设城市时，相邻的山东农村其他地区经历着义和拳运动、盗匪横行、辛亥革命、二次革命、北伐战争、军阀混战的政治风波，并屡遭黄河泛滥的蹂躏与严重税收的盘剥，加之山东省人地关系紧张，天灾和人祸往往交相作用，加剧了农民的离村倾向。而青岛地区则在强大的资金注入、交通发展与相关政策优惠下平稳发展，治安尚佳，社会稳定。盗匪的扰乱、城市的吸引、谋生的驱动与便捷的铁路交通，推动着山东广大农村尤其是周边地区的农民源源不断地迁移青岛。闯关东的谋生者每年从青岛泛海北上者在十多万左右，其中也有农民逗留青岛并定居下来。

来自城市内部的资料与众多学者对近代农民离村情况的调查结果有相似之处，首先，乡下人进城是乡村生态环境恶化的结果，包括自然灾害、匪患兵灾、治安恶化等自然与政治环境的破坏。这在离青岛距离适中而人祸频繁的胶县、临沂、诸城、日照等地最为突出，而青岛治安相对稳定，成为鲁东、鲁南交通便利地区难民们理想的避难之地。其次是农村生存压力的逼迫所致，包括人多地少和税收沉重等原因所致的经济贫困和家庭关系的紧张。从胶县、即墨、平度等地移民的进城情况来看，生活的艰难是他们选择流动的主要原因。而对于女性来说，为缓解在家庭受到不平待遇而产生的心理压力，或者为逃避旧式婚姻，向往自由择偶，她们将城市作为寻求新生活的起点。再次是城市经济的吸引，这常常来自于先进城的乡邻与亲友在回乡后的信息冲击。改善生活状态的欲望和农村生活的紧张，驱使在城市里有一定社会关系的乡下人开始选择新的职业，而城市发展的刺激对青岛附近地区乡民的推动力更大。

按照迁移的宏观经济理论的解释，城市的拉力，表现为城市工商业规模的扩大，新兴工业部门对劳力需求的增长，城乡收入值差异的吸引；同时，农村社会经济因对农业机械的采用而对过多的农业劳动力产生排斥。但近代农民离村并非建立在社会经济良性发展而产生的人口平衡力量的基础上，相反，农民的贫穷与乡村的灾荒与匪祸是更重要的推力。农民离村不是单纯由于人口压力或农村经济状况的恶化，而是整个生态环境变动的产物，包括物质资源的贫乏、政治与军事力量的压迫、社会治安的恶化、自然灾害的频繁和民众观念的更新,可以认为,整个农民社会流动的过程,折射了中国乡村社会的变迁,是一个经济、政治、社会、观念等全方面搅动后农村的离"人"、离"心"过程。

考察农民的进城情况,笔者更关注政治与自然因素而非农村经济压力与都市经济吸引对农民离村的作用。1930年前在山东已经出现移民高峰时,当地农业发展并没有想象中的全面衰退。徐秀丽等研究者曾指出:"20世纪头30来年,由于若干新式农业技术的引进,由于政府采取了一些鼓励农业发展的政策,由于手工业和经济作物的发展带来农村金融的相对活跃并导致农业投入的适量增加,再加上人口增加带来的农业劳动力的增加,粮食生产持续增长,农业效益较好;20年代末以后,受世界经济危机和国内战乱及天灾的影响,农业生产全面萎缩,这种情况到1935年时才有所恢复。"[①]1930年代前,经济状况并没有恶化到产生人口对土地的压力,吴承明先生认为:"总的看,20世纪以来,粮食的总产量仍是增长的,于1936年达于高峰,其增长速度大体可与人口的增长率相当。"[②]也有学者依然认为人口的增速超过耕地的增速,人均粮食占有量大幅度趋减。[③]即使人均耕地减少,也并不意味着生活条件的恶化,土地承载力与生产技术、土地开发利用、农业生产结构、粮食耕作制度、生态环境等因素息息相关。在学界研究尚存争议的情况下,经济压力说尚缺乏充足的论据,而且学术界关注的中国农村的全面崩溃在1930年代初期,与农民离村的高峰期并未完全吻合。从1912年到1949年,山东移民闯关东人数,平均每年达到48万人之多,1926年到1930年间,移民数量剧增,尤其是1927年、1929年这两年均在80万人以上,1928年移民最多,达104万人,这主要是山东严重的旱灾和军阀混战所致。[④]

当然,土地资源的匮乏确实使部分农民选择到他乡务农,寻求更丰富的土地资源,但从前述山东省农民离村的去向来看,更多挤压出来的剩余人口流向了城市。与关注离村源得出的结论稍微不同的是,关注进城流的相关信息

---

① 从翰香主编:《近代冀鲁豫乡村》,中国社会科学出版社1995年版,第245页。

② 吴承明:《中国近代农业生产力的考察》,《中国经济史研究》1989年第2期,第70页、73页。

③ 从翰香主编:《近代冀鲁豫乡村》,中国社会科学出版社1995年版,第331页。

④ 路遇:《清代和民国山东移民东北史略》,上海社会科学院出版社1987年版,第50~52页。

表明，近代农民流动的主要原因是整个社会政治与自然环境的变化，尤其是政治形势的动荡，在一个被兵匪扰乱的异常状态的社会变迁中，受灾村民多举家迁离，流入城市。青岛人口增长最快的年份是 1927 年至 1934 年，平均每年增加人口 2 万余人，而这几年正是山东境内匪患严重、军事活动频繁、黄河大水和世界经济危机波及中国的时期，入城的不仅有贫民，农村富户亦多避难青岛。1932 年初青岛市的贫民住户调查显示（见表 2.5），脏土沟、上马虎窝、下马虎窝、挪庄的贫民住户中，中上户的比例分别是：44.07%、42.06%、85.51%、87.80%，总计五处贫民住户的中上户达 62%。[1]

表 2.5　调查各处贫民住户实况一览表(1932 年)[2]

地 点 住户状况		脏土沟	上马虎窝	下马虎窝	挪 庄	乐贫院	合 计
住 户 数 目	极贫	152	75	7	86	35	355
	次贫	197	111	24		85	417
	中上户	275	135	183	619	36	1248
	共计	624	321	214	705	156	2020

说明：1932 年 6 月社会局第三科公益股编制，表内住户数目栏所列极贫、次贫、中上户等项系以公安局各派出所户籍册为准。本表系根据社会局 5 月间调查底册统计做成。

可以概见，政治与自然环境的变动是刺激乡下人进城的首要原因。青岛辖境的水灵山岛，"距青市最近但到市内谋生之人绝少，天主教人曾在本市介绍月得二三十元之职工，但不数日均弃职逃回"[3]。岛民不愿进城，与其闭塞之风与生活习惯有关，也因岛上太平，即使相当贫穷，居民也不轻易进城。忻平对上海的研究认为，20 世纪 20 年代末至 30 年代初的上海移民多半是被逼出家园的难民，"可以说，这一时期中国人口城市化步伐加快，一定程度上是恶

---

[1]　何谓中上户，史料未明言，依调查表上下文推测，可能主要以是否有自住房屋为指标。

[2]　《调查各处贫民住户实况一览表》(1932 年 6 月)，青岛市档案馆藏，B21-3-181。

[3]　《水灵山岛调查报告书续》，《青岛时报》1932 年 9 月 12 日，"自治周刊"第 7 期。

劣的环境所致"①。在农村社会控制系统失灵与整个社会政治经济状况日益恶化的情况下,避免最坏的局面与寻求更好的生存状况,推动着大量农民离乡进城。

三、乡下人进城的媒介

媒介是信息、物质或人群流动得以借助的工具、手段或关系、渠道。交通工具的发展为移民向更广阔的地域流动提供了必要条件,而人际关系媒介则为乡下人进城提供了可能性,商品贸易的流通带来的实际生活利益,使那些早期移民成为沟通城乡信息的载体。

1. 交通工具

地理空间的社会流动,需要借助一定的运输媒介,交通条件便利的城市成为近代人口迁移的汇聚所。对自古以来就安土重迁的中国人来说,除非迫不得已,流落他乡、迁居异地是应该极力避免的。青岛地处一隅,本为偏僻之地,但开埠后,胶济铁路、青岛港、青岛机场以及公路等现代化交通设施的建设,使得青岛和省内外甚至国外的联系变得简便、快捷。尽管胶济铁路、青岛港最初的建设目的是出于殖民统治的需要,但客观上却为进出青岛的人们提供了便利条件,也为青岛和其他地区间的经济、文化交流提供了可能性。"青岛的海上交通事业,比起上海和香港稍微差逊一点,但是已经可算得很发达了。"②青岛水陆交通极为便利,北达津沽,东抵日本,南通上海,西沿胶济铁路可与津浦、陇海、北宁诸铁路相衔接,市内外汽车道路密如蛛网。1930年代以后,青岛在航空客运事业方面也取得了发展,南至上海、南京,北至天津、北平,西至济南,每天均有飞机往来,成为山东省内最早辟有空中航线的城市。海陆空立体式的交通网络,缩小了地区间的距离,打破了人口流动的地理障碍与区域分隔,为迁移到青岛的人们搭建了便捷的途径。

---

① 忻平:《从上海发现历史——现代化进程中的上海人及其社会生活(1927—1937)》,上海人民出版社1996年版,第207~208页。

② 倪锡英:《青岛》,上海,中华书局1936年版,第48~49页。

1930 年代,胶济铁路每年的客流量均超过百万,火车已经成为人们进出青岛的便利工具。胶济铁路于 1904 年全线贯通后,沿线设立有分站 57 处,自青岛起经过即墨、胶县、高密、昌邑、安邱、潍县、昌乐、益都、长山、章邱而至济南,干线长 395 公里。①1926 年线路改良后,客运快车全线运行时间从原来的13 个小时缩短到 11 个小时,而一、二次快车则只需 9 小时 45 分钟。②青济间的列车往来车次也不断增加,至 1933 年,"每日青岛至济南间有特别快车一、二两次,快车三、四两次,通车五、六两次,短途至潍县,则有十一、十二两次。货车规定有十四次,其加开之货物临时尚不在内"③。铁路普通客车票价,青岛至胶州头等票 3.15 元,三等票 1.05 元;青岛至潍县头等票为 7.65 元,三等票为 2.55 元;至济南则需 5.35 元至 16.05 元。④

青岛的公路运输亦很发达。"与胶东各县之交通,甚为便利,每日均有长途汽车行驶。"⑤1933 年,省内至青岛的长途汽车有青沙(昌邑之沙河)、青莱(莱阳)、青烟(烟台)、青海(海阳)、青金(即墨之金口)、青龙(龙口)、青即(即墨)等线,也有蓝村至莱阳、蓝村经平度至掖县的其他线路,通过蓝村即可方便地到达青岛,⑥从而将青岛同胶东半岛各主要市镇连接起来。1934 年,青岛市长途汽车共 31 辆,路线有 5 条,为青烟、青黄(黄县)、青沙、青金、青海,平时这 5 条路线的汽车系由大沽路长途汽车总站出发,"冬春之间,则路上客商拥挤……盖冬季则客商回乡,春季则乡民纷纷来市"⑦。青岛至最近的即墨县城,汽车运价 1 元至 1.2 元,到平度、莱阳、海阳、黄县、烟台等地,票价在 5 元至 13.2 元之间。⑧长途汽车客货兼收,价格较低廉,每天发送多次,旅客上车不像火车那样

---

①　胶济铁路管理局总务处编查课:《胶济铁路旅行指南》,编者 1934 年版,第 2 页。

②　胶济铁路管理局总务处编查课:《胶济铁路旅行指南》,编者 1934 年版,第 6 页。

③　《胶济铁路二十二年份各站年报》,《铁路月刊》(胶济线)第 5 卷第 4 期,1935 年 4 月 30 日。

④　《胶济铁路普通客车票价简表》,胶济铁路管理局总务处编查课:《胶济铁路旅行指南》,编者 1934 年版。

⑤　李森堡等:《青岛指南》,中国市政协会青岛分会 1947 年版,第 122 页。

⑥　《胶济铁路二十二年份各站年报》,《铁路月刊》(胶济线)第 5 卷第 3 期～第 5 期,1935 年 3 月～5 月。

⑦　《本市各种车辆状况之调查续》,《青岛时报》1934 年 3 月 13 日,第 6 版。

⑧　《胶济铁路普通客车票价简表》,胶济铁路管理局总务处编查课:《胶济铁路旅行指南》,编者 1934 年版。

受时间地点限制，成为胶东一带富家进城的主要交通工具。从各县公路客运情况看，一般每人每里收费 2.5 分或 3 分。①除青烟、青即等路汽车外，尚有公共汽车行 36 家，总计车辆 69 部，行驶市内及近郊有一定路线，专载旅客。②

青岛附近各县中，胶县到青岛的运输极为便利，"海运有帆船往来之便，陆路则除胶济路横穿北境外，尚有胶沙、胶红两汽车公司。北经平度至沙河镇，以与烟潍路相衔接。南经王台镇至红石崖，以与胶州湾之海运取联络"。大道有胶高道、胶即道、胶诸县道、胶平道、胶红道，③将平度、即墨、诸城、高密等县通过胶州与塔埠头、小港等码头相连，取最便宜之水路即可到达青岛。水路因运价低廉，成为附近穷人到青岛的首选线路，循胶州湾，由小港至胶州沿海一带一航可达，帆船汽轮往来频繁。④小汽船往返青胶间，每人票价，只收 4 角，货物每百公斤仅收费一角余。⑤所以，胶县至青岛的短途客货运，以及江苏北部赣榆、山东南部日照和诸城等地的乡下移民多辗转至胶县红石崖、塔埠头等处，取水路到青岛。无论铁路、公路还是海路，运费并不至廉，一些乡民，尤其是难民和贫民并不乘坐这些现代化的交通工具，而是徒步走到青岛。

2.人际关系

陌生的地方容易产生孤独感和疏离感，甚至是恐惧感，乡下人去异地谋生需要借助一定的人际关系，以便获得做工或住宿的便利条件。人们的社会流动不是盲目的，关系网络成为迁移的重要渠道。"人口流动不仅要依靠交通，尤其要依靠一些信息。"⑥传递这些交通、居住、工作与前景信息的并非现代社

---

① 殷梦霞、李强选编:《民国铁路沿线经济调查报告汇编》第 5 册，国家图书馆出版社 2009 年版，第 730 页、600 页。

② 殷梦霞、李强选编:《民国铁路沿线经济调查报告汇编》第 5 册，国家图书馆出版社 2009 年版，第 106 页。

③ 殷梦霞、李强选编:《民国铁路沿线经济调查报告汇编》第 5 册，国家图书馆出版社 2009 年版，第 574~575 页。

④ 《胶济铁路二十二年份各站年报》，《铁路月刊》(胶济线)第 5 卷第 3 期，1935 年 3 月 31 日。

⑤ 《胶济铁路二十二年份各站年报》，《铁路月刊》(胶济线)第 5 卷第 3 期，1935 年 3 月 31 日。

⑥ 〔美〕R.E.帕克等著，宋俊岭等译:《城市社会学——芝加哥学派城市研究文集》，华夏出版社 1987 年版，第 17 页。

会的大众传媒，而是人际传播渠道——他们的亲友、邻里或者集市中的贸易伙伴。同政府有组织、大规模地系统安排山东村民前往关东谋生不同，进入城市的乡下人多数是个体行为，无法借助制度层面的便利入城谋生，除了考虑交通的便利，熟人关系是更重要的影响途径。

众多学者曾对中国农村社会结构或伦理关系进行了研究，无论是韦伯的"特殊主义原则"，还是费孝通的"差序格局"，或是梁漱溟声称的中国社会既非个人本位也非群体本位，而是关系（伦理）本位的社会，①他们都将重点放在人际关系上，中国农村社会正是由无数的私人关系网络构成，"关系"成为理解中国人行为与心理的关键。这个关系，既包括单纯的亲人间的血缘关系，也包括由亲属、同乡、友谊或集市交易等凝结而成的地缘、情缘、业缘等多种关系。

中国俗语说，在家靠父母，出外靠朋友。对乡下人而言，"朋友"来自邻居、亲戚、同乡等有过一定程度交往的熟人。亲缘与地缘关系是人口流动时依托的主要媒介，西方国际移民理论——网络说认为，移民网络是一系列人际关系的组合，其纽带可以是血缘、乡缘、情缘等。移民网络形成后，一方面，移民信息可能更准确、更广泛地传播，移民成本可能因此而降低，从而不断推动移民潮；另一方面，随着时间推移，向外，甚至向国外特定地区定向移民可能融入某地的乡俗民风，从而不再与经济、政治条件直接相关。弗雷德·阿诺尔德（Fred Arnold）等人曾以美国的菲律宾和韩国移民为例，提出连锁移民的比例是：平均每个来自菲律宾的移民将带入 1 个家庭成员；每个韩国移民将带入 0.5 个家庭成员。格勒米那·亚瑟（Guillermina Jasso）和马克·罗森茨维格（Mark Rosenzweig）的研究结论则是：每个新移民在移居 10 年后平均带入 1.2 个"劳工类"新移民。②托马斯对波兰农民移居欧美情形的研究亦表明："当一个波兰移民在一处尚没有波兰定居者的地区找到一份收入不错且有望长期稳定的工作时，他通常试图立即把他的朋友及亲属们从其他美国波兰人社区吸引过

---

① 阎云翔著，李放春、刘瑜译：《礼物的流动——一个中国村庄中的互惠原则与社会网络》，上海人民出版社 2000 年版，第 15~16 页。

② 李明欢：《20 世纪西方国际移民理论》，《厦门大学学报》（哲学社会科学版）2000 年第 4 期，第 14 页。

来。""几乎每一个个体或小家庭一旦安顿下来便会从外部吸引新的成员,不论这个侨居地已有多大规模,只要经济景况宜人便会有人前来。"①

尽管这些解释源于对跨国移民群体的考察,但同样适用于中国近代城乡间的人口流动情形。来青岛谋生的乡下人常常通过已经在城市安定下来的亲戚、邻居和乡亲们,介绍或安排做工和住所。农村移民进城大致有两种形式:

一是个人的、临时的、自发的进城避难。由于社会变动中的政治、经济压力,或者个人不幸境遇中的家庭束缚,乡下人为避免生活变得更加糟糕,为生活所迫而进城谋生。危机来临时,在城市里有一定熟人关系的人们更倾向于前往该城市谋生,这既减少了面临新环境的心理紧张,又为进城谋生提供了一定的资本或机会。如王统照长篇纪实小说——《山雨》中迷恋土地的农民奚大有,如果没有邻村杜烈"到青岛找我"的暗示,一贫如洗的他也不会毅然决定举家进城,杜烈的妹妹杜英也随哥哥来青岛做女工。又如17岁的朱秀英和15岁的王爱英,都是益都人,因母亲打骂相约逃到青岛找王爱英的表兄。②投奔乡里,无确切信息而寻亲不获者,则流落街头。如刘锡聚,14岁,掖县人,家中仅有一年迈父亲,父子俩曾沿街乞讨,但食不得饱,刘锡聚由家乡来青投奔乡里,初到时人地两生,宿食无着,只有沿门乞讨,后由本族叔刘振书领到家,暂时安身。③亲朋和近邻在乡下人的迁移选择和城市生活中发挥着重要作用。

二是集体的、有组织的进城工作。山东各工业企业的用人制度和招工办法主要有包工头制、铺保具结和职业介绍等。通过职业介绍所寻找工作,受其欺骗、威胁、利诱、强迫等情形多有发生,其就业毫无保障,④所以,包工头制与铺保具结更为流行。青岛的企业或商铺招收工人或学徒大多数是自己或委托包工头回家乡招工,如日本纱厂在四方、沧口一带创办时,工头多是在当地有一定社会地位者,他们一般推荐本地人进厂,所以日本纱厂工人主要来源于当

---

① 〔美〕W.I.托马斯、〔波〕F.兹纳涅茨基著,张友云译:《身处欧美的波兰农民:一部移民史经典》,译林出版社2000年版,第120~121页。

② 《一分局送私逃幼女朱秀英等一案》(1932年7月14日),青岛市档案馆藏,A17-3-1039。

③ 《青岛总商会收请人贫民习艺所函件》(1929年8月31日),青岛市档案馆藏,B38-1-483。

④ 《民国山东通志》第3册,台北,山东文献杂志社2002年版,第1768页。

地人和由工头到山东各地乡村招收的见习生。①由于中国人浓厚的乡土观念，多会竭力提携自己的同乡亲友，各商店、行栈、苦力、拉车等行业中，经营者多吸纳原籍老乡。青岛各同乡会馆与同乡会的成立，既是传统乡村重视乡谊的社会伦理在城市的拓展，也为同乡同族移民城市提供了一定的关系渠道。由此，乡下移民进城也体现出被迫性与跟从性的行动逻辑，并导致一种潜在的意外后果，即行业与籍贯的聚集，形成工商业的籍贯分工。同时，也形成了各个地区的帮派势力，其中显赫一时的有以傅炳昭为代表的黄县帮，以刘子山、宋雨亭为代表的掖县帮，以陈次治为代表的即墨帮等无形帮派。②

四、乡村移民对青岛城市人口结构的影响

兵匪盗贼的肆虐与天灾人祸的冲击，城市的吸引与谋生的驱动推动着周边百姓源源不断迁移青岛。特别是 1928 年以来，山东迭经军阀混战、兵匪横行，又遇 1933 年黄河水患和世界经济危机的冲击，华北农村衰败加速，前往关东和青岛等地的移民骤然增加。青岛市人口不断增长（见表 2.6），至 1936 年，发展为拥有 50 余万人口的近代大都市。1935 年市区人口达 20 余万。③移民的进入，促进了青岛城市经济发展与城市功能的扩大，而移民的不同层次与类别也给青岛城市社会发展带来重要影响，使青岛人口在城乡比例、籍贯构成、性别比例、职业构成方面形成不同于其他沿海口岸城市的特点。

① 王学让、王玉森：《四方机厂第一个工人群众组织"圣诞会"》，中国人民政治协商会议四方区委员会文史资料工作委员会编：《四方文史资料》第 1 辑，内部资料，1999 年，第 27 页。

② 王轶群：《解放前青岛工商界三大帮派势力的概况》，中国民主建国会青岛市委员会、青岛市工商业联合会、工商史料工作委员会编：《青岛工商史料》第 3 辑，内部资料，1988 年，第 137 页。

③ 《各路村中外户口细别表》（1934 年 3 月），青岛市档案馆藏，A17-2-1105。市区人口共计为192 656 人，其中不包括四方、沧口两地已经城市化的人口。

表 2.6　青岛市历年户口增加比较表[1]

年　份	户　数	人口数	比较上年增加数
1923	55 384	262 117	
1924	57 553	273 457	11 340
1925	60 221	275 740	2283
1926	61 702	276 838	1098
1927	64 037	320 480	43 642
1928	65 481	336 005	15 525
1929	69 742	362 151	26 146
1930	74 281	379 082	16 931
1931	75 632	402 752	23 670
1932	81 845	426 417	23 665
1933	87 290	444 690	18 273
1934	90 056	482 379	37 689

1.城乡结构

近代青岛的乡区在面积和人口上一直占整个城市的大部分，在德国租借时期,胶澳全区市外有 274 村,市内则由 9 村拆迁发展而来,虽然市区在 1898 年至 1937 年间不断扩充,但乡区人口一直占半数以上(见表 2.7),直至青岛市政建设已臻高峰的 1935 年。就面积而言,全市陆地面积 551.753 平方公里,乡村面积占其中约 70%;就人口而言,23 年 10 月份全市男女 451 184 人,农民约占总数 50% 以上。[2]

---

① 《青岛市最近行政建设》,《都市与农村》第 4 期,1935 年 5 月 21 日,第 3~4 页。

② 易天爵:《青岛农村经济的概况》,《都市与农村》创刊号,1935 年 4 月,第 16 页。

表2.7　近代青岛城乡人口比例表①

年　度	市区华人	市区外国人	乡区人口	总　计	乡区人口比例(%)
1897			83 000	83 000	100
1902	14 905	767	83 000	98 672	84.12
1910	34 180	1809	126 690	162 679	77.88
1913	53 312	2400	133 699	189 411	70.59
1917	77 052	19 057	101 426	197 535	51.35
1927	133 500	13 928	174 720	322 148	54.24
1935	188 757	10 991	264 105	463 853	56.94
1936	216 836	15 942	342 322	575 100	59.52

注：德占时期市区外国居民人数不包括2200多名驻军。乡区人口1910年前一直是约数，资料所记有出入亦属正常。

由此可见，自开埠以来的40年间，乡村人口一直占青岛人口的一半以上，青岛与当时其他大都市不同的地方，与其说是一个都市毋宁说是"田园化的都市"和"都市化的乡村"②。在青岛市区面积不断扩展时，村民构成青岛市民的强大后备军，也使青岛城市充溢着浓厚的乡土气息。其他大都市则以市区

---

① 德占时期,青岛市档案馆编:《青岛开埠十七年——<胶澳发展备忘录>全译》,中国档案出版社2007年版，第193页、233页、708页;Jefferson Jones. *The Fall of Tisingtao*, Boston and Newyork, Houghton Mifflin Company,1915.p165;张武:《最近之青岛》,出版地不详,1919年,第4~6页。另据青岛市档案馆编:《胶澳租借地经济与社会发展——1897—1914年档案史料选编》,第197页载,市内包括军人和水上居民在内总居民数1910年40 264人，而1913年达60 484人。1917年数据见青岛市档案馆编:《帝国主义与胶海关》,档案出版社1986年版,第279页,其中市区按青岛区人口算,乡村人口未计入海西诸岛人数3万余人,故乡村人口比例当在60%左右。1897年、1927年数据见《胶澳志》卷三,"民社志一·户口",台北,成文出版社1968年影印本,第231页、234~346页、355页,表内总计数据错误者则以按地区数之总计为主,乡村人数未计竹岔岛人数,1927年市区人口未载台东人数,本表按前三年情况,将台东以4.2万人计入。1935年数据见骆金铭编著:《青岛风光》,兴华印刷局1935年版,第136~138页。1936年数据见青岛市政府招待处编印:《青岛概览》,编者1937年版,第6~7页。

② 易天爵:《青岛农村经济的概况》,《都市与农村》创刊号,1935年4月,第16页。

为主，农业人口所占比重较低。如南京市定为首府时，以原有城厢为核心区域，农业人口占其全市总人数的 27%；[1]上海 1930 年至 1935 年的华界人口中，农业人口最多时占 10.71%，最少时占 8.09%，人口以工商业为主。[2]直到 1947 年，全国六大院辖市的职业构成中，农业人口所占百分比，南京市为 8.42%，上海市为 3.59%，北平市占 11.95%，汉口市为 8.04%，西安市为 6.35%，青岛比例最高，为 16.27%。[3]

2.籍贯构成

现存的青岛市公安局人口统计资料表明，青岛的华人来自 21 个省份，青岛 96% 的本地居民住在第三区到第六区[4]，特别是乡区。市区内山东人占据多数，从 1929 年数据来看，公安局管辖的沿海地带第一区与第二区山东人分别占 68.3% 和 89.2%，本地人仅占第一区 61 483 人的 12.3%，占第二区 61 013 人的 0.7%；外省人主要来自与山东有密切贸易关系的江苏、河北、浙江和广东，他们也主要分布在第一区与第二区。[5]1933 年市政府 1245 名各级机关职员的

---

① 《南京市市民职业统计》(1928 年 6 月)，《1933 申报年鉴》，U5~6 页。

② 邹依仁：《旧上海人口变迁的研究》，上海人民出版社 1980 年版，第 106 页。

③ 张庆军：《民国时期都市人口结构分析》，《民国档案》1992 年第 1 期，第 133 页。

④ 青岛开埠前人口仅 8 万余人，经 30 年发展，至 1929 年，统计本市籍贯者达 20 万以上，这与乡区人口的少量增长有关，但国民政府的户籍法可能更影响到对居民籍贯的统计。中国历史上第一部具有现代意义的户籍法——宣统三年《户籍法》，主要原则即承认了移籍与入籍自由的原则。1931 年的《户籍法》第一章更详细规定了确定国民本籍的原则：在一县或一市区域内有住所 3 年以上，而以他县市内无本籍者，以该县或市为本籍；子女除别有本籍者外，以其父母之本籍为本籍；弃儿父母无可考者，以发现人报告地为本籍；妻以夫之本籍为本籍，赘夫以妻之本籍为本籍；陆上无住所、居所而在船舶上住居者，以船舶之常泊地为其住所、居所所在地，等等。按此户籍法之规定，户籍有本籍与寄籍之分，它们取得的时间，前者为居住 3 年，后者为 6 个月。(公安部户政管理局编：《清朝末期至中华民国户籍管理法规》，群众出版社 1996 年版，第 24 页、29~30 页。)根据此二项法规，则青岛 1930 年代新增 10 余万的本市籍人口当属外乡人移籍后统计所得的数据。

⑤ 青岛市政府秘书处编印：《青岛市行政统计汇编》(18 年度下期)，"公安"编，编者 1929 年版，第 8 页。

籍贯构成也显示出青岛鲁籍职员人数最多，占40.9%，青岛原籍仅占0.48%。[①]另一方面，自日本占领以来，外籍人口一直在1万以上至2万间，并主要集中在市区。从籍贯构成看(见表2.8)，青岛首先是山东人的舞台，他们集中在青岛的核心地带，人口的高度异质也表明青岛城市的国际性与全国性色彩。

表2.8　近代青岛人口的籍贯构成[②]

年度 籍贯	1929下期	1930	1931	1932	1933	1934	1935下期	1936
本市	201 644	217 200	229 951	238 314	232 520	248 527	299 920	307 577
山东	145 970	142 379	142 271	155 268	174 470	169 322	192 757	198 033
河北	4483	8488	6065	8209	8853	9485	9469	15 845
河南	313	1015	1134	1730	1184	3003	1919	1563
山西	40	184	63	57	138	99	108	92
陕西	43	14	9	27	163	30	32	56
甘肃	15	17	15	4	35	15	29	36
辽宁	348	559	502	1093	938	1136	1375	1926
吉林	31	48	73	118	203	133	169	318
黑龙江	5	1	1		70	41	67	86
江苏	8648	10 571	10 538	11 210	9869	12 945	15 643	17 178
安徽	700	946	1253	1251	1168	1290	1498	1670
江西	242	205	237	347	322	388	398	387
浙江	2180	2876	2794	2850	2680	2840	3137	3423
福建	517	639	381	459	722	554	786	513
湖北	577	509	640	771	861	1036	1310	1162
湖南	440	380	355	565	532	439	660	551
四川	131	109	174	146	180	169	184	163
云南	17	12	10	16	8	24	4	13
贵州	57	31	14	29	14	25	15	15
广东	1144	1473	1063	1137	1029	1074	1365	1364
广西	14	12	48	110	66	56	84	48
总计	367 559	387 668	397 591	423 711	436 025	452 631	530 929	552 019

---

①　周之佐：《青岛市政府实习报告》，萧铮主编：《民国二十年代中国大陆土地问题资料》第193卷，台北，成文出版有限公司和美国中文资料中心1977年联合出版，第93039页。

②　青岛市档案馆编：《人口资料汇编(1897—1949)》，第17~18页。

从青岛移民的城乡、籍贯构成来看,乡村人口居半数以上,使近代青岛具有浓厚的田园气息。对于市区而言,青岛是客籍的天下,移民中以山东人尤其是男性农民为最多,本省移入人口,"大都来自邻邑,而以胶县平度为最矣"①。农村人口成为近代青岛人口的主要来源。"当地劳工除本市附近及即墨胶州数县土民外,以来自鲁南一带者为多,且近来东省迭次变乱,苦力小工裹足不前,均行留落本市,是以供过于求,生活益感困难。"②这些人多数为青壮年男性,文化水平低下。1929年青岛市全市市民概况分类统计表显示,李村乡区中20岁以下、60岁以上的老幼人口占46.6%,而市区第一区和第二区的老幼率分别为28.5%和31.5%。全市人口平均识字率为22.3%,山东人最集中的第二区识字率为18.7%,仅略高于第六区(基本是乡区)的15.4%。③

3.青岛职业构成

城市化打破了传统社会单一狭窄的就业结构,伴随着青岛从传统农业社会向近代工商城市的转变,地区职业结构发生了重大变化。相比德占前,青岛83 000人口中,仅800余商业与手工业者,④职业从以农民为主,至1930年代转为以工商、劳力、杂役与农民为主的近代城市职业格局(见表2.9),出现了教育界、新闻界、金融界、文化界等新领域,产生了市政管理人员、记者、律师、西式医生等新职业。社会分工越来越细,工作内容越来越专门化。同时,传统城市的修理业、流动摊贩、娼妓业等下层职业也遍布青岛的各个角落。"有按摩业,有理发业,有擦背业,有扦脚业,有茶楼酒肆的招待业,有游戏场中的歌唱业,有看相业,有算命业,有测字业……"⑤还有从事烟馆、赌场、巫术、卜卦等色情或迷信的非正当行业者。这些底层职业为城市下层社会的人们提供了谋生的手段。青岛市区尤其以工商业、劳力、无业者居多,近代企业的兴办与

---

① 民国《胶澳志》卷三,"民社志三·移殖",台北,成文出版社1968年影印本,第502页。

② 《胶济铁路二十二年份各站年报》,《铁路月刊》(胶济线)第5卷第3期,1935年3月31日。

③ 青岛市政府秘书处编印:《青岛市行政统计汇编》(18年度下期),"公安"编,编者1929年版,第13页。

④ 《胶澳发展备忘录(1902年10月—1903年10月)》,青岛市档案馆编:《青岛开埠十七年——〈胶澳发展备忘录〉全译》,中国档案出版社2007年版,第234页。

⑤ 周谷城:《中国社会之结构》,上海新生命书局1930年版,第364页。

二十世纪之中国——乡村与城市社会的历史变迁

122

表2.9　各年度统计的青岛居民职业细别表[①]

	1927	1929	1930	1931	1934	1939
公务员	1603	1673	1520	3150	6699	公务自由业 21 973
军人	5900	军警 2360	1102	316		
警士	2055		2148	2391		
教员	387	学界 6405	1083	1315		
学生	9634		5166	6412		
农业	149 682	66 222	69 544	76 230	110 417	230 209
矿业	25	33	82	25	2550	1418
工业	29 431	68 007	38 576	44 334	69 910	85 373
商业	31 132	28 317	46 143	37 845	44 303	56 743
渔业	6799	1561	1744	2141		3985
交通业	841	669	352	520	18 654	9894
律师	23	42	32	37	自由职业 8856	其他有业者 16 508
医生	116	251	307	324		
教士	16					
记者	37	84	76	66		
劳力	12 400		24 726	27 930	人事服务 39 371	家事使用人 10 544
娼妓	449	984	1084	1169		
其他	8358	13 374	16 287	33 708		
无职业	49 327	46 580	52 004	33 911	164 981	65 462
20岁以下和60岁以上者			138 048	138 240	失业 171	
总计	308 215	236 562	400 024	410 064	465 912	502 109

① "其他"项参见《帝国主义与胶海关》，档案出版社1986年版，第245页，系中外合计，"其他"项指杂役。1927年资料见《胶澳志》卷三，"民社志六·职业"，台北，成文出版社1968年影印本，第384~386页；1929年资料见青岛市政府秘书处编印：《青岛市行政统计汇编》（18年度下半期），编者1929年版；1930年数据见青岛市公安局编印：《青岛市公安局业务报告》（19年度），内部资料，1931年；1931年数据见青岛市公安局编印：《青岛市公安局业务报告》（20年度），内部资料，1932年，时各项职业均以20岁以上、60岁以下人口为统计范围；1934年数据见青岛市档案馆编：《青岛数字全书》，中国文史出版社2003年版，第56页；1939年数据见《青岛数字全书》，中国文史出版社2003年版，第59页。

不同阶层人口的大量增加使城市吸纳劳动力的能力日益加强，但农村移民的涌入也加剧了就业的困难，"本市劳工，多由青岛附近各县自行投来，各项劳工，皆患人满，故失业者极多"[①]。大量失业人口成为城市治安与卫生问题的隐患。

4.华人性别结构

移民的增加，刺激了青岛人口的快速增长，为工商业发展提供了充足和廉价的劳动力，但男性移民数量远远超过女性移民，由此导致严重的性别失衡现象。据实业部1933年统计，山东省人口男女性别比为117.7，相差9万人以上者为东阿、安邱和青岛、济南，[②]青岛性别比甚至超过上海。民国时期上海的男女性别比例经常在130以上，1935年较高，达141。[③]而青岛性别比则多在150以上（见表2.10），严重影响了城市适婚居民的婚姻与生活。据公安局统计，1931年全市16岁以上男性有配偶者达101 627人，无配偶者有100 101人。[④]大量未婚配者的存在促使性犯罪与重婚罪、拐卖妇女案增加，同时也刺激了娼妓业的发展，影响了社会的稳定发展。民国时期山东难民奔赴他乡谋生者众多，留在城市里的男性远远多于女性，对女性的需求不仅使当地农村居民重女不重男，也使女童卖价超过男童，"一个小女孩，在青岛只卖二三十元，到了奉天，只卖十数元小毛钱（辅币），男孩简直没人买"[⑤]。而女子云集之处，也为一些男性满足对异性的好奇提供了机会，在庙会、端午、清明时节的女子出游之际，总少不了男子们热烈的围观，甚至平康里妓女们的求神问吉也有登徒子的追随，而在四方路等定期开水洗衣的日子，洗衣的女性们，常常引得一些不知趣的小伙子，在那里观望打探，流连忘返。[⑥]

---

① 《胶济铁路二十二年份各站年报》，《铁路月刊》（胶济线）第5卷第3期，1935年3月31日。

② 实业部国际贸易局编：《中国实业志》（山东省），编者1934年版，第60（甲）。

③ 邹依仁：《旧上海人口变迁的研究》，上海人民出版社1980年版，第47~50页。

④ 青岛市公安局编印：《青岛市公安局业务报告》（20年度），内部资料，1932年。

⑤ 《难民万里逃荒，卖儿女充作路费》，《晨报》1928年2月20日，第6版。

⑥ 《四方路洗衣池之素描》，《青岛时报》1936年5月26日，第6版。

二十世纪之中国——乡村与城市社会的历史变迁

124

表 2.10　近代青岛的性别结构①

年　　份	男	女	性别比
1910	80 998	44 108	183.6
1917	51 204	25 872	198
1924	178 473	103 766	172
1930	238 745	148 923	160.3
1935	272 650	178 157	153
1936	325 336	231 619	140.5

　　① 1910 年数据见〔德〕谋乐辑：《青岛全书》，青岛印书局 1912 年版，第 194 页，其中未包括 10 岁以内之男女小孩 36 034 人；1917 年数据为市区华人数，见叶春墀：《青鸟概要》，上海，商务印书馆 1922 年版，第 8 页；1924 年数据见《胶澳志》卷三，"民社志一·户口"，台北，成文出版社 1968 年影印本，第 346 页；1930 年数据见青岛市公安局编印：《青岛市公安局业务报告》（19 年度），内部资料，1931 年；1935 年数据见骆金铭编著：《青岛风光》，兴华印刷局 1935 年版，第 136~137 页；1936年数据见青岛市政府招待处编印：《青岛概览》，编者 1937 年版，第 6~7 页。

第二节 青岛市对乡村移民的制度安排

ERSHI SHIJI ZHI ZHONGGUO

农村的衰败固然加速了乡下人进城的脚步，城市的吸收也构成流动得以完成的另一个重要因素。本节探讨城市管理体制对城市移民的接纳与约束，低门槛使大量移民进入青岛成为可能，但也有一些硬性的规定对进城乡下人在谋职定居等方面构成某种程度的阻力，它反映出移民能否获得城市政治环境的认同。

一、城市的门槛

青岛自 1891 年后，因为市政建设的需要，大量吸纳农村人口到此从事建筑、服务各业。章高元部驻守胶州湾期间，"从内地农村招募了大批破产农民到青岛从事建筑工作，他们与专门从事码头搬运和运输的工人组成了青岛最早的工人队伍"。而在建造栈桥和有线电报局的过程中，也有少数工程技术人员和掌握近代工艺技术的工匠，他们构成青岛产业工人的前身。[1]

德占青岛后，宏伟的城市基础设施建设尤其是铁路与港口项目需要大批

---

① 安作璋主编：《山东通史》近代卷（下册），山东人民出版社 1995 年版，第 625 页。

苦力，船舶修理厂、胶济铁路机车厂、砖窑厂等工业企业的兴建也急需引入相当数量的工人，早期青岛发展带来的工作机会吸引了大批胶澳地区的乡民，原有青岛内界被拆迁村落的部分农民开始以出卖劳力为生。"成千上万的劳动者从山东各地聚集青岛，但在几条主要马路筑成以后，在最近六个月中，又大量地减少，多数返回家乡去了。不过这里对于木匠、瓦匠、石匠和其他技工，以及帮佣人员来说，总是能够找到工作和得到较好的工资待遇。"[1]普通壮工和佣工都有不错的工资收益。工人中除了本省人以外，还有来自宁波、上海和广东为数不少的中国南方人，他们在青岛找到的工作多是机械技工、商店店员、服务员、厨师等，月工资均达15元以上。山东人和南方人在大鲍岛、台东镇和台西镇一带开设商店和批发商行。[2]因为上海和（中国）南方的苦力不愿意到胶州去，[3]这样，青岛早期苦力主要来源于山东。一些德国企业也从农村中招收年轻学徒，基本上没有从报名者中挑选当时在欧洲公司中任职的年轻人，也没有选取来自大城市的报名者，担心他们一旦学会难免离开，而是尽可能选取农民子弟，尤其是山东籍农家15岁~18岁的子弟。[4]德占期间工人总数约达万人以上，其中产业工人约有五六千。[5]在德营、日营等洋行和航运公司，以及民族资本开办的商业企业中，还产生了一批店员和海员。

日本侵占青岛后，为加强经济侵略，在青岛兴建了大批工业企业，据不完全统计，仅1916年7月至1922年4月，日本投资在青岛开办的工厂有14个，资本总额达25 512万元。[6]与德国企业建立在青岛市区不同，日本企业尤其是

① 《胶海关十年报告（1892—1901）》，青岛市档案馆编：《帝国主义与胶海关》，档案出版社1986年版，第62页。

② 《胶海关十年报告（1892—1901）》，青岛市档案馆编：《帝国主义与胶海关》，档案出版社1986年版，第62~63页。

③ 《在胶州》，《法兰克福报》1898年9月25日，青岛市档案馆编：《胶澳租借地经济与社会发展——1897—1914年档案史料选编》，中国文史出版社2004年版，第277页。

④ 《青岛船坞工艺厂中国工匠的培训》（1902年1月25日），青岛市档案馆编：《胶澳租借地经济与社会发展——1897—1914年档案史料选编》，中国文史出版社2004年版，第429~431页。

⑤ 青岛市总工会工运史研究室：《青岛工人运动史》，中共党史资料出版社1986年版，第2页。

⑥ 姜培玉编著：《山东经贸史略》，山东友谊书社1989年版，第237页。

六大纺织企业(内外棉、大康、富士、钟渊、隆兴和宝来)多集中于沧口铁路沿线附近,青岛燐寸公司、山东火柴工厂和中国民族企业华新纱厂等亦接近农村,为当地村民提供了重要的谋生渠道。如达翁村、曲哥庄村、西大村、营子村等村的大量农民过上了亦工亦农的生活,西流庄村还出现了一个特别的现象,村里的青壮年包括姑娘们都去铁路运输、机车制造、棉纺等厂家做工挣钱,家里却雇着人种地。雇工们大部分是从蓝村来的小伙子,同样是在黄土地上刨食,他们愿意到西流庄来打工,而不肯留在蓝村老家。[1]也许是西流庄村较低的赋税和平整的土地吸引了这些来自即墨县的农民们,而火柴厂周边的住户们则为火柴厂加工火柴盒以补贴家用。

城市建设的开展与大量外国移民的驻扎,增强了青岛对各行各业服务人员的吸纳能力,城市建设初期移民的人数呈现出与工地施工数量相一致的起伏。移民的流动性很大,开发中的青岛对移民尚缺乏足够的吸引力,在工程完工后,移民们往往回到家乡,永久寄居此地的劳工还较少,在德占时期的1902年到1913年间,市区的中国人数增加不足4万。城市成长初期对于劳力的旺盛需求和村民安土重迁的习惯造成供需的矛盾,使得外来移民在城市的强力吸纳下并没有遭遇制度的排斥,迁入者与本地人的冲突远远少于外地移民之间的摩擦,如广东与山东人、黄县与掖县人等的生意竞争。即使到1927年后山东出现离村高潮、青岛人口增长迅速的时期,尽管无业与失业现象比较突出,但政府并没有限制移民进入以解决城市中不断出现的失业、盗窃、暗娼等社会问题,移民与原有居民共同享有获得工作、医疗救助、教育、使用城市基础设施、在市区内自由迁徙等方面的权利。

1921年,北洋政府以大总统教令的形式颁布《市自治制》后,北平和青岛在全国率先开始了自治形式的市制管理,《市自治制》第一章第八条规定:"凡住居于市内者,均为市住民,市住民依本制及市公约所定,得享受权利并负担义务。"[2]但不识文字的市民并不享有选举权。1930年5月国民政府公布《市组织法》,规定:"中华民国人民无论男女,在市区域内继续居住一年以上或有住

① 青岛市李沧区政协文史委员会编:《李沧文史》第4辑《记忆中的村庄》(上),青岛出版社2008年版,第379页。

② 《市自治制》,《地方自治》第2期,1922年,"法规"类,第15页。

所达二年以上，年满二十岁，经宣誓登记后，为各该市之公民，有出席居民大会、坊民大会及行使选举、罢免、创制、复决之权。""市公民在该市区域内，无论迁入任何区坊，自登记移转之日起，均有公民权。"①从法规来看，城市对农村移民并没有明文限制，获取市民资格仅仅与住房和居住年限有关。人口统计中，无论是市民还是流民，只要在调查期间于城市居住，都可计入城市人口。

青岛市历次人口调查中，无论是外来移民还是本地居民均被视为青岛地区居民加以统计，籍贯、职业、身份等并不构成移民在城市生活的制约条件。"凡在本市区域内居住者不论久暂，并不限籍贯，一律调查，但寄居外侨有特殊情形者其调查办法于必要时得另定之。"②从法律条文和政府规章来看，城市法律与行政层面并未给农村移民进城设置刚性的壁垒，对城市范围内居住的民众也未予以身份等级的划分，城市展示了强大的包容性与吸纳力。合法公民地位的获得与移民的居留时间、固定处所相关，由此，生存能力与经济能力是移民能否定居并获得政府认可的首要基础，也是其在城市进一步发展的前提条件。从就业、住房和政府相关优惠政策来看，有固定住所或一定的人脉基础是移民取得更多发展机会与生存资源的重要媒介。

当然，进入城市的移民需要接受地方政府的规章制度的约束。在德国占领初期，中国人与外国人之间是严格实行空间隔离的，中国人可以进入胶澳地区，但不能在青岛区前海一带居住，鲍岛区是中国人的指定住所。随着辛亥革命爆发后大量前清贵族官僚移民青岛，华人不能定居青岛区与别墅区的规定悄然失效。1912 年有 1 万到 1.2 万人迁居青岛，由于迁入了部分富裕而对中国政局有一定影响力的官员，一方面青岛的工商业获得了新动力，另一方面，与德国政府官员与闻人的互动也扩大了中国官员在青岛的居住空间，其后，华人亦可以进入西人居住的市中心了，不过，这是以财富与权力资源的占有量来决定的。财富成为区分居住地的重要砝码，财力更充沛的富人们占据自然景色最优美与基础设施最完备的地域。与官商同时进入的还有大量来自农村的佣工、苦力，乡下移民除必须严格遵守青岛市区对于卫生、法律等方面的规

---

① 立法院编译处编：《中华民国法规汇编》第 1 册，中华书局 1934 年版，第 146 页。

② 《青岛市户口调查规则》(1931 年 7 月)，《青岛市市政法规汇编》上卷，"公安"编，出版时间与地点不详，第 69 页。

定外,还需遵从德国专门针对华人仆役的规定。中国人"凡充西人跟役或苦力以及各项工人者,如时常不按时操作,懒怠成性,或不遵嘱咐,或无故不辞而逃,以及唆使同伙逃逸,一经觉察,准其东主投报副按察司署核办,审实即罚半月薪工,或责打至五十板之多,或监押至三礼拜之久,仰各凛遵勿违"[①]。

从相关资料来看,直至民国时期,城市有形的门槛并不存在,没有严厉的守门人,它是自由开放的,每个人在城市中都有居住的权利。但透过城市的规章制度,我们可以管窥城市对一个能立足于此的移民的选择机制,它们对居民生存能力的检验与筛选左右着成年居民能否获得作为市民的资格——连续居住 1 年以上,或有固定住所达 2 年以上。

二、保人制度[②]

随着青岛城市的形成与发展,移民不断增加,原有居民的生产与生活方式均发生重大变化,人们的组织形式与社会交往方式亦由熟人社会变成陌生人社会,社会交往的"匿名度"大为提高,传统社会习俗与道德规范的约束作用降低。为了维持社会秩序,除了采用新兴的法律、规章,近代城市社会也沿用了传统的保人方式,对个人或集团的交往行为进行约束,作为社会控制的重要手段。据郭松义先生研究,早从康熙、雍正时候起,朝廷就多次下谕,要求负责北京城治安的五城司坊及巡捕营,认真查察房屋承租者的来历、铺保,对外来移民进行管理。对于外来人口比较集中的工场作坊一类行业,则按执业类别统一编管,像苏州,外来工匠众多,平日歇居都是通过保(包)头租赁房屋,于是官府便通过保头编甲,责其互相稽察,苏州方法亦推广到江南各地。[③]清朝

---

① 〔德〕谋乐辑:《青岛全书》,青岛印书局 1912 年版,第 25 页。

② 关于中国近代城市对外来移民的管理,学界研究有两个层面:一是集中在政治架构层面的各种管理规章和措施,尤其是保甲与户籍制度在外来人口管理中的作用;二是关注社会组织如同乡会、慈善机构与移民的关系。对此,邱国盛的《城市化进程中上海市外来人口管理的历史演进(1840—2000)》一书进行了较详实系统的分析。而从青岛市史料来看,保人制度将中国传统保甲制度、乡土文化与西方规范系统的城市管理体系结合起来,成为近代城市对乡村移民进行控制与管理的重要措施。

③ 郭松义:《农民进城和我国早期城市化——历史的追索与思考》,《浙江学刊》2011 年第 3 期。

前期，一些城市已经将保头与保甲结合起来作为加强流动人口管理的重要方式，彼时保头主要系房东，尤其是工匠头。至国民政府时期，随着城市发展，保人制度从户籍控制体系中延伸到就业、贷款、住房等多个生活领域。

近代以来，山东各工业企业的用人制度和招工办法主要有包工头制、铺保具结和职业介绍等，因此工人就业主要是投依夫头（即包工头）寻找工作，或通过职业介绍所谋求职业，或者依托熟人、店铺等以铺保具结进入工厂、商店做工。①即使通过各种职业介绍所和荐头行在青岛市区内介绍男女佣工者，也需具备如下条件："凡荐头行招收投荐男女佣工均须来历明白并有家属或亲戚保证。凡荐头行应自立名册一本，将投荐男女佣工姓名年貌籍贯住址及家属或亲戚姓名住址逐一按日详细登载，以备警士随时考查。"凡荐头行承雇男女佣工时对于雇主须订立甘保凭证，并须载明月需工资方为有效，但甘保凭证须遵照印花税法贴用印花税票。②即荐头行只给来历明白、有保人（即有家属或亲戚在本市有固定住址者）的求职者推荐工作，在获得正式工作前，求职者要缴纳相关的印花税。凡失业职工经市立职工介绍所介绍者亦须觅取妥实铺保填具保证书，而青岛市工厂、商号、住户、机关需要职工时得报请或委托市立职工介绍所介绍。③由此，寻求保人成为乡下人在城市工作的必要环节。

从青岛市1930年代关于求职、租房、经商开店等决定一个人在城市能否谋生立足的诸多与平民日常生活相关的政策来看，有一定的经济基础和寻求保证人是至关重要的环节。1931年的《青岛市市有房产出租规则》第3条、第4条规定："房产租金按月计算，凡承租人于租赁时应先缴一月租金，以后每月先纳后住，但不得将所租房产转让他人。""凡请租市有房产应由承租人具书叙明姓名、籍贯、职业及租赁地点、用途、期限，并取具铺保或确实保证人送

---

① 《民国山东通志》第3册，台北，山东文献出版社2002年版，第1768页。

② 《青岛市公安局取缔荐头行简则》（1931年1月），青岛市政府秘书处编印：《青岛市政府市政公报》第20期，1931年5月。

③ 《青岛市市立职工介绍所职工简则》，青岛市政府秘书处编印：《青岛市政府市政公报》第21期，1931年6月。

由财政局核发租约以贵遵守。"①同年,城武平民工厂房屋因厂未开办,准由平民遵章租赁,但不是所有的居民都能廉价租住,青岛市社会局规定:凡租赁本厂房屋者应开具籍贯、年龄、职业、人口数目,按照定式请求单详细填明,报由本局核准;租户经本局核准后应填具愿结觅保盖戳送局;按发租证并先缴一个月租金始准移入居住;入住者以在本市充当佣工苦力与摊贩小商暨贫苦妇女为限。②

一些店号、企业还额外制定了关于保人的规章,1930年代著名的银钱号义聚合钱庄,规定学徒进号后,"经过试用认为可以录用时,就通知介绍人须找商号或有名望的人向义聚合钱庄担保,而且到年底还要进行一次核保。每至此时,学徒都非常担心,如果保人提出不再承担责任终止担保的话,那么就失去了在义聚合工作的机会,不得不另谋出路。因此,被保人逢年过节就提着礼品去看望保人,表示谢意。若有携款潜逃、贪污偷盗行为或丢失自行车等事发生,本人不能赔偿损失时,保人要承担赔偿责任"③。

凡茶楼酒馆及其他娱乐场所雇用女招待,须遵守相关章程,"所雇用女招待者应由店主将女招待姓名、籍贯、年龄、住址及保证人造册呈报公安局存案,有移动时应随时呈报。女招待应由店主责令取具妥实保证人并自立簿登记受公安局之检查"。来历不明者、未满16岁者、典卖身体具有婢女性质者、怀孕已足6月者、缠足未放者均不得为女招待,④这份女子职业依然只对有妥实保证人的部分女性开放。

谋求人力车夫的职业,亦受到觅取保人的限制。凡欲在青岛充营人力车夫者须向公安局领取执照:"一、领照人须由人力车公会填具申请书送请公安局

① 《青岛市市有房产出租规则》,青岛市政府秘书处编印:《青岛市政府市政公报》第17期,1931年2月。

② 《青岛市社会局城武路平民工厂房屋租赁暂行简则》,青岛市政府秘书处编印:《青岛市政府市政公报》第26期,1931年11月。

③ 杨浩春、周岱东:《青岛义聚合钱庄》,青岛市政协文史资料委员会编:《青岛文史撷英》(工商金融卷),新华出版社2001年版,第271页。

④ 《青岛市茶楼酒馆女招待取缔简则》,青岛市政府秘书处编印:《青岛市政府市政公报》第20期,1931年5月。

检验；二、公安局检验后合格与否随时填书通知公会；三、公会接到前项通知，如属合格，即令车夫觅具保结送交公会；四、公会审查保结完备，即填具请发执照申请书，连同保结送请公安局填发执照。"①随着人力车行业竞争的加剧，1934年9月，人力车夫管理规则又作了进一步修订，条件更为严格，一是公安局须检查人力车夫的年龄与体格，人力车夫必须是18岁以上50岁以下身体强健无疾病者；二是关于保人资格的新规定，凡营业资本在50元以上者得充人力车夫之铺保人保，如不能觅得铺保时，得以曾经领有执照之车夫3人担保之；三是由人力车夫缴纳执照费6分，申请书2分。②

外来移民和本地人凡在青岛开设店铺营业者，除有特别之执照费、税率等规定外，凡呈报开业者必须首先觅取相当保人，其中，"凡开设银号、金店、金珠、首饰店、钱铺、兑换所、当铺等项营业，均应取具三家殷实铺保；凡开设旅馆、客栈、小店、古玩、估衣、玉器、收买钟表及成衣等店铺、军衣庄、浆洗衣物等项营业者应取具三家联名铺保"③。

获得政府发放的小额无息贷款也需要保证人的担保。按照1932年《青岛市救济院贷款所实施办法大纲》的规定，在青岛市区域内的贫民愿做小本营业但缺乏资本者，合乎救济院贷款所贷款规定者均可以借款以维生计。而凡向救济院借款者，必须符合以下条件：一、年龄在15岁以上60岁以下者；二、志愿做小本营业而确无资力者；三、确无吸烟赌博及其他不良嗜好者；四、具有本市殷实铺保或相当保人者；五、每日贷款以10人为限；六、每人贷款以1元至10元为限，概不取息；七、借期以3个月为限，3个月内分9期还清后方得续借。贷款者必须先来救济院挂号，领取请求书及保证书依式填就，经保证人在保证书上加盖图章后送交贷款所，发给文书收据，随即派员调查，只有调

---

① 《青岛市人力车夫管理规则》，青岛市政府秘书处编印：《青岛市政府市政公报》第21期，1931年6月。

② 《青岛市人力车夫管理规则》(1934年9月5日修正)，青岛市政府秘书处编印：《青岛市政府市政公报》第62期，1934年11月。

③ 《青岛市取缔各种营业规则》(1934年10月)，青岛市政府秘书处编印：《青岛市政府市政公报》第63期，1934年11月。

查确实者才能获得借款。①可见,保人是贫民能够申请贷款成功的关键因素。

综上所述,青岛市政府对流动人口的管理尚没有严格的制约体系,只要在本市居住,都可以作为本市人口看待,但获得选举权、保人资格、工作、贷款、住所等市民权利则和外来移民在本市的关系网络有关。无论是血缘、业缘,还是地缘、教缘等的群体或人际关系中,只有在青岛拥有固定住所、稳定职业的人才能成为移民在青岛各项公共或私人活动的保证人,为其在青岛的工作、生活等方面承担法律上的连带责任。依托保人制度,青岛实现了对外来人口的控制,虽然没有严苛的移民管理制度,但在决定一个外来移民能否在城市谋生与发展的相关规定中,保人制度与户口调查制度构成了严格的人口控制体系。

如冯客所言,"民国时期,保人是一个重要的角色。找工作的人必须提供保人的详细情况,保人将签署一个合同为申请者作担保,并且在一方发生偷窃和伤害的情况下为雇主提供赔偿。不管是为政府服务或是在私人领域,在社会的各个层面,找工作或住房时,保人都是不可缺少的"。"保人系统在更高层次上支配工作支持体系向下延伸,它允许监狱和警察当局通过采用雇用一个全日工作且为其行为负责的人的方法,以对释放的犯人进行控制。保人系统如果不能取代户口制度,也可以与户口制度相辅相成。"②

但是保人制度也受到民国时期不断增长的人口流动的影响,在不能还贷、窃盗、伤害等违规行为发生时,常常发生保人和行为者共同逃逸的情况。救济院院长宋雨亭曾针对借款人不能按时还款而与保人一起潜逃的情况要求青岛市政府采取相应措施。"窃查属所自22年开始贷款,迄本年6月末日,各借户请借之款经设法按期催索,尚无多数逃债情事,惟查吴松云、张珍、张竹溪3户均因发生意外情形与保人同时潜逃,迭经探查迄无踪迹,实属无从追讨。"欠款的三人各欠4元、4元、9元,或因家累太重,或因赊账太繁,或因亲人生

---

① 《青岛市救济院贷款所实施办法大纲》(1932年1月9日),青岛市政府秘书处编印:《青岛市政府市政公报》第30期,1932年3月。

② 〔荷〕冯客著,徐有威等译:《近代中国的犯罪、惩罚与监狱》,江苏人民出版社2008年版,第253~254页。

病债累甚重,均与保人潜逃无踪,无从追讨。①

保人,是中国传统借贷、入学、租佃、买卖等契约关系得以成立和维持的制约因素,也是传统民事契约中的重要组成部分,它为契约双方或多方履约作出保证。保人可以在商业贸易中承担沟通信息、联络交易、保证被保人履行职责、违约受责的作用,具有明确的担保性质,虽然并不是严格的法律和学术意义上的概念,但在民间债务等民事法律习惯中,具有真正法律意义上的担保责任,对当事人负有督促以及在其无法履行义务时的连带责任,代为履行契约义务。这种传统社会的控制方式在近代城市有了延续和发展。除正式的司法管理体系外,近代青岛对乡村移民的约束与管理主要体现在保人制度上,青岛市里的保人是拥有稳定职业、有固定住所、取得青岛市公民权利的人,他们一般经济状况较好,社会交往广泛,包括村长首事、店铺经理、工厂把头、教会人士、机关职员等,有固定住所的普通车夫与工人亦可以担任保人。

保人角色渗透了整个近代青岛社会、政治、经济、教育、生活的各个方面,以一种互相牵制与类似连坐的方式将前往青岛的陌生人与原有移民紧密联系起来。借助社会关系成为移民步入城市生活的基本途径,这使得完全盲目进入城市中的陌生人难以在城市立足,沦为城市底层或被迫离开城市。王度庐的小说《灵魂之锁》(又名《海上虹霞》),描写了1920~1940年代一位女性的悲惨命运。出身乡村的北京车夫柳贵带着雇主(一位北平的官员)的独生女小卿到青岛谋生,但他们并没有找到原本打算投靠的老乡,生活困顿之下,柳贵瞒着小卿只身到南洋谋生,被抛弃的小卿在人地生疏的青岛举目无亲,最后沦落为暗娼。没有乡邻亲友的帮助,初来城市的外来移民如同失去依靠,处境艰难。保人使得外来移民能够在城市获得基本的生存条件——租房与求职,也使外来移民对保人形成依赖,即使发生欺诈等伤害自身权益的事情,也只有隐忍。如沧口等地的纱厂招工时,一般委托附近村庄的村长物色人选,他们起到担保作用,即使有人为争取更好的劳动条件和待遇而组织罢工等事件,本地

---

① 《市政府指令7190》(1934年8月16日),青岛市政府秘书处编印:《青岛市政府市政公报》第61期,1934年11月。

工人因与村保的连带关系,并不参与。①可以想见,保人制度一定程度上刺激了同乡等关系在城市的发展,也成为乡下移民进入城市重要的筛选性条件,有亲戚、朋友、乡邻、同学、教友或其他社会关系的乡下人比那些在城市中没有类似人际支撑网络的外地人,更有机会进入或融入城市生活。

三、遣返规则

城市虽然没有规定严格的准入条件,但隐形的城市生活压力使得不少移民被迫返乡,一方面是因为他们在城市谋生的困难,另一方面则因为政府的约束。为维护社会治安、城市形象,加强城市管理,青岛市政府实行了严厉的强制性遣送回籍政策。

1.开释游民

1928 年 5 月,南京国民政府内政部颁发《各地方救济院规则》,饬令"各省、区、各特别市、各县市政府,为教养无自救力之老幼残废人,并保护贫民健康,救济贫民生计,于各该省、区、省会、特别市政府及县市政府所在地,依本规则规定设立救济院"②。1929 年 6 月,又颁定《监督慈善团体法》,督饬各省将旧有私立慈善机关重行核定,并由内政部通行各省,限于 1930 年底将各县市救济院一律成立。1929 年 11 月,青岛成立感化所,隶属社会局,以教养游民,1931 年 10 月改称青岛市立感化所,以感化市区内犯罪少年及无业游民、偷窃惯犯及其他应受管教者。③1929 年 12 月,青岛市社会局成立乞丐收容所,收容乞丐、残老、孤儿和在城市谋生无着、游荡街头的外来移民。④初设于团岛,分

① 朱子衡等口述、徐文恕等整理:《1925 年纱厂工人大罢工亲历琐记》,中国人民政治协商会议四方区委员会文史资料工作委员会编:《四方文史资料》第 1 辑,内部资料,1999 年,第 27 页。

② 国民政府法制局编:《国民政府颁行法令大全》上册,北京,商务印书馆 1929 年版,第 551页。

③ 青岛市史志办公室编:《青岛市志·民政志》,中国大百科全书出版社 1996 年版,第 157~158页。

④ 《青岛特别市社会局乞丐收容所暂行规则及修正条文》(1929 年 12 月),青岛市档案馆藏,A21－1－540。

残废、习艺、妇女、童稚等四组。

1931年5月，青岛市按照南京国民政府的规定，将胶澳商埠局时期所设的育婴堂、习艺所、济良所、教养局等救济机构合并，成立"青岛市立救济院"，隶属社会局，承办慈善事务，包括定期或临时性地施药、施衣、施茶等。全院分设：残老所、孤儿所、育婴所、济良所、习艺所、贷款所、施医所。习艺所专门收容13岁以上、20岁以下孤苦无依的男女成童，授予各种技艺和各科常识。1931年10月，乞丐收容所裁撤并归救济院。[1]关于青岛游民的感化，在公安局方面，设有游民习艺所一所，而社会局方面，设有游民感化所一所，因游民习艺所与感化所性质相同，青岛市政府于1932年2月[2]将公安局游民习艺所归并青岛市感化所办理。[3]法院、警察局移送的偷窃、诈骗、贩毒及少年犯罪分子得以入所学习技艺。感化所对收容人员，根据不同情况分配到各科劳动，并根据其表现情况，随时遣发出所或遣回原籍。[4]乞丐收容所和习艺所（及其后合并的救济院与感化所）的设立，给迁居城市但生活无着的乡下移民提供了暂时栖身之所和谋生技能，但随着入所人数日益增加，场所不敷使用，全数收容终非长久之计，相关救济机构可随时酌情令其出所。

按照青岛市社会局规定，乞丐出所时由其亲属担保领出，或回原籍务农，或谋营业、苦力、饭铺等业。多数乞丐最终返回原籍，1931年4月份青岛市社会局乞丐收容所共收容男乞丐16名，年岁在21岁至63岁间，多为30岁左右、体质弱而无技能的沿街行乞者，掖县、青州、保定、寿光、天津、平度、益都、江苏、历城、泰安各1名，胶州、即墨各3名，在所时间少者26天，多者509天，12名出所者中回原籍5名，注明出所3名，注明谋置职业者（苦力、饭馆生意）

---

① 《青岛市人民政府关于乞丐所奉令裁撤筹设感化所无款补助游民收容所的指令》（1931年10月)，青岛市档案馆藏，A17-3-916；《民国山东通志》第4册，台北，山东文献出版社2002年版，第2482页。

② 按《民国山东通志》所载，1931年冬，将公安局的游民习艺所归于感化所（《民国山东通志》第4册，台北，山东文献出版社2002年版，第2472页)。

③ 青岛市政府秘书处编印：《青岛市政府行政纪要》（1933年），"社会"编，内部资料，1933年，第35页。

④ 《民国山东通志》第4册，台北，山东文献出版社2002年版，第2472页。

各 2 名。①

1931 年 6 月,收容所共有出所乞丐 26 人,记录清晰的 12 人中,回原籍者 7 人②。7 月份收容男乞丐 14 名,出所 13 名,其中回原籍者 9 名。③8 月份收男性乞丐 9 名,全部来自外地。出所 19 名,去向分别是:父亲领回原籍;随兄出赴大连;侄具结出所回原籍;友为谋苦力;叔回原籍;公安一分局领回遣送原籍;侄领回原籍;友回原籍;兄为谋妥饭铺;友领出回原籍;父领回(8 岁平度人迷途至此);侄具结出所回原籍;友领出;兄具结出所云同往威海谋生;友谋妥药行;父领回原籍;弟领出所回家(高密);兄为其谋牛场苦力;叔为其谋饭馆司账并具结出所。共计有 11 人回原籍。④10 月份收容男女乞丐 30 名,出所男乞丐 11 名,出所的 11 人中,回原籍的有 6 名(分别为济南、高密、即墨、潍县、天津、即墨);谋饭铺 1 人,裁缝店 1 人,做纱厂工 2 名、小负贩 1 人。⑤

从 1932 年下半年收容所的统计来看,多数被收容的乞丐最终被遣送出境返回原籍。1931 年,青岛市立感化所收容名额初定为 200 名。⑥乞丐收容所也随后并归救济院感化所,较 1929 年收容名额大有增加,乞丐收容成为政府处理外来无业而沦落街头之乡下人的常用手段。1933 年,市内无业人士增加,公安局奉市长谕,规定:乞丐及残废人,无论在青有家与否,一律移送团岛感化所,令该所尽量收容。公安局规定的收捕对象有:甲、乞丐;乙、残废或患精神病者;丙、病卧道旁者;丁、饥寒交迫行将待毙者。各分局界内,凡员官长警执

① 《青岛市社会局乞丐收容所收容月报表》(1931 年 4 月),青岛市政府秘书处编印:《青岛市政府市政公报》第 23 期,1931 年 8 月。

② 《青岛市社会局乞丐收容所收容月报表》(1931 年 6 月),青岛市政府秘书处编印:《青岛市政府市政公报》第 25 期,1931 年 11 月。

③ 《青岛市社会局乞丐收容所收容月报表》(1931 年 7 月),青岛市政府秘书处编印:《青岛市政府市政公报》第 26 期,1931 年 11 月。

④ 《青岛市社会局乞丐收容所收容月报表》(1931 年 8 月),青岛市政府秘书处编印:《青岛市政府市政公报》第 27 期,1931 年 12 月。

⑤ 《青岛市社会局乞丐收容所收容月报表》(1931 年 10 月),青岛市政府秘书处编印:《青岛市政府市政公报》第 29 期,1932 年 2 月。

⑥ 《青岛市感化所组织细则》,青岛市政府秘书处编印:《青岛市政府市政公报》第 28 期,1932 年 1 月。

行勤务遇见乙类或丙类之人时，均可随时随地雇车强制分别径送团岛感化所，或市立医院收容，加以救护。①

每到年关，青岛市公安局都会有一次例行的对乞丐的清理与收集工作。1933年公安局下发取缔乞丐游走闹市街头的禁令。②1934年初，"公安局长王时泽，以废历年后，乞丐充斥市内，或跪路旁，或追行人，于市容观瞻殊属不雅，特饬各分局，严行搜捕，解送乞丐收容所收容云"③。1939年初，公安局鉴于青岛市繁华地点如山东路一带男女乞丐甚多，尾随中外行人呼叫乞钱，而岗警熟视无睹，担心外籍人士嘲笑警察办理不善，便由公安局取缔乞丐。④

原定200名的定额使感化所远远容纳不了城市日益激增的乞丐，到1934年后，收容乞丐常在500人以上，如到1935年2月26日止，共收容男女乞丐752名。因为经费的紧张，感化所制定了临时开释游民办法：（一）凡本市有亲属者饬其亲属领回，代觅正当职业或送其回籍谋生；（二）在本市虽无亲属而其在犯案前本有职业，现在尚可继续前业者取具甘结，任其自出就业；（三）在本市既无亲属又素无正当职业者取具甘结，饬其自行回籍谋生。⑤1935年夏季，"公安局以市内一般无业民众，终日游手好闲，无所事事，恐其因经济所迫，走入歧途，影响本市治安，曾通令所属随时注意，加以逮捕，遣送出境，以保地面安全，前已押送数批出境，分别返回原籍"⑥。

青岛市各救济机构相继成立与完备，市救济院的各项工作亦能积极进行，但因政府财力缺乏，无力补助，只以四处官产出租收益加以支援，其他经费来

---

① 《乞丐及残废将不再踯躅于街头》，《青岛时报》1933年11月10日，第6页。

② 《关于取缔游僧乞丐的训令》（1933年10月），青岛市档案馆藏，A17-2-1122。

③ 《公安局搜捕乞丐》，《青岛时报》1934年2月19日，第6版。

④ 《取缔乞丐维持娱乐场秩序及罚办不在岗位的岗警的呈文》（1939年3月），青岛市档案馆藏，B23-1-1884。

⑤ 《市政府指令3490号：感化所临时开释游民办法》（1935年4月18日），青岛市政府秘书处编印：《青岛市政府市政公报》第69期，1935年6月。

⑥ 《无业游民公安局押送出境》，《青岛时报》1935年8月15日，第6版。

源亦有限,而各项支出不断增加,至 1936 年便面临严重的经济困难。[①]青岛对无业移民的救助力度始终有限,而其设立之宗旨首为整顿市容,次为救助人民,这使得遣送出境成为安置外来移民的重要手段,遣送此举亦在某种程度显示出近代青岛在维护市容市貌等城市形象方面的用心超过对弱势群体进行扶危济困的民生关注。

2.驱逐罪犯与疑犯

对于屡次违犯刑法的惯窃犯、鸦片犯、诱拐妇女为娼者,政府会将其驱逐出境。从青岛市公安局抓获盗窃犯的处置[②]来看,初犯者往往处以 10 元以下的罚款,两次及两次以上的惯贼少数被感化所收容,多数被驱逐出青岛地区。因为公安局对罪犯指纹管理的逐渐加强,识别惯犯因具有技术上的支持而变得较为容易。如 1935 年 1 月份,公安局累计收容吸毒犯 6874 名,留所戒烟者仅 136 名,其余均戒绝、罚办及遣送出境。1 月份另遣送游民出境者 57 名,4 月份遣送游民出境者 40 名。[③]1933 年公安局规定了暗娼处置办法:一、有夫之妇及有家长者应取妥实铺保,由本夫或家长具结领回管束,如再犯,连同家属一并驱逐出境,前项人等如实系为贫所迫,可准改为公娼。二、如系为人养女或孤苦无依之辈,应随时查着情形,送济良所留养,或勒令出境。三、为人媒合秘密卖淫,除查有引诱良家妇女确实证据应移送法院按律惩办外,应即驱逐出境。四、前三条规定办法,均于按照违警罚法判决执行终了后行之。五、查获暗娼,如讯有特殊情形者应另案办理。[④]吸食鸦片二次者,甚至被处以死刑。丁玉亭,26 岁,掖县人,在下四方村 60 号天德鞋店充当伙计,曾两次吸食不改,竟被处死。[⑤]

---

① 青岛市史志办公室编:《青岛市志·民政志》,中国大百科全书出版社 1996 年版,第 159 页;《民国山东通志》第 4 册,台北,山东文献出版社 2002 年版,第 2483 页。

② 《关于查获盗窃案件的呈、指令、供单》(1931 年、1933 年),青岛市档案馆藏,A17-3:769~775、A17-3-1127。

③ 《市政府纪念周公安局报告》(1 月、4 月),1936 年 1 月,青岛市档案馆藏,A17-2-919。

④ 《公安局拟定暗娼罚办后处置办法》,《青岛时报》1933 年 11 月 29 日,第 6 版。

⑤ 《青市第一次枪决吸食毒品犯》,《青岛时报》1936 年 2 月 19 日,第 6 版。

九一八事变后，日本加强了在青岛的特务活动，青岛周边地区也经常受到海西与胶南一带土匪的骚扰，外地兵匪、流寇常避居青岛，中国共产党在青岛的组织也有所加强。为维持治安，整肃秩序，国民政府常常在冬防期间借清查户口之机将一些形迹可疑者清理出本地。1929 年 11 月，国民政府制定了《民国清查户口暂行办法》，以加强对游民、形迹可疑之人的管理。1935 年冬防时，青岛市公安局即制定清查户口办法，命令所有青岛市户口亟应切实清查，以维治安，警察制定的户口整理规则日趋绵密。"关于无正当职业之游民，或素行不正，或形迹可疑者，得令其取具保结（在乡区者由该村长出具保结），或驱逐出境，案酌情形办理"，并责成管房人处理以下事项：1.管房人对于新户租房应详询其来历并须取得正式保结（铺保或住居本市有眷属之人保）方准出租。2.管房人对于租户之轨外行动应负密报之责。3.管房人遇有租户之迁入迁出等情应通知租户令其速赴该管派出所呈报。[1]政府希望通过严密的户口控制与房主的监督加强对外来移民的管理，一旦发现异常情况，则根据实际情况侦察办理，甚至直接驱逐出境。因为政策变化，被禁止到东北做劳工而逗留岛城的乡下人也会被勒令出境。按往年情形，在废历灯节后，至青岛往东北者每日多至千人以上。1934 年以来，青岛市执行中央政策，禁止劳工出口，派员往胶济路沿线各站向客栈及关系方面宣传，但内地劳工由青岛市出口者地域广阔，人数众多，口头宣传，难以普及，以致来青劳工，依然络绎不绝。"既经入市，知其前途失望，逗留本市，仍恐为害地方，即或不发生事端，每日房饭亦需洋数角，自宜随来随遣送出境。对赴东北的难民根据原籍路程远近给予不同的资费遣返"，不过，1935 年 6 月 1 日以后到青岛者并不给予救济费。[2]

从青岛市收容与开释游民情况来看，对于外来无业移民，或违犯法令，或残疾无力，或精神病患，采取两手政策，一方面令亲友保证为其谋职，一方面强行遣送回籍。这样做的目的，主要是整理市容，担心游民过多，拥堵街头，有碍观瞻，影响城市形象。经过德日与国民政府努力，在打造工商大埠与旅游胜

---

① 《市政府指令 11239 号：清查户口办法》（1935 年 10 月），青岛市政府秘书处编印：《青岛市政府市政公报》第 76 期，1935 年 11 月。

② 《禁止劳工出口》（1935 年 1 月），青岛市档案馆藏，A17-2-719。

地的城市建设过程中,青岛已经成为国际知名避暑胜地,外籍游客日益增多,为形象计,乞丐被强行驱逐。同时,乞丐、盗窃犯、暗娼的增加,也给社会治安与城市秩序带来隐患,并有害社会风化。当然,对于乞丐与残疾者的收容,为这些处于社会底层的贫困移民提供了暂时安定的住所和衣食,作为一种社会救助机构,一定程度缓解了失业游民在城市的困境,但并不能最终解决外来移民的问题,出于维护城市形象目的的政府决策往往是在给予游民短暂的安定后,便安排了下一轮的强制性遣送工作。

四、机会不均

排除移民自身的生理、性格等先赋因素与技能、财力等后致条件的差异,政府在住房与求职的相关制度或政策方面,对不同群体赋予了不平等的机会。外来移民和本地土著在城市谋生的机会并不相同,尽管国民政府1935年8月7日公布了《职业介绍法》,规定:"职业介绍机关对于雇方及佣方不得以性别、地域或信仰等关系而为差别待遇,其介绍并须公开之。"①但各地政府和企业根据具体情形,进行了相应的政策倾斜,如轿夫的选择和工人的使用上,本地农民更具有优势。工厂招工时,多数厂家首选附近村民,来自外地的乡民们也都知道,日本人的工厂一般都在附近找人,外来移民较难找到一份进厂的工作。②所以四方、沧口一带的纱厂、火柴厂等企业中,本地村民占一半以上。当崂山旅游日益兴盛起来后,政府为方便游客,统一制定山轿,但轿夫的选用一律雇佣本地村民。挑选轿夫的条件是,原有轿夫合于下列各项者应先挑选,不敷人数亦按如下各项挑选:1.当地土著;2.年岁在20岁以上45岁以下;3.无不良嗜好;4.无不正当行为等。③青岛农村土地向来贫瘠,肥料缺乏,市

---

① 《职业介绍法》(1935年8月7日),青岛市政府秘书处编印:《青岛市政府市政公报》第73期,1935年8月。

② 青岛市市南区政协编:《里院·青岛平民生态样本》,青岛出版社2008年版,第140页。

③ 《市政府指令3795号:整理山轿办法》,青岛市政府秘书处编印:《青岛市政府市政公报》第69期,1935年6月。

郊农民也可利用接近市区的便利，于夜间来市内拉运粪便，或直接将农产运往市郊售卖。如市外浮山所辛家庄乡民辛成段(32岁)、辛成贵(24岁)系胞兄弟，即自备人力小车一辆及骡子一匹，每于夜间来市内拉运粪便，作为肥料在乡间兜售。①

在政府为平民建筑的廉租房的入住条件上，原来移民与新到移民也面临着不同的政策。1933年政府在贵州路24号地建筑平民住所，对老住户与新入住户作了区别对待，按户口清册察点，分别原住及新迁入两种，"原住户饬令迁入第二平民住宅，其原宅无名之新迁来各户悉令自行觅地他迁"。②

固定住所成为民国时期青岛市政府控制外来人口、加强行政管理的重要途径，它决定了外来移民能否获得正式工作、开设店铺、获得政府相关优惠政策，即使在拆迁时，已经登记的住户亦能得到政府的眷顾。1934年初，公安局鉴于市区贫民多搭盖板房席棚居住，建筑的平民住所也不能全数收容，未能拆除净尽棚户，而新建板房席棚占用土地仍复络绎不绝，不但于市容不雅，且多危险，遂出布告取缔，令各分局嗣后对于新建板房席棚立时拆除并带案从严罚办，③从而使新迁入的移民产生更严峻的住房问题。如本书第四章将探讨的，"有碍市容"成为政府整理各棚户区的首要理由，维护城市的形象往往比给予民众实际的福利更为迫切，只有在人数相对集中的棚户区居住了10年以上的城市平民才可能享受到政府的住房优惠，新近迁入城市的平民，尽管生活拮据也难以获准入住。原来一些欲行改造的棚户区仍然相继为新来移民填充，住所虽然不断修筑，而棚户不能真正绝迹。

由此，乡下人的进城，尽管无政府文件的明文制约，但进城后在面临居住、就业、犯罪等问题或城市规章约束时，有社会关系与无社会关系、有资产与无资产、老移民与新移民、土著与移民间存在着无形的不平等，构成乡下移民进城后的隐性障碍。

---

① 《清洁队汽车肇祸　一乡民死于非命》，《正报》1936年11月26日，第9版。

② 《市政府指令11998号》(1933年12月27日)，青岛市政府秘书处编印：《青岛市政府市政公报》第53期，1934年7月。

③ 《公安局取缔新建板房》，《青岛时报》1934年3月11日，第6版。

小　结

　　近代城市的起步和发展与传统乡村的破败推动着农村劳动力源源不断地
弃乡进城。无论城市多么陌生与危险，无论其意味着发财与生存的机会还是
堕落与穷困的渊薮，战乱与灾荒等导致的乡村生态环境的劣变使乡下人怀着
无限的疑虑与憧憬来到城市。另一方面，乡村里的人们越来越感受到现代城
市的影响，城市工商业发展带来的新式商品与新型生活吸引了青年人进入城
市。近代工业企业的用人制度和招工办法也使大批乡民跟随包工头或店主来
到城里，使得中国农民的进城具有被迫性与跟从性的特点。

　　幸运的是，城市的大门是相对开放的，在不同时期其开放度虽然不一样，
如公安局冬防和国际环境变动等特定时期，但总体而言，城市对乡村移民并未
规定严格的准入条件。当山东农村备受军阀混战、土匪横行和自然灾害的摧残
时，城市成为灾民的避难所，也吸引了更多谋生与发展的游子的眼光，他们甚
至会得到政府与相关社会组织的捐助与救济。城市不断增长的人口表明，相当
一部分乡村移民定居下来。这样一个由乡入城的转换过程有时仓促而尴尬，有
时充满梦想与激情，但毕竟形成了近代中国非常壮观的社会流动景象。

　　在整个 20 世纪 20 到 30 年代初期乡下人进城的潮流中，城市对乡下人的
约束主要体现在保人制度上，保人可以是铺保，也可以是有家眷和正当职业或
住房的市民（包括整个青岛乡村的村民）。寻求保人既是乡村移民得以进一步在
城市立足的基本条件，也是政府控制大批外来移民的重要途径，因而稳定而亲
密的社会关系对于乡村移民能否在城市立足相当重要，这既是他们进入城市的
人际纽带，也是城市生活中非常重要的保障条件。天赋、财力与才能固然重要，
但对多数穷途末路、流入城市的乡下人而言，社会关系从进城开始即左右着他
们的机会与未来发展。它们制约着乡下人能否找到稳定的工作、糊口的饭碗和
蜗居之地。一旦流落街头，他们会成为政府强制收容与遣返回籍的对象。城市欢
迎每一个有着正当行为、妥实保人或固定住所的乡村移民，而不论他们原有的
籍贯、职业与身份，尽管在某些职业与住房方面，乡下人之间的机会并不均等，
但城市较广阔的生存空间使得这些差别并不能左右他们的去留。

　　近代城乡流动相当自由，基本没有受到各种预设体制壁垒的阻挡，无论是户籍管理还是求职规章中并没有城乡的截然差别，但是对于移民中的社会越轨者采取遣返原籍或亲属管制的对策，折射出城乡的地域差异终究使乡村移民和都市居民产生了境遇之别，进城的乡下人在居住、就业、救济等日常生活中或在违反城市规章与法律时，拥有不同社会资本者间存在着无形的不平等，构成乡下移民进城后的隐性障碍。

第三章 CHAPTER THREE

乡下人的日常生活

日常生活，包括工作行为和非工作行为两大类，涉及衣食住行、人际交往、职业与劳动、生与死、爱与憎、焦虑与憧憬、灾变与节庆等广泛的世俗生活世界。宏观的制度框架、整体性的城市化进程给乡下人进城之旅奠定了宏阔的时代与社会背景，构成了决定进城乡下人命运的总体性安排。米尔斯认为，"我们在各种特定环境中所经历的事情往往是由结构性的变化引起的。所以，要理解许多个人环境的变化，我们需要超越这些变化来看待它们。"①不可否认，结构、制度、城市化确实与农民的命运联系在一起，而且具有举足轻重的意义。但是，施加在移民群体身上的总体性安排与其真实的

---

① 〔美〕C.赖特·米尔斯著，陈强、张永强译：《社会学的想象力》，生活·读书·新知三联书店 2005 年版，第 9 页。

存在方式并不能简单地画上等号,日常生活丰富多彩,它在最细节化的层面上反映了特定时期、特定地域和特定人群的真实而灵动的生活状况,并蕴藏着人们的价值观念、风俗习惯、文明程度和生活水平。

进城,于每个乡下人而言都面临着环境、角色与观念的冲击。首先是生存空间的变化,从枯藤老树昏鸦、小桥流水人家般亲近自然的熟人社会,到车水马龙、楼房栉比、人地两疏的陌生人社会,乡下人的居住环境产生了巨大的自然与人文双重景观的差异。其次是人类生活方式的转变,从面朝黄土背朝天的农耕,到机器隆隆分工协作的手工业和工业生产,他们进入新的职业领域,承担着新的社会角色。以物质生产活动的转换为基石,乡下人相应的社会生活方式、社会交往和价值观念亦随之变化,同时,乡村的风俗习惯与生活景观以人的迁移为媒介,在城市的角落扎根发芽。在青岛沿海西洋式的物质外观下,乡下人的生活空间呈现出中西杂糅、新旧并存的文化特色。本章探讨进城乡下人的谋生方式,并对其衣、食、住、行、娱乐、节庆等城市生活作一微观考察。在游记家与观察者的眼中,青岛是第二个香港,是东方瑞士,但在繁华的街景、整洁的道路、洋式的建筑与美丽的海滩外,还有许多暗淡污浊的一面,城市生活的富庶与安适外,还有街角社会的贫穷与困顿。

第一节　谋生之道

ERSHI SHIJI ZHI ZHONGGUO

　　人们的谋生方式,不仅反映了一个城市的经济结构,也在一定程度上制约着城市现代化的进程。传统农业生产方式中,职业构成简单,开埠以来,青岛农业生产结构被新的经济模式冲击,职业构成发生重大变化,农业人口不断减少,而从事工商业者不断增加,新的行业不断出现,为乡下移民提供了多样化的职业选择。"城市阶层的分化最先表现为职业的分化"①,职业直接影响进城移民的社会地位与日常生活。城市本身的高聚集性、高异质性与分工的细致创造了众多的谋生机会,可以满足不同层次群体的生存向往,青岛商业大埠与实业重镇的经济实力也不断扩充着劳动岗位。在政府官员、买办、商人、寓公、工厂主、高级职员等城市精英获取他们的优裕生活时,涌入的乡下人也在城市的各个角落寻找他们生存的机会。

　　近代城市社会一般被分为上、中、下三个社会阶层,一是由官僚、买办、企业家等代表的上流社会;二是以从事非体力劳动的公务员、公司职员、大学教员、自由职业者和中小企业家为主要职业群体的中间阶层,中间阶层还包括一些特殊群体,如中介人群体、高级店员与批发零售店主、包工头群体和高级

---

　　① 李明伟:《清末民初中国城市社会阶层研究（1897—1927）》,社会科学文献出版社 2005 年版,第 85 页。

妓女；三是城市下层，有小学教师、工人、店堂学徒、商贩群体，底层有自谋生计者、苦力群体、下层妓女、贫民与乞丐。①上层与一些中层职业均要求有相应的社会声望、知识资源、技术经验、权力资本与经济基础，而这恰恰是初进城的乡下人所缺乏的。由此，与原有的城里人或乡下读书人相比，先赋条件处于劣势的乡下人基本处于社会下层，其工作选择也主要在产业工人、人力车夫、运输工人、商贩等职业间流转。农村移民进城后的谋生职业主要有工人、码头苦力、人力车夫、商店学徒，也有沦为乞丐游民，或致失业者。

德占初期，成千上万的劳动者从山东各地聚集青岛，其中，木匠、石匠、瓦匠和其他技工，以及帮佣人员总是能够找到工作和得到较好的工资待遇。②伴随着城市从军事基地向华北商港与工商旅游城市的职能转变，青岛的工作机会不断增多，甚至无技术、无资金、无关系网络的乡下人也能够在城市中生存下来。从 1930 年代初期青岛的职业构成来看，在 20 岁至 60 岁的青壮年劳动力中，整个青岛地区中农民居最多数，在市区，则从事工业、商业、劳力和杂役等和失业者最多。③在 1920~1930 年代，青岛从事工、矿、交通等行业的产业工人数呈不断增长的趋势，总数在 3 至 8 万人之间，成为仅次于农民的第二大职业群体，而在市区则位居第一。另外，商业、人事服务、自由职业和娼妓等第三产业的人数日益增多。同时，成年劳动力中的无业和失业者也构成城市社会的重要问题，在 1927 年 ~1937 年间，青岛成年人的无业率为 1/10 至 1/6，人与人之间生存竞争的激烈程度并不亚于农耕时期的与天争食。劳动力的严重过剩，使劳动力市场就业竞争日益激烈，一定程度上恶化了移民们的工作处境。

---

① 李明伟：《清末民初中国城市社会阶层研究（1897—1927）》，社会科学文献出版社 2005 年版，第 99~119 页。

② 《胶海关十年报告（1892—1901 年）》，青岛市档案馆编：《帝国主义与胶海关》，档案出版社 1986 年版，第 62 页。

③ 青岛市公安局编印：《青岛市公安局业务报告》（19 年度），内部资料，1931 年；青岛市公安局编印：《青岛市公安局业务报告》（20 年度），内部资料，1932 年。

一、苦　力

　　苦力一般泛指码头搬运工、挑夫、人力车夫、水夫、粪夫等依靠出卖体力为生的劳动者。王清彬在编辑《第一次中国劳动年鉴》一书时指出，"我国工人，大多数恃筋肉劳动为主，除少数有技能者外，概可称为苦力。惟本节所称苦力，系指无规定工作之负力工人而言。"①与产业工人依靠一定的技艺谋生不同，运输工人主要靠体力。在青岛从事苦力行业的除人力车夫外，还包括码头搬运工、大车工人、建筑工、扫街夫、粪夫等。

　　进城农民最初的职业多半是工人与苦力，章高元部驻守胶州湾期间，从内地农村招募了一些破产农民到青岛从事建筑、搬运工作。②德国在青岛的大规模建设工程亦吸纳了为数众多的苦力，尤其是胶澳地区的当地乡民，原属德占时期青岛内界被拆迁地区的农民也开始出卖劳力为生。正如媒体报道的："现在人们看到在青岛及其周围到处都有苦力在士兵领导下干活……上海和（中国）南方的苦力当然不愿意到胶州去，因为他们在当地挣得多，而且因为在穷地方青岛的生活不能提供给他们舒服的享受。"③山东农民成为早期青岛苦力的主要来源。从 1932 年调查移民住户最集中的五处贫民住户来看，2020家住户中，户主职业为苦力者有 1105 个，小商贩者 459 个，工人者 141 个，可以概见，苦力业吸纳了众多乡村移民。④

1.运输工人

　　运输工人指在港口搬扛和运输货物的苦力，包括在港口上下货物的码头工人和运输货物的人力货车夫。在青岛的文献记录中，往往把工人分为生产工人和运输工人，生产工人是指在工厂做工的工人，在大小港等地辅助货物

---

① 王清彬等编辑：《第一次中国劳动年鉴》，北平社会调查部 1928 年版，第 625 页。

② 安作璋主编：《山东通史》近代卷（下册），山东人民出版社 1995 年版，第 625 页。

③ 《在胶州》，《法兰克福报》1898 年 9 月 25 日，青岛市档案馆编：《胶澳租借地经济与社会发展——1897—1914 年档案史料选编》，中国文史出版社 2004 年版，第 277 页。

④ 《调查各处贫民住户实况一览表》（1932 年 6 月），青岛市档案馆藏，B21-3-181。

二十世纪之中国——乡村与城市社会的历史变迁

150

转运者为运输工人。运输工人又分两种，一种为长期受雇于雇主，由把头管理的固定工人；另一种为临时协助固定工人处理多余运输事宜的临时工人。①青岛港口商业的发展为缺乏技术和财力的乡下人提供了较多的就业机会。青岛最繁盛的码头有两个，即大港和小港，大港是中外商轮停泊之地，有五个专用码头供来自不同国家和地区的远洋轮船使用，停泊方便，而胶济铁路也有大港车站设在这里，所以大港在埠际间的水陆交通上占有很重要的地位。这里每日有商轮航行到上海、天津、大连、长崎等国内外各大口岸，所转运的货物，为数颇巨，所以这地方建筑了很大的仓库，以备储藏货物，规模之大，极为可观。②小港为青岛第二繁盛码头，其重要性仅次于大港，山东全省境内之主要土产如花生仁、花生油、大豆饼、杂粮、蔬菜、水果，及海西内港一带之杂货，如麻皮、纸张、竹料等均由此入口卸存。小港各公私仓库堆栈较多，故帆樯林立，轮舶辐辏，每日货运频繁。

为了装卸货物，各码头上有很多苦力帮，他们都组织有序。苦力帮的负责人叫作苦力头，苦力头收入可观，衣食住行都很阔绰。在大苦力头下，还有很多小苦力头，不过气焰较小。苦力头指挥着苦力们，分帮分批地负责搬运的工作，抬着扛着，或者用小大车拉着。③码头工人分为常工和毛子工(临时工)两种，常工由包工头亲自招领，需有一定的关系和财礼才当得上；毛子工则由包工头手下的二领工随时到东镇出卖劳动力的"工夫市"(也称"人市")去挑选。④

德国侵占时期，船舶的装卸、货物的搬运，由各船行、货主自行承办。各外国船行为了免除种种麻烦(如语言不通)，便利业务，就雇佣一些精明强干，又有号召力的工人，把装卸货物事务包给他们，于是逐渐形成了包工制。包工头招揽、雇佣工人多考虑乡土背景(如寿光帮、即墨帮等)。1929 年，国民党接管青岛后，把港口事务分成两个管理部门，即港务局和码头运输管理处。码头运

----

① 《小港办事处调查小港区工人种类及车辆数量改良办法》(1935 年)，青岛市档案馆藏，B22-1-153。

② 《大港沿之速写》，《青岛时报》1936 年 2 月 12 日，第 6 版。

③ 《大港沿之速写》，《青岛时报》1936 年 2 月 12 日，第 6 版。

④ 胡汶本等编著：《帝国主义与青岛港》，山东人民出版社 1983 年版，第 34 页。

输管理处下设杂货、煤盐、运搬和火车四部,实行把头制管理,1932 年后改为领工制,但对工人的招工与管理方式没有实质变化。搬运工在码头界内的一切行为,由搬运工头负责。他们招募新工都喜欢向农村去,而 1927 年至 1930 年,山东军阀混战,灾荒蔓延,大批农民流离失所,弃家逃生。把头趁机网罗工人,宣传"进青岛,闯码头,除了大米是白面,每月二十多块大洋钱",同时将城市中的失业者与流浪汉招骗进港。①1933 年, 码头运输管理处下属的 4 部 1 房,领工、常工共约 2259 人。②

在港口堆栈与各商行、汽车站和火车站间还活跃着承担货物转运的人力货车夫,又称大车夫。按 1934 年统计,青岛市有二轮运货马车 310 辆,二轮运货人力车 3200 辆,一轮运货人力车 150 辆,③则大车约在三四千辆之间。由于把头常备工人仅有 5 人,人数不敷使用时,临时雇佣散工,以减轻负担,故工人较车辆为少,在 2000 人以上。④据 1936 年初调查,仅大港区即有大车苦力 2253 人。其中,固定大车夫 1717 人,此为各商号洋行把头所常用之苦力。因调查时期正值货运较松,仅有苦力如上数,若至货运加紧,土产畅销,则此项苦力人数还会增多。另有青海路候工处大车苦力 536 人。⑤在小港区,有固定帮把头 31 人,包揽商号 29 家,管有工人 513 人;临时帮工人在春秋货运旺盛之月约有 500 人,冬季淡月仅 300 人左右,每日拂晓即由各区相偕来此,鹄立街头港沿,等候工作。⑥则 1936 年初,大小港的大车苦力常在 3000 余人。

人力货车夫按工作种类分为大车掌把工人和货物拨卸工人(又称拉偏绳工人);按组织形式分为固定帮和临时帮,固定帮工人为把头管理,把头专门包揽一定商号之运输事务,以拥有工人数量不同而分为大、中、小三等,多至

① 胡汶本等编著:《帝国主义与青岛港》,山东人民出版社 1983 年版,第 117~119 页。

② 青岛市史志办公室编:《青岛市志·海港志》,新华出版社 1994 年版,第 135 页。

③ 《青岛市各种车辆及人伕马匹数目统计》(1934 年),青岛市档案馆藏,B22-1-188。

④ 《指令第 0270 号附:呈一件为奉谕调查小港区工人种类及车辆数目祈鉴核由》(1936 年 1 月 14 日),青岛市政府秘书处编印:《青岛市政府市政公报》第 78 期,1936 年 8 月。

⑤ 《青岛市大港区建设办事处呈》(1936 年 2 月),青岛市档案馆藏,B21-2-34。

⑥ 《指令第 0270 号附:呈一件为奉谕调查小港区工人种类及车辆数目祈鉴核由》(1936 年 1 月 14 日),青岛市政府秘书处编印:《青岛市政府市政公报》第 78 期,1936 年 8 月。

百数十人，小者十数人或几人。工人无工可做时，亦不得自由行动，向别处承揽业务，其工资悉为把头居间所支配，大把头在工人全部工资中提取佣金二成，中把头一成半，小把头一成，把头本人按成数计算，所得之佣金，大把头年约四五千元，中把头年约二三千元，小把头则为六七百元。把头地位介于工人、商号之间，对于商号货运负安全保险之责，对于工人负供给食宿之责，故固定帮工人对于把头均甚服从听命，而商号对于把头亦颇信赖。临时帮工人又称散工，不受把头之限制，有自由行动之便利。①

固定帮的大车苦力一般为同乡，基本由把头从家乡招募而来，同乡是码头苦力进城谋生的关系网络。固定帮的工人一般由把头供给食宿，住在该行号的闲房、地下室或杂院、苦力饭铺。临时苦力们除在苦力饭铺及杂院搭吊铺者外，其余多散居于东镇利津路、仲家洼、亢家庄、东西吴家村、小村庄等处，如1936年初大港区的候工大车苦力536人，住苦力铺的仅百余人，其余就住在城郊结合的村庄里。②

以体力谋生者，身体是其活命的本钱，工人往往耗损精力过巨，故工作均有期限，"普通工厂工人为8年，人力车及大车约5年，过期多罹职业病，不能继续工作"③。苦力是城市中劳动强度最大的阶层，搬运工肩扛手提，重达50至100公斤，拉大车者，货物也重达300至800公斤④，运输繁忙时很少有休息机会。其工作场所污秽恶浊、人声嘈杂，在车马等的疾驰中，马路上尘土飞扬，小港沿煤厂的煤灰常年被海风吹散在空中，因此，大车夫往往煤屑满面，鹑衣百结，褴褛不堪。长期超负荷的体力劳动与恶劣的工作环境使其身体过早地衰弱，运输车夫倒毙街头的事件常常载诸报端。如台东镇九路小板房内住户崔绍武，年已50余岁，在青岛以拉大车为生，一家三口尚能维持生活。1931年

① 《指令第0270号 附：呈一件为奉谕调查小港区工人种类及车辆数目祈鉴核由》（1936年1月14日），青岛市政府秘书处编印：《青岛市政府市政公报》第78期，1936年8月。

② 《青岛市大港区建设办事处呈》（1936年2月），青岛市档案馆藏，B21-2-34。

③ 《指令第0270号 附：呈一件为奉谕调查小港区工人种类及车辆数目祈鉴核由》（1936年1月14日），青岛市政府秘书处编印：《青岛市政府市政公报》第78期，1936年8月。

④ 《青岛市各种车辆及人伕马匹数目统计》（1934年），青岛市档案馆藏，B22-1-188。

8 月间,崔因劳苦过度,竟一病不起,家中所有积蓄,均随医药费而去。临近冬季天气骤寒,一家三口因冻饿交迫,无法度日,乃率妻子出外讨饭,崔因年老不堪冻饿,行至四方大道时已不能前进,冻毙路旁。①

较差的交通条件与恶劣的天气也常常是车夫的健康与生命杀手。如平度人彭学文(32 岁)、王洪斌(39 岁),以拉大车为生,一次二人同拉一车,由禹城路向三号码头运土,行至市场一路向市场三路拐角时,该处刚好是下坡,载量又重,一时停止不住,彭学文滑倒,土车由其身上轧过,将其左腿轧断,鲜血直流,惨不忍睹,幸有公安二分局四派出所警士将其送至市立医院医治。②而就在此悲剧发生的前一天,也有一起交通事故。平度县人窦玉祥(39 岁),在家以务农为业,1934 年 4 月 1 日,从原籍赶骡车一辆来青岛拉运货物,其同乡徐明进(29 岁)坐便车随同来青岛。下午 7 时许,行抵沈阳路头,来一骑自行车人,拉鸣手铃,拉车之骡大惊,极力奔跑,赶车人窦玉祥被车轧伤,徐明进见势不好,由车上跳下,当时摔倒在地上,不省人事。警士将其送太平医院救治,两小时后,徐明进因伤重毙命,窦玉祥暂时没有性命危险。③虽然不是青岛常住人口,但偶尔进城的乡下人因对城市交通情形不熟悉,更易发生交通事故。

2.人力车夫

人力车相传为 19 世纪中叶,由美国教士高伯尔在日本创造,嗣后推行至中国,尤以上海、北京最发达。④人力车乘坐舒适,被称为放大了的婴儿车。⑤青岛人力车费并不算贵,专跑市内的,常在一二角间,一般城市平民都能够承受。且其通行灵活,能轻松自如地转过每个拐角,穿梭在城市中弯曲狭窄的小巷,故 20 世纪 20~30 年代,人力车在近代城市迅速流行开来,成为市民主要的出行方式。人力车曾被视为 20 世纪初期中国城市落后的象征物,人力车夫也

---

① 《崔绍武一家三口冻毙道旁　经人救治其妻子死而复生》,《中华报》1931 年 12 月 3 日,第 2 页。

② 《拉车滑倒　轧断左腿》,《青岛时报》1934 年 4 月 3 日,第 6 版。

③ 《驾车骡惊奔发生惨剧》,《青岛时报》1934 年 4 月 3 日,第 6 版。

④ 《上海北京人力车业情形》,《中外经济周刊》120 号,1925 年 7 月 11 日版。

⑤ 〔美〕卢汉超著,段炼、吴敏、子语译:《霓虹灯外——20 世纪初日常生活中的上海》,上海古籍出版社 2004 年版,第 82 页。

被描述为破产农民进城后悲惨生活的写照，这个群体几乎遍布每个近代城市的大街小巷，无论刮风下雨，还是烈日当空，街头巷尾都活跃着洋车夫的身影，没有什么城市职业能像他们这样活动空间如此广阔，他们的生活状况也最易为一般市民所感知。在大众传媒作品的描述中，洋车夫生活几乎成为中国下层民众生活的代表，对车夫群体的关注也较其他阶层为多。

青岛近代人力车夫主要是山东各地的破产农民，他们多数没有文化，家无余财，进城后无能力进厂者或做学徒者，便以拉车为生。这个工作只需要有一些力气，并懂得红绿灯、上下街沿、左右拐弯、识别街道等交通规则即可。卢汉超的研究认为，车夫的劳动强度并非会将人压垮，拉车所需的体力其实小于其他的苦力活，诸如码头上装卸货物、搬运砖头和石块、拉纤等其他许多重活。相对于繁重的农村劳动，拉车并不比种田苦。多数人力车夫并不是每天工作而是隔天拉车，而人力车载客通常跑的是短距离。[1]较低的技术要求与相对较小的劳动强度使这个行业吸引了众多乡村移民的眼光。当然，关键是，这份工作能维持一个壮年男子的温饱，幸运的话，还可以养家糊口。

1929 年，人力车的价值，无车照者每辆 80 元左右，有车照者每辆自 180 元至 220 元不等。每车每年的修理费约需 40~50 元，每年车照的捐税为 8 元，但利润却比较丰厚，每辆车租收入，日计 4 角，月计 12 元，年计 144 元，除去车捐、修理费、资本利息与其他杂项费用，每车每年，足可赚得纯利 80 元以上。取得一张车照，每年就可不劳而获 80 元以上的收入，[2]这样诱人的利润吸引了投资者的兴趣，这为它很快流行开来提供了经济铺垫。青岛人力车有自用、营业两种，自用车的车夫，专为雇主家拉车，生活尚好，因为他每月有一定的薪金，到了吃饭的时候，总不会发生恐慌，可是拉营业车的车夫，却太苦了，每天能否拉出钱来，车主不管，可是必须每天给车主拿出三角钱的车租。[3]

1930 年，青岛共有 60 多家人力车行，最大的都属于日本人。全市共有 2000 多辆人力车，5000 多名车夫。1934 年更进一步统计，青岛市有营业人力车 2524

---

① 卢汉超：《霓虹灯外——20 世纪初日常生活中的上海》，上海古籍出版社 2004 年版，第 83~84 页。

② 叶雪栽：《青市的人力车问题》，《青岛社会》创刊号，1929 年 10 月 10 日。

③ 《本市各种车辆状况之调查续》，《青岛时报》1934 年 3 月 13 日，第 6 版。

辆,人力车夫 5668 人(可能包括自用人力车车夫 600 余人)。①1936 年政府按征捐的牌照统计的人力车辆中,自用黄包车有 312 辆,营业黄包车有 2524 辆,以一车租二人计,则正式登记车夫也是 5000 余人。整个 30 年代,青岛人力车夫保持在 5000 余人的规模,发放的车牌也没有变化。1929 年初,青岛各界在开放与限制人力车业的讨论中显然已经达成一致,即为确保现有人力车夫的生计,采取了限制政策。当然,一些伪造同一车牌编号的野车并不包括在内。

青岛人力车夫的生活境遇受季节、政策与市面的影响较大。每年的 5 月到 10 月,是青岛的旅游旺季,各地游客络绎不绝,成为车夫改善生活的黄金时期,而出手阔绰、来此享乐的美国水兵更是一些车夫眼中的财神爷。会说几句外语的车夫,不仅得到的工作机会多,额外的小费也足以与一天的劳动收获相当。夏天是车夫们一年引颈盼望的最欢快的季节,到了冬季,随着游人返回,天气寒冷,市民出行减少,车夫们也随之遭遇收入的"寒流",当时哀怜之人,作诗感叹说:债主其凶,俟我乎堂中,出而欲见,心内扑通。自西之东,腿如飞蓬,岂惧休憩,谁济吾穷。②比喻洋车夫终日奔波,两腿如飞蓬汽车之转动,虽值新年,亦不得休息。

青岛人力车之租价,向有淡旺月之分,淡月每日每辆租价为 3 角,旺月每日每辆租价则为 3 角 8 分。此为政府规定价目,行之已久。③1933 年 4 月,临近车夫业的旺季,公安局批准车业公会的呈文,将车租由 3 角加至 4 角收取。各家车行遂按 4 角收租,酿成了人力车夫的罢工斗争,④但车租并未见减少。如果遇上经济萧条,那就雪上加霜,不仅拉活机会减少,为了抢生意,互相之间经常争相贬价,收入更打折扣。大沽路长途汽车站门前就发生过洋车夫二人因争揽座客互相殴打一事,其中一人头部受伤。⑤

人力车夫的生活状态并不总是与收入直接相关,从收入来看,他们并不是

---

① 《青岛市各种车辆及人伕马匹数目统计》(1934 年),青岛市档案馆藏,B22-1-188。

② 《咬文嚼字室随笔:新诗经》,《青岛时报》1934 年 2 月 19 日,第 7 版。

③ 《人力车增加租价 每日每辆三角》,《青岛时报》1933 年 4 月 19 日,第 7 页。

④ 山东省档案馆、山东社会科学院历史研究所合编:《山东革命历史档案资料选编》第 2 辑,山东人民出版社 1981 年版,第 225~227 页。

⑤ 《洋车夫争座 互殴成伤》,《青岛时报》1934 年 3 月 16 日,第 6 版。

城市生活的赤贫之人，他们比那些城市中的临时工与童工要挣得多，甚至有时比普通工人还强。从劳动强度看，人力车夫也不如码头工人任务重。但他们吸引了众多中外知识分子的目光，因为他们工作的不可预期的危险与随处可见的停工状态足堪怜悯。洋车夫是青岛早出晚归的劳动阶层，夜幕渐渐消逝，天空还未大亮，他们便要趁着黎明的时光，预备一切，开始他们一天的工作。他们老早便拖着车，跑到街头路角守候着，希望找到一个主顾。[①]而且，"他们的冻毙、热毙，他们的被警棍痛打、撬照会、拿坐垫、拳打、足踢，已成为普遍的现象"[②]。

他们随时得以向每个坐车或碰见的人诉苦，从小学生到媒体专栏作家，都不倦地描述其可怜的境遇。《青岛时报》1935 年 7 月 13 日到 25 日，不到两周的刊期中，即有关于洋车夫的 4 篇报道。一篇文章谈其揽生意的情况：(问余要车否)余见此状，太觉可怜，未忍遽拒之，彼见余心似动，乃又曰："小人自电灯未灭，即由家中拉车出，奔走街市，未揽一客，最后来此，路口敬候，现下日已暮矣，小人尚未早饭也。先生可省足力，小人得充饥肠，先生，你要车罢呀。"[③]一位专栏作家，以笔锋犀利见长，以针砭时弊闻名岛城，他对人力车夫的工作处境给予高度同情："独怜倒霉洋车夫，眼前迷蒙路模糊，乘客不管雨之大，犹骂混账太糊涂！"[④](咏车夫之被雨打昏而致拉错地点挨骂。)"洋车逐尘去如飞，车上频感微风吹，车下臭汗频频挥，车下喘粗气，车上笑眯眯，臭汗随风吹上脸，车上骂了声呸！"[⑤](车夫的汗吹上坐车人的脸而受责骂，是常有的事。)

争着拉客的车夫情急之下往往越界停车，并成为远处瞪着眼睛维护社会秩序的警察们警棍下的发泄物。[⑥]以下的这首诗直观而较全面地描述了拉车

---

① 《青岛之晨》，《益世报》1935 年 3 月 12 日，第 14 版。

② "读者来信"，《华年周刊》1934 年第 4 卷第 2 期。

③ 《一个可怜的洋车夫》，《青岛时报》1935 年 7 月 13 日，第 15 版。

④ 《因下雨而作庄户诗》，《青岛时报》1935 年 7 月 14 日，第 10 版。

⑤ 《天热词四阕》，《青岛时报》1935 年 7 月 17 日，第 10 版。

⑥ 《最热闹的一处》，《青岛时报》1933 年 8 月 29 日，第 11 版。

工作中的困境：

　　汗流不止，口中气吁吁，放快了为生活奔跑的双足，向前飞奔，

　　腰成了弓形，拖着车！

　　他赚来的钱，是他的血汗换来的，

　　坐车人的谩骂，警察的毒打，

　　他以为这是生前注定，拉车人应享的利权，

　　并不是觉怎样难堪，

　　所愁的——

　　是拉不着客，没饭钱，合家人睁眼。①

　　车夫也常常会遭受他们财神爷的拳打脚踢。侍候醉醺醺的美国水兵是一件危险而刺激的活，有时他们头脑沉闷得可以多给一大笔车资，但有时也会在烂醉之下大打出手，或无故不给及少给车资，出手之重，非常人所能承受，车夫常被殴打成重伤。车夫安茂真，30多岁，日照人，住芝罘路安庆里，家中尚有老少数口，傍晚拉车时与水兵发生争执，该水兵竟将其拳打足踢，并照耳门殴打，致头部流血甚多，伤者当时昏迷，被警士送往医院，次日才醒，经多方交涉，美方稽查长签字担任医药等费，在养伤期内，每日给伤者家属洋六角，以资赡养老幼。②青岛常常发生外籍乘客少给车资的情形，并导致双方的冲突，受伤者全是中国车夫。车夫孙殿顺拉一美国水兵，从下午3点拉到7点，美兵却仅付五角，车夫在拉扯中跌伤。③张河清拉美国海军稽查欧烈温，欧氏不照章给资，反踢断车把，打伤车夫。④34岁的来自胶县的车夫尹成德也因拉醉酒的美国水兵，不付车资反被打伤。⑤许多受伤车夫并没有安茂真那么幸运，甚至有因此丧命者。马鸿盛，36岁，江苏赣榆人，拉日本人小谷太一郎，因少付车

　　① 《才建庄户散文诗：洋车夫》，《青岛时报》1935年7月25日，第10版。

　　② 《美水兵殴伤车夫》，《青岛时报》1934年9月5日，第6版；《车夫安茂真受美兵殴伤之续讯》，《青岛时报》1933年9月6日，第6版。

　　③ 《车夫孙殿顺为美兵少给车资致伤请交涉》（1930年8月10日），青岛市档案馆藏，B22-1-173。

　　④ 《美海军稽查欧烈温殴伤车夫张河清》（1931年9月7日），青岛市档案馆藏，B22-1-174。

　　⑤ 《美水兵酒醉滋事打伤尹成德》（1934年5月17日），青岛市档案馆藏，B22-1-174。

资，双方发生冲突，马被殴伤致死。①车夫杨玉成，43 岁，日照县人，拉日本人平俊光两趟却只付一趟的车钱，争执中，日人竟以刀刺其腹部，车夫胃穿孔而死。②

车夫们境遇的不堪随时扑入每一个有着同情之心的观众的眼帘，痛苦的经历如果不被展现出来是不会有人认同的，恰如一个工人在车间被机器刮伤、做牛做马的悲剧或妻子遭遇家庭暴力的苦楚不被媒体报道，不为市民知悉，其痛苦往往为社会忽视。但人力车夫作为一个特殊的职业阶层，其工作之繁重、生活之困苦，早已引起社会各界的关注与同情，知识群体认为，"劳力中人最苦的是人力车夫，为挣钱使用，无论寒热风雨之中，不分昼夜拼命奔驰，惟恐不快，一查到他们所赚的钱，可就寥寥无几了，一旦有了疾病，或因拉车受了伤害，不能动作挣钱，他的惨苦状况可以想象"③。在知识分子的记忆中，遇到天寒下雨、生意冷清而借债无门却要抚养妻儿的车夫被迫加入窃贼的行列，即使他们的沦落也是值得同情的。④车夫一天的劳动收获都写在他的脸上，也由此成为一家人情绪的晴雨表。车夫脸上的笑容会使妻子安定了心，能化成火烧或糖果作为逗乐嗷嗷待哺的儿子的资本。⑤

在媒体声援的同时，政府与社会各界也对人力车夫开展了资助与救济。青岛人力车夫救济会，最初由青岛扶轮社发起，以后移交人力车夫救济会，成为较为永久之组织，所有经费均为中外人士所捐助。所办事业，其一为施医，凡人力车夫有疾病而无力视医者，可由该会送至特约医院医治，并担负所有费用。1933 年内共医治车夫 62 次，共支医药费 1026.06 元。其二为建筑临时棚屋，专为人力车夫待雇时休息之所，严寒风烈之时人力车夫得以入内取暖。⑥

在对车夫群体悲剧性命运的共性描写下，洋车夫获得一个刻板印象，他们

---

① 《日本人小谷太一郎殴死车夫马鸿盛》(1929 年 6 月 21 日)，青岛市档案馆藏，B22-1-170。

② 《日本人平俊光刺死车夫杨玉成等》(1937 年 8 月 29 日)，青岛市档案馆藏，B22-1-170。

③ 《小评：救济人力车夫》，《青岛时报》1934 年 4 月 23 日，第 6 版。

④ 《贼》，《青岛时报》1933 年 9 月 5 日，第 11 版。

⑤ 《一个洋车夫》，《青岛时报》1933 年 9 月 6 日，第 11 版。

⑥ 《人力车夫救济会工作积极》，《青岛时报》1934 年 4 月 22 日，第 6 版。

是社会底层最不幸的职业,是民国时期社会悲惨小人物的命运浓缩,《骆驼祥子》中的祥子和《山雨》中的奚大有成为文学长廊中破产农民入城做洋车夫的典型代表。但在有的史学著作中,洋车夫职业生涯中的苦味逐渐淡化,多数车夫拥有足够的闲暇,不工作时,他们常常去茶室、浴室放松一下,或到邻居家闲聊,或干脆在家睡大觉,通常在邻居和朋友家打扑克牌或麻将牌。①成千上万无技能的农民涌入城市后发现,拉车相对而言对体力要求是尚可应付的,也不需要技术,于是对此趋之若鹜。②上海的人力车夫并不像一般人所想象的那样愚钝无知,而是能迅速熟悉时势并见机行事。③青岛人力车夫的内心世界可能远比知识分子想象的强大和丰富。农民的土气也好,纯朴也罢,都是长时间人文环境、农耕文化熏陶的产物。一旦步入城市,成为无数牟利的商品经济链条中的一环,他们也会被迫习得新的角色与环境,与乘客打交道,与车行老板谈条件,他们寻找每一个机会谋求更多的利益,并不识字的车夫,可能也得学会几句洋话,以在同行竞争中获得可能出手大方的外国人的光顾。质朴无华、寡言少语的乡下人,也会对每个潜在主顾察言观色,高调诉苦以博得同情而使生意不再清淡。在他们努力融入新的充满商业竞争的城市生活中,从农民角色转化为各种各样需要讨价还价的"商人"时,他们的内心往往与乡土更近,像鲁迅先生《一件小事》中描写的那样,城市中的浮华与矫饰总是不能轻易抹去车夫的无私与纯朴。1934 年《青岛时报》记者对洋车夫的采访可以视为《一件小事》的青岛版本,在感受劳苦大众的乐观与互助方面是异曲同工的:

本市西岭城武路,比较街里的市面,总算冷静得多,尤其在每晚八九点钟以后,马路上的空气,静静的,沉沉的,不容易看见行人。

谁都不注意,在这沉静的马路东头,有一个娱乐的所在。有一个小小的屋子,每到晚八点钟以后,总有四辆五辆,甚至十辆八辆的洋车停在外面。记者于晚间行经此处,时常听到里面的胡琴声音和乡间的小曲的歌调,胡琴所发出的声音是低而柔和的,哀而委婉的,歌唱声和胡琴声配合起来,越觉得"如

---

① 卢汉超:《霓虹灯外——20 世纪初日常生活中的上海》,上海古籍出版社 2004 年版,第 85 页。

② 卢汉超:《霓虹灯外——20 世纪初日常生活中的上海》,上海古籍出版社 2004 年版,第 86 页。

③ 卢汉超:《霓虹灯外——20 世纪初日常生活中的上海》,上海古籍出版社 2004 年版,第 87 页。

怨如慕,如泣如诉"。我每到此处,必须听个四五分钟,有时爱听极了,停步作十几分钟的逗留。

后来经我问之于一个洋车夫,才知道这间小屋,是十几个洋车夫共同租得的住所。

有一天的晚间,我为好奇心所驱使,大胆地闯进这小小的俱乐部里边去。屋里大约有八九个洋车夫,忽而都站起来了。

"先生,有什么事?"一个年纪约在50岁上下的笑着这样问,可是有点惊慌的样子。

"我爱听你们歌唱,请你们再唱一段听听。"我这样请求。"你们都是拉洋车的?"

"是,先生。"

"这房子是你们租的罢?"

"是的,每月房租三元,我们十个人每人摊三毛。"

"你们拉车,每人一天都拉多少钱?"

"不一定,有的七毛,八毛,或者三毛五毛,至多也拉不到一块钱,碰着倒霉时气,说不定连一毛都见不到。"

"张大腿前天不是拉了一块三四?"最年轻的一个插上嘴说。

"像我这样年纪大的人要命也拉不到一块钱。"一个年约50岁上下的说完这句话,表示很难过的样子。

"你这样大的年纪,怎么还要拉车呢?"

"咳,先生,没有法子!"

"你们天天拉车,有什么感想?"

停了一分多钟,没有回答的,我自悔问得不得法,这感想二字有点深奥了,对于他们。"你们天天觉得很快活罢?"

"是的,我们只要拉了钱,有饭吃,晚上回来便觉得很快活,所以拉拉唱唱,有时候还要装几两酒喝喝。"

"如果拉不到一毛钱,怎么办呢?"

"我们这几个伙计都是同乡,满不在乎的,有时候拉不到钱的人,我们大家一样在一块儿吃饭,或者你借我的,我借你的,倒也挨不了饿。"

"你们除了拉到钱以外,还有什么希望?"

"还是希望拉钱,别的一概不管。"

"先生,现在是出了皇帝的吗?"有一个这样问我。

"没有的,要皇帝没有用。"他们对于我的答复,似乎有点不相信。

"你们拉车,愿意拉哪种人?"

"我们愿意拉乡下老客,他们要多少就给多少,越阔大老爷越不肯拿钱。"

"你们唱一句我听听,行不行?"

"先生,我们是胡拉胡唱……"

这个请求终于办不到,我便与辞而出。①

在多数媒体的报道中,洋车夫是辛苦而悲惨的,但在车夫们看来,白天出卖血汗,换来几毛钱的饭费,晚间拉车回来,便觉得快活不止,忘却了一切痛苦,他们的欲望很少,只要有饭吃,便是幸福。后人们也回忆道:"在当时那个情况下,能填饱肚子就感觉很好了。"②陌生的城市,依然有同乡的救助,这样一种简单的快乐可能是受现代知识启蒙后的知识分子们不易领略的。

二、工 人

德占时期,青岛引进了近代企业,但山东在 20 世纪初期的传统手工业并不能满足德国新式企业的兴建对技术工人和专门工匠的需要,而山东与南方工人间易发生争斗,这种情形促使德国开始从山东农村招收农民子弟,培养成合格工人。又因为基础设施建设的规模远远超过近代企业,德占青岛初期对苦力的需求更为突出。据不完全统计,德占时期青岛中国工人总数约15 000 人,其中产业工人约 5000 人。③

---

① 《城武路头小小的一个洋车夫俱乐部——洋车夫访问记》,《青岛时报》1934 年 2 月 1 日,第 6 版。

② 青岛市市南区政协编:《里院·青岛平民生态样本》,青岛出版社 2008 年版,第 150 页。

③ 刘彦民:《德占时期青岛工业与工人阶级状况》,刘善章、周荃主编:《中德关系史文丛》,青岛出版社 1991 年版,第 160 页。

随着日本占领后对青岛加大了资本输出，兴建了一批轻纺工厂，青岛产业工人数量开始突破 2 万人。1925 年，青岛 7 家纱厂，有工人 3 万人。[①]1931 年，青岛各项工厂，共有 200 家，资本总额国币 2 亿元，工人 4 万余名。[②]1933 年，青岛男工约在 3.9 万余人，女工约在 3700 余人，工人以山东籍为最多数，约占 9/10，河北、江苏等省占极少数。[③]1935 年，青岛各类工厂（包括工业和手工业）总数不下 300 余家，工人总数已达 5 万余人，占全市总人口的 1/8。使用电力蒸汽作动力的近代工厂，工人达 4 万余人，其中棉纺工人约占一半。[④]1936 年，青岛产业工人数虽略有下降，计 41 534 人，[⑤]但仍成为近代青岛各类城市职业中人数最多者，也是吸纳农村移民人数较多的行业。

早期青岛工人的主要来源，"一是当地居民；二是青岛附近诸县流入的大量灾民和贫民；三是从上海、天津、广州等对外通商较早的工业城市雇来的技术工人"[⑥]。随着山东各工业企业的用人制度和招工办法采用包工头制、铺保具结和职业介绍等形式，[⑦]由厂方从乡村集体招募的农民日益构成青岛工人的主要部分。如日本纱厂工人的来源大概分为三部分，一是通过当地地保招募的当地人；二是雇佣"保护员"到内地招募，这批工人要求有高小以上文化程度，并美其名为"见习生"；三是在工厂大门临时"验工"招收。其中，第一、三部分占多数，多为童工，一般在他厂有名籍，出勤不稳定。第二部分工人，多系家庭生活困难，离乡背井，受保护员种种统治压迫，出勤率高，日本资本家一

① 山东省总工会工运史研究室、青岛市总工会工运史办公室编：《青岛惨案史料》，工人出版社 1985 年版，第 49 页，该书第 52 页称日本纱厂有七，所雇佣工人共五万余，其他工厂大约亦不下四五万人；《帝国主义与胶海关》，档案出版社 1986 年版，第 211 页，谓 1931 年中外纱厂 7 家雇有工人 2 万人。

② 《胶海关十年报告（1922—1931 年）》，青岛市档案馆编：《帝国主义与胶海关》，档案出版社 1986 年版，第 213 页。

③ 《工业调查表》（1933 年），青岛市档案馆藏，B21-3-89。

④ 董志道：《青岛工业之鸟瞰》，《青岛工商季刊》第 3 卷第 2 号，1935 年 6 月，第 1 页。

⑤ 杨子慧：《中国历代人口统计资料研究》，改革出版社 1996 年版，第 1397 页。

⑥ 青岛市史志办公室编：《青岛市志·劳动志》，新华出版社 1999 年版，第 1 页。

⑦ 《民国山东通志》第 3 册，台北，山东文献杂志社 2002 年版，第 1768 页。

时颇感兴趣,因此几年之内,招内地人以万计。①1923 年大康纱厂的见习生,由原来近百人,增加到 400 人左右,这些见习生来自即墨、胶县、平度等地。所以,青岛工厂的普通工人基本来自山东农村。

青岛作为山东工业重镇,中国共产党非常注意在纱厂、四方机厂中发展进步力量、组织罢工,从 1925 年到 1930 年发起了几次大规模工人运动,但最后均遭镇压。青岛工运并未取得期望的成绩,因为当时领导工人斗争的都是外地人,而工厂中本地人占多数,且四方、小村庄、吴家村、东镇的工人,大都是童工,没有文化。本地人多半是由工头推荐进厂的,工头在地方上又都有一定的社会地位,若当地工人与工头作对,不仅在厂内遭殃,回家后也得倒霉。所以当地工人不敢得罪工头,也就不会参加领导斗争。②而见习生受剥削较当地人多了一重,保护员用包伙、代存款、公差、画彩票等方法进行盘剥,他们的文化程度也高一点,到青岛来做工,容易形成集体,这部分人就是历来罢工斗争的领导力量。如 1925 年纱厂罢工初期,正是洋槐开花时,大家吃槐花,以后挖野菜,以至求亲告友上街乞讨维持生计。最后,有家可归的回家了,绝大部分外地工人都饿跑了,无家可归者,留在青岛又复了工。③

工运虽然失败,也在改善工人待遇、减少工作时间方面取得一定成绩,但总体上,工作环境差、工作条件恶劣、工作时间长的状况始终没有根本的改观,工人所受压迫依然沉重,工人们的小调唱出了他们的境遇:

做工苦,做工苦,早起晚睡,不舒服;

冷饭冷水,吃不足,凡是工人,都受苦;(工人需自带饭食,工厂食堂只对职员开放)

哪个工人,没难处。

工人忙,工人忙,一进厂门,脱衣裳;

---

① 朱子衡等口述,徐文恕等整理:《1925 年纱厂工人大罢工亲历琐记》,中国人民政治协商会议四方区委员会文史资料工作委员会编:《四方文史资料》第 1 辑,内部资料,1999 年,第 26~27 页。

② 朱子衡等口述,徐文恕等整理:《1925 年纱厂工人大罢工亲历琐记》,中国人民政治协商会议四方区委员会文史资料工作委员会编:《四方文史资料》第 1 辑,内部资料,1999 年,第 27 页。

③ 朱子衡等口述,徐文恕等整理:《1925 年纱厂工人大罢工亲历琐记》,中国人民政治协商会议四方区委员会文史资料工作委员会编:《四方文史资料》第 1 辑,内部资料,1999 年,第 28~29 页。

男女工人，都一样，纺纱不如管煤强；

一到六点把工放。①

因工作条件的恶劣，工人们随时有被机器重伤甚至致死的危险。34 岁的王相泰，来自平度，是四方银月纱厂弹花部的工人。一天下午，正在工作之际，牵扯机器之麻绳忽断，机器由屋上落地，王相泰适在机器之下，自腰部以下全被砸烂，当即毙命，其他二人受伤。②又如公大纱厂工人刘思温做工时被皮带卷入机器丧命，工人捐款办理善后。③这是近代中国工业发展过程中常见的一幕。工人失去鲜活的生命，但并不阻碍大多数人在工厂更加勤恳地干活。毕竟，在城市里面，能进工厂，获得固定的工作和稳定的收入，是许多乡村移民梦寐以求的事情。

工人的收入与支出，随着国际经济形势和物价起伏，时有不同，其工作亦不能稳定，常有不保之虞。总体来看，1930 年代初期，各业经济状况较好，自 1933 年后有所恶化，1934 年经市政当局多方建设稍有起色，但 1936 年后收入情况更加糟糕。1936 年后，劳工大众均受市面影响，收入减少，失业增多。以前每月收入三四十元者，今只有二三十元的进款，而且厂方每到发放工资时，每人给面粉一袋，以小价购来，乃以大价折合工资而转出，此在厂方固有其利，而工人又受一层剥削，厂方亦裁减收入众多之男工，而代以廉价之女工，是以男工失业者，日有所闻。④

一些行业的工人获得工作和相关待遇与包工头（有时是保护人）均有联系，其间受其欺骗、威胁、利诱、强迫等情形多有发生，就业毫无保障。⑤济宁人刘某，在商河路茂昌公司做工，于年底约同 40 余名工人，向把头马文才（32 岁，掖县人）、王福庭（29 岁，胶州人）、徐永宁（29 岁，胶州人）、徐永瑞（25 岁，胶州人）、徐永训（27 岁，胶州人）等五人索讨工资发生争执，经人劝解未致当场冲突。第二日晚 7 时许,双方约有 30 余名,在青海路宝兴里南门相遇,旧事重提,彼此发生冲突,继而动武,混战一团。①对包工头克扣工资的剥削行为,工人多隐忍不发,也有希冀诉诸法律手段寻求解决者。如胶济路大港新货房,搬移货物,一直实行包工制,包办人管景明、张连升对于所雇工人,常施克扣手段,近因长工不敷应用,临时雇用宋连池、王清和二人,装卸木材,做工多日,尚未领取工资,宋、王二人同向管某索讨欠债,而管某竟存心抵赖,交涉多次,却无结果,以致要诉诸公庭。②

从个体纵向的工作生涯来看,进厂工作能解决大多数乡下移民的温饱与住宿问题,一方面都市工人工资较乡村工人高 70% 多;③另一方面,乡村饥荒骚乱,交通阻塞,教育不兴,农业不进,经济困难,社交缺乏,生活枯寂,而城市则安定整洁,交通便利,富有生机,物质丰富,思想发达,娱乐较多。城市生活也充满了各种机会,一个技术熟练的工人,往往可以轻松养活一家人,并稍有积蓄,人际关系广泛的还可能创办企业。近代青岛的民族工业,包括小手工厂,许多都由有技术、懂管理的工人创办,如尹致中创办冀鲁针织厂,腾虎忱回家乡创办柴油机厂。多数人还能改善自己的生活,从吃三等面到吃二等面。如各商号或工厂工人,金钱稍微活动一点的,都有买脚踏车这样便利的东西,所以在青岛市就有一万多辆。④

三、店员、学徒、小商贩等

随着青岛港口贸易的发展与人口的增加,从事商业者人数日众。1935 年统计,青岛有中国商店 4438 家,店员数 22 721 人,工友数 21 953 人。⑤在商店打工者占整个城市人口的 1/10 强,若加上各类小商贩、各金融保险、饭馆、客

---

① 《青海路一幕武剧:把头工人数十名 因索工资殴打》,《正报》1932 年 12 月 31 日,第 10 版。

② 《胶路大港新货房 包工把头管景明等克扣工人工资》,《青岛时报》1933 年 12 月 15 日,第 6 版。

③ 《乡村生活与都市生活之比较续》,《青岛时报》1933 年 9 月 11 日,"自治周刊"第 58 期。

④ 《本市各种车辆状况之调查续》,《青岛时报》1934 年 3 月 13 日,第 6 版。

⑤ 易天爵:《青岛工商业之概况》,《都市与农村》第 5、6 合期,1935 年 6 月 11 日版。

栈等服务业的小伙计，则市区商业、服务业的职员达 1/5 左右，近现代商业成为进城乡下人的第二大谋生之处。

从行业结构来看，乡村移民服务于杂货零售业者最多，其次尚有饮食业、旅馆客栈业、理发业、娱乐业、浴池、照相、修配等，在各商号之伙友，土著原无几人，籍隶内地者居大多数。①青岛商号帮派观念浓厚，一般从经理到店员多任用本县人。也有些商号打破帮派观念任用外县人，如义聚合钱庄，店员以掖县人居多数，但也有不少外县人。大部分学徒都来自农村，年龄都在 20 岁左右，文化程度较低，因而义聚合根据这一情况，经常对学徒进行勤俭节约、艰苦朴素、遵守店规的教育。学徒晚上 12 点以前不能睡觉，有的学写字，有的学算盘，其训练方法是会计大声念账，学徒们跟着打算盘，看谁打得准确。②

饭馆的厨师，除掌灶、案者外，余者皆谓之助手。掌灶者专司烤煎菜品，掌案者分红白两案，红案专司为掌灶者预备菜品，白案专司包面等食品。掌灶、案者之薪金，每月约 20 余元，助手约 10 余元。学徒除济南派规定期限为 4 年外，其余各派并无年限，聪敏之人一二年即可出师，愚笨者则四五年尚不能上灶。学徒之待遇，与他业仅供饭衣不同，虽初上工，每月亦可得二三元，如工作勤劳、学艺精巧，可随时增加。饭馆厨师除薪金外，尚可得花红小柜。花红一年一分，上至经理，下至徒役，皆可享受。掌灶、案者与经理平均，徒役则由经理酌量赠送。小柜系宴客所赏之钱，有旬日一分者，有半月或一月一分者，分时柜中须扣一二成，以补偿营业之抹零损失。③青岛市的饭馆业，最担心受经济影响，一旦商业凋零，资金雄厚、经营较久者，尚可勉强维持，资本微薄者，多营业清淡，虽勉强支持，但皆亏累不堪，伙计亦面临失业。在正式商业和服务业机构中供职的伙计学徒，生意兴旺时尚有节余，往往可以享受到城市生活的便利与乐趣，包括去公园游玩照相、买脚踏车上班、去劈柴院等地听戏。

在外资商行中，外商和所谓的"高等华人"待遇优厚，而华账房的职员，绝

---

① 《旧历年临迩 商号伙友多请假还乡舟车皆拥挤》，《青岛时报》1934 年 2 月 3 日，第 6 版。

② 杨浩春、周岱东：《青岛义聚合钱庄》，青岛市政协文史资料委员会编：《青岛文史撷英》（工商金融卷），新华出版社 2001 年版，第 271 页。

③ 《本市饭馆业之概况》，《青岛时报》1934 年 3 月 7 日，第 6 版。

大部分都是单身汉,仅能维持生活,至于从事重体力劳动的苦力,因受华账房和把头的层层盘剥,则衣不蔽体,食不果腹。[①]除这些店伙外,还有家庭服务人员人数也较多,他们是专门提供家庭服务的佣工,其种类包括佣人、保姆、家庭司机、厨役、洗娘、门房等,他们居住或不居住在雇主家中,月薪亦不等,有包吃住者,每月尚能有 10 元上下佣金。

有一定资金和技术的乡下人会从事商贩业,包括走街串巷的流动商贩、小手艺者或在街头院口摆摊设点的固定摊贩。这些肩挑负贩,均系颠沛流离之贫民,冀谋蝇头微利,以资糊口,终日奔波,尚难一饱。营此业者向公安局请领执照后即可营业,并没有营业税之规定,[②]所以额外负担并不算多,其生计视市面情况、时节变动而有不同。

阴历年节是小贩活跃的时节,春节期间,小贩出没于各类集市与庙会中。四方路以洗衣池附近最为热闹,路旁一圈一圈的人围着,有听唱戏的,有听说书的。各卖玩具小贩大声叫卖,五光十色的玩具引动小孩伸手张口地要买,有的站在路上不走,有的想走却走不得,汽车洋车几乎不能通过。[③]每逢旧历正月初九,台东镇道口路、桑梓路口的清溪庵庙上有一种集会,市民多叫作萝白会,每届会期,则自早晨 7 点开始,卖香的、卖纸箔的、卖儿童食物玩具的、卖爆竹等各种物品的小商们,都自庙的门口,向道口路至桑梓路等处的墙边屋角,蜿蜒里余,一个挨一个、一个挤一个地摆布下了。[④]届时到会的老人小孩、姑娘媳妇,甚至还有平康里的妓女们都来烧香祈福,正是小贩们生意兴隆的时期。平时,卖糖果的小贩们走街串巷累了,便来到游人如织的公园里,与游客讲一番乡间掌故,[⑤]闲聊中打发了时光,偶尔碰到几个主顾,倒也自在。

人群集中的处所都是小挑贩的生存机会所在,在贩夫走卒、苦力车夫麇集的台西到小港一带,有许多杂货铺和小饭摊。作穷苦生涯的人们,多半都有

① 王轶群:《德商美最时洋行概貌》,青岛市政协文史资料委员会编:《青岛文史撷英》(工商金融卷),新华出版社 2001 年版,第 2~3 页。

② 《公安局长体恤肩挑小贩不准收营业税》,《青岛时报》1933 年 11 月 23 日,第 6 版。

③ 《巡阅天后宫四方路台东镇吴家村小记》,《青岛时报》1934 年 2 月 19 日,第 6 版。

④ 《东镇萝卜会巡礼记》,《青岛时报》1934 年 2 月 23 日,第 6 版。

⑤ 《春光烂漫中广西路上的儿童战》,《青岛时报》1934 年 4 月 5 日,第 6 版。

饮酒的嗜好，有时饭可不吃，酒却不能不喝，所以这地方酒肆特别的多。每到下午下工的时候，各酒馆里，都坐满了一桌一桌的劳工大众，吃着即墨老酒、景芝白干，大家谈着笑着，真是一醉解百愁，把平日的劳苦忧虑全都忘掉了。在西大森住的商贩，以贩卖鲜鱼、收买破烂、逛杂院卖青菜的占多数，他们工作虽较自由，但是受了社会不景气的影响，买卖都不很好，所以生活都很困苦。[1]一些油漆匠、木匠、皮匠等个体手工业者凭本领与市场行情吃饭，平日里工作机会较少，生活清苦，但在春夏之季，房主和经营出租房屋生意的二房东们忙着装修打扫房间，出租给来青岛旅游的有闲有钱阶级，这样的情形下，那些油漆匠、粉刷匠们的事业便骤形繁忙起来，倒能多赚两个钱，吃几顿饱饭了。[2]

营小商业者，生意波动较大，多数生活艰苦，有数日无进项者。孙好德，54岁，平度县人，在莘县路东海楼院内楼下居住，以挑小贩卖糖果为业，其妻早亡，亦无子女。孙好德年事既高，又无能力，每日仅恃挑小挑为业，如营业顺适，一日博得一角半角之蝇头微利，不过仅供糊口而已，有时或遇时运不佳，整日无所获，多求助于其同乡，但天长日久，其同乡亦厌恶，多以白眼对之。孙既受经济压迫，又每念及老身孤苦，悲而自杀，幸被警士送往医院而得救。[3]

如果排除盗贼行当的话，乞丐是乡村移民最后的职业机会。乞丐的盛衰多寡和一个时代的政治、教育、经济、社会情形关系密切，时势愈糟愈乱，乞丐数愈多；时势愈稳愈固，乞丐数量自然消减。乞丐的来源有两个，一是因自然灾害和农村破产、政治腐败而被迫沉沦；二是由于染上不正嗜好，如吸食鸦片、吗啡、金丹和白丸或烟酒等，自动堕落。行乞方式，有沿路跟随着行人讨钱的，有蹲在路旁呼号乞怜的，有头胸鲜血淋淋沿门求叫的，[4]以最大限度唤醒行人同情心为务。青岛的乞丐，不会多到触目惊心，也不是寥寥数人，在乞丐最少的区域——中山路上，常常有"老爷，可怜可怜我吧"的声浪，传到行人耳

二十世纪之中国——乡村与城市社会的历史变迁

---

① 《西大森一带之速写》，《青岛时报》1936年4月20日，第6版。

② 《春已深矣　避暑游客将履琴冈》，《青岛时报》1936年4月26日，第6版。

③ 《经济压迫下孙好德乘醉自杀未遂》，《青岛时报》1934年3月30日，第6版。

④ 《巡阅天后宫四方路台东镇吴家村小记》，《青岛时报》1934年2月19日，第6版。

中,或一群群小乞丐接二连三地对商人磕头,他们蓬头垢面,鹑衣百结,逢人伸手,到处乞哀。乞丐不敢贸然打扰西装革履的老爷们,而身穿长袍马褂、不十分阔绰的商界先生是他们最乐意纠缠的主顾,跟来磕去,磕去跟来,常达三四分钟之久。四方、潍县路、博山路、易州路附近一带,是乞丐荟萃的地方,无论你在任何的一个时间,只要踏入他们的势力圈内,除非你穿着很漂亮阔绰的洋服,撑起门面,否则,任便你长有三头六臂,也难免要被窘个三四分钟。其实这种景象,在别的马路上——如中山、河南等路,也并非寻觅不到,不过统核起来,总不及这几条路的一带,前迎后送,左护右卫,大有应接不暇之势。在废历腊月的时候,善男信女较平时来得多,因此平日不当乞丐的,到了这个时候,也要去玩一回票,下一次海,所以每到年底年初乞丐特别多。①烟台对于乞丐,向来只采取消极的放任办法;济南对于乞丐,1933 年采取积极的放逐办法;青岛则有乞丐收容所,供应衣食住处,并授以技艺或参加市容整理等体力工作,但收容量有限,到一定时期,便会加以驱逐,所谓收容只是权宜之计。

四、女工、女佣与娼妓等

　　待遇较好、工作稳定、环境优雅的公职部门,如政府公务员、教师、医生、护士、打字员等职业均对学历要求较高,至少需要中学程度,因而一般乡间女子多从事社会底层工作。近代青岛女子职业以进厂做工者最多,他们分布在纺织、花边、织袜、蛋品等工厂中。在沧口、四方等靠近纱厂的村庄中,女性进厂务工者尤其多。因女工较适合棉纺业的精细活计,工资亦较男工为少,故各纱厂,如公大、华新、上海等厂,每日验用女工人数极多,女工往往不费丝毫之力,即可录取。但亦不可一定而论,蓄发、小足、目不识丁的女工,即使奔走各厂验工达一月之久,最终并未获录取。据工厂方面云,以其不识字做工不便,包小脚做工不得力,所以厂里不收这样女工,而识字、剪发、天足之青年女

---

① 《青岛社会的一角:风雪交加中的乞丐》,《青岛时报》1934 年 1 月 31 日,第 6 版。

性,则厂方极为欢迎。①所以乡间稍识字又强壮的女子多能轻易在青岛进厂工作。

从表3.1可知,青岛除乡区女性从事农业与渔业外,市区女性就业种类多样,但有些行业需要文化程度较高的知识女性,如公务员和自由职业中的新闻记者、律师、医护人员和教师等。甚至胶济铁路、青岛电话局的女职员均是由招考而来,1931年《大公报》报道的23名杂货店、饭店和书店的女店员中,曾受小学教育者8人,中等教育者9人,未受教育者仅1人。②因而乡下女子进城后多数处于无业状态,高达女性总人数的30.4%。1931年,女性在行业人口中的比重占18.65%,其中从事娼妓的女性占1.33%,从事正当职业的女性只占行业总人口数的17.32%。③有业者中,人数最集中者为工业,次为杂役,即表中所谓"其他"项,包括佣工、妓女、缝穷妇、摊贩、店员等。

表3.1 1931年青岛市本国籍市民职业分类统计表④

	男	女	总数	该业女性比例	该业女性占有业女性总数的比例	该业女性占女性总人口的比例
农业	52 743	23 487	76 230	30.8%	35.8%	24.9%
工业	30 612	12 553	43 165	29%	19.1%	13.3%
商业	32 243	2115	34 358	6.2%	3.2%	2.2%
矿业	6		6			
渔业	1496	611	2107	29%	0.93%	0.65%
交通业	428	40	468	8.5%	0.06%	0.04%
公务员	2861	117	2978	3.9%	0.18%	0.12%
自由职业	1291	238	1529	15.6%	0.36%	0.25%

① 《各厂正待用女工 欢迎识字、剪发、天足嫚》,《沧口民众》第18期,1936年3月15日。
② 《青岛之职业女子》,《大公报》1931年3月30日,第6版。
③ 青岛市史志办公室编:《青岛市志·人口志》,五洲传播出版社2001年版,第73页。
④ 马方方:《民国时期女子职业研究》,南开大学博士学位论文,2004年,第48~49页。

	男	女	总数	该业女性比例	该业女性占有业女性总数的比例	该业女性占女性总人口的比例
军警	2669		2669			
劳力	26 033	1841	27 874	6.6%	2.8%	1.96%
其他	8442	24 567	33 009	74.4%	37.5%	26.1%
无业	4082	28 582	32 664	87.5%		30.4%
总计	162 906	94 151	257 057			

资料来源:国立山东大学化学社编:《科学的青岛》,国立山东大学化学社 1933 年版;王林、秦晓梅:《从家庭走向社会——近代山东女子职业变迁的考察》;南开大学中国社会史研究中心、南开大学历史学院编:《"'近五百年来中国社会结构变迁'国际学术讨论会"会议论文集》,2005 年 8 月,第 24 页图表。

女工住处,离工厂远近不一,一些女工随丈夫居住在青岛的工业区,如东镇、四方、沧口等地。因为工人常年工作,没有时间到自己的乡间去,所以不得不带出一部分的眷属来,便于家人团聚,况且出外做工之人,家无资产,便将全体家眷都带出来,夫妻双方各找一个工作,都自食其力,生活能够得以解决。大批简陋的工人平房便在工厂周边或台西镇建起,如上四方就是一个工人住宅区。除一家一户的住户外,还有一些能干的中老年妇女,她们租上几间房屋,经营一种包饭事业,设上几张床铺,拉拢一些未婚小女工到她家里住,供给这些小女工食宿,有时还可以给她们洗洗衣服,梳梳头发,每月讲定包银若干,发的薪水往往只够给老妈子做生活费了。不过,这种包饭铺却给女工提供了便利,她们大多住在青岛市内或市外乡区,远离家人,食宿托给老妈子,也节省了精力与时间,而老妈子也有利可图,可赚几个钱维持生活,因而老妈子的税屋包饭成了女工公寓。[1]除工厂女工外,还有散在各土产商洋行公司工

---

① 《上四方工人住区之杂写》,《青岛时报》1936 年 2 月 17 日,第 6 版。

作之女工,1938 年时这些散女工有 2289 名。[1]

住在乡村里或房租低廉的东镇等地的女工,因住处附近没有公共汽车,不管严寒酷暑,披星戴月,步行几十里来市里上班。[2]这样,早晨 5 点多钟的光景,店铺尚未开门,只有卖水的小杂货店主、提筐买菜的厨役们和公馆的女仆和报贩、送乳的工人们在忙碌的时候,在街头上便能够看到三三两两的女工,往她们做工的所在地走去。因为路途遥远,所以得赶早。这种情形几乎在每条马路上都看得到。其中多一半是住东镇,在大港一带的烟卷公司或蛋厂工作。她们一去便一整天,直到下午放工才能回家。[3]

女工最担心的不是辛苦劳累,不是上班不便,也不是粗衣劣食,而是监工的侮辱与骚扰,容貌不俗、颇有姿色的女工往往受到把头、监工的欺侮。一首《女工泪》道出了其内心的担忧:"无故的斥责,似有意的求疵;狞恶的枯笑,又似殷勤的指导。不可猜想监工的心哪! 任你们恣意剥削罢。绵羊似的我们,可怎能逃掉? 常常在途中候着,次次是调笑;羞的人耳面似火烧,走的足痛心跳。讨厌的流氓啊! 太无法无天了! 女工是下贱吗? 为什么这样无礼的取闹! 寒风透板墙,灯下缝衣裳,把遭遇的委屈,低低的泣诉与娘。"[4]

乡村女性进城后,也有做老妈子、缝穷妇、女招待、歌女、妓女、制售饭食或衣物者,或者做拾花生、破烂的临时工作。当老妈子者,多是乡下亲人中途去世,无以为生,或是受了乡村崩溃的驱使、兵燹水旱的摧残,逼得丈夫出来卖苦力,媳妇出来当老妈,介绍给富人听差,刷马桶,拭地板,服侍主人起居,喝杯残茶,吃些残饭,而每月的收入,最多也不过三元四元。[5]从乡间新来的老妈,朴实厚道,用时比较容易,但因为来自乡间,不习惯都市生活,这也是一种使用她们的最大困难[6]。歌女中,半是来自残破的农村,半是来自没落了的都

① 《普通劳工生活状况》,社会局厚生科劳工股:《劳工状况》第 2 期,1939 年 8 月版。

② 王轶群:《德商美最时洋行概貌》,青岛市政协文史资料委员会编:《青岛文史撷英》(工商金融卷),第 2~3 页。

③ 《青岛之晨》,《益世报》1935 年 3 月 12 日,第 14 版。

④ 见非:《女工泪》,《青岛时报》1934 年 3 月 2 日,第 10 版。

⑤ 《怨声载道　凄楚动人的明华贫苦储户悲酸泪(二)》,《青岛日报》1935 年 7 月 7 日,第 6 版。

⑥ 《咬文嚼字室随笔》,《青岛时报》1934 年 3 月 1 日,第 10 版。

市小市民层。①青岛市最初的女招待出现在 1924 年大窑沟的一家饭铺里,经理张恩东,平度人,因生意萧条,雇佣一位 17 岁女子为该铺跑堂,生意日见发达,随后又雇来二名,年仅 12 岁、15 岁,均平度人,每月薪金 13 元,三女姿容秀美,行动风流,由是声名大噪,生意亦渐佳,后来警察调查户口,以为与风俗有碍捕送警署。②但女招待一业此后又逐渐兴起,1930 年代达百余人。

青岛男女比例严重失衡,性别比常在 140~198 之间,1931 年,全市男性比女性多达近 9 万人,而在劳力集中的第一区和第二区,男性多出 4.4 万余人。③据 1932 年 6 月调查,青岛 16 岁以上没有配偶的男性达 10 万以上,仅市内第一、二区有 4 万余男性无配偶,④他们多半是背井离乡,独自在城市打工的男人。而在中国,男人们除了专业裁缝以外,并不做任何缝补与裁剪的事情,这样,缝穷妇应需而生,成为都市中常见的女性职业。那些不能组织家庭或带家眷到城市生活的小职员、学徒、贫穷苦力和工人便成为缝穷妇的主顾。无论春夏秋冬,走在青岛各个马路上,都会见到缝穷妇们。这些人多半是四五十的老妈妈,间或也有二三十的少妇,不过为数很少。她们的出身多半是乡间的自耕农和佃农,因为连年的饥荒,兵燹的迫逼,在乡间没法维持,便随着她的丈夫或儿子跑到青岛来,又因为她的丈夫或儿子做苦力营生,收入太薄,不能糊口,便不得不自食其力,聊作家庭的一点帮助。当老妈子无门子引进,而且因年龄的关系,也不能干那种生活,所以唯有出之于缝穷一途。她们身上穿着薄衣服,但也很干净,规规矩矩的十足的中国典型农妇,面前放着一个针线盒,里头盛着针头线脑。⑤一些贫穷的居民区甚至形成固定的缝穷摊。

无论是正式挂牌营业的乐户,还是私自开张的暗娼,妓女职业总为一些女性提供了生活的机会。既有外籍女子或大城市妓女在旅游旺季乘船而来,淡季随客而去,也有普通乡间女子操作此业。选择此职业有自愿为之者,不少农

① 《歌女感化》,《青岛时报》1936 年 5 月 21 日,第 10 版。

② 《有伤风化》,《中国青岛报》1924 年 6 月 24 日,第 6 页。

③ 青岛市政府秘书处编印:《青岛市行政统计汇编》(20 年度),"公安"编,编者 1932 年版,第 2 页。

④ 青岛市政府秘书处编印:《青岛市行政统计汇编》(20 年度),"公安"编,编者 1932 年版,第 9 页。

⑤ 《街头路角树阴下的缝穷妇》,《青岛时报》1935 年 7 月 31 日,第 6 版。

村女性为摆脱家庭束缚，前往城市谋生，自愿为娼，甚至有亲人寻找到也不愿回家者；也有因生活所迫或被人拐卖而沦落风尘者，暗娼多为被拐卖或进城谋生却生计无着的乡间女子。

青岛妓业开始于德占时期。①1900 年，一位广东人来此经营娼寮，招来原在广东、香港操咸水妹之业的女子数人，居于黄楼②。张艳帜以接洋宾，此为青岛有娼妓的开始。③粤妓自日德交战后离去，日本占据青岛后，沧口路有俄妓，临清路一带和第三公园附近有日本妓女和高丽妓女营业。④中国接收后，中国妓女人数日增，到 1930 年代，岛上的明娼，有平康一二三四五六各里，还有三等乐户升平里等。一等乐户多为有一定知识背景的女子，可以应付上流社会之交际需要，或是各商店老板们为拉拢顾客，领着客人到各里去开盘子，也成了司空见惯的事，所以平康各里妓业兴盛，1931 年妓女有 1169 人。⑤青岛男性远多于女性，不少社会底层苦力劳工，也去三等妓户或找暗娼满足一时生理需要，故青岛暗娼业屡禁不止。一般情况下，暗娼的数目相当于明娼的 2 至 3 倍，⑥1931 年调查，全市暗娼约在 2000 余家，⑦则其人数当在 2000 以上。

1933 年以后，市面萧条，商业凋落，没有正当职业的人们生活不能维持，便公开去卖淫。她们的装束极不一致，有打扮成庄户的小家碧玉，还有打扮成时髦女子，华丽动人，甚至还有迎合一般人的心理，冒充女学生，跟人学个三句两句的英文，认几个中文字，以招蜂引蝶，引人入套。并且她们既无花捐，又少开销，接客一次，可低至一二元或四五元不等，而且也没有别的费用，这样来一般好色之徒，争乐就之，暗娼业大盛。反而平康里一、二等乐户需费常在

---

① 《本市娼妓之递嬗（一）》，《青岛时报》1936 年 2 月 5 日，第 12 版。

② 黄楼位于海泊路北的广兴里，居海泊、易州、高密、博山四路之中心。广兴里初系一洼下之土坑，中设布棚，多卖饼子、豆腐之类的苦力食品，俗名小饭市。在小饭市时期，四周多为土墙，仅东隅蠹有洋楼一所，墙涂黄色，故以黄楼名。

③ 《本市娼妓之递嬗（二）》，《青岛时报》1936 年 2 月 6 日，第 12 版。

④ 《本市娼妓之递嬗（六）》，《青岛时报》1936 年 2 月 12 日，第 12 版。

⑤ 青岛市公安局编印：《青岛市公安局业务报告》（20 年度），内部资料，1932 年。

⑥ 全国妇联：《中国妇女运动史（1919—1949）》第四编，内部资料，1988 年，第 23 页。

⑦ 《半掩门用机巧　遮蔽警士耳目》，《中华报》1931 年 12 月 5 日，第 3 页。

10 元以上，一般人倒裹足不前。平康各里便减价出售。①

妓女收入不菲，且不说能满足一、二等妓女对衣服发饰等时尚品的奢求，至少三等妓户平时的衣物膳食尚且不恶，而一般暗娼也能维持生计。平康里不少有见识的妓女，接待客人之时也潜心观察，寻找能托付终身的殷实人家。如即墨城阳乡人万宝玉，貌仅中等，应酬技术颇佳，1921 年嫁得商人去。②又有莘县路东海楼的妓女刘桂伶，20 岁，胶州人，留发天足，中等身材，一日外出未归，据说是随其客人潜逃。③

妓女职业的低贱与妓女人品并不等同，民国时期，妓女是一种正当的女子职业，只要经由正当手续取得政府许可，按章交税，即可合法营生。一些妓女尽管自身生活艰难，但关心时事或热心公益者也不乏其人。如青岛金乡路升平一里聚宝庄的花鸿宾，听说《益世报》上的一则穷人求助信息，便寄上一月的积蓄二元钱施以援手，而花鸿宾仅 15 岁，是一位不知家乡的穷苦妓女。④

济良所是清末出现的以救助妓女为主要职能的慈善组织，不愿为娼的妓女或受到虐待而无处申诉的婢女、媳妇或女儿，可以到青岛市济良所（1931 年后合并于青岛救济院）避难，原来主人不得干涉，所中女子可自行择配嫁人或习得技艺后做工。但事实上，要保护从良妓女，需要与各种强大势力周旋，并不容易成功，而且一旦班主得知从良妓女回乡或嫁人的消息，又会派人将其抓回毒打，使其重操旧业。⑤而青岛济良所亦有黑幕曝出，济良所并不是处于弱势地位的女性的安全之所，进所者也可能成为新一轮权钱交易的牺牲品。尤其是 1920 年代末东泰号经理朱文斌接管济良所以后，专以入所之妇女为获利工具。凡有欲向该所领人者，必须先饱以重贿，金钱运动其间，否则即使手续完备正当，男女两相情愿，于领人章程毫无不合，朱氏亦必从中破坏。1929 年时，这种现象愈演愈烈，领人者公然以金钱之多寡为得失之标准，钱多者即

① 《市面萧条下　北里销金窟今非昔比》，《青岛时报》1936 年 3 月 21 日，第 6 版。

② 《本市娼妓之递嬗（七四）》，《青岛时报》1936 年 5 月 17 日，第 12 版。

③ 《妓女潜逃忙了老鸨子》，《青岛时报》1934 年 2 月 20 日，第 6 版。

④ 《青岛妓女花鸿宾慷慨救贫》，《益世报》1934 年 7 月 6 日，第 14 版。

⑤ 王铎：《青岛掌故》，青岛出版社 2006 年版，第 164 页。

可向该所领人，不复问是否合乎章程与手续。如青岛妓女杨凤琴，为商埠局职员辛某花钱领去，辛本已有妾三人，后来杨凤琴因辛氏夫妇所不容，又堕落为妓。①

拾荒是进城之老弱妇孺一大谋生门道，女人、孩子们去码头或厂区捡拾煤核和花生、大米等杂物，以补充生活所需，或折换其他物品，贴补家用。随父母进城的小孩子们都尽其所能寻找工作的机会，他们多半是拾海蛎子，或捡煤核。那些拾煤核的男女小孩子或年长的妇女，常常成群结伙，奔驰于马路上或杂院之中，捡得煤末，换来些许金钱，维持他们的生活，他们的脸和手以及身上的破烂衣服都附着一层煤的黑色，记者称之为"都市社会中的煤末阶级"。"煤末阶级"的工作方式有两种：第一种是专在马路上捡扫煤末的；第二种是专在杂院中捡拾煤核的。第一种富有斗争性和冒险性，因为马路上的汽车、人力车以及自行车等等每天络绎不绝，"煤末阶级"冒着极大危险，才能进行他们的工作。而且他们往往跟着煤车跑，时常遭受警察的棍打和推车夫的脚踢，然而他们并不会退缩。第二种"煤末阶级"，要在每天清晨，到杂院的废煤堆里捡些煤核，不用费多大力气，便有相当的收获，据记者调查，其最高纪录，有一天能换得一元多者，不过普通收入常在一两毛至五毛之间。他们的销售方式，是把所得的煤末煤核，转卖于杂院的贫家，其中尚有极少数的人，自己捡来的煤末，预备自己烧。拾煤末的小孩子们，因为争夺煤块，容易打起架来，有时打得头破血流，各不相让。不过他们今天打了架，明天仍然一块儿工作。有时候他们内部中也分出许多派别来，往往这一群打那一群，那一群骂这一群，弄得马路上的警察忙于应付，常把他们带到警局里去，以作最后之威胁手段，然而终也无济于事。"煤末阶级"中有些狡猾分子，他们的工作方式，不是捡，而是抢，不是扫，而是偷。他们跟上一个煤车，总要公开地抢几块大的，推车夫往往无法应付。还有一些巧于工作者，手里拿着很快的小刀，乘机割破煤袋，偷上几块，待推车夫发觉时，他们早就不知去向了。像这样的狡猾分子，其收入自然比专赖扫之力者优越得多。至于到杂院中捡煤核的，也有时候乘机偷大块的煤，所以各杂院差不多家家有煤箱之设，用之则开，不用则锁，以防范拾

① 《济良所黑幕大披露》，《正报》1929年4月27日，第2版。

煤核者。"煤末阶级"在青岛市区到处可见,最集中地带则在青岛的车站附近。[1]

综上所述,近代青岛女子职业种类繁多,进城的女性除专职的家庭主妇外,多从事着制造业(女工)、服务业(妓女、女佣、招待等)或临时业(如拾荒或缝穷)。制造业女子从事着体力劳动,工资较低,但比较稳定。服务业者工作环境较好,但社会地位低下。临时业者收入没有保障,常常有失去生活来源的危险。

五、城郊农民:边缘的机遇

1898 年青岛开埠以后,统治者均对青岛的规划与管理采取城乡分治的方法,青岛被严格地区分为市区和乡区,而乡区在面积和人口上一直占整个城市的大部分。这样的城乡分布格局为青岛农村经济发展提供了便利条件,因接近市区,农产易于推销,副业亦有出路,加之四方、沧口等处工厂林立,为农村转移剩余劳动力提供了机会,农村经济与都市发展已形成密切关联。按1931 年度的统计,青岛乡村从事副业(畜业、果树、渔业、蔬菜)者很多,平均每人赖副业的收入,全年约得 4 元,并且可以利用业余时间与剩余劳力从事糊火柴盒、织布、织发网、装卷烟、做花边、缫丝、织席、打蛋、做工、石工、木工、瓦工、卖面食、做豆腐等手工业。[2]

以原有的地质状况与农副产品相依托,至 1932 年乡村建设运动开展前,青岛乡区已初步形成农、林、副、渔多样化的发展格局和功能分区,如第一及第四区之农户,近接市廛,侧重蔬菜园艺及酪农业;第三区位于海西,虽农地最少,而渔业最盛;第五区之农户,得以过剩劳力,被雇于四方、沧口之工厂;第六区面积最大,为青岛农业之主要区,虽距市较远,不如第一、第四、第五等区具地理上之方便,亦有渔业养豚及林产果产,可弥补农产收益之不足。[3]1932~1936 年,青岛市推行乡村建设,以发展都市为鹄的,众多举措均与都市发

---

① 《都市社会中的煤末阶级》,《青岛时报》1934 年 3 月 3 日,第 6 版。

② 易天爵:《青岛农村经济的概况》,《都市与农村》创刊号,1935 年 4 月 15 日,第 17 页。

③ 《本市农业概况调查》,《青岛时报》1932 年 8 月 28 日,第 6 版。

展紧密相连。如植树造林不仅能改善青岛林业、涵养水源，亦有利于旅游业的发展；农业和禽畜改良能够提高果树、鸡蛋等农副业产量，间接促进青岛蛋业发展和青岛港出口贸易，尤其满足了市区居民对农副产品的需求。

至 1937 年，农、林、副、渔多样化的发展格局和功能分区更为突出，市区附近，如四方东镇一带，为蔬菜栽培区域，产量繁多，品质优良，可供青岛一般市民食用；李村沧口一带，面积较广，土质较为肥沃，为普通作物栽培区域，每年产量无多，不能自给自足，本地居民，多兼营副业，以维持生活；崂山湾沿岸一带，为稍急峻之山地，地势倾斜，土质多系砾土，或砂土，为果树栽培区域，所种植水果，品质良好，产量甚巨，除供给本市需要外，尚销至海州、上海等处；此外之面积非高山即峻岭，为森林培植区域。① 太平镇及东吴家村一带则经营酪农业者殊多，因农林事务所历年推广乳牛品种改良，酪农业之发达，尤为国内各地罕见。②

处于城市边缘的农村地区在城市经济的带动下，许多村民脱离单一的农民身份，或者进城经商，贩卖各种农副产品；或者离土不离乡，进厂做工；还有的进城佣工，或者在崂山当轿夫，亦有的进城拾粪，总之，接近市区使乡民获得了多样化职业与便利的收入。与外乡人相比，在一些职业的选择方面，他们拥有天然的优势，如进厂做工和当轿夫。青岛的乡民依然在农忙时耕作土地，但已经有了多重身份，他们亦工亦农，或亦农亦商，而且随着城市区域的扩大，一些村民已经逐渐转变为城市户口。在台东、四方、沧口与浮山一带，工厂林立，村庄逐渐扩为市区，村民也逐渐变为城市中完全从事雇佣劳动的一员。

---

① 青岛特别市社会局：《青岛指南》，青岛新民报印务局 1939 年版，第 50 页。

② 金嗣说：《青岛之农业》，《都市与农村》第 21 期，1936 年 6 月 20 日，第 13 页。

第二节　生活状况

ERSHI SHIJI ZHI ZHONGGUO

　　由于普遍贫困,来到城市的乡下人缺乏投资的金钱、良好的教育、与上层社会的关系,这使得他们主要在非技术性的产业性或者服务性行业工作。近代青岛工商业的发展为乡村移民提供了工厂工人、商店学徒或伙友等大量机会,而港口和铁路转运贸易的繁荣使身体强壮的男子能够从事诸如货车夫、洋车夫、码头工等体力劳动。青岛大量纱厂、蛋厂等劳动密集型产业对女工的需求使得进厂工作成为女性在城市能获得的最普遍的正当性工作。同上海一样,一个能够在工厂内找到并且保持一份稳定工作的成年人,从社会阶层来讲肯定不属于最低等的层次。[1]稳定的工作和固定的住所是衡量乡下人获得市民资格的重要指标,决定着乡村移民居住城市的久暂,而工资收入、消费支出与社会交往则影响着乡下人的生活水准与精神状态,并沉淀为城市文化的重要方面。

一、物质生活与消费水平

　　物质生活是个体生存与发展最基本、最低层次的需要,包括服饰、饮食、居

---

　　① 卢汉超:《霓虹灯外——20世纪初日常生活中的上海》,上海古籍出版社2004年版,第119页。

住、器用等延续生命的基本需求，乡村移民的物质生活状况由他们的收入、物价及城市生活成本决定，并制约着他们的生活方式。

1.收入与消费

乡村移民的工资收入根据行业种类、技术程度、从业时间、性别与国内外经济形势而不同，以下依据乡下人进城后比较重要的职业类别加以叙述。

产业工人因工作较稳定，收入亦不算低，是乡下人进城后比较理想的职业选择。棉纺行业工人约占青岛工人总数一半，各时期记录数据虽然有所出入，但排除经济形势与企业差别的影响，成年男工收入基本在 10~30 元之间，新手、女工与童工则在 6~10 元间。

据青岛市政府调查，1924 年~1928 年的 5 年间，工资指数无甚升降，而物价均以腾涨，生活程度不断提高。到 1930 年，因工潮迭起，棉织工人所得酬资始增 5%至 10%。普通每人每月所入，约得银元 15 元至 20 元不等，平均每人最少月入 10 元，最多 30 元。"其中 2/3，除足敷生活外，犹可稍事积储，余者类多资生不足，其穷困情形，殆与人力车夫无异也。"[1]华新纱厂是棉纺行业中工资不算高，但福利待遇较好的工厂。1929 年，老工人工资每天 0.35 元至 1.2 元，新工人，每日成年工在 0.3 元上下，童女工，约 0.25 元，"经练习三个月后，视其技术之如何，再酌量增加数分，至完全练熟后，则论货给价"[2]。华新纱厂除直接工资外，尚给工人支付有赏工、津贴及恤金等，且设置有学校、医务室、俱乐部、宿舍、浴室、花园、义园和矜恤部等，尽管工人多系本地人，住厂者不过 1/4，"但单身居住者不收费，有家属者仅廉价收费"[3]。

在市场不景气的情况下，资本家经常减少工资。如纱厂工人 1931 年、1932 年最高工资大洋二十八九元，至 1933 年减低 1/2。新上工的最低工资大洋 6 元，工作时间每日 12 小时，并无休息。宿舍住居者 1/2，其余自赁居住（一间小屋，大洋赁费 2 元）。工厂因为不能销出商品，经常开除大批熟练工人，以童工、女工代之。童工占全部工人之半数。烟草工人，每月合工资 20 元

① 《胶海关十年报告（1922—1931 年）》，青岛市档案馆编：《帝国主义与胶海关》，档案出版社 1986 年版，第 215 页。

② 陈基复：《华新纱厂调查报告》，《青岛社会》创刊号，1929 年 10 月 10 日。

③ 陈基复：《华新纱厂调查报告》，《青岛社会》创刊号，1929 年 10 月 10 日。

(最高者),平均为 15 元。资方因业务不振,原先每日做工 10 小时,现下每日只做 4 小时,工人工资按时计算;甚或每星期有两日休班,不给工资,无宿舍。[①]工人生活亦非常恶劣,每天工作12 小时,迟到 5 分钟即行开除。最熟练的工人月薪 16 元,8 元 ~12 元的占多数,赏钱饭钱一律取消。大批招女工,裁减男工。[②]

青岛女工工资普遍较男工低廉,据 1936 年统计,青岛男工工资最高者为制缝衣针业,月得 46.36 元;最少者为织花边业,月得 9.68 元。女工工资最高者为缫丝业,月得 13 元;最少者为制缝衣针业及丝光线球业,月得 5 元。[③]一些女工收入几乎不能维持自己的生活。也有些蛋厂女工工资较高,甚至能养活家人。

产业工人的工资多少不一,官办企业的工资较高,如 1932 年青岛港务局工役实行 70 级工资制,最低月薪 9 元,最高 90 元。[④]1930 年代初,其他行业工人工资如表 3.2 所示:

表 3.2　青岛市各业工人工资表(表内各数以银元为单位)[⑤]

业　别	最　低	最　高	业　别	最　低	最　高
木　匠	每日 0.90	每日 1.00	印刷工人	每日 0.70	每日 1.20
石　匠	每日 0.90	每日 1.00	苦　力	每日 0.35	每日 0.80
铁　匠	每日 0.90	每日 1.90	榨油工人	每日 0.50	
火柴工人(供膳宿)	每日 0.35		酿酒工人	每日 0.45	
甩皂工人	每日 0.60		织席工人	每月 20.00	每月 30.00
窑业工人	每日 0.80		车　夫	每月 27.00	每月 30.00

① 山东省档案馆、山东社会科学院历史研究所合编:《山东革命历史档案资料选编》第 3 辑,山东人民出版社 1981 年版,第 175~176 页。

② 山东省档案馆、山东社会科学院历史研究所合编:《山东革命历史档案资料选编》第 3 辑,山东人民出版社 1981 年版,第 186 页。

③ 《工资统计》,中国社会问题研究会主编:《中国社会》第 3 卷第 2 期,1936 年 10 月 15 日,第 82 页。

④ 青岛市史志办公室编:《青岛市志·劳动志》,新华出版社 1999 年版,第 82 页。

⑤ 《胶海关十年报告(1922—1931 年)》,青岛市档案馆编:《帝国主义与胶海关》,档案出版社 1986 年版,第 215 页。

各业工资能在每月 10 元至 30 元间,最低者当属临时做工的苦力工人,每月仅 10 余元,具有一定技术要求的工作或者从事基层管理的工人,其工资均较普通工人高。在棉织工厂中,工头每月最低 20 元,最高 45 元;机匠每月最低 30 元,最高 70 元;而普通工人则在 10~30 元间。石匠、木匠等有技艺者每月均有 27 元左右收入。①四方机厂工人和铁路工人每日工资最少 0.35 元,最高 0.70 元。②印刷业工人,每人每月平均 14 元。③1933 年时,铁路工厂待遇较好,工资仍旧,工作 8 小时,有抚恤条例。④

码头工人按照工作的固定与临时性质分为常工与毛子工,1935 年,常工工资能达到 20 元,毛子工月工资仅 12 元。当局还制定了许多"码头规章",由于大部分码头工人只字不识,对其并不了解,一旦违反,就被罚款。倍受剥削的工人常常"干到秋,穷到秋,剩下麻袋和手钩",要是遇上工伤病老,则无以聊生。⑤

表 3.3　1935 年前后青岛港码头工人和高级职员的月工资比较表⑥

职 别	工资(元)	职别	工资(元)
毛子工	12	委任官　周金溪	200
常工	20	荐任官　王锡昌	340
坞工　崔继根	40	局长　袁方乔	476
木工　黄锦泉	60	聘员　岩野次郎	260
坞工副目　陈纪松	60	聘员　小林象平	500
木工副目　梁 苏	70	聘员　卜其尔	1100

① 《胶海关十年报告(1922—1931 年)》,青岛市档案馆编:《帝国主义与胶海关》,档案出版社 1986 年版,第 216 页。

② 山东省总工会工运史研究室、青岛市总工会工运史办公室编:《青岛惨案史料》,工人出版社 1985 年版,第 36 页。

③ 《民国山东通志》第 3 册,台北,山东文献杂志社 2002 年版,第 1770 页。

④ 山东省档案馆、山东社会科学院历史研究所合编:《山东革命历史档案资料选编》第 3 辑,山东人民出版社 1981 年版,第 175~176 页。

⑤ 胡汶本等编著:《帝国主义与青岛港》,山东人民出版社 1983 年版,第 124 页。

⑥ 胡汶本等编著:《帝国主义与青岛港》,山东人民出版社 1983 年版,第 122 页。

由表 3.3 可知，局长袁方乔的月薪是毛子工平均工资的 39.67 倍，聘用的外籍职员卜其尔的月薪是毛子工平均工资的 91.67 倍。与常工相比，袁方乔和卜其尔的月薪分别是常工平均月工资的 23.8 倍和 55 倍。由此可见，码头普通工人和高级职员的收入差距悬殊。

在码头转运货物的大车工人，皆系乡村农人，每月收入大洋 10 元上下。[①]人力货车夫的工资因工作性质、分工和季节、时期而不同，固定帮工人为把头常备苦力，收入较有保障，但工作辛苦，每日实得工资虽有种种货运之不同，但平均掌把者由 4 角至 5 角，搬卸者由 1.5 角至 2 角。临时帮则受季节限制较大，工作并不稳定，维持生活毫无把握，但较安逸，如固定帮运输事繁，车辆人工均不敷用时，则临时由固定帮把头征集此项工人助理运输。[②]临时工均为各大车所雇拉边绳（其正椽有常用苦力），每日所得工资自二三角至五六角，以道路远近及拉车次数为给资标准。此项候工苦力有连等两天得不到工作者，平均工作多时，每两天得到工作一次；工作少时，三四天只得工作一次。不过此项苦力流动性甚大，如在青海路工作无望转而奔赴小港或东镇，也有觅得工作者，因为此项苦力虽为临时，大都对于寻找工作情形及各车拉正椽的固定帮苦力均有认识，所以临时工一日之饱勉可维持，外来生手甚欲卖苦力，而不得也。[③]此项工人设一日无工可做，则一日毫无收入，因久在小港候工，其维持生活方法可以向附近饮食摊贩赊卖食用。[④]

1931 年前港口贸易活跃，码头工人和大车夫收入也多。彼时小港码头中停泊的舢板，帆樯如林，掩盖海面，几不见水，岸边摆布的船只鳞次栉比，每当潮水涨落之际，随流出入之船，首尾衔接，直如鱼贯，岸上装卸的货物，顺着小港沿、莘县路、菏泽路成一半环形，皆堆积如山。那些上下载货的苦力们唱着

---

① 山东省档案馆、山东社会科学院历史研究所合编：《山东革命历史档案资料选编》第 3 辑，山东人民出版社 1981 年版，第 175~176 页。

② 《指令第 0270 号附：呈一件为奉谕调查小港区工人种类及车辆数目祈鉴核由》（1936 年 1 月 14 日），青岛市政府秘书处编印：《青岛市政府市政公报》第 78 期，1936 年 8 月。

③ 《青岛市大港区建设办事处呈》（1936 年 2 月），青岛市档案馆藏，B21-2-34。

④ 《指令第 0270 号附：呈一件为奉谕调查小港区工人种类及车辆数目祈鉴核由》（1936 年 1 月 14 日），青岛市政府秘书处编印：《青岛市政府市政公报》第 78 期，1936 年 8 月。

堪听的口号，表现出工作的愉快，搬运大车车轮轧轨石的声音，小贩叫卖食物的腔调，热闹非凡。①大港码头上泊满了中外商轮，此接彼卸，苦力们不但不愁没工作，简直就忙得不可开交了。1930年代中期，受国际经济危机和农村经济萧条的影响，运输工人收入较低，而且因竞争激烈，失业者较多。据记者调查，单就青岛市说，过去在岛上营苦力生活的人们，真比现在好若干倍，但是现在走到大港去，因为商业萧条的关系，商轮冷冷落落的仅有几只泊在那里，装卸的货物也不多，运输苦力们便找不到工作，小港码头的商轮，也有一些停着不动的，就是那些照常来往的轮舶，数量也减少了，同时港湾里的风船，因为时常春泛，也都开到洋里去打鱼，往来的转运，也无形中停止，所以苦力们也同样的陷于绝境。②

到1936年，运输工人的生活每况愈下。济南路临近青岛火车站和小港码头，是运输工人候工的重要区域，据报载，济南路的西首，在马路的两旁，摆着许多小大车，一辆一辆地相靠着停在那里，同时在这小大车的旁边，有许多苦力站在那南墙下，因找不着地方出苦力，穷极无聊，大家便蹲在地上，压小宝。③在莘县路、小港大港两码头的苦力帮，鸠形残衣，煤垢满面，愁眉苦脸的，蹲在那里没有法，真是饥肠辘辘，有力拍卖不出。④

就人力车夫而言，据《青岛市人力车夫每月收支暨负担家属生活费概况表》记载："民国18年(1929年)收入方面：车夫工资27.66元，家属及其他收入0.72元，收入共28.38元；支出方面：生活费8.66元，家属负担14.99元，车租10.98元，支出共34.63元。那么，每月亏空6.25元。"⑤可见，人力车夫维持个人生活是不成问题的，但有家眷者，其家庭的每月开支是入不敷出的。

人力车夫的每日车租为3角至4角不等，一人单拉车每日工作12小时，

① 《昔日繁嚣的小港今则冷落》，《青岛时报》1934年3月10日，第6版。

② 《大小港 苦力生活几濒绝路 工人十九饥饿个个叫苦连天》，《青岛时报》1936年5月11日，第6版。

③ 《济南路小大车之苦力帮》，《青岛时报》1936年2月14日，第6版。

④ 《每况愈下 穷人几濒绝路》，《青岛时报》1936年3月25日，第6版。

⑤ 郭谦：《民国时期统治者对城市下层社会的社会调控——以山东为例》，山东大学博士论文，2007年，第51页。原文中支出共计为33.76元，亏空5.38元，据上文数据修改。

两人合拉一车则 21 小时或 22 小时。每人每日平均工资,旺季 4 月至 9 月 1 元左右,衰季 10 月至次年 3 月七八角或五六角。车夫每日所得工资,除去车租,实际所得不过自二三角至五六角,间有一无所得,或且不能缴足车租及供给膳食者。[1]这与记者调查结果基本相同,1936 年,车夫"一天挣的,除去车租,只赚两三毛钱,只够一人吃的,带家眷的就不能养活"[2]。由此看来,人力车夫勉强能维持个人的生活,远不能供养一家衣食所需。车夫家庭,大多数食指繁多,负担甚重。[3]

青岛交通业较为发达,从事交通运输业者亦年有增多,其中,除人数最多的人力车夫与大货车夫外,还有其他车夫。青岛车辆共分自用汽车、营业汽车、公共汽车、长途汽车、自用运货汽车、营业运货汽车、自用脚踏汽车、马车、自用人力、营业人力、自用脚踏车等 11 种。据 1934 年调查,青岛自用汽车共 538 辆,营业汽车 151 辆,公共汽车 69 辆,长途汽车 51 辆,自用运货汽车 64 辆,营业运货汽车 121 辆,自用脚踏汽车 115 辆,马车 77 辆,自用人力车 590 辆,营业人力车 2524 辆,自用脚踏车 10 144 辆。各汽车的司机,多数是每月薪金 20 元,最多的也不过 35 元,卖票的每月薪金十五六元,综观以上所述情形,车主的营业固然是很好,司机、卖票员的生活状况也算很舒心。[4]

马车车夫每日工资 5 角,由车主负担,间或也有车夫自己有车有马的。平常买一匹马,须洋六七元,平均每日出车,只喂马及零星费用,即须 2 元,自每一年的 9 月到次年的 3 月是淡季,每天只能赚五六毛或 1 元上下,车主是亏本的,幸有夏秋季的时候,每月能赚到一百六七十元,到了这时候,再包补包补,总算起来,萧条得很。[5]可见,同样是交通运输服务业,汽车营业尚佳,马车营业萧条,人力车夫生计较艰难。

从服务业来看,工资待遇视不同行业,以及同一行业内技术含量与熟练程

第三章

乡下人的日常生活

① 叶雪栽:《青市的人力车问题》,《青岛社会》创刊号,1929 年 10 月 10 日。

② 《五千多名人力车夫 生意不良街头呻吟》,《青岛时报》1936 年 6 月 22 日,第 7 版。

③ 叶雪栽:《青市的人力车问题》,《青岛社会》创刊号,1929 年 10 月 10 日。

④ 《本市各种车辆状况之调查》,《青岛时报》1934 年 3 月 12 日,第 6 版。

⑤ 《本市各种车辆状况之调查续》,《青岛时报》1934 年 3 月 13 日,第 6 版。

度的不同而有差异。以德商美最时洋行为例，外商和所谓"高等华人"都发了大财，而华账房的职员，绝大部分都是单身汉，由他们供膳宿，每月十元八元的工资，仅能维持生活。[①]以成衣业为例，每家洋服店所用的匠人，手艺较高一点的，每人每月工资约在 30 元上下，次一点的约在 20 余元，膳宿均由铺方供给。学徒的铺规是 3 年出徒，在学习时期，只管膳宿和衣服，其他一概自备。[②]制鞋业中，各鞋铺所用的伙计，大鞋铺每人每月工资在 20 元左右，小鞋铺则十四五元，每人平均 3 日可做鞋 2 双。在鞋铺学徒的伙计，满 4 年方准出徒。在学徒期间，衣服自备，膳宿由鞋铺担任，每届端午节、中秋节与春节，由掌柜酌给花红，每年 3 次所得在 20 元上下，平时亦无薪金。满 4 年出徒以后，有时留用，抑或听其自便。本来学徒做鞋，并用不了 4 年的工夫，不过这是鞋铺里定下的铺规，算是酬报教授之恩，从中找点便宜罢了。1933 年以来，由于日本胶皮底鞋和国货陈嘉庚公司、上海第一家所造的胶皮底鞋盛行市面，一般教员、学生及劳动界人，多穿胶皮底鞋或运动鞋，以为摩登化最时髦，致皮鞋销路益行减少，[③]伙计工资亦有波动。照相业在 1930 年代，技工每月工资 20~25 元，徒工的工资只有 2~3 元，但包食宿，生活可以自给。[④]理发匠在 1925 年，供食宿，每月 8~12 元。[⑤]

由上观之，1928 年~1936 年间，进城工作的乡下人，月薪一般在 10 元至 20 元左右。按照当时的物价水平，1933 年，工人生活费月需白面一袋，价 2.8 元，房租约需三四元不等，以及衣服、燃料、零用等费，每月约需 10 元左右。[⑥]1936 年一个人每月维持生存所需要的生活费有：40 斤面粉 (4 元)，2 斤肉、20 个鸡

186

① 王轶群：《德商美最时洋行概貌》，青岛市政协文史资料委员会编：《青岛文史撷英》（工商金融卷），新华出版社 2001 年版，第 2~3 页。

② 《本市成衣业之调查》，《青岛时报》1934 年 3 月 4 日，第 6 版。

③ 《本市皮鞋业之调查》，《青岛时报》1934 年 3 月 5 日，第 6 版。

④ 中国人民政治协商会议四方区委员会文史资料工作委员会编：《四方文史资料》第 2 辑，内部资料，2001 年，第 292 页。

⑤ 王清彬等编辑：《第一次中国劳动年鉴》，北平社会调查部 1928 年版，第 604 页。

⑥ 《工业调查表》（1933 年），青岛市档案馆藏，B21-3-89。

蛋(近 1 元),盐油火钱 1 元,[1]即一个人的伙食费需 6 元。可是如果结婚成家后,按每家 4 口人计算,那么,一家人的基本伙食费至少需要 20 元,再加上杂项开支,一个家庭的月生活费至少要在 20 元以上。根据 1931 年《各类工厂工人数比较表》和《青岛各类工厂工资比较表》[2]来计算,各类工厂工人月薪达到 20 元以养家糊口的还不足一半。产业工人收入较有保障,车夫、码头的毛子工、小贩等职业群体,收入视市面与供需状况而定,并无固定工资,其有家眷者,妻子与子女都要各谋生计,尽最大努力增加家庭收入,并利用一切机会开源节流。在团岛二路的板房区,"男子壮者,多以拉大车、洋车、做工等为业,间有使船补(捕)鱼者,女子亦有外工作者,老幼分子,多以拾煤胡(核)、拾草、打海栗(蛎)子等为业"[3]。中年女性,本能从事生产,但受子女与家务拖累,多数家庭主妇没有时间出外做工。

以上支出情形是按一个身体健康、遵守规章、就业完全的成年人在城市生活的理想状况来计算的。城市与农村生活方式的显著不同,在于农村中衣食住行等生活资料多靠自给自足,城市生活中的物质需要基本取自市场交换,所有支撑一个自然人在社会中生存的条件——食物、住房、看病,甚至是拉、撒等,都需要支付货币,进一步的个体发展或生活层次的提高,如受教育、社交和娱乐(请酒、听书、看电影、看戏等)更少不了财力的支撑。乡下人进城虽然没有受到严格限制,但要有足够的生存能力才能扎根,由于城市管理当局在卫生、交通、行业、教育等方面的必要收费,乡村移民的城市生活成本较其在乡村时大为增加。

1930 年代,青岛乡村的农家生活极为简单,食物以甘薯为主品,佐食仅咸菜及大葱。至蔬菜果品须易现金,不以自食,故每年每口有 20 元上下之生活费,已足温饱。[4]而市区多寓侨民,习尚欧化,一切用度,皆需购买,并随市面情

---

① 青岛市史志办公室编:《青岛市志·物价志》,中国大百科全书出版社 1996 年版,第 284 页。

② 青岛市政府秘书处:《青岛市行政统计汇编》(20 年度),"社会"编,编者 1932 年版,第 43 页、47 页。

③ 《团岛二路一带调查报告》,《青岛时报》1933 年 1 月 9 日,"自治周刊"第 23 期。

④ 金嗣说:《青岛之农业》,《都市与农村》第 21 期,1936 年 6 月 20 日,第 13 页。

形而屡有波动。生活花费远高于乡区，其消费构成亦有较大差别。日本占据青岛时期，曾对民众生活费用作过调查，"市内工匠劳力以小米为主食，每日需铜元六七十枚，较之乡民增十分之三，而乡民终岁辛勤所得之十分之七八用之于食，衣服所费不过一二成，居住则更占少数。至于市内之工匠劳力，则衣服与居住二项亦较乡民为优，大约食费占四五成，衣服占二成，住居占一成"①。至1930年代，随着城市移民日益增多，房价大增，成为移民重要的支出项目。

住在青岛的人，对于衣、食两项，比较别的城市，并不感觉格外困难，独有住房压力甚大。1925~1928年，青岛房租较烟台、济南固然略贵，但也差不太多，除了山东路(即中山路)、潍县路、四方路、北京路和天津路等处的冲要住宅，租价特别昂贵外，其他靠近胶州湾地带如东镇、小鲍岛、海关后、西大森、西岭、西镇等处房屋，临街楼底可做买卖的，一门一窗的一间，月租不过二三元，至于楼上住家房，每间一二元，若是稍偏背一点的，房价还低。1928年夏季，北伐军打到济南，张宗昌溃退，日本出兵山东，胶济铁路沿线陷于无政府状态，各县土匪蜂起，民不聊生。青岛实际处于日军控制之下，所以未曾扰乱，内地稍有资财者纷纷来青岛逃难，房子便呈现供不应求之势。有房产的人趁此机会，任意将房价抬高，每间涨到五六元，或七八元，而逃难之人，顾不得租价之贵贱，房屋之好坏，但求遮风避雨。1928年冬，田间收获完毕之后，乡间混乱日益严重，无积蓄之人也变卖田园来到青岛，图谋生活，住房的问题，因此益告恐慌。投资房产者众，房屋租售价格增长四五倍，更有机警的房东，因对旧住户涨价困难，便借口刷洗墙壁，将原住户一齐逐出，施以粉刷，经此一番手续，也就提高租价。因出租按间论价，凡新盖房屋，都将面积缩小，或将原有的房屋用木板一间隔成两间。冲要路商店房屋之房东，除以上伎俩之外，又创一名词，叫"小租"，即在未成租之前，一次拿上若干元，方能定租，数额常在年租金之上。1929年，青岛市改为直辖市时，市政当局鉴于房租太贵，曾成立房租评价委员会，评定房租价格，以免住户受房东剥削。但是只有宣传，没有实地工作。②至1933年，普通房间每间租价一般在3元至5元间，最高在10元，

① 民国《胶澳志》卷三，"民社志五·生活"，台北，成文出版社1968年影印本，第376页。

② 《经济恐慌的狂潮卷不到房产老板的身上》，《青岛时报》1934年2月10日，第6版。

最低也有一二元者，①原来无人居住的偏僻地带也出现了大量棚户。由于房租昂贵，五六单身汉或两三家合租一间房子的事情很普遍。②而台东镇一带，时常发生房户拖欠房租，遗物潜逃的事情。③如开小商店的莱阳人张俊和即墨人郭春堂，二人都住东镇顺兴路余善里，因欠数月房租，到年关时节房东催讨，无法应付，二人均于夜晚潜逃。④

与农村相比，城市生活增加了许多额外的开支，包括清洁费、电费、水费等。自德占开始，青岛即征收卫生费，此后逐渐修正补充，至1935年，《青岛市征收卫生费规则》规定，凡在青岛市区域内（以市街及台东、台西两镇和湛山为范围，此后再随之推广）的房屋，为注重卫生清洁、扫除垃圾起见，都要按照相应规定收取卫生费，卫生费率为：（1）店铺平房，每平方公尺每月纳费洋6厘；（2）住宅住房，每平方公尺纳费洋4.6厘；（3）工场及仓库，每平方公尺纳费洋1.6厘。凡未安下水设备的房屋自行设置便桶池或领用铁制便盆者征收费率为：便桶、铁制便盆和洋灰便池，每个每月纳费洋8角。卫生费额按月计算，每3个月征收一次。⑤一般10平方米的住户每年卫生费需0.46角，若加上便桶，每年则需10元，这项费用成为一般贫穷市民的负担，至有请求减免者。如台西镇商民徐延柱等25户，所住房屋低陋，居住尽系贫民，虽然房租每间2元至8角不等，但多数住户欠租，在低租积欠之下，这些住户为减轻负担，请求政府减免卫生费。⑥在常规的卫生收费外，还有临时性的卫生罚款。青岛每年于5月15日和10月15日举行清洁运动。"所有居民，均须照章洒扫庭除，

① 《杂院地址租价一览表》，魏镜：《青岛指南》，"生活纪要"类，平原书店1933年版，第47~58页。

② 青岛市市南区政协编：《里院·青岛平民生态样本》，青岛出版社2008年版，第105页。

③ 《第四区公所便利房东：房户欠租潜逃 代查遗留物品》，《青岛时报》1934年2月8日，第6版。

④ 《拖欠房租相偕逃匿 房东请警所查点遗留物》，《青岛时报》1934年2月9日，第6版。

⑤ 《青岛市征收卫生费规则》（1935年8月31日修正公布），青岛市政府秘书处编印：《青岛市政府市政公报》第73期，1935年8月。

⑥ 《市政府指令11256号：请免卫生费一案》（1935年11月），青岛市政府秘书处编印：《青岛市政府市政公报》第76期，1935年11月。

曝晒器物，以重卫生。如不遵章办理，或阳奉阴违者，除责令重行扫除外，并须科以罚金，以示整齐。"[1]此外，尚有各种城市交通规则、森林处罚规则、畜肉运输规则、禁赌规章等，初来此地的乡村移民常需为这些并不熟悉的城市管理规章另附无谓的费用。

农村那不名一文的水，在城市中也要花钱购买。比较阔绰的住户，水费包在房租以内；杂院的贫穷住户，需拿着水票去买水，因此穷苦人家，洗衣服都有难处，妇女有数年不洗浴者。市政府为解决用水的困难，在各平民院及住户众多的空地建筑了很多洗衣池。如四方路上，住户拥挤，便有洗衣池之设，一到开放时期，附近各杂院的少女幼妇们，"提着篮子，盛着换下的旧衣服，呼伴唤侣，到这里洗衣浣纱。池子是石头和水门汀砌成，有公共不花钱的水龙，随便开栓倒水，就在池子里洗涤。池子四周，坐满了很多的妇女，老的幼的，衣服褴褛的，楚楚整洁的，各色的人物都有"[2]，各人都低头工作，木杵棒击之声，俨然乡村浣洗之景。

从乡下人进城后的工作收入来看，除少数人能经历多年奋斗或依托特定关系跻身社会上层，获得丰厚的报酬，生活优裕外，多数乡下人进城后从事着基础性行业——包括产业工人、运输工人及各类服务人员。他们的收入等级差别较大，技术工人、管理人员及官方企业的工人工资可以足够一家四口的衣食起居；部分行业中单身的熟练工人，用度裕如，能稍有积蓄；其他普通工人和人力车夫、码头工人、商贩、学徒等，特别是家眷较多者，可维持温饱，基本属于糊口收入；那些处于失业半失业状态的临时工，则维生艰难。

2.居住与衣食

德占时期，青岛乡村移民起初在青岛村附近建席棚安身，1900 年，德国在大鲍岛筹建中国城，华人商业发展很快，"里"开始兴建，居住着各企事业单位的小职员、下级官员、小商贩、教职员工、小手工业者等，底层市民主要居于茅棚中。随着移民的增加，很多人迁到小鲍岛和台东定居，建筑仍然以茅棚和板

① 《胶海关十年报告(1922—1931)》，青岛市档案馆编：《帝国主义与胶海关》，档案出版社 1986 年版，第 237 页。

② 《四方路洗衣池之素描》，《青岛时报》1936 年 5 月 26 日，第 6 版。

房为主,并成为城市下层居民的聚集处。日本第一次占领时期,容纳更多人口的由小院组成的大杂院大量出现,台西的棚户区也日益增加,城市平民(主要是乡村移民)多住于杂院、席棚和板房中。至1931年后,青岛市长沈鸿烈主持改造台西镇的贫民区,原有移民迁居于平民大院。①

寻找住房,是外来移民的首要事情,它牵涉到能否有稳定的工作、安定的生活与相关城市公民权利的获得,青岛高额的房租由此成为制约移民生活成本和消费水平的重要因素。1930年代,青岛住房因国籍、收入与职业之不同约有五种样式,一是独体别墅,均为单个小楼,1920年代末太平角别墅区建成,1930年代初又开发了八大关别墅区。二是公寓式建筑,一层两套,每套二室或三室加一卫一厨,公寓式住宅以日本职员宿舍居多,中国一些机关也给职员修建了这种住宅,如大学路路西的中国银行职员宿舍群。②以上住宅主要集中在八大关、德县路、广西路、太平路等前海一带,为外籍人士、中国军政要员、富商大贾、公司高级职员和知名文人居住。三是大杂院,即内天井大院,主房二至三层,院内建周边走廊。1930年青岛市规定:"凡同一大门出入住居五家以上均以杂院论。"③杂院住户多样,主要出租给中下层市民居住,既有机关公务员、公司职员、军警人员、中小学教员和小业主等中等收入者,也有下层贫民。1934年青岛市规定:"凡十户以上之杂院,应由公安局责令各房主,一律命以里名","但不满十户之杂院,必要时亦得命以里名"。④所以杂院又被称为里院,里的住房是西式楼房和中国四合院的结合,为几幢两层或三层小楼围成的院落,房间从十余间至二百间不等,户数在七八户至百余户之间。⑤以一门一窗为一间,一间通常有14至16平方米,⑥一般在院内有公共厨房和厕所。四是棚户,伴随着城市的发展,在台西镇海滩上产生大量棚户,多用炉渣、碎

---

① 青岛市市南区政协编:《里院·青岛平民生态样本》,青岛出版社2008年版,第242~245页。

② 杨秉德主编:《中国近代城市与建筑(1840—1949)》,中国建筑工业出版社1993年版,第290页。

③ 《青岛特别市公安局公函第3897号》(1930年5月16日),青岛市档案馆藏,B21-2-44。

④ 《青岛市编订门牌规则》(1934年),青岛市档案馆藏,A17-2-1108。

⑤ 《青岛市杂院一览表》(1935年),青岛市档案馆藏,A17-2-1118。

⑥ 鲁海:《青岛旧事》,青岛出版社2003年版,第17~18页。

砖搭垒，铁皮覆顶，高仅 2 米，间距米余。[①]平民以席棚、木板或铁皮搭建的这种应急住所，低矮简陋，黑暗潮湿，卫生条件极坏。五是平民院，是政府或慈善机构为平民建筑的廉租房，一般每间每月租金为 1 元，若是自己领地建筑，则除建筑费外，并不承担租金。

乡村移民集中居住在台西 14 家平民院和市内四区的里院中。移民前来青岛，如有可资投靠之亲属或同乡，则与乡亲挤住在一起，因而黄岛、四方、平度、芝罘等路的市区中心杂院，住户密度不断加大，"一户之内有多至数层附户者，甚至地下室、楼顶、置物室无不有人税居，此等住户多属极贫之家，以拉车、小贩、挑水等业为生，集数家合赁，资亦在 5 元至 8 元不等"[②]。黄岛路、芝罘路一带也有数处贫民合赁楼底，黑洞一片，各家竟以床为单位，妻子儿女饮食起居于一隅，破衣败絮，纷然并陈。[③]

各里院中的居民基本按照职业类别分布，形成"物以类聚，人以群分"的居住格局。商户一般居住在店铺较集中的山西、中山、江宁、济南、河南、黄岛、平度、芝罘、潍县、博山、济宁、安徽、肥城、大沽、李村、即墨、胶州、高密、海泊、聊城、上海等路，铁路工人、工商职员、公务员等家境稍裕者在汶上路、费县路、单县路、范县路、郓城路、寿张路最多，公务员在台西镇的东平路、观城路、滋阳路亦多。最大的商户集中地在海泊路 63 号的广兴里，有 450 间房，80 户商家。妓户按照政府规划集中在黄岛路、冠县路与云南路三处，一些三等妓户与苦力工商等住一个里院，比较大的有双合里，商河路 29 号，152 间房，110 户，是苦力里和三等乐户里；宝兴里，青海路 18 号，140 户，137 间房，为工商、苦力、妓女里。一般下层贫民爱去的东海楼，在莘县路 62 号，48 户，有房 210 间，为铺妓共处。[④]双合里、宝兴里、东海楼等人员混杂的大里院，也常常是犯罪者

---

① 杨秉德主编：《中国近代城市与建筑(1840—1949)》，中国建筑工业出版社 1993 年版，第 292 页。

② 《青岛市社会局整理杂院卷——青岛市公安局公函第 662 号》(1933 年)，青岛市档案馆藏，B21-3-102。

③ 《为呈报奉派调查公安第一分局第五分驻所管辖界内杂院情形并填具杂院调查表请鉴核由》(1930 年 5 月 24 日)，青岛市档案馆藏，B21-2-44。

④ 《青岛市杂院一览表》(1935 年)，青岛市档案馆藏，A17-2-1118。

的混迹之所。

规模较大、人口较多的里院有福兴里,云南路 19 号,86 户,190 间房;安康里,黄岛路 39 号,89 户,108 间房;滨海里,顺兴路 102 号,101 户,108 间房;西海楼,嘉祥路 2 号,56 户,104 间房;元吉里,宁波路 28 号,92 户,104 间房;安和里,东阿 7 号,79 户,96 间房;青海里,青海路 11 号,77 户,77 间房;积厚里,胶州路 116 号,68 户,66 间房。金乡路苦力里个数多,共有 11 个,住户多在 20 家左右,一户平均有一到二间房;惠民南路苦力里 10 个;周村路苦力里 8 个,30 户至 50 户;冠县路 2 个苦力里,共 32 户,75 间房。此外,聊城路亦有 3 个苦力里,高密路有 4 个,博兴路 3 个,泰山路、青海路、临淄路、益都路等处亦零星分布有 2 到 3 个苦力里,一般住户不太多,20 余户左右。最大的劳工里是四川路 68 号的福西里,109 户,有 125 间房。[①]

除商户外,这些里院的住户与房间数之比最多为 1∶2.3。以公安一分局五驻所辖区内杂院为例,住户多者近百户,少者亦十余户,杂院内每户占房一至三间,凡居民占房在一间以上者,"考其境况莫不占其生活费用之大部分"[②]。随着住户增多,房东加租手段翻新,则里院的月租费更高,遇有慈善者,房客要幸运一些。如费县路新明里一处,房主刘子山,房客多系早年住户,拖欠房租者甚多。"凡住刘子山之房者,多不肯轻于迁移","拖欠房租数年者亦不少,房主资产雄厚,既不能深索,房客拖欠日久,心目中几以不付房租为原则,此亦本市杂院中之一特殊现象"[③]。

20 世纪 20 年代后,沧口地区的纺织工厂逐渐建成,离沧口工厂区较近的村庄成为外来务工人员安家落户的首选之地。如西大村姓氏繁多,即由外来移民组成,沧口一带有句老话说:"大村庄(指西大村),一百二十姓。"[④]规模较大的工厂一般设有集体宿舍,学徒则寄居于店铺。

① 《青岛市杂院一览表》(1935 年),青岛市档案馆藏,A17-2-1118。

② 《为呈报奉派调查公安第一分局第五分驻所管辖界内杂院情形并填具杂院调查表请鉴核由》(1930 年 5 月 24 日),青岛市档案馆藏,B21-2-44。

③ 《为呈报六月十三日奉派调查杂院情形由》(1930 年 6 月 17 日),青岛市档案馆藏,B21-2-44。

④ 青岛市李沧区政协文史委员会编:《李沧文史》第 4 辑《记忆中的村庄》(上),青岛出版社 2008 年版,第 193 页。

既没有稳定的工作,又无熟人接济的移民,便居住在靠近码头、车站的廉价寓所,或者在大港至青岛站的铁路沿线空余地段,以破板、泥土以及洋铁、草席等支盖席棚,暂时安身。移民辗转迁入,相沿成习,形成一些集中的外来贫民居住区。如台西的西合庄本系荒草空场,一些农民扶老携幼由外逃荒,寄居此地,初时仅有数十家,"比(彼)时用泥土淤沙垛修房屋不过遮风蔽日,迨至目下年增一年,不下三百余家之谱,均系贫民,昼则负苦谋生,夜则伏宿此处"①。台西的挪庄、马虎窝和西广场等处棚户更为集中,1931 年住有 1848 户,男女大小人口共有 7704 名。②

此外,还有若干个零星棚户区。1933 年,第一区四川路有平民板房 100 余户。③第二区小港泥洼有平民席棚板房 50 余户,普集路野集场有席棚草房 57 户,铁路沿线破烂房屋计 27 户。④第三区沈阳路、利津路、广饶路等处有席棚 318 户,1201 人。⑤沿海滨尚有破屋若干,大小不一,无所谓门户墙壁,只为避风雨而已。房屋以破旧木板支持,"顶盖覆以种种锈破铁皮,色调复杂,似由垃圾桶中拾来者"⑥。

连破屋板房也没有的乡村移民,因马路及公园露宿为警察所不许,只有借苦力窝铺栖身。苦力窝铺是苦力寄宿舍与苦力饭铺合并组成的。宿舍、饭铺仅隔吊铺一条,上为宿舍,下为饭铺,由同一个主人经营,多开设于平民住所内。门外悬挂招牌,来此用饭者,可获免费寄宿权。如果品行不端,或有烟赌等不良嗜好,即使光顾用饭,主人亦可以停止其寄宿权。吊铺上,仅铺设咖啡色破席一张,冬夏并不更换,枕头则以柴块、红砖或小凳代替。夏天时,吊铺中尚可享受清凉空气,但冬季来临,朔风凛冽,吊铺住宿非常寒冷。吊铺中的寄宿者,常组织二三人之小团体,伙租破被,共同取暖。有时为争执盖体多少,发生内

---

① 《为恳请恩准自行建筑平房以恤困难而维安居由》(1932 年 6 月 11 日),青岛市档案馆藏,B21-3-142。

② 青岛市社会局:《建筑贫民住所计划大要》(1931 年),青岛市档案馆藏,B21-1-4。

③ 青岛市社会局:《一年来之社会行政》,编者 1933 年版,第 69 页。

④ 青岛市社会局:《一年来之社会行政》,编者 1933 年版,第 73 页。

⑤ 青岛市社会局:《一年来之社会行政》,编者 1933 年版,第 76 页。

⑥ 贺伯辛:《八省旅行见闻录》,重庆开明书店 1935 年版,第 94~95 页。

讧。但只需店主出声干涉,双方随即停止,因店主对不守秩序者有驱逐权。更有苦力连合租破被的财力也没有,冬天为避冻冷,不得不于日间屈服于有棉被者,希望夜间睡觉时能一沾破被之惠,平时购得香烟一支,也要留半截,以贡献于被主。[①]又有苦力店一种,由一人包租房三四间,室中再高架木板,备独自来青者赁居,每人月租约三五角不等。[②]

由于人力车夫来自外地,又不像工厂工人、商店学徒、码头工人和大车夫那样可以在工厂、店铺、库房、包工头等处居住,他们需要租房居住。为了节约开支,很多人聚居于简陋的草棚和板房中。

如果居住的问题能够轻松解决,则其生活水准会相应提高。劳动者用于衣服消费,平均约在收入两成左右,又视个人喜好而有不同,一般而言,女工多于男工。在市内做工的女子,有衣着整洁朴素的,也有光鲜亮丽的,亦有衣衫褴褛的。讲究着装的,可以去成衣铺购买,普通一套衣服约需一二元,普通棉袄则需二三元左右。马虎窝和挪庄平民院的住户,因为房子都是自己造的,不需另交房租,用于衣食消费相对较多,他们穿得并不算坏,间或还穿起了大皮袄,小孩和妇女,有的也很时髦,平时的主食是面粉、苞米粉,不过菜肴不多。其中在挪庄住的,有许多不但不是贫民,而且成了小康之家。他们的职业,十九是拉洋车、拉大车、在码头或打牛房当工人,少数的是做小买卖,他们不但比乡村间一般贫农的生活好,甚至连采访的记者(其房子要租住,职业也不固定)都要羡慕一番。但是菠菜地和乐贫院的贫民,就绝对不同了。他们住的大半是矮小的板房,有的不能挡风遮雨,职业也多半是捡煤核、拾破烂或拉大车。因为他们太穷,所以衣服褴褛,脸上也多半带着病色。[③]

一般贫民的衣服多数是从西广场的旧货市场购买,二三毛钱就可买一套破军装或旧棉袄,他们的小孩子,时常穿着一件妇人的棉袄拖拉着,男人也有穿一件小孩的夹袍或破军装的。[④]出来做工的女人们衣服朴素简陋,但相当整

① 贺伯辛:《八省旅行见闻录》,重庆开明书店 1935 年版,第 95~96 页。

② 《为呈报奉派调查公安第一分局第五分驻所管辖界内杂院情形并填具杂院调查表请鉴核由》(1930 年 5 月 24 日),青岛市档案馆藏,B21-2-44。

③ 《都会的所谓阴暗面与光明面》,《青岛时报》1934 年 2 月 4 日,第 6 版。

④ 《平民院生活之写真》,《青岛时报》1936 年 3 月 15 日,第 6 版。

洁，而在码头奔波的小贩与苦力则因为工作原因和小港附近电灯厂的烟尘、码头煤船的煤屑，以及运输繁忙扬起的土灰，常常是衣服破烂、尘垢满身。

锅饼是下苦力人中最普遍的食品，每人每日至少要吃3斤，再吃点菜，每天约需0.3元。但他们每天至多不过赚0.35元钱，一切最低的必要费用如住房、剃头等还从每日极低的工资中节省下来，至于添加衣服鞋袜那简直是不可能的。①一些贫穷的车夫，早上起来后只喝两碗稀粥，拉车到下午，再吃硬食（煎饼或锅饼），因拉车一天有时仅得1角多钱。为节省费用，一家四口，一顿早饭甚至只用3分钱。喂养年幼的孩子，母亲没有奶水，便用蒜臼一粒一粒地将黄豆捣烂，像面粉般调成糊状给小孩充饥。②市内贫民，大都每日两餐，以上午八九时为早餐，下午四五时为晚餐。③青岛因"鱼价较菜蔬为廉，一般贫民，均乐于食鱼"④。沿海浅滩上的海蛎子、蛤蜊等海产品，也可供市民免费食用。收入较丰的乡村移民，常常以面食为主，可以购买三等，甚至是二等面粉，一般工人家庭以此为主，经济困难的贫民，则以小米、苞米等为主食，如团岛二路板房里住的贫民，食物为煎饼、苞米、豆腐渣等，萝卜为上等之熟菜。⑤

青岛贩卖菜蔬鱼肉、干咸食品的场所分为两种，一是流动性的摊贩，一是固定性蔬菜商场。固定的市场，有华北市场、东方市场等处，流动性的小市有莘县路、易州路与四方路的交界处。易州路上早晚两市最热闹，每天的早晨和中午，众多菜蔬、鱼肉、鸡鸭、干菜、海味和水果摊贩等集拢到这里。⑥莘县路更是贩夫走卒的聚处，日常应用的家具、食品、蔬菜等，都有售卖，肩摩踵接，人声喧嚣，和乡间的市集差不多。莘县路附近便是小港沿，小港沿的杂货市，和

① 山东省总工会工运史研究室、青岛市总工会工运史办公室编：《青岛惨案史料》，工人出版社1985年版，第36页。

② 《平民院生活之写真》，《青岛时报》1936年3月15日，第6版。

③ 魏镜：《青岛指南》，"生活纪要"类，平原书店1933年版，第1页。

④ 《胶海关历年华洋贸易统计报告书（1929年）》，青岛市档案馆编：《帝国主义与胶海关》，档案出版社1986年版，第379页。

⑤ 《团岛二路一带调查报告》，《青岛时报》1933年1月9日，"自治周刊"第23期。

⑥ 《易州路一带之速写》，《青岛时报》1936年5月13日，第6版。

莘县路接连，摆着各种蔬菜、干咸鱼，以及木料、竹竿、扫帚等应用器具。①西广场在青岛市的西北部，靠近四川路，是青岛的破烂市，基本是卖旧东西和杂货的，也有古董摊，赝品占最多数。物品丰富多样，有布头线脑，也有卖刷洗的旧礼帽、破铜碎铁、竹类木屑，以及旧书、破杂志、瓷器、木器等东西，家用什物，一应俱全，专门卖给苦力用。②

没有家眷的车夫、苦力和闲散人员，一般在小饭铺吃饭。青岛饭馆事业，既有花园饭店、大同西菜馆、上海饭店之类的西餐馆，也有顺兴楼、亚东饭店、春和楼等有名的中餐馆，除此以外，还有菜根香的素食，但是这些地方都是青岛有产阶级的去处。苦力、车夫和来青谋事赋闲无聊的乡下人则是小饭铺的主顾，在这些小饭铺里，家常便饭是锅饼、馒头、稀饭和小豆腐。稀饭是小米做的多，但是店主为了省米而且熟得快，加入的碱太多，既不卫生，也不可口。菜有豆芽、酱萝卜条等，甚至有干炸鱼、油条、青鱼等，这样的饭，有六七分钱就能吃饱。③北方人喜面食，一些小饭馆里也有比较好一点的饭食，如面条、烩饼、包饼子等，但大碗的水饺、家常饼、脂油饼、大碗卤面、鸡丝面和馄饨等，每份售价均在 0.1 元至 0.12 元间，火腿炒饭每碗 0.25 元，④相对于众多贫民每天 0.35 元的收入而言，实在是一份奢侈品。且这些食品，不是现成的东西，如果有主顾时，需要临时预备。临近工厂的小饭馆，常常得到工人的长期照顾，每到吃饭的时候，他们带着两双灰黑的手，一群数十人跑到饭馆来，你要锅饼，我吃面条，呼唤不来，敲盘打碗，弄得堂倌们跑里跑外，成为个别小饭铺里特别热闹的景象。青岛小饭铺食品的价码，据说是比平津、济南各处贵得多，所以青岛穷人生活相对也困难一些。⑤

青岛的露天饭摊，以小港沿、莘县路一带为最多，在小港一路海关分局前面的摊贩多至 42 户，终年麇集于人行道上，形成固定的野贩市场。这些摊贩所售的食品有面饭和菜蔬两项，锅饼、包子、面条、煎饼、水饺、火烧、馍馍、地

---

① 《小港沿之速写》，《青岛时报》1936 年 4 月 3 日，第 6 版。

② 《西广场巡礼记》，《青岛时报》1936 年 5 月 25 日，第 6 版。

③ 《闲话岛上小饭铺》，《青岛时报》1936 年 3 月 22 日，第 6 版。

④ 魏镜：《青岛指南》，"生活纪要"类，平原书店 1933 年版，第 23~24 页。

⑤ 《闲话岛上小饭铺》，《青岛时报》1936 年 3 月 22 日，第 6 版。

瓜黑包子、麦子、煎饼、小米饼、小米粥等均为主要面饭,腊肠、冻肉、小豆腐、煎鱼、炒菜等则属佐餐和主要菜蔬,每日可供给 600 名工人食用。①小港沿人声嚣杂,尘土飞扬,而且靠近煤场,煤屑弥漫空中,摊贩的馒头、锅饼、稀饭、小豆腐等笼罩在灰土之中,政府为提倡卫生,在小港沿建筑宽大的平房,作为民众食堂,清洁卫生,②为部分苦力车夫们提供了方便。

青岛有公立的普济医院(在上海路)及隔离医院(在台西镇),均系德人所建,日本交还胶澳时,即一并移交中国,由青岛市政府管理,免费施诊,以惠贫病。1931 年初,市政府将两医院合并改组,名为市立医院,以普济原址为总院,隔离医院为第一分院,同时李村所设之医院,亦改称第二分院。凡传染病及疯病等,归第一分院诊治,其余普通病症,则由总院及第二分院诊治。各院都设有病房容留病人。统计总、分各院,经治病人,每月可达 3 万余人。③医院属慈善性质,为乡村移民提供应急就诊之所,但他们似乎并不能充分利用对他们而言非常有利的免费施诊信息。从一些资料来看,移民们只是在他们贫病交迫、有性命之忧并晕倒路旁时才会被警士送往医院施救。如警长王玉清察见青海路中间马路旁,躺卧一人,询问后知此人叫王克正,21 岁,潍县人,因患两腿及脚部肿症,不能行走,且在青岛没有亲属。警长当即派警士张庆林,雇人力车一辆,用洋 2 角,将王克正送往市立医院诊治。④又一件相似的病例是,陈州甫,14 岁,益都县人,素以贩卖油条为业,因患病无资医治,在青岛又无亲属,请警长救护,警长刘秉礼派刘鹤云,用洋 1 角,雇人力车一辆,送往市立医院诊治。⑤这些警长会得到市公安局 2 角至 5 角的奖励,一定程度上有助于晕

① 《市府第 12602 号指令》(1935 年 12 月 20 日),青岛市政府秘书处编印:《青岛市政府市政公报》第 77 期,1935 年 12 月。

② 《提倡清洁 利用学生任宣传》,《青岛时报》1936 年 5 月 21 日,第 6 版。

③ 《胶海关十年报告(1922—1931 年)》,青岛市档案馆编:《帝国主义与胶海关》,档案出版社1986 年版,第 237 页。

④ 《第一分局呈报警长王玉清救护病人王克正送往市立医院诊治情形由》(1934 年 12 月 30 日),青岛市档案馆藏,A17-2-1106。

⑤ 《第一分局呈报警长王玉清救护病人王克正送往市立医院诊治情形由》(1934 年 12 月 30 日),青岛市档案馆藏,A17-2-1106。

倒街头的乡村移民得到救治。因为各种医疗器械与药品费用价格不菲,免费施诊并不能真正裨益于他们的身体健康,但政府临时性的举措也能缓解车夫等人的劳累病死之虞。如 1933 年青岛开始在各交通要道修筑工人凉亭,以便苦力避暑,遇有车夫中暑晕倒之事,由各岗警直接送往就近医院诊治。①

　　乡村娱乐活动贫乏,在年节时分,多以赌博、吸大烟、耍钱为乐,也有村落组织迎神赛会类的娱神活动,但偶尔为之。随着一些江湖把式,如说书、唱戏、占卜者汇聚城市,传统娱乐节目传播到青岛市区。青岛华人最早的正规剧场是中国剧院,始建于 1903 年,在大马路上(今中山路北端),"因这里靠近小港、大窑沟,住着许多外县来青做工的农民,所以剧院里主要演出柳腔和茂肘鼓"②。此外,中山路的劈柴院、博山路的广兴里和东镇商业市场也是中下层贫民娱乐身心的地方。东镇的商业市场,是东镇一带民众唯一娱乐消遣的地方,建筑颇为壮观,里面除国剧与说书者外,尚有玩洋片及露天小电影等等。③其中往来者,皆农夫苦力,肩担背负之流,妇孺特多。两枚铜子,可看西洋镜中洋姑娘洗澡;四枚铜子,可看梅兰芳之仙女散花;五铜子喝茶,更可听大姑娘京音或梨花大鼓。场中货物,都是劣质下品,但游人众多,往来拥挤。④

　　在台东镇工人与小贩的居住区,虽然有马路、电话、汽车等新式舶来品,但"旧式的黑板门,红门对小店铺的陈设,冷摊的叫卖者,仿佛到了中国较大的乡村一样。这里很少摩登的式样。有不少的短衣破鞋的男子,与乱拢着髻子仍然穿着旧式衣裤的女人。小孩子光着屁股在街上打架"⑤。在这里,生活着众多乡下来的普通工人及干粗活的、拉大车的苦力,他们虽然居住在城市,却保留着乡下的生活习惯,他们将各地的娱乐文化、集市与方言民俗带到城市。到1935 年前后,全市已有书场十五六处之多。这些书场演出的种类主要有落子杂耍、评词、渔鼓、大鼓、梨花京津大鼓杂耍等,满足了各个阶层移民的不同需

---

　　① 《公安局长念警士辛苦　使夫役送水解渴并饬属救济劳动人时疫》,《青岛时报》1933 年 7 月7 日,第 6 版。

　　② 青岛市史志办公室编:《青岛市志·文化志 / 风俗志》,新华出版社 1998 年版,第 31 页。

　　③ 《巡阅天后宫四方路台东镇吴家村小记》,《青岛时报》1934 年 2 月 19 日,第 6 版。

　　④ 贺伯辛:《八省旅行见闻录》,重庆开明书店 1935 年版,第 96 页。

　　⑤ 王统照:《青岛素描》,《王统照文集》第 5 卷,山东人民出版社 1982 年版,第 323 页。

求。台东由乡村集市渐渐发展为固定的市镇，成为城市底层人民的购物与娱乐天堂，尽管时称穷汉市，但为众多移民提供了就业机会和最基本的生活必需品。

移居城市的乡下人，收入较低，但尚能维持生存，青岛政府和各商铺专为贫民所设的平民院与苦力窝铺解决了移民的居住问题，形式多样的杂货市与饭铺、摊贩供给了最便宜的伙食，下级娱乐场所提供了穷人苦中作乐的地方，近代城市展现出广阔的生存空间、充足的容纳能力与丰富的生活内容，留住了仅有糊口收入的乡村移民，也吸引了更多乡下人的目光。

二、里院生活与社会交往

1.里院生活

近代青岛充满都市气息的地方是中山路、潍县路、天津路、高密路，以及汇泉湾一带。由中山路向南走，平坦的柏油马路上，行驶着雪佛兰、比尔福特等种种不同的轿车，摩登男女、东西洋人、小市民、小官僚、新闻记者、换班的警队，交织成市中心的人；巍峨的银行高楼，堂皇的"山东"、"福禄寿"戏院，国际俱乐部里的舞曲交织成有产阶级的生活享受。潍县、四方等路汇聚了青岛的绸缎杂货铺，如祥云寿、协蚨祥、洪兴德、福隆等号，也是阔人牢记不忘的地方。汇泉僻处市外，人烟稀少，但负山面海，冬暖夏凉，风景佳丽，花木扶疏，并且空气新鲜，绝无尘埃，又加跑马场、体育场全在汇泉，也是富人们的天堂。[①]
进城农民积十数年辛苦劳作，也有如刘子山等人能脱离贫民身份跃居上层人物之流，在沿海别墅区或德县路以南的欧人区兴建现代小楼，出入于影院银行、酒楼马场，但多数乡村移民终其一生或至数代，只能在棚户、平民院或里院中昼伏夜息。

里，在古代是行政单位，在近代，则指城市的街巷与房屋。天津的"里"是地名，上海的"里"指狭小的通道，青岛的"里"，是特有的一种民居建筑，它将中国传统四合院的外部格局与西式楼房的内部结构进行了结合。"里"像传统

---

① 《都会的所谓阴暗面与光明面》，《青岛时报》1934年2月4日，第6版。

的四合院一样，是正方形或长方形，但它是楼房，多是二层，少者为三层。中国传统建筑是黑瓦，青岛的"里"是红瓦。中国四合院有回廊、廊檐、栏杆，青岛的"里"虽建楼房，仍有回廊、廊檐、栏杆，大部分廊檐上有彩色绘画。传统四合院有影壁墙，各"里"也有，但"里"运用西式建筑技术，有玻璃窗，形成青岛特有的民居。与四合院不一样，"里"是若干家庭的群居①，因而广义上，青岛的里院也包括了贫民聚居的板房和平民院。

里院基本是青岛中下层市民最普遍的民居形式②，里院生活展示了乡村移民在城市的生活百态。里院住户种类繁杂，有些以工商业小老板、公务员、铁路工人等中产阶层为主，有些以贫民为主，如第三区杂院106所，男女共计7354人，其中，生活充裕者占5%，能自给者占30%，困难者占65%。③

住户较少、年代较近或者是住户为工人、公务员的杂院中，如东平、观城二路、云南路、青岛火车站对面兰山路、郯城路及费县路一带的杂院，房间较宽大，环境较整洁。④

住户较多、年代久远的杂院卫生状况较差，云南路的房屋多破旧，住户亦多是劳动者，仅庆善里一处房屋整洁。南村路与云南路有数处杂院，房屋皆多年失修，楼板朽坏，一旦中断，人有漏到楼下或伤腿之虞。院内住户众多，多是普通劳动者，素不讲求清洁，秽土菜根任意倾置，臭气自楼下至达楼上。⑤有的里院虽属下层劳动阶层居住，但偶尔也有讲求卫生者，如种德里住户多以劳力为生，但院内清洁，内有数户，系新由外县避乱来青，室内并无床铺，仅设席于楼板上。⑥

团岛二路的板房中，个别整洁明敞者，多数什物零乱，居民临池便溺，并不

①　鲁海：《青岛旧事》，青岛出版社2003年版，第17页。

②　青岛市市南区政协编：《里院·青岛平民生态样本》，青岛出版社2008年版，第241页。

③　青岛市社会局：《一年来之社会行政》，编者1933年版，第77页。

④　《为奉派赴东平观城石村三路调查杂院报请钧鉴由》(1930年5月16日)，《调查杂院情形》(1930年6月4日—10日)，青岛市档案馆藏，B21-2-44。

⑤　《为呈报六月二日奉派调查杂院情形由》、《为呈报六月三日奉派调查杂院情形由》(1930年6月4日)，青岛市档案馆藏，B21-2-44。

⑥　《为呈报六月九日奉派调查杂院情形由》(1930年6月10日)，青岛市档案馆藏，B21-2-44。

讲究卫生。该处海滩，虽设有以板筑成之厕所二处，并分别男女，然供不应求，且居民亦有积粪卖钱者，故极为污秽。①西镇一带的苦力窝铺，更是污秽狼藉，不堪入目。作为苦力车夫的食息之所，各家设施大致相同，调查员每当启门询问之时，便感觉浊气撞出，扑面触鼻，直不能令人启口，视线所及，均极度脏乱。②

贫民居住区最差的地方是西大森和海关后，西大森是苦力帮和小挑贩的麇集处，因临近电气公司，冲天的两座烟筒中整日喷出无数的小煤渣，煤屑弥漫，空气污浊。此地住房虽然也是砖垒墙、瓦盖顶的大洋楼，但各屋石灰脱落，楼上的玻璃，破碎者十之八九，空隙处多糊上报纸，或挡上麻袋。房子多用板壁隔成两至三间，每间一家，都安一灶，烟灰将所有器具熏成灰色，人们的脸面上、耳眼里、鼻孔里，也都满布灰尘。西大森的住户多半是些贩夫走卒、苦力车夫等，在外来访问者的眼中，这里没有富人的别墅、阔人的汽车、奇装异服的姑娘小姐，只是一些破衣褴褛、灰头垢面的苦力和庄户打扮的妇女，间乎有穿着不整齐长衫的小商人。这些做穷苦生涯的人们，多半都有饮酒的嗜好，有时饭可不吃，酒却不能不喝，所以此处酒肆繁多，每到下午下工的时候，各酒馆里，都坐满了一桌一桌的劳工大众们，吃着即墨老酒、景芝白干，大家谈着笑着，真是一醉解百愁，把平日的劳苦忧虑全都忘掉了。在这里住的商贩，以贩卖鲜鱼、收买破烂、逛杂院卖青菜的占多数，他们工作虽较自由，但是受了社会不景气的影响，买卖都不很好，生活亦是困苦。③海关后贫民的房子，和西大森并无差别，因靠近小港，人烟稠密，所以豆腐房、锅饼铺，较别处特多。④

从初冬到仲春，在天气寒冷的季节，里院和平民院各户都生有煤炉煮饭，因为屋里冷，想以煤炉取暖，就不让它熄灭，紧闭门窗，一屋的炭气和煤屑，不习惯者往往要窒闷得喘不过气来。生活在这不卫生的环境里，以及饮食不济，

①　《团岛二路一带调查报告》，《青岛时报》1933 年 1 月 9 日，"自治周刊"第 23 期。

②　秉衡：《户口调查中之见闻》，《青岛时报》1936 年 5 月 11 日，"自治周刊"第 193 期。

③　《西大森一带之速写》，《青岛时报》1936 年 4 月 20 日，第 6 版；《西大森海关后平民生活之一斑》，《青岛时报》1934 年 2 月 26 日，第 6 版。

④　《西大森海关后平民生活之一斑》，《青岛时报》1934 年 2 月 26 日，第 6 版。

生恶毒和流疫病的人很多,既无医又无药,病死者不在少数。①

总体来看,青岛市的大杂院,大都住户特多,人烟稠密,自己的卫生有时还能讲,公共的卫生,毫不顾及,所以院子里龌龊杂乱。②移民后代们最难忘的生活场景是排队。一般的里院中,厕所和水龙头奇少,百余户中仅二至三个厕所和一或二个水龙,如西广场近千户人家只有两处公共厕所,所以居民们早晨起床最壮观的景象便是排队如厕和担水,而不少居民养成临水池或下水道便溺的习惯,所以人多的杂院更无法讲求清洁了。③平民院建成初期,政府定期检查督促,使多数平民院尚能保持整洁。里院中较多的住户、狭小的空间和一些里院亦商亦住的混杂型特点激发了人与人之间的互动。

2.社会交往

邻居、同行或老乡是乡村移民在城市生活中最为重要的合作者与救助人,邻居、工友也常常是老乡。在传统村落生活中,长期的自给自足的生产方式和世代相识的居住环境使乡民们对乡土有着强烈的归属感,对同乡有高度的认同感,乡民们组织程度低,互动程度高,村落和家庭内部的人际交往活跃,生产与生活拥有高度的稳定性。进入城市后,传统的以血缘和地缘为纽带的聚居格局发生变化,城市人口的异质性、多样化与城市专业分工的加强使乡下人处于陌生与多变的社会环境,但初期社会化过程中积累的血缘与地缘关系依然在城市社会中顽强地延伸着。

乡邻关系是农民离村进城、应对各类环境变化可供依赖的基础资源,家乡遭遇天灾人祸后,城市中是否有亲属、同族或同乡是受灾者离乡时考虑的必要条件。在城市拥有一定亲属与乡邻关系有助于他们获得工作与住所,帮助他们在城市生存下来。对同乡的依赖在青岛平民的居住格局中有所体现,同一条船上驾船的工人、同一个商号的学徒、同一个店铺的伙计,这些依铺户居住的移民基本以同乡为主,同乡的大车苦力或洋车夫也往往居住在一起,来自同一籍

---

① 《平民院生活之写真》,《青岛时报》1936 年 3 月 15 日,第 6 版。

② 《谈谈岛上杂院》,《青岛时报》1936 年 4 月 9 日,第 6 版。

③ 青岛市市南区政协编:《里院·青岛平民生态样本》,青岛出版社 2008 年版,第 28 页、126 页、150 页。

贯的贫民居住也较集中。①传统的乡土情结与同乡认同在城市中得到充分的体现，先期入城者成为乡下人向城市延伸的重要纽带，借助同乡网络，后续的乡村移民得以在城市定居、工作或做些城乡间的小买卖。1930年代的富润里是众多平民杂院中的一处，富润里南门通四方路，北门通海泊路，破旧、污浊、狭隘，在公共通道里，摆满了装有鸡鸭的笼，这些鸡鸭都是附近各路的乡佬们运贩来的，以在市场出售。②进城的乡邻为他们提供了临时或长期的落脚点。

同乡是乡下人在城市谋取工作、借债、打牌、赌博甚至共同犯罪的生活搭档，他们彼此获得物质与情感的满足与慰藉，如果同乡不能提供及时的帮助，新来的乡村移民或沦落街头以乞讨为生，或从事偷盗一行，甚至有自杀者，而女性则被迫为娼。如矫继陶，28岁，胶县海西村人，家中只有老母亲，薄田亩余，不足赡养，便来到青岛，拟找工作谋生。只是青岛市里别无亲友，只有本村族侄矫源亭在台东三路福兴东杂货铺充当伙友，他到矫源亭处，但矫源亭并未照顾他。矫继陶仅剩几毛钱，无法回家，竟服毒自杀，幸警长发现及时挽救了性命。③高密妇女王芸芬，27岁，在青海路宝兴里充当妓女，芸芬年幼时，经父母之命嫁与本县一人为继室，因感情不和，芸芬嫌丈夫年老貌丑，便与31岁的魏某私奔来到青岛，住小鲍岛一个里院内。魏某恳求同乡代谋职业，历经月余，没有获得工作，而魏某所带金钱已经花完。进退两难之际，芸芬遂作暗娼，因官厅取缔暗娼，又堕入宝兴里乐户中。④

在城市中没有既定的社会关系而贸然闯荡城市的乡下人面临的失业压力很大，在1929年贫民习艺所入所请求者中⑤，衣食无着、流落街头者多是在青岛无亲属、无依靠的乡村少年。他们一无气力承担码头和车夫的繁重体力劳动，二无亲属或同乡在商店以谋得学徒的活计，只能以乞讨为生。

长期的接济与不平衡的交换也令许多老移民不堪其扰，乡情并不能长期维系移民间的感情。51岁的安徽人石鞠氏，因家贫随亲戚江鲍氏由原籍来到

---

① 《青岛市公安局贫民调查表册》（1932年4月），青岛市档案馆藏，B21-3-69。

② 《富润里之杂写》，《青岛时报》1936年5月12日，第6版。

③ 《矫继陶谋生无路　服土信自杀未遂》，《青岛时报》1934年4月28日，第6版。

④ 《浪漫妇女堕入烟花　自染重病尤（犹）须接客》，《青岛晨报》1935年6月30日，第7版。

⑤ 《青岛总商会收请入贫民习艺所函件》（1929年），青岛市档案馆藏，B38-1-482、483。

青岛，经江鲍氏介绍在湖南路一户人家中充当佣工，因年老无能，半年后被雇主辞退，无计为生，只好住在江鲍氏家，时常遭到江鲍氏白眼相待，后得知儿子得了癫病不能谋生，痛心之时，又与江鲍氏、江满沧等发生口角后被殴打，遂上吊自杀。[1]类似的极端事例虽然稀少，但透露出乡下人获得同乡与亲属救助的必要与重要。

　　顾得曼对近代上海的研究表明，并非每个旅沪同乡组织里都有大的资本家，因此不是每一个在上海的外地人都能向他们的同乡组织寻求帮助，有效能的同乡组织要依靠财经资源和有影响力的领袖。因此，缺少这些经济和人事资源的旅沪团体常不能发展成可以巩固和扩展同乡纽带的组织。这些情形下，陷入穷困的外地人，很少或得不到同乡"安全网"的救援。[2]青岛的情况亦如此，同乡感情为形成社会网络、提供社会援助提供了可能条件却不是必然机会，并非所有的青岛外来移民都有同乡组织，也不是所有建立了同乡组织的本籍人士都能得到帮助。

　　青岛最早的同乡组织是建立于光绪年间的齐燕会馆[3]，1902年，山东黄县商人祥泰号经理傅炳昭等人率先创建了山东会馆，1922年改称为齐燕会馆。[4]此后五六年间，又先后成立广东会馆和三江会馆。会馆的成立与青岛商人群体的形成有非常重要的联系，早期三大会馆，正是当时青岛地区几大地缘商人势力的代言人，如《胶澳志》所言"三馆俨然为商界之代表也"[5]，其成员多为商界人士，且有一定经济实力。按照三江会馆的馆则，会馆旨在促进江西、安徽、江苏、浙江四省寓胶商民之社交，发展商工业；凡江、皖、苏、浙四省人士，无论所操何业，均需将本人姓名、籍贯、年龄呈报本馆，或所属行业首领，登记入册；凡加入本馆者，须交纳相当于每日一文至十文钱的会费，只有在本馆登

---

　①　《安徽妇人石鞠氏因事自缢而死》，《青岛时报》1934年12月2日，第6版。

　②　〔美〕顾得曼：《民国时期的同乡组织与社会关系网络——从政府和社会福利概念的转变中对地方、个人与公众的忠诚谈起》，《史林》2004年第4期，第113页。

　③　民国《胶澳志》卷三，"民社志九·结社"，台北，成文出版社1968年影印本，第432页。

　④　青岛市史志办公室编：《青岛市志·民政志》，中国大百科全书出版社1996年版，第234页。

　⑤　民国《胶澳志》卷三，"民社志九·结社"，台北，成文出版社1968年影印本，第432页。

记入册者，如遇穷困或亡故，当由本馆设法扶助救济。①青岛最早、影响最大的这些会馆，主要为敦睦乡谊成立，起到沟通信息、维护经营利益的作用，除组织重大社会活动和作为华商的货币、土产和期货的交易场所外，也举办社会公益慈善事业。如华人丧葬地湖岛子公墓于 1910 年由齐燕会馆、三江会馆和广东会馆轮流值管，后改归齐燕会馆单独经营管理。三江会馆也常常举办施医、施药、施舍棺木等福利活动，但其救济却难以惠及更多贫穷的乡村移民。

1922 年北洋政府收回青岛前后，青岛出现自治与结社的高潮，大批同乡会（包括同乡公会）组织相继成立，据《胶澳志》记载，有 19 个。同乡会相比于会馆，成员涵盖面和服务对象有所拓宽，早期青岛的会馆成员基本都是工商业者，各大会馆的会长一般都是各个洋行或者商号的经理，而同乡会领导人覆盖了多个行业和阶层，有商人、教师、医生、军人，也有公务员。会馆以省命名，同乡会则以县命名。尽管区域有了细分，成员有了扩充，但总体来看，1920~1930 年代的同乡会依然主要是为进城的移民精英服务的。建立于 1922 年的掖县旅青同乡会，入会以地缘乡籍为基础，但在入会资格上规定：一、掖县人在本埠农工商界有一定之商业者；二、掖县人绅、商、庶寓居于本地者；三、掖县人之充本地官吏者。②作为青岛组织规范、成立较早的同乡组织，其入会成员显然是掖县的士、绅、商、官等上层人士，目的在帮助有一定实力、客居异地的同乡，使其能在陌生的城市里更好地生存和发展。

各同乡组织都将"敦睦乡谊"、"办理慈善"、"互相友助"、"利济桑梓"等作为其宗旨，例如掖县旅青同乡会在其章程中就明确提出："旅青中或素有安分偶以命蹇运乖贫乏无力返乡者，同乡应筹集川资俾得回家"；"生老病死人世之常，旅青同乡既多，自必筹备周详，以备不虞，平素造棺木多具，分上中下按本钱定好价格，倘有用者，可自酌贫富来选抬用，照付原价，如贫不能购即行施舍"；"本埠名医虽多，皆有马钱，贫者或不便前往请诊，本会请同籍精于岐黄者每月指定时间在本会施诊"。③对于在青岛的贫苦无依者或者难民，同乡组织有时会让其居于会址并减免其房租，或通过呈请政府帮其搭盖棚屋等方式予以安顿；而对于贫乏无力返乡者，会给予资金助其返乡；对于生病、受伤而无力救治者，施予医药；对于死后贫不能购棺木和安葬者施予棺木或助其安葬。但从史料来看，同乡组织的援助范围与力度是有限的，根据会馆简则规定，能够获得在会馆居住权的本籍同乡需要事先报告董事，得其许可才能迁入居住。[①]而会馆场所的缺乏或客容量的有限制约了大量贫穷乡民的居住需求，各市同乡会虽纷纷成立，"然不过赁屋而居，未有能筑会馆者，惟掖县同乡，富商甚多"，"如是倡积巨资，建筑会馆"。[②]其他多数新成立的同乡会则连正式办公场所也没有，莒县旅青同乡会开全体大会需借用齐燕会馆。[③]众多同乡组织也并未有效开展其当初成立时许下的公益事业，故而媒介评论其为"说了就算办了的公益"，"什么地方自治，推销国货啦，创办工厂啦，办理育婴堂啦，设立孤儿院啦，什么联络同乡感情啦，维护桑梓幸福啦，洗耳听罢……纸上谈兵"。[④]

　　各同乡组织的会员数相对于众多的本籍移民来说，人数非常少。据 1928 年统计，青岛即墨同乡会会员数量最多，有 2000 余人，高密旅青同乡会有会员 200 余人，武定十县旅青同乡会有会员 100 余人。其余同乡会会员数直到 1947 年始有记载，但会员数量亦不多，莱阳同乡会为 253 人，平度旅青同乡会为 530 人，掖县同乡会为 346 人，胶县同乡会为 404 人，潍县同乡会为 454 人，昌邑同乡会为 503 人。[⑤]大量的失业者、少数向政府请求施棺者中也不乏已经成立了同乡组织的掖县人、莱阳人、即墨人等。正式的同乡组织在普通乡村移民的生活中尚缺乏广泛的影响力。

　　同行业者相处既久，其互动亦频繁，车夫、苦力、工人、女工等拥有相同职业者往往共居同一杂院，所以青岛的杂院或名之苦力里，或称工商里，系以某

　　① 《青岛市公安局管理会馆简则》(1931 年 1 月)，青岛市政府秘书处编印：《青岛市政府市政公报》第 20 期，1931 年 5 月。

　　② 《掖县会馆落成讯》，《东海时报》1923 年 11 月 30 日，第 3 页。

　　③ 《莒县旅青同乡会借齐燕会馆开全体大会》，《大青岛报》1923 年 9 月 28 日，第 7 版。

　　④ 《又是说了就算办了的公益》，《中国青岛报》1925 年 4 月 10 日，第 2 页。

　　⑤ 《近代青岛同乡组织一览表》，房兆灿：《城市·移民·社会——青岛近代同乡组织研究》，中国海洋大学硕士学位论文，2009 年，第 34~41 页。

一职业为主者名之。青岛里院人口来源多样，职业繁多，据鲁海老先生回忆，在其居住的 1930 年代的郯城路三星里，居民身份各异，有开地毯工厂的老板，有颐中烟草公司的小职员，有小学教员，而鲁老先生的父亲（来自乡村）则是在国际俱乐部供职的白领。一群人职业与身份不同，却密切围拢于同一屋檐下，门与窗一股脑儿地开向一侧，无论多少户人家，都不得不共享一个水龙头和一个厕所。这样的格局无形间反倒拉近了居住者之间的距离。①

俗语说远亲不如近邻，家有红白喜事时，邻里的老少都可以帮上忙，这也成为孩子们捞取外快的机会。谁家有红白大事，雇打旗的小孩的时候，只要一敲锣，在一个平民院中，三二百小孩子马上就会很容易地召集起来。②邻里间有孩子生病，或有不识字者，或看门，或买米搬运，经常可以得到邻居中有力气、有知识者的帮助。③文兴里有一位从平度沙岭村闯青岛的綦氏，院里人称大嬷嬷，她心里藏着上百个治病的偏方，小到口舌生疮、牙疼失枕、鱼刺卡喉，大到产后虚风、羊痫风、哮喘咳嗽，她都有办法治愈，且分文不取，也不求任何回报，成了邻居们的免费医生。文兴里的小商铺则成为居民的"保险箱"，大到老太太的存折、光棍们的现金钞票，小到房门钥匙、小学生的书包、马扎子等，只要来历正当，均可无偿存放保管。小铺也是大家的文化站和消息的传播中心。④

平民院与棚户中有其特定的权威，即使是城市的贫民阶层，其领袖亦有领袖的气概与资格，无论是平民院的会长，还是棚户里的首事，里院的房东或铺户，多是有一定资产并识字者。如平民院中较大规模的挪庄，有会长林云峰，其公馆的陈设，与一般住家大不相同，所有桌椅家具，又整洁，又新款，门头上高悬"林云峰"会长的名片，会长家中所供的那一张财神像，也比一般住家的财神像显得格外有点财气。⑤团岛二路的棚户区中，居民识字者极少，有数处

---

① 《山东"里院"——老青岛民间艺术的栖息地》，http://news.folkw.com/www/dongtaizixun/0914 0329_6.html。

② 《平民院生活之写真》，《青岛时报》1936 年 3 月 15 日，第 6 版。

③ 王度庐：《龙虎铁连环　灵魂之锁》，群众出版社 2001 年版。

④ 青岛市市南区政协编：《里院·青岛平民生态样本》，青岛出版社 2008 年版，第 40 页。

⑤ 《挪庄新村观光记》，《青岛时报》1934 年 3 月 3 日，第 6 版。

小杂货商店以及小规模之磨坊、煎饼铺,这里的首事,多是商店店主,"盖以此等人,较为识字,且资产较雄,并终日在家之故"①。会长、首事需要配合政府的人口调查、平民教育、治安维持等工作,平民院建设前7处贫民窟的会长尚要承担并组织平民院住宅建设,动员每家的迁移与建筑费的征收。而车夫因常年吃住在饭铺或窝铺中,对饭铺经理较为依赖,甚至有将余钱存于铺主手中者。②铺主成为苦力们在城市中的托付之人。

三、工作方式与价值观念的变化

马克思指出:"在再生产的行为本身中,不但客观条件改变着,例如乡村变为城市,荒野变为开垦地等等,而且生产者也改变着,他炼出新的品质,通过生产而发展和改造着自身,造成新的力量和新的观念,造成新的交往方式,新的需要和新的语言。"③人类在改造自然环境与社会环境的同时,环境也在改造着人类自身。

进城的乡下人脱离了生死相依的土地与家乡,进入不同于农村社区的生活环境,从事着另一种不同的社会职业,聚居在陌生与喧杂的人群中,穿梭在整齐的马路上,目睹了前所未见的新兴事物,习得新的技能与社会规范。在学习、适应与认同新的社会职业与角色的过程中,近代社会环境、文化规范与社会价值观逐渐渗入乡下人心里,城市的工作与生活境遇由此形塑了乡下人新的行为准则与价值观念。"城市环境的最终产物,表现为它培养成的各种新型人格",城市为人们提供了施展其才干的机会,"又提供各种刺激和条件,使人们在最大范围内通过各种各样的行为方式发展其生理的和心理的素质"。④生活环境和社会角色的变迁,使移民们在经济生活、社会交往方面调整的同时,

---

① 《团岛二路一带调查报告》,《青岛时报》1933年1月9日,"自治周刊"第23期。

② 《饭铺女经理干没存款 致起诉讼》,《青岛时报》1933年11月14日,第6版。

③ 《马克思恩格斯全集》第30卷,人民出版社1995年版,第487页。

④ 〔美〕R.E.帕克等著,宋俊岭等译:《城市社会学——芝加哥学派城市研究文集》,华夏出版社1987年版,第273页。

心态结构、价值取向亦发生新的变化，城市主流价值规范对他们渐渐产生影响。

1.工作方式：从自由到约束

从事种植业的农民并不需要特别的时间约束，他们一般看着日头干活与吃饭，太阳的位置是他们一天生活安排的报时器，亦无须精确。家庭是劳动与生活的基本单位，首属群体是乡下人最重要的生活圈子，人们的交流是自由、灵活和生动的。农村的日常生活是围绕着土地与家庭运转，而进城后的乡下人围绕着市场与工作运转，从多元化的综合职业（种植业、养殖业、家庭副业、打小工等）转变为带有专业性质的单一职业。工厂、商铺等近代经济组织有严格的时间制约与规章制度，人与人之间的交流充满限制与等级区分。

工厂是近代工业文明的缩影，在培育人的都市生活适应方面有特别重要的作用。在工厂里，每个人每天工作 10~12 个小时，每个月只有 1~2 天假期，工厂的技术准则、精细分工和严格的操作要求对工人形成约束，工人们必须适应它，严格遵守工厂要求的各项章程和规则，否则身体和待遇都会有所损失。工厂中每个生产部门都有严格分工，内部各机构间有严格的等级关系，科层体系下，考勤、质检、奖惩体制成为塑造个人心理与行为模式的强有力的工具。学会适应并参与工厂活动的过程，也是一个社会化的过程，它改变着人们的价值观、态度和行为方式。来自不同地区、习性各异的工人们群聚在一起，有助于移民减少对陌生人的畏惧，增强对新的生活方式的理解与宽容，从原来农村生活中的家庭成员角色更快融入单位一员、城市居民等多样化的社会角色中。华新建厂初期，正值山东省连年遭遇水旱灾害，华新纱厂在临清与滨县两处，招收农民子弟 1200 余人来厂当学徒。因为青岛当地工人大多是附近各县农民，仍有工农并重思想，农忙时回家务农，农闲时来青做工，出勤率差，不如艺徒可靠，而且艺徒待遇低，可以降低成本。农民子弟不习惯工厂生活，又因待遇微薄，到厂后时有逃亡，因而厂方严作戒备，上下班派人看送，回宿舍后注意活动。但管理制度越严，工作效率愈低。后来厂方认识到高压不是办法，改从培养教育入手，延用关锡斌担任人事科长，管理职工宿舍，教养艺徒。关与艺徒同吃同住，开设讲习班，成立俱乐部，共同学习，打成一片，工人也渐渐安心工作。[①]

在城市中，个人已不再像在农村社会中那样位于一个宽广的家庭和权威结构中，他们已从中分离出来。在新的分散的个体组织的生产结构中，每个人的付出可以使之从中受益。正是经济活动中的收获，使进城的劳动者得以维持基本的生存。城市非产业工人不接触机器生产过程，通常也不大参加大规模的科层组织，但他们的工作至少在一方面是特殊的——需要同公众接触，包括街头小贩、人力车夫、小店员、巡警等。他们从事的工作都要和不同的人广泛接触交往，这种交往提供了很多获取新知识的学习机会，可以听到不同的观点见解，也需要有表达意见的能力和推断能力。这种经验也许能促进人的现代化，反复地熏陶人们去接受新经验，了解不同的意见和取得较深刻的知识，所有这些都有助于发展一个人的现代性。[②]

2.消费观念：从崇尚节俭到敢于花费

中国历来提倡朴素、节俭，受长期以来经济发展水平较低的影响，农民消费支出均精打细算，力戒奢靡，形成根深蒂固的节俭与实用观念。但近代以来，随着商品种类的增多、价廉实用的洋货盛行，以及市场交换的便利，移居城市的乡下人在财力所及时，也大胆花费，追求新奇与享受，日常生活除了一些生存性需要外，还产生了社交与精神需求。

女性生活支出中，除食物外，最多者为服饰，城市摩登女子、达官富户尚且不论，普通女工也注重着装打扮。"市内之工匠劳力，则衣服与居住二项亦较乡民为优，大约食费占四五成，衣服占二成，住居占一成，若在女工则食量视男子为减而衣服所费则视男工为巨也。"[③]1936年市面萧条时，女工也能成为洋货店尤其是进口布匹的老顾主，致该商莫不利市一倍。[④]去台东上班的女

---

① 青岛市工商联：《在日本纱厂夹缝中发展起来的华新纱厂》，中国民主建国会青岛市委员会、青岛市工商业联合会、工商史料工作委员会编：《青岛工商史料》第3辑，内部资料，1988年，第143~144页。

② 殷陆君编译：《人的现代化》，四川人民出版社1985年版，第149~150页。

③ 民国《胶澳志》卷三，"民社志五·生活"，台北，成文出版社1968年影印本，第374页。

④ 《四方沧口纱厂近况》，《青岛时报》1936年2月8日，第6版。

工，其中虽不乏衣服褴褛的人，但也有些花枝招展和服饰整洁的标致人物。①

　　吸食鸦片是最普遍的洋货消费，上至达官贵人，下至仆役苦力，均吸食成风。烟片易成瘾，普通劳工沉迷其中，有不能自拔者，必需的饭食以外，余钱均耗费于烟片上。而城市的赌博风气也冲击了乡村移民们的节俭之风，没有活干的苦力们，常以压小宝打发时光，他们以血汗换来几个钱，是极不易的，但是弄到赌博，便毫不顾惜，似乎成了他们唯一的享乐了。②大车苦力勤勤恳恳、不避风雨地干，胼手胝足，换几个养命钱，养活个人，或养活家小，他们这些人，除了正当的衣食开销外，常会有聚赌的情事，所以他们差不多不会攒住一个钱。③

3.婚配观念：从父母之命到自行选择

　　五四以来，自由恋爱之说盛行城市，而乡村中依然保留古风，以父母之命、媒妁之言为据。1920 年代时，青岛乡区"幼女尚事缠足，壮男犹存发辫，性本勤勉而不尚洁净，子女早婚而不重学艺，具谨愿之美德，而乏强健之常识"④。据1933 年报道，青岛乡区，虽密逾都市，但民性守旧，恋爱摩登之风，尚未沾染，男女订婚，依然全凭媒妁三寸之舌以为定。⑤贫穷人家，嫁女全用买卖方式。⑥一些村落也有私奔之风，都市为青年人提供了逃婚之所。1932 年青岛市推行的婚制改革，以及都市中陌生男女接触机会的增加，冲击了乡村移民的婚姻观念，他们向往并开始了自由择偶。诸城人王德和，25 岁，是大窑沟志愿堂理发铺掌柜的弟弟，也以理发为业，1933 年 11 月 16 日投海自杀，因三年前他在家娶妻，嫌妻貌丑，便来青岛，在德兴里恋妓女，热度极高，其父来青令其回家，他不听从，并欲娶所恋妓女为妻，其父极力反对，王德和遂愤极自杀。⑦又有孙文泗者，56 岁，胶县人，务农为业，其妻孙薛氏为续弦，嫌夫丑老，私行潜逃来青，借居其娘门姊妹家中，后孙找到带回，孙薛氏大讲自由恋爱之新说，

---

① 《青岛之晨》，《益世报》1935 年 3 月 12 日，第 14 版。

② 《济南路小大车之苦力帮》，《青岛时报》1936 年 2 月 14 日，第 6 版。

③ 《大港沿之速写》，《青岛时报》1936 年 2 月 12 日，第 6 版。

④ 民国《胶澳志》卷三，"民社志三·风俗"，台北，成文出版社 1968 年影印本，第 362 页。

⑤ 《青岛礼俗考》，《青岛时报》1933 年 6 月 12 日，"自治周刊"第 45 期。

⑥ 《段家埠村调查报告书》，《青岛时报》1932 年 12 月 12 日，"自治周刊"第 20 期。

⑦ 《理发匠王德和投海自尽》，《青岛时报》1933 年 11 月 18 日，第 6 版。

一时将孙老头气昏。①在城市工作的未婚女性也有的自己物色配偶。②

4.权利维护意识:逐渐觉醒

初进城市的乡下人面对身穿制服的警察等国家公务人员,常有惊慌之色,应对亦不能流利,对公职者呼之以老爷或老总。当 1930 年公安局清查杂院时,初到青岛避难的乡下人,在原来乡里也是中等资产者,但见公安局派员调查,多欲回避,当警士说明只是查询房租,并告之不必惊疑时,始终闭口不肯出言。③而住瑞丰里在铁路局工作的工人们知晓警士询问房租一事,"均群环集楼上,各历叙近数月内加租情形"④,在城市生活较久的工人们已经能够充分利用公安局调查杂院的机会反映自己的问题。住在种德里新由外县避乱来青的乡下难民中有一蓄发辫者,在警士调查杂院时,由警察代其剪去。⑤这在乡间可能是誓死捍卫或立志保存的一根辫子,一到城市便轻松被剪掉,乡下裹脚的女孩子,到青岛也在禁止缠脚的运动中放开了足。辫子与小脚的解除,与其说是政治与社会运动及于个体的产物,毋宁说是进城后个体生命对新型环境的融入之举,虽然多数是被迫行为,但身体符号的改变,亦使他们于新的城市生活有了更深的植入感。在城市居住较久的乡下人,对城市管理的规章制度更为熟悉,其胆量与见识随之扩大,遇到利益受损、口角纷争,渐渐能诉诸法律规章,或诉诸团体力量加以争取。他们发现有吸食贩卖毒品、赌博、吵架等不法事情,或家里遭遇拐卖、诈骗等冤屈事件亦能主动报告巡警,谋求解决。二三十年代青岛纺织业工人的劳资纠纷甚为活跃,即为增加工资,维护自身经济权益而奋起。

5.社会保障心理:从养儿防老到存钱生利

传统的中国人心理是多子多福,养儿防老,以本致富。随着乡下人在城市生活中的历练和眼界的开阔,他们开始对养老保障有了新的筹划:将钱存入

---

① 《嫌夫年老 竟欲离婚》,《中华报》1931 年 12 月 5 日,第 3 页。

② 《侯秀珍酷嗜自由愿与情侣共偕白首 宁死不愿随乃母回家》,《正报》1937 年 1 月 26 日,第 7 版。

③ 《为呈报六月十二日奉派调查杂院情形由》(1930 年 6 月 14 日),青岛市档案馆藏,B21-2-44。

④ 《为呈报六月六日奉派调查杂院情形由》(1930 年 6 月 10 日),青岛市档案馆藏,B21-2-44。

⑤ 《为呈报六月九日奉派调查杂院情形由》(1930 年 6 月 10 日),青岛市档案馆藏,B21-2-44。

银行，一则借以生利，二则老有所托。1935 年青岛明华银行的破产将大量储户信息挖掘出来，城市中除富商大贾、机关要员存钱外，还有大量贫民储户。为吸引民间资本，明华银行规定一元也可以开户，几毛也可以零存，所以无论阶级、无论贫富，稍有积蓄者都能在明华银行存钱。其中也有当老妈子的人，伺候主人一家，刷马桶、拭地板、买菜做饭，强颜为欢，以残饭度日，而每月的收入，最多也不过三四元，在万分的困难中，仍然力事撙节，由几分积成一毛，由几毛积成一元，存到明华银行里去。积年累月，也能攒着三十四十。[1]逃难来青岛的乡下人也能将其财产存入银行。由于乡村土匪侵扰，一些农民不得不背井离乡，折变了田屋，有薄田十余亩、茅屋六七间者，折卖后获千余元，来青岛后存在明华银行，每月赚几元利息，以维持几口的生活。[2]一位来自山东景芝的车夫，因为家乡种地没有利润，又闹土匪，1933 年来青岛谋生。刚到青岛时与老乡同住，老乡开煎饼铺，他每天出外替别人卖包子，后来老乡建议合伙做生意，他便回到老家，典卖土地家产，共得 245 元，带着妻子孩子来青岛做生意，赔上 40 多块。春节后买卖停止，并得罪了老乡。他领着女人孩子搬到小港居住，以拉车为生，将这 200 多块钱，连同自己拉车和妻子做缝穷妇和洗衣妇的钱，一共凑起 285 元，存到明华银行，以生利息。[3]城市生活方式带来的便利使移民很快融入新型的生利模式中。

四、乡村移民的社会流动

"社会流动可以被理解成个人或社会对象或价值——被人类活动创造的或修改的任何变化——从一个社会位置到另一个位置的任何转变。"[4]社会流

---

① 《怨声载道　凄楚动人的明华贫苦储户悲酸泪(一)：当老妈的存款之来历》，《青岛时报》1935 年 7 月 7 日，第 6 版。

② 《怨声载道　凄楚动人的明华贫苦储户悲酸泪(三)：折变家私存入明华》，《青岛时报》1935 年 7 月 9 日，第 6 版。

③ 《明华骗局下　一片怨声》，《青岛时报》1935 年 7 月 26 日，第 6 版。

④ 〔美〕戴维·格伦斯基编，王俊等译：《社会分层》，华夏出版社 2005 年第 2 版，第 264 页。

动有两种基本类型：水平流动和垂直流动。水平的社会流动指个体或社会对象从一个社会集团向另一个相同水平的集团的转换，垂直的社会流动是个体或社会对象从一个社会阶层向另一个社会阶层的变化。广义的社会流动是个人社会地位的改变，而职业对个人的社会身份和地位起着决定性作用，所以狭义的社会流动常常指人的职业地位的改变。社会流动不仅对于个人有着重要意义，而且对社会结构也会产生影响。传统中国在以耕织相结合的封建农本经济基础上形成了四民等级身份结构，其流动模式是混合型的，是一种适度型封闭的社会流动，它既严格限制垂直流动在任何阶级、阶层间自由发生，同时又保证一定范围内的上升性流动。这种流动主要通过旧式教育来实现，其主要是士绅、地主与官僚阶层之间的竞争性流动，向上流动的社会集团主要限于地主、士绅阶层，向城市的地域流动甚小。①

20世纪初期，中国社会处于急剧变动之中，乡村社会流动出现新的态势。不仅传统上层社会中的士绅官僚向着工商、军政和教育界流动，社会下层的广大农民也开始了多元复杂的社会流动。城市多样化的职业选择，开辟了广阔的多元的社会流动途径，农民们不仅进行了广泛的地理空间流动和同一阶层内的水平流动，而且他们通过职业转换和自己的勤奋，实现了教育手段外的向上流动。这种合理流动也激发了更多人的积极性和开拓进取精神，给社会注入了活力。在青岛的移民，大多数人依然在温饱线的社会底层挣扎，他们并没有随着农民向工人或苦力的职业变化而获得身份与地位的提升，但也有一些乡村移民凭借个人的智慧与努力，开始脱贫致富，并通过经商、进厂、嫁人、入教、求学等方式实现了社会地位的上升。

1.水平流动

水平流动包括社会地位与地理位置的流动。传统社会的职业选择受父辈与家族影响较大，而近代城市中，人们可以凭借工作技能的积累与广泛的社会接触增加多样的选择。乡村移民原本生活艰难者多，入城后多以工人、小商贩、苦力和学徒工友为业，虽然职业不同，但其地位并无特殊变化，依然处于

① 王先明：《变动时代的乡绅——乡绅与乡村社会结构变迁（1901—1945）》，人民出版社2009年版，第75~81页。

社会底层，他们虽然能够调换工作，但进入中产阶级较为困难。因为乡下人自身的教育程度与社交网络有限，他们经常在同一个行业或同一个阶层间流动。如赵禧福，1905年生，13岁进青岛，开始在湖岛子窑厂工作，后来经老乡介绍去内外棉纱厂干了2年多。先干摇纱，后又学细纱，拔穗子，一天2.1角钱。一段时间后，一个姓杜的将其领到隆兴纱厂，依然做普通工人。①《山雨》中的奚大有，初进青岛时，做小食摊，后来改做人力车夫。

空间的水平流动往往发生在邻县乡村的进城人员中。在中国，多数在城里找到工作的村民仍与其亲属保持着密切的联系，他们把积攒的钱寄回家，为家庭购买土地和建造房屋。在他们结婚后，仍把妻子和孩子留在老家。如果他们离开村庄时还未结婚，总是回来与家里选中的姑娘结婚。②他们有时还可能回家种植田地，像候鸟那样往返于城乡之间，亦有一些移民在灾荒消退和兵匪平息后，返回家乡。在1930年前后，胶东一带不平靖，县乡里较为有钱的人家，都跑到青岛来避难，因此房子常感供不应求，房租高涨起来；1933年前后胶东一带开始平靖，避难的人，都搬回家去。③在城市生意冷清的商人也会被迫逃走。如莱阳人张俊，35岁，住东镇顺兴路余善里，又有即墨人郭春堂，住该里二十六户，均以作小商店为业，因欠数月房租，时届废历年关，房东催讨，无法应付，便于夜间遗下室内衣物器具，潜逃无踪。④民国初年山东有名的大土匪刘黑七，平邑县南锅泉村人，家里贫穷，父亲靠夜间打更赚钱维持生活，他跟着母亲讨饭流浪，曾给地主放羊，20岁时，跑到青岛扛大包，干了一年，什么也没挣下，不得已又回到本村，仍给地主扛活。后来开始了土匪生涯。⑤

1929年工潮中，日本纱厂联盟停工，当时失业工人1.5万余人，连同工人

① 朱子衡等口述，徐文恕等整理：《1925年纱厂工人大罢工亲历琐记》，中国人民政治协商会议四方区委员会文史资料工作委员会编：《四方文史资料》第1辑，内部资料，1999年，第32页。

② 〔美〕杨懋春著，张雄、沈炜、秦美珠译：《一个中国村庄：山东台头》，江苏人民出版社2001年版，第222页。

③ 《市面不景气中谈谈本市的房荒》，《青岛时报》1936年4月25日，第6版。

④ 《拖欠房租相偕逃匿》，《青岛时报》1934年2月9日，第6版。

⑤ 王秉伦等搜集：《杀人魔王刘黑七》，中国人民政治协商会议山东省委员会文史资料研究委员会编：《文史资料选辑》第16辑，山东人民出版社1985年版，第147~148页。

家属,一共七八万人,如何安排这些罢工人员让青岛市社会局相当为难,居住在北平路小学和仓库的 199 名工人,便自动请求到上海去寻找工作。社会局派员护送工人运往上海。但一些去上海的工人借口待遇不好,一哄而散,上海社会局只好将未曾散去的 105 名工人运送回来。这些工人回来以后,实在没有办法,社会局便发给他们每人津贴 2 元,于 1929 年 9 月 6 日一律遣送回籍。①社会局又将四方、沧口等处工人,给资遣散。在东镇寄居的约 200 人,由社会局派员劝导,令其别谋生计并发给每人旅费洋 3 元,加以遣散。其他日资六大纱厂的工人,有自愿回家者 1000 余名,由社会局发给车票,并给资分别遣送。②此次工潮后,返乡人口近 2000 人。

　　一部分农村移民因为地域与职业、婚姻的重新选择或被拐卖诱骗,流入到其他新的地区。如崔兆兴为山东日照县人,上有父母伯叔,下有弟妹三人,家有房屋田地,自称为小康之家。16 岁学习木匠,学习两年,不堪其苦,欲回家闲住,父母不许,遂逃到青岛,被日本人雇佣当差;后觉当差不好,适遇有军人招兵,遂报名入伍;当兵一年,即又逃往他地。③又如朱宝善,青岛人,家中还有兄嫂二人,其父母早亡,兄弟二人在青岛靠拉车度日。朱某以拉车为苦,遂于 1930 年夏天投入韩复榘军队,随军来到济南,在练习打靶时自己不慎,被火药炸坏左臂,后来进入济南残废院。④

　　第一代乡村移民在职业选择与经济能力上的局限性,以及诸多先赋资源的不足,制约了移民后代的向上流动。调查显示,1930 年代,青岛工人中识字者仅在 30% 左右,苦力十有八九是文盲,极少数人不过略识几个字而已。至于工人子女的入学情况也不容乐观,不少工人家庭节衣缩食供子女上小学,但随着学费提高,能继续供应子女入中学的寥寥无几。1930 年,社会局统计,在

────────────

　　①　《日厂停工潮中之救济》,《青岛社会》创刊号,1929 年 10 月 10 日。

　　②　《救济失业工友之统计及复工后之处置》,《青岛社会》第 2 期,1930 年 1 月 1 日。

　　③　李树秀:《41 个残废兵的研究》,李文海主编:《民国时期社会调查丛编》(底边社会卷下),福建教育出版社 2005 年版,第 830 页。

　　④　李树秀:《41 个残废兵的研究》,李文海主编:《民国时期社会调查丛编》(底边社会卷下),福建教育出版社 2005 年版,第 836 页。

2000多个工人子女中,16岁以上仍能坚持读书者仅有3人。[1]这固然因为中学教育经费的不菲(公立中学费用每生每学期在7~14.5元间,私立中学每生每学期20.5~33元)[2],也因贫困家庭的成员都是十足的劳动力,生存需要成为乡村移民的第一需求,所以,即使有青岛市政府免费提供的社会教育,也极少有平民子女参加。

2.垂直流动

除部分乡村移民沦为乞丐盗贼,呈现向下的流动外,尚有一些由乡入城的工商人士逐渐适应城市生活,并迅速崛起为城市工商界精英。如王统照所记述的:"为了金钱,为了新生路的企图,靠近胶州湾几县的农民,工人,用他们的汗血与聪明,在德国人的指挥之下,把青岛完全改观。深入大海中的石壁码头,平山,开道,由一砖,一木,造成美好坚固德国风的高大楼房,他们有的因此得了奇怪的机会,由一个苦工后来变为有钱有势的人物,有的挣得一分小家私,不在乡间过活,也有的一无所得,或者伤了生命。"[3]在市内的贫民,"苦力居多,其初来自外县恒属赤贫,来青二三年后稍知奋勉者大都变赤贫为次贫,更由次贫而化小康者不乏其人"[4]。在工业生产与商业贸易中逐渐积累技术和经验的普通工人与学徒,也能跻身技术工人或包工头、买办等社会中层。[5]

青岛各厂主要工程负责人或经理本人,均系德管时代之工人出身,因随德人经营各项建筑、制造事业及船舶修理,遂得丰富之经验。[6]这些原来的普通工人成为1930年代第一产业各条生产线上的管理者。买办阶层以外,青岛行栈商和中小企业主多出身于下层平民,主要靠个人奋斗而致富,如尹致中、曹

---

① 青岛市社会局编印:《青岛市社会局行政纪要》,"劳动行政"编,内部资料,1930年,第129页。

② 青岛市教育局编印:《青岛教育概览》,编者1935年版,第40~41页。

③ 王统照:《青岛素描》,《王统照文集》第5卷,山东人民出版社1982年版,第315页。

④ 民国《胶澳志》卷三,"民社志五·生活",台北,成文出版社1968年影印本,第376页。

⑤ 李明伟:《清末民初中国城市社会阶层研究(1897—1927)》,社会科学文献出版社2005年版,第403页。

⑥ 董志道:《青岛工业之鸟瞰》,《青岛工商季刊》第3卷第2号,1935年6月,第6页。

海泉和陈孟元等①，一些乡村移民因此成长为青岛实业界的巨子。

刘子山（1877—1948），生于掖县湾头村，童年读过两年私塾，后因家境贫困辍学，帮助母亲纺线织布。14岁时，独自到青岛谋生，先当小贩，白天沿街叫卖，夜晚住宿破庙，后在洋行当童仆，备尝辛酸。但他立志进取，坚持用业余时间自学德语、日语，数年后，达到了能用这两种语言对话的程度。1908年，刘子山开始为德国建筑师当翻译，同时为人代办建筑材料，逐渐有了积蓄。1910年，他在青岛独资开设福和永木材行，次年，又买下海西旧窑场，将其扩建成福和永窑场，专制洋式红色砖瓦，由于产品迎合当时青岛建筑业的需要，质量也比较好，所以销售很快，获利不少。他还受聘担任德商礼和洋行华人经理，经营颜料、花生米的进出口贸易，所得佣金也很丰厚。日本占领青岛后，刘子山利用会说日语的条件，承包烟土专卖店，贩卖日本烟膏，大发横财。他又投资经营工商业，先后在青岛独资开办东莱贸易行，经营进口业务；开办永利汽车行，在华北地区独家经销美国Buick牌汽车；投资50万两银子，修筑烟潍公路，1922年建成后创办烟潍汽车运输公司，经营客货运输。另外，他还在青岛华新纱厂、青岛电业公司、博山煤矿等企业投资，担任董事等职。1918年他创办东莱银行，后在天津、济南、上海、大连设立分行，并向大陆银行、太平洋保险公司等金融机关投资，担任董事职务。至抗日战争爆发前，刘子山已拥有数百万元资产。随着财富和社会声望的提高，他还从事公益慈善活动，捐款修建平民住所，创办青岛中学、济南孤儿院等。②

綦官晟（1876-？），祖籍平度县洪兰乡沙梁村，世代务农，全家仅有12.5亩地，在当地属一般偏下的自耕农家。官晟自幼天资聪颖，但因家庭经济不宽裕，读了5年书就辍学了，之后在家帮父亲种地。他感觉到种地毫无前途，于是决心弃农经商，开始与邻人结伙去蒙古贩马。后来有两位族叔在本村沙梁开了土产店，见官晟有志经商又很精干，便将其留在店里，官晟帮店里做了几笔赚钱的生意，其族叔见其有经商才能，便鼓励和支持他去青岛开创新的局

---

① 山东省政协文史资料委员会编：《山东工商经济史料集萃》第1辑，山东人民出版社1989年版，第83页、188页、209页。

② 《民国山东通志》第5册，台北，山东文献杂志社2002年版，第3298~3299页。

面。1916年，綦官晟带了两名伙友，一起在青岛东镇租了三间小房，以仅有的少量资金，开办了"泰丰益"号小店铺，贩卖估衣和日用小杂货，仅能勉强维持三个人的生活。由于青岛商埠正在大力开发，各地商户云集，房屋紧张，綦官晟看准时机，向银行贷款，购买地皮，建房出卖，获利甚厚，遂将店面由东镇迁往胶州路，转为经营土产品代办。其后搬迁到商家繁多的北京路，合资创立同丰益号，主要代办土产品，以赚取代办费，此时资产总额仅万元左右。正好有日商大山洋行经理想把其洋行改为经营土产品和股票的信托公司，双方进行合作，在生油贸易中，不断营利，抗日战争前，成为总资产达200万的大商号。①

宋雨亭（1883—1950），掖县珍珠村人，其父务农，以编草帽辫为副业。他少年时代去青岛，在其四叔开设的杂食店当学徒，白天干活，夜里学习德文和英文，达到了能与外国顾客交谈的水平。20岁，应聘任通聚福土产店经理，后又兼任怡和洋行买办，由于处事得体，经营有方，逐步在青岛市工商界崭露头角，1916年被选为青岛市总商会董事，1930年被推举为掖县同乡会会长。自1927年至1937年担任青岛市商会会长，除以主要力量抵制日本的经济侵略，发展民族经济外，宋雨亭对慈善救济事业也很关心，1931年，他任青岛市救济院院长，1935年担任青岛红十字会分会会长，在救伤、助贫、便民等方面做了不少事。②

滕虎忱（1883—1958），生于潍县东南乡滕家庄村，父亲种地兼做铜锅手艺。他童年读过3年私塾，后辍学跟父亲学手艺。当时，潍县城东李家庄有美国基督教长老会设的"乐道院"及附属医院、学校，父子俩经常为教堂做些修补零活，并听牧讲道，后被吸收成为教徒，结识了许多教友。1898年德国开始修筑胶济铁路，虎忱随父亲到青岛，在铁路工程处当修路苦力。1902年，德国水师工务局船坞厂招收学徒，规定学徒期4年，出徒后要为厂效劳2年，虎忱得王姓教友协助，考入该厂学锻工。他勤奋努力，成绩突出，提前一年出徒，在2年的效劳期间，因技术熟练，被提升为锻工车间带班工头，期满后，又在该厂

①　綦瑞麟、綦松声：《青岛同丰益号的兴衰》，青岛市政协文史资料委员会编：《青岛文史撷英》（工商金融卷），新华出版社2001年版，第179~181页。

②　《民国山东通志》第5册，台北，山东文献杂志社2002年版，第3278~3280页。

工作 7 年多时间，不仅锻工技术精湛，且能胜任镟工和钳工。日本占领青岛后，他脱离水师工务局，回乡务农，后经人介绍到北京民生工厂当带班工头，一年后又回乡，后在潍县创办华丰机器厂，生产柴油机、锅炉、电动机等，其产品行销全国，被称为华北机器制造业的"巨擘"。①

尹致中（1902—1984），莱阳县人，家境贫寒，未能上学，14 岁时，只身到青岛，经人介绍，先后入日商高谷洋行、寺庄洋行做杂役，长达 10 年之久。他天资聪明，白天干活，晚上到日人办的实业学校读书，故能熟练地使用日语。在寺庄洋行的后期，他站柜台，销售缝衣针，因此得以结识日本制针厂家。1926 年，他经日本广岛制针厂经理贞赖同意，东渡日本，到该厂当学徒，并抽空到广岛高等工业学校听课。1928 年"济南惨案"后回国，见抵制日货运动使日本针进口锐减，中国又无制针工业，遂决意自办制针厂。1929 年与人合办忠记（后改名中华针厂），退出后创办了冀鲁制针厂，1931 年底建成投产，产品数量与质量直线上升，不仅行销国内，且出口南洋、印度一带，后合并中华，成为当时中国唯一的制针工厂。尹致中的创业成功在国内引起轰动，其知名度与社会地位大为提高，1936 年被选为中华工业联合会青岛分会主席。②

王德聚（生卒年不详），掖县夏邱堡乡西庄子村人，其父在家务农，因家口众多，生活困难，便蒸馒头到夏邱堡集上售卖，借以糊口。王德聚兄弟年幼时不得不外出谋生，老大先到烟台学徒，后来青岛，在中山路协源盛钱庄任职。老三（王德聚）与老四来到青岛，初在四方路出摊摆钱桌，以兑换钱币为生，由于省吃俭用，稍有积蓄，1927 年与同乡开设义聚合钱庄，后兄弟三人 1928 年单独开设义聚合钱庄，齐心协力，艰苦经营，使钱庄事业蒸蒸日上，跃居青岛银钱业之首位。③

民国时期，教育依然是社会流动非常重要的手段，青岛市政府的职员，包

① 《民国山东通志》第 5 册，台北，山东文献杂志社 2002 年版，第 3299~3300 页；张蓝田、宋伯良：《滕虎忱与潍县华丰机器厂》，中国人民政治协商会议山东省委员会文史资料研究委员会编：《文史资料选辑》第 14 辑，山东人民出版社 1983 年版，第 148~149 页。

② 《民国山东通志》第 5 册，台北，山东文献杂志社 2002 年版，第 3275~3277 页。

③ 杨浩春、周岱东：《青岛义聚合钱庄》，青岛市政协文史资料委员会编：《青岛文史撷英》（工商金融卷），新华出版社 2001 年版，第 270 页。

括青岛各级学校教职员均有中等程度以上的教育背景，市政府职员中 1/3 有大学本科或专科学历，胶济铁路、青岛港、各医院招收职员时也对学历有较高要求，青岛港甚至要求通晓日语或英语等语种。但多数进城的乡下人并不识字，较有文化者仅在家乡读过几年私塾，如上文所说刘子山和滕虎忱两人，读过私塾二三年，而尹致中完全没有上过学。他们进入青岛后初始的职业或者是学徒，或者是小贩，或当仆役，都是青岛最普通的职业，但他们经过十多年的奋斗从社会底层成为富甲一方的工商业巨子，跻身社会上层。这样的人生流动与他们的勤奋上进相关，而通晓一种或两种外语也是其事业转折的重要手段，因为语言优势，如尹致中、宋雨亭、刘子山等人均能顺利进入洋行，成为买办或中介人，积累了他们创业之前的第一桶金。1930 年代中国民族资本工业有了很大的发展，但日资企业无论是资本总额还是生产能力仍都占据支配地位，能在日本工商企业中任职成为重要的晋升阶梯，所以青岛流传着这样的俗语："从小就愁没饭吃，赶紧去学日本话。"[①]外语并不是每个人都能轻易学会的，正是这些工商业巨子个人后天的努力成为改变他们命运的决定力量，青岛工商业发展的时机和其前期职业生涯或教会中建立的人际关系亦成为他们创业历程的重要条件。

业缘、血缘、乡缘与教缘等社会关系在青岛移民的社会流动中作用重大，拥有良好的人际网络使新来的乡村移民能很快找到合适的工作，并在此后的城市生活中成为重要的经济支撑。但如同在上海一样，"发迹的只是华人居民的少数"[②]。乡村移民先赋条件的不足，成为他们进入上一级社会阶层的重要制约因素。同时，乡村移民脱离开他们原有的生活与交往圈子，又没有能力与机会在城市中摆脱贫穷，一些人甚至成为真正的无产者。来到城市谋生的乡民，找到一份足以维持生计的职业本已不易，一旦自己或家人患有疾病或受恶劣的经济形势影响，常常衣食不周，沦为乞丐或盗贼，青岛城市中盗窃罪与诈骗罪的增加，可以说明此点。

---

① 《沧口新闻》，《沧口民众》第 22 期，1936 年 5 月 21 日。

② 朱维铮：《音调未定的传统》，辽宁教育出版社 1995 年版，第 126 页。

小　结

　　近代城市的吸引力，不仅在于给乡民提供了避难之所，而且也提供了生存与发展的机遇。青岛工商业的发展为乡村移民提供了工厂工人、商店学徒或伙友等大量机会，缺乏技能与知识的乡下人通常从事体力活，包括洋车夫、苦力和码头工等工作，稍有资本者则做些小本买卖维持生活。未进厂做工的成年女子，从事佣工、缝穷妇或制售早点等服务型工作。一些年轻女性被卖入或主动投身乐户，在政府注册的娼妓达千人以上。城市底层职业的月收入平均在 10 元左右，各业学徒虽然每月只有 2~3 元工资，但食宿皆由店主承担，生存是没有问题的。只是携妻带子、家眷太多的劳工们，生活十分困难，每一位成员都需要为家庭的生存贡献自己的力量，女人、孩子们不会放过大小港码头上散落的煤核、花生米、大米等物品，也会在海水退潮时挎着篮子挖些蛤蜊或海蛎子，以弥补生活物资的短缺。老幼皆谋生活是其艰难生存境遇的写照，也成为青岛市政府推行教育运动的重大阻力。

　　本地土著乡民拥有较好的就业条件，工厂更愿意选用当地村民，而山轿夫、拾粪工等职业也只有本地土著才有资格取得。尽管如此，多数外地农民还是能凭借各种人际关系获得足以让他们定居城市的工作，他们的生存依然艰难，但相比农村的衰败与动荡，城市留住了他们。个别乡村移民通过艰苦的奋斗，运用才智、经验与各种关系网络，成功地跻身于社会上层，在青岛工商界中，大批领军人物正是当初怀抱梦想来青岛谋求生路的穷小子，他们的成功无疑刺激了更多的乡下人执着地在城市生活下来。

　　城市为富人提供了享乐机会，也给穷人提供了广阔的生存空间。与中山路上丰富诱人的中西百货并列的，还有西广场与莘县路上的破旧市场，小饭铺与小摊贩分布或穿梭在劳动阶层稠密的人群中，与西餐馆一顿饭数十元相对应的是几分钱也能聊以糊口，与欧式洋楼隔区相望的还有成排的板房。当游人沉醉于青岛作为"东方瑞士"、"第二香港"的华丽时，城市的陋巷与高墙围起的里院也给贫穷的乡下人提供了栖息之所。

　　在青岛，典型的城市居民区是杂院，也有成群的乡下人从棚户区迁往平民院中，来自不同职业与籍贯的乡下人居住在一起，邻里之间既能互助，又能在赌博、打牌中共同消遣。过于稠密的居住空间与男女比例的极度失调为男女的越轨提供了便利，杂院中的姘居、盗窃、争吵、打架之事并不少见。但人群的高度聚集并未形成严整的民众组织，政府牵头成立的里院整理委员会成员多为富甲一方、声望正隆的社会名流，有些人只是并未居住在青岛的房主。按照国民政府要求成立的间邻组织也停顿在酝酿与筹划阶段，德国时期成立的首事等职作为政府基层管理组织延续下来。警察力量对居民的日常生活影响更大，定期的户口调查与为配合中央政府的保甲体制而实行的里院调查，都由警察完成，卫生、治安、营业、交通等与城市居民休戚相关的事务均由公安局承担或监督。青岛的乡下人也在生活的磨砺中增长见识，他们在谋生方式与行为规范方面渐渐融入城市的同时，价值观念亦发生变化，由家庭角色向单位人与经济人转化。

第四章 CHAPTER FOUR

政府对乡下人的改造

　　从城市化的内涵来看,包括两个方面,一方面是指变农村人口为城市人口,变农村地域为城市地域的过程,即城市化的数量过程;另一方面是指城市文化、城市生活方式和价值观等城市文明在农村的地域扩散过程,即城市化的质量过程。[①]乡村移民对城市生活规范及价值观念的接纳是城市化过程的应有之义,也是城市化的最终目标与实现途径。移民从乡下人到城市人的角色转换,或者说乡下移民融入城市社会,有赖于个体或群体的主动适应,也需要政府层面的制度铺垫。乡下人融入城市亦是一个改造与被改造的过程,人们改造着城市,又被城市改造,乡下人在日常生活中改造自

---

　　① 仲小敏:《世纪之交中国城市化道路问题的讨论》,《科学·经济·社会》2000年第1期。

二十世纪之中国——乡村与城市社会的历史变迁

226

身和城市，也被城市管理者在规模性的社会建设活动中集体改造着。

在 1929 年~1937 年间，青岛市对于社会建设着力颇多，特别是沈鸿烈就任市长后，注重救济平民生计、改良社会风俗。沈氏于 1931 年底就任青岛市长，"即颁发施政原则三项，(一)整饬纲纪，(二)教养民众，(三)繁荣市面"。1933 年更制定详细的施政计划，"属于社会行政者，有整理杂院及私有广告，救济平民生计，改良社会风俗，废止不良习惯，提倡国货，组织消费合作社，改良团体组织等；属于公安行政者，有调查户口，改良街道门牌，补充消防设备，添筑分驻所派出所房屋，改进公共卫生之行政管理等；属于财政者，有设计官地应用办法，清丈全市土地，清理官产等；属于工务行政者，有分区扩展市街，改良及添设上下水道，整理与扩充乡村建设，取缔市民建筑等；属于教育行政者，有扩充图书馆、学校及幼稚园，培植师资，推进识字运动等；属于港务行政者，有整理港湾，建筑船坞，添筑码头，扩充仓库，修理现有轮船，添置运输船及挖泥船等；属于农林行政者，有广植行道树，提倡栽培果木，提倡改良畜牧，荒山隙地分年补植森林等"[1]。其中，与乡村移民利益最相关，对其融入城市生活作用最大者为平民社会教育[2]和住房建设。在城市宽松的准入条件下，借助亲缘与地缘关系，多数涌入青岛市区的乡村移民获得了维持生计的工作，政府自上而下的施政方略从识字、卫生与生活习惯等方面加强了对乡村移民的知识与行为改造，为乡下人融入城市、实现从乡下人到城市人的转变提供了必要手段。

---

① 青岛市政府招待处编印：《青岛概览》，编者 1937 年版，第 22~23 页。

② 关于民众教育与社会教育、通俗教育、平民教育等概念学界已有辨析，杨才林博士论文集各家观点，认为民国时期这四种名称和事业渐次出现，而且交叉存在。最初流行社会教育，1915 年全国通俗教育研究会成立后，通俗教育风行。五四时期，平民教育弥漫全国。南京国民政府成立后，民众教育随之扩张。抗日战争胜利后，社会教育的名称和事业又占到主导地位。民众教育之名，在南京国民政府建立之后开始使用，并家喻户晓，而社会教育之名仍保持其法令上的地位。(杨才林：《"作新民"、"唤起民众"——民国社会教育研究》，首都师范大学博士学位论文，2007 年，第 5 页。)本书研究时段为 1929~1937 年，结合青岛历史情况和学界普遍以社会教育名之的规范，以社会教育名之。

第一节　教育改造

ERSHI SHIJI ZHI ZHONGGUO

一、社会教育的兴起

　　清末维新运动以来,知识分子掀起了以开启民智为目的的启蒙思潮,各种学会与报刊纷纷成立,在寻求强国之路的过程中将行实政与兴民学结合起来,成为近代社会教育的源头,但其影响力仅见于精英群体,普通国民受惠极少。进入 20 世纪尤其是中华民国成立后,如何促进国民觉醒、如何培养"新民"的问题显得更为迫切,"改造人"与"改造社会"成为 20 世纪的主要思潮。1912 年南京政府刚成立,教育部部长蔡元培鉴于欧洲各国社会教育发达,而中国年长失学者占大多数,主张大力发展社会教育,教育部开始设立社会教育司,与普通教育司、专门教育司并立,社会教育进入体制层面。随着新文化运动的开展,开民智、兴民德、作新民与国家命运结合起来,教育救国之说盛行。从严复 1895 年在《原强》中阐释的"开民智、鼓民力、新民德"论,至 1902 年梁启超的"新民说"、新文化运动时陈独秀的"救国新民"主张,再到晏阳初"作新民"的实践推行和国民党"唤起民众"的政策指导,培养新国民从学者鼓吹到政府支持,从以知识精英为主到遍及中下层民众,从坐而论道到逐步实践,从著书办报等书面倡导到劳工讲演、化装表演、戏剧改良、电影放映等多样化的教育形式，以改造国民为核心目标的社会教育运动蓬勃发展起来。

1929年初，国民政府教育部相继颁布《民众学校办法大纲》、《识字运动宣传计划大纲》，推广民众教育与识字运动。1931年，国民政府颁布《各级党部办理社会教育计划大纲》，规定中央执行委员会之下设社会教育委员会，各省市县社会教育事业由该省市县党部设社会教育委员会办理。①

同时，国民党中央训练部拟订《三民主义民众教育具备的目标》，在导言中阐明了民众教育的含义与宗旨。民众教育即总理遗嘱上所言的"唤起民众"，唤起就是教育的意思。民众教育的中心工作，不仅仅是识字，还要注重公民和生计教育。指出在训政时期，训政重在"训"字，训就是教育，训政可以说就是民众教育。民众教育的宗旨是，对于年长失学者施以最低限度的国民教育，使能完成三民主义。民众教育的对象，"应当集中年长失学者"，最后的理想是完成三民主义国家的建设。②

1931年《教育部关于全国社会教育设施概况报告》指出：社会教育的对象是社会的本身及社会上的全体民众。③同年9月，国民党通过《三民主义教育实施原则》，规定社会教育的目标是："一、提高民众知识，使具备现代都市及农村生活的常识。二、增进民众职业知能，以改善家庭经济，并增加社会生产力。三、训练民众，熟习四权，实行自治，并陶铸其忠孝仁爱信义和平之国民道德，以养成三民主义下的公民。四、注重国民体育及公共娱乐，以养成其健全的身心。五、培养社会教育的干部人才，以发展社会教育事业。"④强调应适合当地需要及经济情形，制定或采用有关职业的补充教材，成年班的课程应注

① 中国第二历史档案馆编：《中华民国史档案资料汇编》第5辑，第一编"教育(一)"，江苏古籍出版社1994年版，第699~700页。

② 中国第二历史档案馆编：《中华民国史档案资料汇编》第5辑，第一编"教育(一)"，江苏古籍出版社1994年版，第700~701页。

③ 中国第二历史档案馆编：《中华民国史档案资料汇编》第5辑，第一编"教育(一)"，江苏古籍出版社1994年版，第716页。

④ 中国第二历史档案馆编：《中华民国史档案资料汇编》第5辑，第一编"教育(一)"，江苏古籍出版社1994年版，第1039页。

意职业常识；对各种学校式社会教育机构的原则、课程、训育与设备进行指导，并规定通过民众学校、图书馆、博物馆、阅报社、公园、电影院、剧场、公共体育场、国术馆、游泳场等场所实施社会教育。

这些章程成为各级政府、党部办理民众教育的指南，由于国民党各级政府的重视与宣传，民众教育兴盛一时。其施教对象是普通民众，即不食国家俸禄的农工商诸阶层，尤其是不识字的贫民。国民政府试图通过开展多种形式的文化教育，宣传新式思想、科学知识，提高民众劳动技能与文化知识。社会教育运动发起的最初宗旨是灌输国民常识，以唤醒民众，为实施宪政奠定基础。至 20 世纪 30 年代初，由于日本窥伺我东北，全国面临生死存亡的紧急关头，此时社会教育更被赋予复兴民族、挽救中国的重任。

"青岛在德日管时代，无所谓社会教育。自民国十一年我国接收后，乃由胶澳商埠督办公署设立通俗图书馆及通俗讲演所各一处，此为本市有社会教育之始。"[①]1922 年中国接收青岛后，对于教育行政，仅在督办公署内民政科下设学务股掌管，1925 年 10 月，学务股裁撤，改立教育局，下设第一、二科，分别掌管总务和学校教育行政，彼时社会教育尚未有主管部门、明确的计划与具体实施规划，通俗图书馆与讲演所虽为启迪民众、实现自治而设，但并不能称为完全意义上的社会教育。至 1929 年，青岛隶属国民政府，设为特别市，直隶行政院，一切组织按照特别市组织法办理，教育局改为青岛特别市教育局，增设第三科，主管社会教育行政。第三科经过短暂的裁撤合并期，至 1931 年 3 月，复设第三科掌社会教育，而此后各项社会教育事业始得以积极扩充。[②]

二、社会教育的实施

青岛社会教育，分为学校式社会教育和社会式社会教育两种。

1.学校式社会教育

以民众学校为主体，包括职业与女子补习学校、劳工学校、盲童工艺学校。

---

① 青岛市立民众教育馆编印：《青岛市立民众教育馆概况》，内部资料，1937 年。
② 青岛市政府招待处编印：《青岛市政要览》，"教育"篇，编者 1937 年版，第 1~2 页。

230

（见表4.1）

表 4.1　1934 年 12 月青岛市学校式民众教育概况一览表①

校　别	期　别	班　次	学 生 数	每月经费数
民众学校	10	216	8640	2592
职业补习学校	3	4	121	108
女子补习学校	3	3	102	70
职工补习学校	3	60	2489	1426
盲童学校	2	1	28	468
私立补习学校		18	250	
总　　计		302	11 630	4664

（1）民众学校

它是面向非学龄、不识字的普通民众开办的学校，带有一定的强制性，以"使一般年长而无力读书民众，都得有受教育的机会"②。青岛民众学校，自1929 年开始办理，至 1937 年 6 月，共办理 15 期，每期修业期限为 4 个月，各期办理目标因国家情势的演变和社会环境的变迁而有不同。自 1929 年第 1 期至1933 年第 9 期止，以铲除文盲、注重识字教育为目标；自 1934 年第 10 期至1935 年第 12 期，除识字教育外，以精神教育为目标，注重公民训练，俾民众有团结精神、国家观念，并用政教合一力量，凡不识字民众均强迫入学；自 1935年春第 13 期起，除识字教育、精神教育外，并以自卫教育为目标，同时奉中央命令办理壮丁训练，授体育训练课程。民众学校主要课程为国语、书信、常识、音乐、精神讲话、体育训练、家政等，教员完全由小学教员兼任。③一切学习设备由公家提供，民众不花一文钱。④

---

①　青岛市教育局编印：《青岛教育概览》，编者 1935 年版，第 46~47 页。

②　《关于执行民众学校暂行规程及强迫民众入学办法的训令》，青岛市档案馆藏，B21-3-4。

③　青岛市政府招待处编印：《青岛市政要览》，"教育"篇，编者 1937 年版，第 15 页；青岛市教育局编印：《青岛教育概览》，编者 1935 年版，第 47 页。

④　《关于执行民众学校暂行规程及强迫民众入学办法的训令》，青岛市档案馆藏，B21-3-4。

1934 年前,青岛市民众学校办理 9 期,偏重于识字教育,对于生计、公民及卫生等教育,尚未普及。教育局于第 10 期起,将民众教育实施方案,重加厘定,"除对于识字教育,予以充分注意外,并力谋培养民众之国家意识、组织能力、生产技能,及公民道德,一面注重民众卫生清洁,俾其体格日趋强坚"。教育局将民众教育实施方案调整为:以识字教育救济民众之愚;以生计教育救济民众之穷;以卫生教育救济民众之弱;以公民教育救济民众之私。①

根据《青岛市市立民众学校暂行规程》,民众学校招生不分性别,以 16 岁以上 40 岁以下者为合格,不满 16 岁的儿童不得招收。民众学校修业期限,市区及四方、沧口各校定为 4 个月,其余乡区各校定为 2 个月,一年各办 2 期。课程包括:国语、算术、体育、唱歌、书信等。上课时间为每日午后 4 时至 6 时或 7 时至 9 时。各民众学校校长由所在地小学校长兼任,其教员由所在地小学教员兼任或由各校长聘任。②

为督促民众入学,青岛市制定《强迫民众入学办法》和《民众学校留生办法》。 一、调查各区内不识字民众数目:由各办事处会同各公安分局负责调查,造具名册呈送教育局备查,16 岁至 40 岁间不识字者必须入学,40 岁以上情愿入学者也可。二、规定入校先后次序及类别:民众学校成立后除各校自行组织招生队外,各公安分驻所派出所应于一周内按照名册及民众距离远近、年龄大小强迫入学。距离较近、年龄较小的不识字民众应先强迫入学,距离较远、年龄较大的民众依次入学。考查民众识字程度以能了解民众国语课本为标准。一户有二人以上不识字时应先使其半数入学,余依次入学。无职业之不识字民众应入日间民众学校,有职业之不识字民众应入晚间民众学校。三、规定强制入学办法:不识字之民众经分驻所派出所劝告后两周内仍不入学,及入学后无正当理由自动退学者,由办事处会同公安局处其本人或家长 1 元以上 10 元以下之罚金,处罚后仍限令入学。③四、留住学生办法:要求民众学校老师注意学生兴趣,因材施教,引证关于日常生活事项,使学生多到黑板演习,每月召集学

① 青岛市教育局编印:《青岛教育概览》,编者 1935 年版,第 44 页。

② 青岛市教育局编印:《青岛教育概览》,"附录",编者 1935 年版,第 61~64 页。

③ 青岛市教育局编印:《青岛教育概览》,"附录",编者 1935 年版,第 65 页。

生开娱乐会一次，讲述名人故事及笑林以联络感情、增加娱乐；一月不缺席学生呈请教育局传令嘉奖，两星期不缺席者发给教育电影入场券，待民众教育馆在该小学放映教育电影时可入场观览；实施组长帮扶制，以组为单位进行奖励。①市政当局还充分利用各类报刊进行招生宣传，如第 13 期民众学校的招生宣传为：这次招生规定招 118 班，凡年龄在 16 岁以上 40 岁以下的不识字的男女民众，均可来受教育，全市内不识字的民众，都要强迫入学，一切课本、石板、算盘等，均由公家发给，民众不花一文钱，就可读 4 个月的书。上课时间：除星期日外，每日下午 7 时至 9 时 20 分，在白日上课者为 3 时 40 分至 6 时；修业期间：自 3 月 1 日至 6 月 30 日凡应入学之民众如不自行报名入学者，即由公安局派警按名强制入学，强制入学后，仍不入学者，予以惩处。②

（2）职工补习学校

作为劳工教育的重要内容，职工补习学校旨在提高工人智识、增加劳工技能，使与实业家协同发展生产，更要无形中养成其正确观念，不为阶级分间之说所浸淫。青岛市办理劳工教育，始于 1931 年 3 月 24 日，此前尚无劳工教育专责机关，工厂自动设立职工补习学校者，计有华新、钟渊、内外、富士、宝来等五处，然仅华新略具规模。自市府参事韩安等，因鉴于工潮澎湃，提议组织职工夜校后，社会局教育科及劳动股制定《青岛特别市工厂职工补习学校实施办法》。至 1931 年 3 月 24 日，社会、教育两局因办事便利起见，成立职工教育委员会，为推动劳工教育之专责机关。③此后劳工教育逐渐步入有计划、有目的的实施阶段。

1930 年颁布的《青岛特别市工厂职工补习学校实施办法》规定：凡在青岛市区域内外工厂均应按照本办法之规定设立职工补习学校，各校经费全由工厂担负，有特殊情形时，政府得酌予补助。中国工厂资本在 2 万元以上、工人总数在 200 人以上者应于本办法通告后 2 个月内正式成立学校；中外工厂资本在 1 万元以上、工人总数在百人以上者应于本办法通告后 3 个月内正式成

---

① 青岛市教育局编印：《青岛教育概览》，"附录"，编者 1935 年版，第 66 页。

② 《不识字之民众求学机会又来到》，《青岛时报》1936 年 2 月 14 日，第 6 版。

③ 《改进青岛劳工教育商榷》，《青岛时报》1933 年 12 月 6 日，第 6 版。

立学校;中外工厂不论资本多少,凡有工人 50 人以上者,应于本办法通告后 5 个月内正式成立学校,其不满 50 人者得联合工厂附近办理之。各工厂工人总数在千人以上者至少同时须设立 4 班,500 人以上者至少须设立 3 班,其工人总数在 500 人以下者得酌量情形设立相当班次,各班以招收不识字工人为原则。各厂工人均须一律入校补习,不得借故规避,如有借故规避者由市职工教育委员会通知工厂酌予惩罚。每班人数至多不得超过 80 人;初级(不识字)课程暂定国语、党义、珠算、常识、技艺等五科;高级(已识字)课程暂定党义、国语、技艺、工会法、合作社等五科,技艺视工厂之需要自行酌定之。各班卒业时间定为 4 个月,期满应继续办理。①至 1934 年 6 月,各工厂成立的职工补习学校有 31 所,60 班,在籍学生 2000 余人。②

（3）职业补习学校

分为商业补习和妇女职业补习两种。中国教育中向以商业教育与妇女教育为落后,为提高从商者技能,救济非学龄期无力求学之妇女,使其具备一定知识以帮助自己解决生活,青岛市特设商业补习学校以造就实用商业人才,修业期限 1 年;设妇女职业补习学校以养成妇女职业技能、家事训练及提高生产能力,修业期限 6 个月。③至 1933 年 11 月,青岛市有职业补习学校 5 所,均附设于各小学内,计北平路、台东镇、台西镇各设商业补习学校 1 所,北平路、济宁路各设妇女职业补习学校 1 所。每月每校补贴 36 元,设校长及教员各 1 人,均系专任,每月各支薪金 15 元。商业补习学校课程为商用文、英文、簿记、经济学大意、商业概论、广告学。至 1933 年底,北平路商业补习学校已办 4 期,学生约 150 余人。④1934 年 5 月,为造就商业人才,于常州路设立商业补习学校 1 所,招收东方市场一带商店学徒 40 余人入校补习。⑤妇女职业补习学校课程为国语、刺绣、编物、缝纫、造花、家禽学、家事等。至 1933 年,济宁路妇女职业补习学校(又称为禹城路妇女职业补习学校)办理 3 期,并开始招收 15 岁以上 50 岁以下妇女为第 4 期学生。①北平路妇女职业补习学校办完 2 期,第 2 期学生均已考试完毕,成绩均甚优良,1933 年底开始招收第 3 期学生,名额限定 40 人,凡 15 岁以上 40 岁以下之妇女,均可前往报名入学。②妇女职业补习学校均免收学费。其他各类补习学校还有英文夜学校、英文传习班、世界语学校、合作社人员训练班、市商会补习学校等,但均为私人或团体办理,要收学费。③

(4)女子补习学校

教育局为使平康各里妓女有识字机会,并养成其自立能力,1932 年于朝阳路设立女子补习学校 1 所,初高级各 1 班,凡平康一、二、三各里及升平一里之妓女,均须入校补习。其后于云南路和平康五里各设立女子补习学校 1 所,招收平康四里和五里的妓女学习。④这三所女子补习学校学习国语、社会、自然、算术、乐歌、常识等。⑤在教授必要的文化知识基础之上,学校侧重于对她们生产、生活技能的培养训练,如刺绣、织布等,以有助于妓女从良之后的谋生。到 1935 年,已有"妓女补习学校三所"⑥。

(5)盲童工艺学校

成立于 1932 年 9 月,原系私立性质,后因经费缺乏,于同年 11 月收归青岛市办理,定名为市立盲童学校。1934 年添设音乐、工艺等技术学科,改称市立盲童工艺学校⑦。特殊教育的开展,给一些失明、聋哑的残疾人提供了学习知识和技艺的平台。

2.社会式民众教育

社会式民众教育以民众教育馆为实施主体与主要场所。民教馆于 1930 年

①　《市立禹城路妇女职业补习学校第四期招生》,《青岛时报》1933 年 11 月 17 日,第 6 版。

②　《失学之妇女福音到来》,《青岛时报》1933 年 11 月 26 日,第 6 版。

③　魏镜:《青岛指南》,"社会纪要"类,平原书店 1933 年版,第 50~51 页。

④　青岛市教育局编印:《青岛教育概览》,编者 1935 年版,第 46 页。

⑤　魏镜:《青岛指南》,"社会纪要"类,平原书店 1933 年版,第 50 页。

⑥　青岛市教育局编印:《青岛教育概览》,编者 1935 年版,第 3 页。

⑦　李森堡等:《青岛指南》,中国市政协会青岛分会 1947 年版,第 149 页。

成立,初期因经费困难,各种重要设备工具,均付阙如,故实施颇难收成效。自1932年度起,积极扩充社会教育(见表4.2),在增设各种民众补习学校外,对于通俗教育各项事业,不断加大资金投入,社会教育经费与学校教育经费之比,由4.5%而增加至10%以上。重要扩充事项有:设立广播电台,开办教育电影,建筑体育场,增设简易民众教育馆,充实流动书库,充实民教馆设备。①青岛市社会式民众教育的施教条件逐渐改善,并粗具规模。

表4.2 青岛市社会教育事业经费预统计比较表(1931—1933)

年　　度	经　常　费	临　时　费
民国20年度	22 868	2000
民国21年度	39 148	27 315
民国22年度	58 452	22 649

青岛社会式民众教育在改进民教馆基础设施的同时,逐渐丰富实施场所与教育方式,其主要活动有:举办各项通俗教育,实施民众体育,审查与改良戏曲与电影。

(1)举办各项通俗教育

设立广播无线电台。1934年7月开始放送节目,报告节目有:通俗讲演、社会新闻、行政工作、气象商情、科学常识及音乐戏曲等。②

开办教育电影。1934年9月教育局举办教育电影,附设于民众教育馆内。教育局购置了小影片映放机一架,与全国电影协会及金陵大学电影部订立合同,租用教育影片,逐日赴各处演映,所有轮流演映之地点时间,按月列表公布。社会局制定了《教育电影选用及推行办法》,每三张教育片夹杂一滑稽片,以不伤大雅为宜,而且每两周换片一次,每次四张,以吸引平民观看。③除至各校轮流映演,并于民众教育馆、各电影院及平民住所等处,设法映演,使一般民众得以观看。在各校映演时,酌量收费,中学每人收铜元5大枚(约2分),小学每人收铜

① 青岛市教育局编印:《青岛教育概览》,编者1935年版,第47页。

② 青岛市教育局编印:《青岛教育概览》,编者1935年版,第49页。

③ 青岛市教育局编印:《青岛教育概览》,编者1935年版,第50页、"附录"第75~76页。

元 3 大枚,民教馆每人收铜元 5 大枚,电影院每人收洋 5 分,平民住所则概不收费。自 1934 年映演以来,观者极众,影响所及,收效匪浅。[①]

扩展民众读物。包括添设流动书库和整理民众阅报牌。为增进市区各半日学校学生课外读书机会起见,教育局于市内设流动书库 4 个,收纳商务印书馆出版的儿童万有文库系列书籍,供给各校儿童阅览。青岛市有民众阅报牌 94 处,均附设于各中小学门首。1933 年政府对因经年风雨剥蚀损坏的阅报牌进行了修理。阅报牌上所贴报纸,以前由各报馆赠阅,自整理后,均改归教育局自行订购,有京沪平津及本埠各报十余种,共百余份。[②]

举办讲演会。教育局为增进青岛民众的智识,养成各级学校学生辩论及演说技能,经常举办学术讲演会、雄辩会、演说竞进会。此外,凡有名人到青,则请其讲演。这类讲演对象为各级学校学生与政府职员,真正惠及外来移民的是社会局定期举办的劳工讲演。劳工讲演场所主要在工厂和码头,社会局每月排定次序表,派员分赴各工厂举行劳工讲演。讲演内容根据听众对象、时令季节和国内形势的变化而各有侧重,多为常识、卫生、教育三项(见表 4.3)。地点多选择在苦力集中的市内大小港和工人集中的四方、沧口一带,一般在下午 5 点后至 8 点间民众有闲暇之时举行。7 月份主要讲夏令卫生;在居民较为聚集的地区则讲解如何做个好市民与好工人;东三省危机以来,开始特别介绍国家形势与提倡国货。如 1933 年 7 月,伪满洲国成立后,社会局对民众演讲,介绍东三省之政治危局,呼吁民众有自强自立觉悟。[③]教育馆在小港露天讲演,解释举行运动会及提倡国货的意义,参加者三四百人。[④]1933 年 9 月 12 日~19 日在第一、二平民住所及民生工厂、中国颜料厂、青村、华新纱厂、冀鲁针厂演讲,主题包括:怎样做个好市民、公共卫生、模范工人、卫生问题、妇女问题等,办理以来,甚著成效。[⑤]

① 《一年来之青岛教育》,青岛市教育局编印:《青岛教育》第 3 卷第 1 期,1935 年 7 月 1 日,第 21 页。

② 青岛市教育局编印:《青岛教育概览》,编者 1935 年版,第 51 页。

③ 《民众教育馆在挪庄讲演 题为介绍东三省》,《青岛时报》1933 年 7 月 8 日,第 6 页。

④ 《社会局排定本月份劳工讲演次序》,《青岛时报》1933 年 7 月 13 日,第 6 页。

⑤ 《社会局自昨日起 派员举行劳工讲演》,《青岛时报》1933 年 9 月 13 日,第 6 版。

表 4.3　劳工讲演统计表①

年　度	次　数	内　　容				地　　点			
		常识	卫生	教育	其他	市内	东镇	四方	沧口
民国 21 年度	28	9	13	6		11	9	2	6
民国 22 年度	73	24	25	18	6	39	13	10	11
民国 23 年度	76	37	32	4	3	31	21	8	16
民国 24 年度	45	23	12	9	1	18	2	10	15

（2）实施民众体育

建筑公共体育场,举办各项运动会。为增进市民健康,活跃群众文化生活,青岛各级政府积极倡导新式体育运动,举办群众体育竞赛活动,先后开辟海水浴场 5 处并修建市立体育馆 1 处。②1930 年代,青岛的游泳比赛频繁举行,众多市民积极参与。青岛体育协进会自 1932 年起,每年各举行一次春季运动会和冬季运动会,并组织全市篮、排、足、网球比赛。③

（3）审查与改良戏曲与电影

当局设立了社会教育中心区,组织民众读物编审委员会,设立流动书库和民众阅报牌,组织暑期服务团,进行游艺检查。④国民党政府统一全国时,意欲按照现代化标准对文化进行改良,青岛市亦秉承南京政府规章,对各种传统曲艺节目进行检查。青岛市各种戏曲均由改良戏曲委员会按照提倡、准演、改良、禁演四项标准进行审查,并根据结果进行整顿后演出。据社会局和民众教育馆切实调查,1933 年全市计有男女说书人员 60 余人,平均每人月收入约 30元,所说书词多属昔时故事,如精忠传、明英烈等。社会局认为说书艺员多数缺乏常识,说书内容不免迷信怪诞、封建思想及诲淫诲盗之类,不能启迪民智,激发爱国思想,故特别开办鼓词人员训练班,召集各说书人员授以常识及社会教育宗旨,并编新词教授演唱,训练 6 个月,使能借说书词以开通民智,

---

① 《劳工讲演统计表》,青岛市档案馆藏,B21-3-283。

② 李森堡等:《青岛指南》,中国市政协会青岛分会 1947 年版,第 161 页。

③ 青岛市史志办公室编:《青岛市志·体育志》,新华出版社 1994 年版,第 215 页。

④ 青岛市政府招待处编印:《青岛市政要览》,"教育"篇,编者 1937 年版,目录。

并饬令停止演唱不合格的书词。对于新兴的娱乐形式——电影亦厉行审查,青岛市共有电影院 4 处,每月所放影片,必须由教育局会同社会局派员审查,检查是否领有中央执照,并要求试演一次,以考察其是否与执照相符,检查合格者方准予上映。不合法者则行取缔,一切都按照中央电影检查委员会的规则办理。①

3.其他教育形式

（1）学生推广民众教育

鉴于成年人中失学者较多,且其因工作与时间关系不能入民众学校就读,青岛市实施了《青岛市学生推广民众教育办法》,将青岛市区市立与私立中学及高级小学学生发动起来,推广民众教育。学生教授的失学民众为:1.学生家属;2.学生家庭佣人;3.学生邻居不识字者。教授方式分为两种:1.开班教授,附设于各中学内,每 40 人为一班;2.家庭教授,由学生在家中或邻居处个别教授。班级教学设备由学校或教育局供给,所用课本由教授的学生购买备用,但确系无力购备,可呈请教育局发给。教授时除用教育局所编的国语课本外,对于民众日常生活习惯、家庭卫生及爱国思想等应注意指导启迪。受教期间定为 4 个月,起始时间与市立各民众学校相同。中学学生至少须教授不识字民众 2 人,高级小学学生至少须教授 1 人。②

（2）创办短期小学和露天学校

教育局以贵州路上下马虎窝、脏土沟一带,多系贫苦居民,失业儿童太多,在该处设立短期小学 3 所,并划为实验区,以资普及。③至 1933 年底,办有短期小学班 1 期,29 班,学生数达 1131 人,④一定程度上有助于贫苦人家的失业儿童接受相应教育。教育局又因为小港沿、上下马虎窝、脏土沟、挪庄和台东镇一带,素为拉大车夫、洋车夫、拾煤核、捡破烂及其他下级民众聚集之处,多不识

---

① 青岛市教育局编印:《青岛教育概览》,编者 1935 年版,第 57~58 页。

② 青岛市教育局编印:《青岛教育概览》,编者 1935 年版,"附录",第 74~75 页。

③ 《教局划贵州路为短期小学实验区》,《青岛时报》1933 年 11 月 18 日,第 6 版。结合《青岛教育概览》看,此处短期小学当为半日小学,后于 1934 年 3 月合并为贵州路二部制初级小学。

④ 青岛市政府秘书处编印:《青岛市政府行政纪要》(1933 年),"教育"编,内部资料,第 52~53 页。

字,为使彼等有识字机会,特于 1934 年 8 月在该处设立露天学校,派定教员在以上各处轮流教其识字,并作通俗讲演,借以提高其知识。该校办理两月,始行结束。①

（3）普及卫生常识

民国以来,卫生常识为历届政府所重视,不仅上与国际形象、国民性改造发生逻辑与事实关联,也与个人身体和道德水准有表征关系,从国家到个人层面,"卫生"被赋予各项应须革除陋习的优先性。青岛由于其独特的城市建设历史,从德占以来,维护城市清洁成为各界政府尤其关注之事,也形成一以贯之的连续政策。国民政府统治时期,除各级中小学校、各期民众学校在课堂讲授卫生知识,民众教育指导员负有定期指导卫生教育之责外,青岛市政府相当重视在各种场所实施卫生教育,宣传卫生常识。1930 年 5 月至 1931 年 2 月,青岛市政府和公安局陆续颁布《禁止未成年者吸烟饮酒规则》(1930 年 5 月)、《取缔公共场所吐痰简则》(1930 年 12 月)、《取缔各公园维持秩序风俗简则》(1931 年 1 月)、《取缔饭食物营业简章》(1931 年 2 月),强调公共场所秩序与饮食卫生,并将之纳入违警罚则中。青岛卫生设备较为完备,公安局于每年春秋二季,对住宅商铺进行清洁检查,每一住宅院内,皆有垃圾箱设置,每隔数日,由清洁夫代为洒扫,运去垃圾。②社会局为防除疫病,整饬市容,还不定期举行灭蝇运动。③1933 年,青岛举行了大规模的劳工卫生运动。6 月下旬至 7 月下旬,敦请医生赴工人所在地讲演,并散发宣传刊物;8 月,检查工人宿舍清洁;施行霍乱预防注射;取缔工厂附近贩商售卖不洁食物,如查有不遵行改善者,即予停止售卖。④为了帮助工人们养成良好的卫生意识,社会局特约专门人员,分往工人宿舍、工人居住之杂院及劳工密集地点,讲演时令卫生要点。讲演之后,检查各工人宿舍清洁⑤。政府通过这些规定和实践,以强制手段促使民众养

① 《一年来之青岛教育》,青岛市教育局编印:《青岛教育》第 3 卷第 1 期,1935 年 7 月 1 日,第 24 页。

② 魏镜:《青岛指南》,"生活纪要"类,平原书店 1933 年版,第 65 页。

③ 青岛市政府秘书处编印:《青岛市政府行政纪要》(1933 年),"社会"编,内部资料,第 57 页。

④ 《社会局定期举行劳工卫生运动》,《青岛时报》1933 年 6 月 24 日,第 7 页。

⑤ 青岛市政府秘书处编印:《青岛市政府行政纪要》(1933 年),"社会"编,内部资料,第 29 页。

成良好的卫生习惯，维护城市环境，预防各类传染疾病，提升城市形象。

（4）移风易俗活动

关注民众识字能力与卫生常识的同时，青岛各相关部门也相继开展了不同形式的移风易俗活动，如劝告人力车夫戒赌，整肃门洞和人行道摊商，指导工人储蓄，提倡节约，指导市民尊重国旗，禁止庆祝废历年而倡导阳历新年，禁止燃放鞭炮，查禁巫卜星相，整顿公园、影院、乐户、市场、洗衣池、厕所等公共场所，检查妇女缠足和男子蓄发。青岛市政府专门制定规章，加强对人力车夫和行商营业的管理，车夫候客时，非经乘客招呼不得争先兜揽或尾随喊叫，不得在娱乐场所及商店住户门前任意停车。①行商所用担盒须有保持清洁之设备，如装以玻璃或纱布罩等物。行商衣服身体概须洁净，并不得袒胸露体，行商营业时须依人行便道右侧行走，不得盘旋或停留于马路中间，等等。②违反者面临不同面额的罚款或警察棍棒的警告，政府以反复告诫或罚款拘留等方式督促城市居民按照城市各项管理规章生活与工作。

三、社会教育与移民的城市化

国民政府推行民众教育的根本目的是为加强其统治，应用政治力量推进教育，用教育力量协助政治，使政治、社会与教育打成一片。应运而生的劳工教育，有单行法规，有主管机关，有指定的经费，有相当的计划，唯其成效何如，以时间短促及各地主持者用力之不同，尚未见显著之发展。但效果之呈现不仅在于显性的行为方式，更在于潜在的意识与态度，尤其是认知层面的考量，尽管青岛社会教育历时不足 10 年，尽力不足 5 年，却有助于推动乡村移民认识城市文明，并在文化教育、生活习惯等方面改造乡下人，提高他们适应并融入城市生活的能力。

---

① 《青岛市人力车夫管理规则》，青岛市政府秘书处编印：《青岛市政府市政公报》第 21 期，1931 年 6 月。

② 《青岛市管理行商规则》，青岛市政府秘书处编印：《青岛市政府市政公报》第 21 期，1931 年 6 月。

1.促进了移民文化程度与生存技能的提高

青岛社会教育主要通过学校式的定期集中学习来进行,经费较稳定,所授课程根据授课对象有所不同,但基本包括国语、书信、党义、常识、音乐、精神讲话、体育训练等课程,以扫除文盲、普及国民意识、传授生活技能、提高卫生觉悟及加强身体锻炼为主要目的。职业学校还针对学生的工作类型进行授课,如商店学徒可获取实用的商用文、英文、簿记、商业概论、广告学等方面知识;妓女们可以学习国语、刺绣、编物、缝纫、造花、家禽学、家事等;工人可了解识字、珠算、技艺、合作社等基础知识,极大冲击了传统的单纯以少年儿童为授课对象、以经书为主要教学内容、以家庭成员意愿为选择的私塾式教育模式。依靠政府的强制推行,更多的失学儿童与成年人开始接受集中的短期教育,促进了青岛民众识字水平的提高。1929 年青岛识字人数仅占总人口的21.7%,此后,识字人数逐年增加,至 1939 年达总人口的 45.8%,高于全国约20%~30%的平均识字率。(见表 4.4)

表 4.4　青岛教育程度统计表①

年　度	总人口	不识字人数			识字人数			识字率（%）
		男	女	计	男	女	计	
1929	378 395				71 579	10 561	82 140	21.70
1930	400 125				104 312	12 696	117 008	29.24
1931	410 064				113 255	16 860	130 115	31.73
1932	436 772				117 383	19 090	136 473	31.25
1933	449 305	89 052	129 948	219 000	119 364	18 096	137 460	30.59
1934	465 712	77 403	120 927	198 330	133 433	33 374	166 807	35.82
1935	533 116	144 037	172 255	316 292	167 803	35 024	202 827	38.05
1939	492 863	106 540	155 246	261 786	187 377	38 374	225 751	45.80

注:本表分为识字、不识字两大类,统计范围只限 6 岁以上者。

各个年龄阶段,尤其是下层民众都能获得政府提供的免费教育,在青岛生活多年的外来移民可以在工作之余到附近小学或在自己家里接受不同程度的

---

① 青岛市档案馆编:《人口资料汇编(1897—1949)》,第 21~22 页、30~32 页。

教化，民众整体的识字率、文化素质由此得到提高。那些初具读写能力的居民，在此基础上，可以阅读各种书籍、报刊，进而学会更多的知识和技能。另一方面，多样化的职业及其对文化水平的要求，也会推动人们根据社会需要调整自己的学习内容与学习方式，各工厂对识字水平、各商店学徒对珠算能力、医院招考中对中学学历、胶海关职员招聘中对英文与日文等等的招工要求都促使民众对基础教育的相应重视，而政府提供的社会教育更为人们文化素质与生活技能的提高创造了一定条件。如 1933 年，北平路妇女职业补习学校办完 2 期，第 2 期学生在校修习 6 月后，均能写信、阅读书报，及编织各种毛衣、袜子等，兼养成缝纫各种衣服、小洋服，及造花刺绣之技能。①

2.促成移民城市生活经验的增进

如前所述，民国时期社会教育的首要目标即为：提高民众知识，使具备现代都市及农村生活的常识。②为此，相关部门根据城市与乡村之不同情况实施社会教育。从讲演次数、教育设施的分布地点、民众学校与职业学校的数量等方面来看，市区民众受到的教育机会和获得的教育资源远远多于乡区民众，城市居民成为青岛社会教育的施教重点。青岛市各民众学校所用千字课本，先后采用过商务印书馆出版的《平民千字课》、《三民主义千字课》和平教会编印的《市民千字课》。为统一各校教材，教育局选经召开民众读物审查委员会，将各种千字课内容加以审查，规定除常识一课由教育局自行编辑课本外，千字课本则市区采用平教会编印之《市民千字课》，乡区则用该会编印之《农民千字课》。③系列劳工演讲主要围绕市民或工人的日常生活规范展开。

民众教育馆广播电台每日播报的新闻、气象、商业行情与法律知识有助于城市居民及时便捷地了解和关注时事，长久的、具有倾向性的信息宣传无疑有助于培养民众的国家观念与公民意识。图书室、电影院、简易体育场和各类学校等面向社会开放的公益性文化场所，都制定了相应的规章制度，以规范民众

---

① 《失学之妇女福音到来》，《青岛时报》1933 年 11 月 26 日，第 6 版。

② 中国第二历史档案馆编：《中华民国史档案资料汇编》第 5 辑，第一编"教育（一）"，江苏古籍出版社 1994 年版，第 1039 页。

③ 青岛市政府秘书处编印：《青岛市政府行政纪要》（1933 年），"教育"编，内部资料，第 49 页。

行为,保护公共硬件设施,客观上推动民众养成良好的习惯、文明的举止。社会局与教育局亦根据广大市民的生活与劳动需要,充分利用民众教育馆、广播、电影院、公共礼堂、体育场、流动书库、说书场、码头、工厂、里院等城市中下层民众聚集的场所,开展培训、讲演、化装表演、展览观摩、说书、广播、体育竞赛等多样化的活动,将社会教育拓展到整个社会公共娱乐空间与生产生活领域,城市生存方式与生活经验由此渗透到城市居民日常生活与劳作过程中。

1934年,青岛市教育局开始加强对市内贫困群体的教育,成立了露天民众学校,既教授课本知识又开展通俗讲演,劝导民众清洁卫生、爱国爱家、奉公守法等。露天学校的开办地点有:东镇区各平民住所、棚户等处;西镇区各平民住所、挪庄等处;大港区在无锡路、商河路、青海路等处;小港区在小港路、莘县路、东海楼等处;海滨区在劈柴院、四方路等处。[①]均分布于城市下层民众多尤其是乡村移民最集中的地区。形式多样的社会教育,传递了城市的卫生规则、交通文明、工作规范、娱乐习惯等市民规范,有利于民众城市生活经验的增进与形成。社会局自1932年4月起,按月向劳工住区举行讲演,故1933年以来,"一般工人,对于普通常识,大抵皆已明了"[②]。

3.推动民众改良生活习惯,养成现代观念

民国时期的社会教育侧重于民众的基本生活知识,包括识字运动、卫生教育、改革陋俗(婚丧、缠足、留辫、浪费等),使广大民众获得现代生产与生活所需要的科学知识、专业技能,并接受现代价值观念与生活方式,即通过多种方式的教育活动,将籍贯、性别、职业、习惯千差万别的城市居民改造为合乎国家发展与社会建设所需要的现代人。为改良社会风气、维护城市清洁、倡导新式生活,青岛教育、社会、工务、公安等各部门同时进行了劝告戒赌、提倡储蓄、禁止衣冠不整、指导尊重国旗、整顿公共处所等社会活动,并以定期检查、随时敦促以及制定规章和法令的形式加以强制约束。政府强制性的教育和改造方式一定程度上帮助乡村移民改变了原有的生活习惯。就放足来看,青岛

---

① 《青岛暑期服务团本市学生服务办法大纲》(1935年7月1日),青岛市教育局编印:《青岛教育》第3卷第8期,1936年2月1日,"史料",第9页。

② 青岛市政府秘书处编印:《青岛市政府行政纪要》(1933年),"社会"编,内部资料,第27页。

市公安局第一区1931年对妇女缠足及男子蓄发的检查中,共抽查7768户,有缠足者仅66人,蓄发者11人,和以往相比,解放者甚多,间有顽固者均经处罚,其穷苦无力者勒令解放,各检查员于抽查缠足之时遇有蓄发男子,即便剪除,故此次剪除者有11人。①

在乡村移民再度社会化的过程中,家庭、学校、大众传播、工厂等社会环境因素起着决定性的影响作用。英格尔斯认为:"并非教育本身,而是那些与教育密切相关的社会条件和环境以及它们的影响,才能够作为对个人现代性的真正解释。"学校每天在固定的时间开始上课和放学,在学校里,通常都是连续和有秩序的活动,像读书、作文、唱歌、画画,这些活动都有规定好的时间,一般不大改变,学生虽然对这套计划一无所知,但其影响日复一日、年复一年地渗透到他们的学习过程中去,这就使学生逐渐养成了遵守作息时间、按时完成作业的习惯,认识到遵守这些原则的重要性。②

报刊、书籍、广播、电影等大众传播媒介已成为社会教育的重要手段,它们将各种信息、公民道德、社会伦理、市民价值观念和行为规范以及各种角色模式等传播到城市民众中,潜移默化地影响和改造着乡村移民。与传统的印刷媒介不同,新兴电子媒介(广播、电影)不需要有识字基础,却具有形象逼真、亲切感人、辐射面广的视听特点,易于发挥其独特的教育功能,不像流动书库只能吸引孩子们的注意力,也不像报刊专为知识阶层服务,且因风雨剥蚀而乏人问津,广播与电影能使人增长见识、开阔眼界、寓教于乐,在社会教育中有明显优势。

另外,化装表演也吸引了更多中下层市民的目光,其观众人数常达1000人以上,远远超过学术讲演和劳工讲演200人左右的规模。青岛社会局也注重发挥旧有媒介在普及常识与爱国思想中的作用,说书场是青岛广大外来移民的娱乐场所,它既能让移民们在引人入胜的故事中打发业余时光,又与原有的娱乐生活轻松对接,其低廉的价格也使下层人士能够承受。鼓词的改

---

① 《第一区检查妇女缠足及男子蓄发报告表》,青岛市政府秘书处编印:《青岛市政府市政公报》第28期,1932年1月。

② 殷陆君编译:《人的现代化》,四川人民出版社1985年版,第97~99页。

良,便是以贴近民众的娱乐方式开展国民知识教育。这些寓教于乐的社会教育旨在引导城市民众养成正当的娱乐习惯的同时,提升城市民众的余暇生活质量,进而提高整个城市的社会文化生活水准。"尽管他们仍然依恋甚至生活在传统中,但毕竟已步入现代化的轨道,开始并且正在成长为一个现代人。"①

社会教育主要是针对社会下层民众的文化普及,英格尔斯等人关于人的现代性的研究结果已充分证明了"个人心理态度、价值观朝现代化改变同时会伴随着行为方面朝现代化转变"②。多样化的社会教育无疑会促使乡村移民接触及至接受现代观念,推动他们由传统人向现代人转变。

四、教育改造的有限性

1.从青岛社会教育的施教主体来看,由于政府与企业困于经费,或拙于筹划,社会教育覆盖面较窄,其效果亦有限

虽然青岛"教育经费,纯由市库支出,且按月拨发,尚无拖欠情形,各项临时费,亦能如期筹拨"③,但与基础性的中小学教育相比,社会教育经费明显投入不足,仅为学校教育费用的 1/10,甚至 1/20,所以民众教育多依托青岛现有的中小学校开展,因而,学校教育资源分配的稀少与失衡造成了民众接受社会教育机会的缺乏与不均。至 1934 年,青岛市区小学仅有 24 所,其中 11 所市立,13 所为私立。台东、台西、小港一带贫民较多,而学校稀少,仅有位于贵州路与四川路的 1934 年始成立的贵州路二部制初级小学和挪庄小学,其余主要分布于中上层人士聚居的莱阳路、德县路、上海路、四方路、济阳路、北平路等处。④新成立的民众学校亦分布于胶州路、禹城路、锦州路和商河路。青岛市区

---

① 忻平:《从上海发现历史——现代化进程中的上海人及其社会生活（1927—1937）》,上海人民出版社 1996 年版,第 209 页。

② 殷陆君编译:《人的现代化》,四川人民出版社 1985 年版,第 273 页。

③ 青岛市教育局编印:《青岛教育概览》,编者 1935 年版,第 16 页。

④ 青岛市教育局编印:《青岛教育概览》,编者 1935 年版,第 9 页、"附录"第 1~24 页。

小学教师高级每月34元，初级31元，与当时各省市小学老师的待遇相比略低，教育局虽计划提高教师待遇，但限于经费，未有施行。①《青岛市市立民众学校暂行规程》规定民众学校专任教员月薪20元，每日上课4小时；兼任教员月薪10元，每日上课2小时。②待遇较小学老师尤低，即使后来有所增加，教员的薪给，大概自24元到30元，③仍然难以吸引优秀师资，这成为制约青岛市社会教育开展的重要因素。1933年，包括民众学校、职业补习学校、女子补习学校、半日学校、职工补习学校、短期小学班、盲童学校的所有学校式社会教育的学生总数为8697人，④仅占6岁以上不识字人数的4%，可以概见，青岛学校式社会教育覆盖率是比较低的。

自劳工运动兴起，中央及各省市党部、政府，皆将劳工教育作为解决劳工问题的必要手段。青岛市当局非常重视对劳工群体的社会教育，1930年青岛市成立职工教育委员会，开始加强劳工教育，督促各厂成立职工补习学校，至1934年有31所，在校学生3000余人，后各工厂因种种关系，多将学校擅自停办，至1935年，存在者只华新纱厂职工学校等11校，共33班，在校学生1444人，经社会局不断督催，仅添加职工学校10所。⑤工厂方面，对于劳工教育一件事，多数不但不感兴趣，反而有憎恶的态度，虽然有政府的法令，但是办尽管办，真能拿出做买卖赚钱的精神同热心去办劳工教育的，真是百不得一。⑥多数企业吝于经费，迁延不设，或设而后废，且工厂长于生产制造，不能且不暇顾及职业教育，教员多为各厂指派职员义务兼任，教师人选，极为困难。⑦

中国民众之知识结构、思想观念，积千年之余习，欲以行十数年之社会教

---

① 青岛市教育局编印：《青岛教育概览》，编者1935年版，第39页。

② 青岛市教育局编印：《青岛教育概览》，"附录"，编者1935年版，第64页。

③ 农公：《平民夜校参观记》，《青岛画报》1935年1月，第10期。

④ 青岛市教育局编印：《青岛教育概览》，"统计"，编者1935年版，表7。

⑤ 《一年来之青岛教育》，青岛市教育局编印：《青岛教育》第3卷第1期，1935年7月1日，第18~19页。

⑥ 《劳工教育收效的症结续》，《青岛时报》1933年12月10日，第11版。

⑦ 陈克曜：《改进青岛劳工教育之商榷》，《青岛市职工补习教育概况》第2期，1933年12月，第91~92页。

育之一端,而期有变革,臻于进境,实在不能盼望大有成效。何况政府在筹划社会教育之时,受国内政治情形变动与国际经济危机之频繁影响,精力与财力均十分有限,不能全盘筹划、稳妥进行。而受教育思潮变动影响,民众学校所采用识字教材亦屡次更换。各处民众阅报牌本为传播各类信息,"惟日久懈生,而各处阅报牌之报,竟有不按日粘贴者。(记者至中山路、保定路口)见该处阅报牌上之报为去年 12 月 22 日之上海时报,不但时间相差太迟,且报纸被风雨剥蚀,破碎零乱,有碍观瞻。再他处阅报牌,有始终未贴一报者,有阅报牌上,各种红绿色广告,纵横其上,而新闻纸反一张不见者"①。辛苦开创而不能持之有效地推行,恐为诸多利民政策实行之通病。关于办理民众教育方针,以往偏重于识字教育,随后认识到民众病在愚、穷、弱、私,故 1934 年加强民众精神教育。1935 年,青岛又开展了自卫教育,着重于壮丁训练与体育练习。社会环境与政治氛围的变化干预了社会教育的有序进行,无疑会影响其效果。

学校式社会教育除职工补习学校在政府强制规定下有若干企业成立外,其余各类从事社会教育的学校全部为市立,宣传和开展社会教育的民间力量至为薄弱,既无强有力的政府财政支撑,亦无有效的社会力量合作。青岛社会教育几乎完全依赖政府的勉力维持,名为社会教育,而社会不动,不仅如此,社会教育的对象亦未有积极响应与互动。

2.从受教对象来看,民众迫于生计,或囿于识见,参与度较低,政府的一些改造活动甚至完全失效

社会式社会教育形式多样,比学校式社会教育丰富、生动,人们参与的自主意识比较强,但对参与者的素质和条件有一定要求。如教育电影,收费虽廉,但每场 5 分的费用对于贫困人家自无力顾及。阅览室、民众阅报牌、流动书库对识字能力都有一定要求,民众体育场和一些运动会则要求有一定的运动技能与合作团队。而城市下层民众因工作繁忙、生活贫困或智识所限,对社会教育之宗旨、意义即使有所知闻,亦无力或无心参与到社会教育活动中。

从 1936 年 4 月、5 月两个月青岛市立民众教育馆图书阅览者的人数和职业来看,读者总数分别为 1971 人与 2426 人,阅览者最多的是学生,分别占读者总数

---

① 《民众阅报牌失去了他的树立的本意》,《青岛快报》1930 年 1 月 11 日,第 2 版。

的 36.48%和 38.21%；其次为商人，占 28.11%和 25.47%；交通业分别占 4.76%和 5.52%；其他阶层分别占 9.69%和 7.62%；工人读者最少，分别占 3.90%和 5.23%。[1]可见，普通劳工们并不能充分利用城市中的公共文化资源。

当时知识界认为劳工教育收效不宏，症结首要在工人思想的局限。工人本身染有都市恶习，不像乡村农夫思想洁白，易受不良嗜好、谬误见解之引诱，且工人本身，将自己在社会上的地位，看得太轻，对其受教育目的认识不清，只知道为自己记账写信的方便，甚至将念书一件事视为畏途。知识界认为应该先输给其国家观念、民族意识，了解其本身与社会的关系，这样受教者才会由被动的地位，改到自动的地位。[2]民众自身意识确实影响了教育的开展。1931 年 6 月，各厂成立职教委员会分会及职工补习学校者有 9 处，31 班，人数为 1678 人。各厂工人初入学时，颇形踊跃，唯时日既久，不免生懈，以致各校时常发生缺课及退学等情事。职教委员会分会几经考查，认定学生缺课、退学的原因有：1. 对于所学功课缺少兴趣；2. 教员于教授功课引不起学生兴致；3.因有他种不良嗜好，致将求学心理转移。[3]教员能力的有限与工人自身兴趣的缺乏成为制约职工补习教育发展的重要因素。

苦力工人和车夫参与社会教育积极性不高的根本原因是生计困难。不识字者以下层民众居多，他们多从事体力劳动，白天工作繁忙，身体疲乏，多无体力在晚间接受 2 个小时的社会教育，更无此心力完成连续 40 天的业余学习。所以各民校学生中儿童多，成年少，大港区民校前后 3 期毕业 2378 人，其中 20 岁至 40 岁之壮丁不过十之二三。[4]

如住在平民院的人，差不多都是下苦力的，每天所期盼的只是当天的两顿饭。平民院的人没有一个吃闲饭的，男的多半是拉车，小孩多半是拾海蛎子，或拣煤核。户口簿上虽详细注明各户的人口，但是找一个能有入学时间的人，

① 《青岛市市立民众教育馆逐日图书阅览人职业比较表》(1936 年 4—5 月)、《青岛市市立民众教育馆逐日图书阅览人数统计表》(1936 年 4—5 月)、《青岛市市立民众教育馆图书室概况》，出版者不详，1936 年。

② 《劳工教育收效的症结续》，《青岛时报》1933 年 12 月 10 日，第 11 版。

③ 苟云书：《青岛市劳工教育之沿革》，《青岛市职工补习教育概况》第 2 期，1933 年 12 月，第 89 页。

④ 《青岛市大港区建设办事处呈》(1936 年 2 月)，青岛市档案馆藏，B21-2-34。

是很不容易的，小的太小，妇女在家看门做饭，男子拉车到六七点钟才能回家。所以从事招生工作的职员到各户招学生的时候，苦口婆心地劝说，最后得来的答复是："先生，我知道念书是好事啊，你想家里还有小孩，他每天拉车到七八点才回来，一家还等他吃晚饭，先生，实在没有工夫，谢谢先生这番好心吧！"①一般乡村移民维持生活不易，即使家庭幼童，也需要找些活计，无暇顾及就学，所以虽然教育的机会容易、普遍，但是因为家庭生活的关系，不得不坐失求学良机，儿童失学者依然较多。协助家庭工作及就学两事，因缓急之不同，不能不弃重俾轻，还有因儿童自身关系或疾病残废等问题，致不能就学者。②在脆弱的家庭经济极易为国内环境变化所震动时，要强迫不识字的成人去次第就教，实在不是轻易之举，何况他们都有工作与家庭的牵挂，所以实地施教时的困难百出，也就出乎意外的多。③

民众学校课程设置不合理也影响了民众的求学兴趣。课本虽然浅显易懂，不过分量轻重之间，还嫌突兀一点，例如开始几课，只有二三十字，中间却增加到七八十字，对于抽时间读一两点钟的人，有些接受不了。④补习时间多在下午4点到6点，或晚上7点到9点，此间，车夫等劳动者或者工作繁忙，或者需要休息调整。社会教育并没有酌量学生情形而定，一定程度上妨碍了他们的工作。而4个月的教学时间并不足以使民众有效掌握相关知识，所以参观平民夜校者建议延长时限，免得随学随忘，有名无实；并刊行平民读物，唤起他们阅读的兴趣和写作的尝试，使其所学得到练习和实用的机会。⑤

青岛学校和社会教育资源的缺乏影响了民众的求学机会。虽然在经费的增加及校舍的建筑方面，均有极度的进步，但是谈到环境及机会问题，除乡区情形已达到饱和程度外，在市区情形，当然不敷供应，虽然当局设立新制二部小学多处，教育机会仍然不均，⑥亦间接影响到依托学校教育的社会教育的开

---

① 《平民院生活之写真》，《青岛时报》1936年3月15日，第6版。

② 秉衡：《户口调查中之见闻（二）》，《青岛时报》1936年5月18日，"自治周刊"第194期。

③ 农公：《平民夜校参观记》，《青岛画报》1935年1月，第10期。

④ 农公：《平民夜校参观记》，《青岛画报》1935年1月，第10期。

⑤ 农公：《平民夜校参观记》，《青岛画报》1935年1月，第10期。

⑥ 秉衡：《户口调查中之见闻（二）》，《青岛时报》1936年5月18日，"自治周刊"第194期。

展。而且民众学校的学生年龄多老幼不一,有 16 岁少年,亦有 50 岁老者,其心理特征、人生阅历均有重大差异,在师资不丰的情况下,因材施教并不可能。而大量 6~16 岁的失学儿童,与仅仅设立于贵州路的短期小学或后来改进的二部制小学的稀少,也显示出即使成人的社会教育得到关注,少年儿童的失学问题仍不能得到有效解决。社教运动乐观者曾估计两年内扫除文盲,但整个1930 年代,青岛文盲始终占半数以上。

民众原有的生活习惯亦与社会教育中倡导的现代生活格格不入。以体育运动为例,为养成强健体格、训练自卫能力,中国近代各大都市在 1930 年代大力发展体育运动。青岛 1930 年前体育的幼稚,无可讳言,自中国接收后除市长赵琪在汇泉举办了一次运动大会外,再也没有体育方面的举措。1930 年底,市政府开始注重体育事业,陆续给予总数约 700 元的体育设备补助费,扩充各小学的体育场设备。1931 年秋,在台东镇小学、台西镇小学和朝城路教育馆各建筑了一所规模不大的体育场,即民众简易体育场,设立了民众运动的必需器械。1932 年,四方也设立了民众简易体育场。市政府更借举办第 17 届华北运动会之机,于 1933 年投资 20 万元在汇泉建筑了华北体育场。体育基础设施规模粗具,却难激起民众的锻炼热情。媒体亦认为:"本市的民众,是最不喜欢运动的,他们有了空儿,都把它消磨在吃喝嫖赌四个大字里去,能自动的去跑到体育场去打打网球,踢踢足球,和来一场篮球战的,那实在是不容易找的很呀!所以我们以为怎样唤起民人去利用体育场,锻炼体格,成为现在最重要的问题了。"①第 17 届华北体育运动会,能参与者也均是各教育、公职与官办单位的职员与学生,贫民无法接近,运动会被"贵族化"了②。

对民众习俗的改造甚至受到乡下人悄无声息却力量强大的阻挠。国民政府为提倡新年,曾三令五申废止旧历年节,社会、公安两局于 1933 年会订禁止废历年节办法,休假、贺年、祝神、祀拜一律禁止,年终结账应遵国府规定日期。③

① 《对本市公共体育场的一点小意见》,《青岛时报》1933 年 10 月 24 日,第 10 版。

② 陈象涞:《青岛一游(十五)》,《青岛时报》1934 年 4 月 26 日,第 10 版。

③ 《社会公安两局会订禁止废历年节办法》,《青岛时报》1933 年 1 月 21 日,第 6 版。

但时至元旦新年，百姓并不热中，依然固守于传统节气。①民众最关注的是三大节日——旧历春节、端午与中秋，政府当局提倡的元旦、国庆，甚至欧美人盛行的圣诞节，都只是为相关行业提供赚钱机会，并未在市民中得到认可，而旧历三节时分，街市繁忙，生意最旺，也是约定俗成的债主借以讨钱的最佳和最后时机。新春的娱乐，除了听书、看戏、打麻将、掷小骰外，要算推牌九最为风行，呼么喝六，在马路上随时可以听见。②市乡民众也风行在厨屋里贴潍县粗画子，有的画着专制时代的皇帝耕田图，上面题着俚语："二月二，龙抬头，万岁皇帝使金牛。"③尽管帝制被推翻多年，但在百姓的传统年节中，在牌九的等级序列中，依然流行着皇帝的名号。对于传统娱乐，公安局曾命令，"玩耍"一律取缔，取缔娱神、放爆竹等迷信活动，但收效亦有限。一般好办玩耍的人则采取折中办法，就是在屋里敲锣鼓，假使你从路上走一趟，随时可以听着一阵阵的响声，"咚咚锵，咚咚锵"这些声音，都是在屋里响。④天后宫逢年过节都挤满了善男信女，萝卜会、沧口庙会上也是人山人海，端午节则采艾忙、粽子香。⑤传统的文化仪式和风俗习惯随着乡下人移居都市而在城市中传承下来。

尽管公安局为整顿市区环境，曾严禁莘县路、汇泉路一带小贩设摊，⑥但莘县路有菜市、鱼市和苦力市，民众饮食需求旺盛，故禁而不止，且成为重要的贫民寄食之处。⑦山东民间重死不重生，葬礼尽其家产，筵席三日，繁文缛节，极其烦琐，青岛市政府为革除陋习，特地颁布《本市婚丧礼制草案》，⑧但施行仍有阻碍，毕竟相沿已久的社会风俗不是一纸禁令能革除的。在西藏路、费县路一带的杂院内，私塾甚多，学生多者三二十人，少者十余人，房租大多数

① 《废历年后街头风光素描（一）》，《青岛时报》1935年2月7日，第6版。

② 《废历年后街头风光素描（三）》，《青岛时报》1935年2月9日，第6版。

③ 《旧历二月二之乡间积习》，《青岛时报》1936年2月25日，第6版。

④ 《废历年后街头风光素描（四）》，《青岛时报》1935年2月10日，第6版。

⑤ 《节届端阳岛上风光素描》，《青岛时报》1935年6月3日，第6版。

⑥ 《公安局训令所属取缔不顾颜面之营业》，《青岛时报》1935年4月28日，第6版。

⑦ 《莘县路之速写》，《青岛时报》1936年1月14日，第6版。

⑧ 筱斋：《本市婚丧礼制草案》，《青岛时报》1932年11月15日，第11版。

皆由教师担任，各处学费，自一元以上迄一元五以下不等。[①]市政府多次要求取缔私塾，终未绝迹，只好将私塾纳入改良计划，令其上报教育局注册，符合规定者依然能开办。由此，在政府对民众的教育改造活动中，乡下人也悄然地延续着原有的诸多习俗。

---

① 《为呈报六月十二日奉派调查杂院情形由》（1930 年 6 月 14 日），青岛市档案馆藏，B21-2-44。

第二节　住房改造

ERSHI SHIJI ZHI ZHONGGUO

住房是家庭的外在实体和承载物,拥有自己的住房,是立家之本、安身之所，无论是安居乐业的成长选择还是买房置屋的保值风俗,在中国传统文化中,居室与人生幸福、安乐稳定、财富运气联系在一起。住房需求,是个人在社会中最基本的生存愿望,作为一种财富占有和储存方式,住房给个人提供了归属感、安全感、自主性、舒适感、社会地位以及社会公共资源。居者有其所长久以来是中国理想社会状态的一个重要指标,也是城市发展中关涉民生与稳定的重大问题,并决定着移民能否在城市生存与发展,是移民进一步融入城市生活中的基本前提和保障。从而,对乡村移民的住房改造牵涉到他们经济地位的改善、个体身份的转型、生活习俗及至心理态度的变化。

一、住房改造的背景

1.移民增加带来的住房问题

大量移民的涌入,为青岛城市建设提供了充足的人力资源与消费市场,也对城市的容纳能力提出了挑战。1902年时,青岛总人口不超过10万,但1930年时即超过40万,移民的增加给城市的就业、卫生、治安等方面带来压力,而

254

如何整顿平民住房也提上了市政府的重要议程。

1930 年青岛市调查杂院中①，对贫民住房之不易已经有详细了解，其问题主要有：一、房租太贵，普通一间住房月租基本在 5 元上下，中等人家才有能力居住，而一些繁华地段的杂院，房主屡次加租借以牟利，因而房租日昂。二、贫民居住面积狭窄，有几家合住、居住以床为单位者，有一家五六口合挤一间者，有三四苦力合租居住者。三、住户不讲求卫生，院内垃圾遍地，院落厕所无人清理。四、杂院破旧，许多房屋多年失修，屋顶漏雨，楼梯朽坏，窗户透风，住户安全状况堪忧。

随着外来移民的增加，其居住问题日趋严峻，"初从农村里跑出来的人们，简直就找不到房住。他们在万不已的时候，便不得不搭一些贫民窟，以求暂时的栖身，老老少少，凑在一起，什么是客屋厨房，只不过仅能避风雨罢了。如本市西岭一带的挪庄、菠菜地、马虎窝等处，都是这类的住所"②。马虎窝、挪庄等地是贫民聚集区。青岛老市区的西端，古时叫"马虎窝"，"马虎"在青岛话中是野狼的意思，因为时有野狼出没故有此名。青岛建置时，这一带荒无人烟，是一片没有开发的荒地。直到 1928 年，其建筑寥寥无几，而且都在路的右侧，左侧就是大海。③挪庄的得名则是因为德国占领青岛后，于 1911 年将台西镇的小泥洼村选定为炮台地址，强令居民迁走，并划出一块土地让居民挪过去，因而叫"挪庄"④。台西、台东和大港等地拥挤的棚户区不仅有损青岛花园都市、旅游胜地的美誉，又极易引发火灾、传染病、窃盗等城市问题，或助长市民的恶习。一般独身工人，因工资低廉，多借小客栈的吊铺栖身，每天食宿费虽仅需铜元 3 枚，但其生活极无秩序，多借赌博消遣，甚至有些嗜毒工人，以日本人、韩国人开设的吗啡馆为日常住所。⑤从 1930 年开始，贫民窟及其引发的社会问题渐为

①　《为呈报奉派调查杂院情形》(1930 年 5—6 月)，青岛市档案馆藏，B21-2-44。

②　《谈谈挪庄：昔日席棚蟹舍街巷龌龊难停步　而近红瓦粉墙已成完美平民院》，《青岛时报》1936 年 3 月 2 日，第 6 版。

③　青岛人民广播电台交通频道编：《老青岛话青岛街道》，齐鲁书社 2001 年版，第 126 页。

④　青岛人民广播电台交通频道编：《老青岛话青岛街道》，齐鲁书社 2000 年版，第 178 页。

⑤　《小港办事处调查小港区工人种类及车辆数量改良办法》(1935 年)，青岛市档案馆藏，B22-1-153。

青岛公益人士与政府所关注,并开始谋求妥善的安置方法。

2.青岛地方政府的先期筹备与中央政府的倡导

早在日本第一次占领青岛时期(1914~1922),就有在青岛台西一带由政府统一规划贫民住宅区的筹议,日占当局"尝于台西镇凿岩填谷筑成平地数十亩,地在台西镇之东、四川路之南、滋阳路之西,四周缭以墙垣,中辟水道、沟渠、厕所、洗衣池,所费不下十数万元,初议廉价租给贫民建屋,附辟市廛,计划颇密,惜未竟其功"①。由于棚户区在火灾与卫生上对城市安全与环境构成威胁,整个 20 年代,官厅屡有提议,欲迁移台西棚户,只是缺乏妥当良善的政策,加以政局影响而没有实行。最重要的前期准备是胶澳商埠局于民国 17 年度预算内列支 8 万余元拟就挪庄建筑住屋千数百间,廉价租于贫民。②1928 年10 月,胶澳商埠警察厅开始对全市居住板房、席棚的贫民数目进行详细调查③,市区贫民总计 5795 人,主要集中于公安局第一署区。④

此次调查使政府对青岛贫民的分布状况以及贫民数量有了详细了解,为以后的工作奠定了基础。几乎与地方政府力图举办贫民住所同时,新成立的南京国民政府在军事上基本完成对全国的统一,为遵照孙中山遗训,落实《建国大纲》第二条关于政府当与人民协力建筑各式屋舍以乐民居的规定,同时,也为指导贫民实践各项自治事业,1928 年 10 月国民政府内政部下达《建筑平民住舍令》,在每县市之城郊建筑贫民住所或贫民村舍,以收容能营正当职业之贫民,改善其生活。按照这个法令,贫民住所建筑经费由县市政府支付或就本县市地方公款拨用,如不足时或募款补充之。建筑地点,凡城内空旷处所或城外附郭空地均可,在城内建筑者名为平民住所,在城外建筑者名为平民村舍,如果建筑在数万众以上,其各处特别标志之名得由当地主管机关自定之。住所距贫民谋生地点必须接近,以免往返跋涉转碍生活。收容的贫民以城市

---

① 民国《胶澳志》卷三,"民社志五·生活",台北,成文出版社 1968 年影印本,第 376 页。

② 民国《胶澳志》卷三,"民社志五·生活",台北,成文出版社 1968 年影印本,第 375~376 页。

③ 《居住板房、席棚之贫民数目表限期填报的训令》(1928 年 10 月),青岛市档案馆藏,A17-2-1195。

④ 《胶澳商埠警察署调查管界内居住板房、席棚之贫民数目表》,青岛市档案馆藏,A17-2-195。

内外能营正当职业而现时确系极贫无住所者为限，附近搭席棚或草栅之贫民并收容之。国民政府制定了建筑材料、房屋尺寸和各种图式，供各地建筑时酌量办理。在租金方面，酌收最低数的租金，由管理人员或管理委员收存，作为修理房舍及兴办一切公共事业的资金。法令还规定具体住所的管理规则和细则分别由各省民政厅、县市政府拟定，考虑到各县财力及各自需要，要求各省、县市政府因地制宜，变通办理。①实际上，南京中央政府关于平民住舍名称、地址、收容人口、经费、尺寸、图式等方面的规定，基本为青岛市平民住所建设计划所采纳。

1929 年 4 月，南京国民政府接管青岛，随后成立的青岛特别市政府将平民住所建设列入政府施政计划，成立筹建平民住所委员会②，社会局奉命从速建筑贫民住所，并会同土地、工务两局选觅地点，筹划建筑。③1929 年 9 月，筹建平民住所委员会向青岛特别市政府呈送提案，请求拨款建筑平民住所，并且附上较为具体的实施方案，拟定在台东镇、台西镇、四方三处建筑 3000 间，台东镇 1000 间，台西镇三四百间，四方六七百间。并打算先筹建台东镇 1000 间，每间建筑费按 100 元计，总计约需 10 万元。委员会认为这项设施于平民生活改善、市容整肃与蔚成将来市自治良模关系甚巨，亟应就目前需要及时兴工。④市政府通过了此提案，拨款 3 万元，⑤尽管费用只够工务局勘查建筑地点所需，但平民住房建筑事业毕竟开始真正破土动工了。

3.住房改造的最终目的是提高平民的自治能力

平民住所初建时期，主要是为整顿市容，同时解决民众居住问题，改善平民生活。但随着市政府着手开展地方自治的筹划工作后，平民大院成为推行自治的基层组织，社会局对平民院的管理寄托了政治使命，"即由各区将所属每

① 立法院编译处编：《中华民国法规汇编》第 3 册，第四编"内政"，中华书局 1934 年版，第 646~647 页。

② 青岛特别市社会局编：《青岛社会》创刊号，1929 年 10 月 10 日，第 16 页。

③ 青岛特别市社会局编：《青岛社会》创刊号，1929 年 10 月 10 日，第 17 页。

④ 《青岛特别市政府财政局关于筹建平民住所委员会提议请拨款十万元的请示、批复》，青岛市档案馆藏，B29-1-3543。

⑤ 《青岛特别市政府训令秘第 645 号》，青岛市档案馆藏，B29-1-3543。

一个平民住所作为一个自治单位,使他有相当的组织,有负责的人员,对于清洁卫生整齐划一,清查户口,驱除奸宄,乃至图谋生计、办理教育等等均有自动的能力,而由各办事处指导实施以综其成,庶合于本府建筑平民住所之目的"。"故此后对于平民住所,必须办到有秩序、有条理、有自治能力的地位,始可谓告一段落。"①所以,社会局尤其关注平民住所建成后的清洁卫生及治安问题,如通路堆积杂物,小孩任意便溺阳沟,污秽垃圾箱、厕所等不加扫除等情形,社会局亦要求社会、公安各股职员随时连同各公建平民住所一并视察取缔,同时督饬该管公安派出所长警注意,并由区公所计划多设国民训练讲堂,俾平民渐能自治,②从而将住房建设事业与人的改造、国民训练计划结合了起来。

二、住房改造的开展

当青岛市政府着手整顿棚户区并因资金短缺而进展缓慢时,社会慈善人士开始施以援手,青岛市第一个平民住所正是由来自潍县的谭爱伦女士 1930 年捐资 2.5 万元兴建的,"计建住屋一百七十二间"③。政府办理平民住房的计划也逐渐落到实处,尤其自沈鸿烈担任青岛市长以来,鉴于市内杂院、棚户等平民住处湫隘污浊,贫苦劳工或经济困难者多聚居于此,既不卫生,又碍观瞻,即着手整顿杂院、清理席棚,同时兴建平民住所,均取得较大成绩。

1.整顿杂院、席棚

青岛市内一、二、三区杂院和棚户众多,比较杂乱,影响仓库安全和公共交通,政府为整顿清理,命令各区分段调查各住户人数、职业、性别、籍贯、年龄与识字情况,编制杂院统计,根据不同情况进行清理。对散布在各处政府机关或港务局公地户数较多的棚户,指定地点令其迁移,如普集路野集场席棚迁往仲家洼;在山口炮洞的个别住户,有的迁往公建住所,若是乞丐则送感化所学习技艺,有的是政府择定公有农地,按每户给 2 至 8 元的迁移费令其自行

---

① 青岛市社会局:《青岛市区社会问题最近施政方针》,内部资料,1934 年 6 月。

② 青岛市社会局:《一年来之社会行政》,编者 1933 年版,第 70 页。

③ 《青岛市最近行政建设》,《都市与农村》第 4 期,1935 年 5 月 21 日,第 5 页。

建屋居住，①将他们从城市重要交通线路和市区迁移到城郊结合地带。对于远徙他处影响生计的旧货商和开饭馆的小本营业者，于原处附近海滩划出一段准其自行建筑，有愿自行觅房迁居或回原籍的住户都听其自便。

1933 年，青岛市杂院有 496 处，"内除近年新造及楼梯走廊之完好者计有 209 处，无须修理外，其余 287 处内有楼梯走廊之应修理者 255 处，又全部根本翻造者 32 院"②。住户对于居住清洁及安全设备多不讲求，一遇火警或其他事故发生，无法救济。1933 年因肥城路福康里火警延烧甚惨，政府将全市各杂院分为五区调查，规划安全办法，审查各区杂院状况，将应该修理或全部改造者分别通知业主办理，并会同财政、公安、工务局成立改善杂院委员会，拟订方案，对房式、层数、楼梯、走廊、道路及烟筒、灰池等项都要求加以改善。③市内杂院凡木质楼梯和走廊，限期改用洋灰建筑完工，以预防危险，并对不肯或无力迁移的住户，发给迁移费，如升平里(三等乐户)住户迁移费，每户 30 元。④

第二区杂院集中，为改进平民生活，区联合办事处责成下级住户多的杂院房东增设愿警，规定每月房租收入在 200 元以上的杂院须用愿警一名，不足 200 元月租的杂院，合两三院用一名，愿警负责指导院夫办理厕所、垃圾箱和院内各处清洁卫生，警告烟赌、私娼及其他不良分子，排解住户间的纠纷，防止房舍毁坏或板房发生火险等事。⑤政府通过迁移、改建和加强管理等方式维护市内居民区的安全与整洁，并将城市管理信息与相关规范传递到千家万户，影响着新老居民对城市居住要求的认识。

2.重建平民住所，方法有三种：政府公建、平民自建与团体代建

政府拨款建筑的平民住所，是为救济贫民而设，以安顿贫民、良民为宗旨。

① 《青岛市政府财政局公函第 205 号(1933 年 4 月 19 日)，292 号(1933 年 5 月 26 日)》，青岛市档案馆藏，B21-3-159；《普集路旷地贫民胶路函公安局勒令迁移》，《正报》1932 年 12 月 31 日，第 10 版；《驱逐栖霞黄县路杂居贫民一案》(1932 年 5 月 3 日)，青岛市档案馆藏，A17-2-554。

② 《改善杂院会议第二次常会》(1933 年 6 月 26 日)，青岛市档案馆藏，B21-3-94。

③ 青岛市社会局编：《一年来之社会行政》，编者 1933 年版，第 45 页。

④ 《社会局通知整理本市杂院案》(1933 年 6 月)，青岛市档案馆藏，B21-3-89。

⑤ 青岛市社会局编：《一年来之社会行政》，编者 1933 年版，第 75~76 页。

政府制定了平民住所管理与租赁的规则与细则,对收容的平民类型及住户生活方式、作息习惯都作出了限定。由于房间不多,申请居住者都要经过严格检查,必须是确实赤贫者,以青岛市内的佣工、苦力、摊贩小商和贫苦妇女为限。平时生活能力较强的上、中级住户,包括教员学生、陆海军官兵、各机关职员、警士及各机关公役、商贩营业资本满 500 元以上者,以及闲居游民无正当职业者、染有鸦片吗啡等嗜好尚未戒绝者,都不得在公建平民住所请领住房。所以建筑住所的面积大小与数量均按照下级住户的人口户数来决定。凡欲租赁平民住所的贫民必须填明年龄、籍贯、职业、男女人数,并觅取妥实保人(在本市有住房和正当职业并居住二年以上者),报由财政局审查认可才能订租。租金自订租日起按月缴纳,先付后住,不满一月者按日计算。[1]平民住所均系平房,建筑坚固经久,大小适中,每间 12 平方公尺,宽 3 公尺,长 4 公尺,一门一窗,大体能置两铺,只有四川路第二平民住所第二院的房间各附厨房一间。普通住所每间月租金 1 元,带厨房者月租金 1.5 元。[2]

工料方面,如四川路平民住所每间工料系用白灰砂垒砌红砖石,墙高 2.4公尺,用白松檩以承房顶,松檩之上用苇,把泥塈其上,再覆红瓦,约需洋 126元。[3]大约每百间平房造一间厕所、一个洗衣池。住房建筑数量按照所调查赤贫住户的人口数和户数来计算,租户眷属在 6 口以下者,请领住房不超过 2间,无眷属者应该两户合租一间。租户不得将所领房间转让分租于人。已经住在平民住所的住户每 6 个月接受公安局复查一次。住户退租时,除按租赁规则先期呈报外,应交由管理员点收,其租金按旬计算发还。每个平民院内设有管理员,住户要服从管理员的指挥监督。从 1936 年公建住户调查来看,896 户中,户主是拉车的占 47%,小本商人占 20%,工人占 11%,除少数军警混住其中,不合政府要求外,绝大多数住户确属贫民。[4]

①　《青岛市平民住所管理及租赁规则、细则》(1930 年 7 月 26 日),青岛市档案馆藏,B22-1-106。
②　《青岛市平民住所一览表》(1935 年 12 月),青岛市档案馆藏,A17-2-1104。
③　青岛市社会局:《建筑平民住所计划大要》,青岛市档案馆藏,B21-1-4。
④　《平民住所概况统计表》(1936 年 1 月),青岛市档案馆藏,B21-3-283。

"至 1935 年底，共公建三院，997 间，住户 1069 家。"①政府公建住宅数量并不算多，同时，也将一些官方闲置房产拨给平民居住，以解燃眉之急。如 1931 年青岛市社会局将未开工的城武路平民工厂房屋租赁给平民居住，租住方式和租住对象与平民院一样，月租低廉，每间 1 元，也是以本市佣工、苦力、摊贩、小商暨贫苦妇女为限。②

因政府在城武路和四川路建筑的第一、第二平民住所分别建造房屋 172 间和 268 间，只能收容平民 360 户，未经收容者犹居多数，故倡导平民自行建筑。平民自行建筑，包括领租承建和拨地自建两种方式。领租承建，是平民请领官地建筑住所，由政府给予地租方面的优惠政策，这项规定在 1929 年赵琪任市长时创设。按照青岛土地制度，凡领租本市区域以内的公有土地者应向财政局缴纳地租。地租分为租权金和常年租金两种，租权金最多 30 年制订一次，市内建筑地分 11 个等级，每公亩为 20 元至 508 元不等；常年租金每年缴纳，市内建筑地依等级每公亩缴纳 4 元至 25.4 元不等。③而贫民请领公地则一般免除租权金，所缴地租也少于规定额数。1930 年 11 月及 1931 年 4 月，平民先后领租台西四、五路和城武路等处公地建筑第三平民住所，共有 177 户，面积 71 公亩 2 厘，免地租 3 年，此后每公亩年纳租金仅 4 元，10 年不变。④

拨地自建，系由财政局、公安局、社会局协同清查贫民情况，包括现占有的中外私有各地皮、地段、面积和贫民户口，"如系本国人所有而确为贫民必需者，劝令地主设法划归贫民或自建平民住舍出租"⑤。如系公产，由公家施给地皮，不收租权金，并永远免除地租地税。⑥财政局就贫民集中处划分地段，编列号数，按户拨发公地建筑，划出建屋基址，编号令各户用拈阄法，各自拈定，限

260

---

① 《青岛市平民住所一览表》(1935 年 12 月)，青岛市档案馆藏，A17-2-1104。

② 《城武路平民工厂房屋租赁暂行简则》(1931 年 8 月)，青岛市档案馆藏，B21-1-4。

③ 冯小彭：《青岛市政府实习总报告》，萧铮主编：《民国二十年代中国大陆土地问题资料》第 192 卷，台北，成文出版有限公司和美国中文资料中心 1977 年版，第 92929~92933 页。

④ 《领租平民住房卷——市府训令内字第 7152 号》，青岛市档案馆藏，B21-1-15。

⑤ 《市政府训令内字第 4898 号》(1932 年 7 月 11 日)，青岛市档案馆藏，B21-1-19。

⑥ 《青岛市平民住所一览表》(1935 年 12 月)，青岛市档案馆藏，A17-2-1104；青岛市政府招待处编印：《青岛市政要览》，"社会"篇，编者 1937 年版，第 31 页。

期开工,完成迁移。如缺乏建筑经费,可由公家酌量贷款,分期归还。①平民自建住所,"其建筑地完全免纳租税,所有道路、围墙、厕所、晒衣椿、洗衣池等公共设备,俱系公家建设,仅每间房屋之建筑费用,由建户自筹,较之同一地点领租公地建房者,相差至巨,此项体恤待遇,只限于原住平民"②。

拨地自建是在贫民比较集中的马虎窝、挪庄等处实行,1931底开始筹备,1932 年 6 月对各住户人口数目、职业类别、工作地点、生活状况、经济情形的调查结束,有极贫的 355 户,这 355 户极贫户要将原有房产拆除,然后迁移至团岛路、贵州路北面的空地建简易住房暂时居住,等公建平民住所建成后统一搬入,再将临时住所拆除。③每户获得 5 元迁移费,"由社会、财政、公安三局派员会同当地分驻所及各代表办理,届时并取具各极贫户户主二寸半身相片,附粘于迁移费册内",作为以后移居公建住所的凭证。④对于大多数有能力自建住所的贫民,各聚集处先选出各自代表,负责将各处自建户需要建筑房屋的间数等情况向财政局、社会局进行呈报;然后,由财政局将申请书、户口表等交各代表转发,填齐汇总呈送财政局核查。如与复查底册相符,填发每户地点。⑤1932 年底,脏土沟、上下马虎窝改造完毕,至 1935 年底,平民自建 1943间,住户 1716 家。⑥

慈善团体捐资建筑,是由财政局无偿拨给公地,利用社会捐款,建房后廉价租给贫民居住,虽较早实行,但民间公益组织力量较为薄弱,建筑住所数量较少,7 年间,仅妇女正谊会捐资修建 100 间,但不失为一种良好有效的社会救

①　李先良:《青岛与八年抗战》,《山东文献》第 5 卷第 2 期,1979 年 9 月, 第 68 页;《市府训令 3021 号准路局函请迁移普集路贫民仰督促办理具报由》(1935 年 4 月 6 日),青岛市档案馆藏,B21-3-159。

②　《菠菜地贫民迁移纠纷》,《1935 年 1 月 25 日市政府训令》,青岛市档案馆藏,B21-3-171。

③　《调查各处贫民住户实况一览表》(1932 年 6 月),青岛市档案馆藏,B21-3-69;青岛市政府秘书处编印:《青岛市政府行政纪要》(1933 年),"社会"编,内部资料,1933 年,第 30 页,载极贫户有 357 户。

④　青岛市政府秘书处编印:《青岛市政府行政纪要》(1933 年),"社会"编,内部资料,1933 年,第 31 页。

⑤　青岛市政府秘书处编印:《青岛市政府行政纪要》(1933 年),"社会"编,内部资料,1933 年,第 31 页。

⑥　《青岛市平民住所一览表》(1935 年 12 月),青岛市档案馆藏,A17-2-1104。

济途径。1931 年 2 月,西岭脏土沟贫民住舍惨遭水灾,以致贫民流离失所,无家可归,青岛市中华妇女正谊会发起西岭水灾募捐,计共捐洋 1.5 万余元,在四川路建筑平民住所百间,命名青村,专收容极贫住户。[1]另外,也有个人捐资,而由政府招标团体承建的,1933 年富商刘子山捐资 5 万元建筑平民住所,建筑住房 357 间,即贵州路第八平民住所,由政府统一管理,廉价租与平民居住。[2]

在贫民原住地点修筑平民住所时,对于暂时拆迁的贫民,由财政局查明较为偏僻的空地使其移住。地点的分配,由社会、公安两局按照贫民的职业性质与距离远近,接洽商定,以便利工作。此外,在市外地域如台东、台西镇附近等处预留大规模的贫民住处,作为流动性贫民或后来者指定的寄住处所。[3]

无论公建、自建还是代建住所,均由工务局统一计划建筑,并注意交通、水道、市容与将来的发展。平民住所基本集中于台西一带,至 1935 年 3 月,建成 8 所 14 院(见表 4.5),计 3040 间房,2885 户。此后,又有一批新的平民住所陆续建成,[4]至 1937 年春,青岛共有平民住所 9 所,分为 16 院,房屋 3757 间。[5]其中,公办 4 处(包括社会捐资建设的 2 处),平民领地自建 11 处,妇女正谊会建 1 处。[6]各平民住所,多者 700 余户,少者数十户,都规模整齐,每处住所内的适中地区都建有公共清洁与卫生设备,附近修建了马路、小学和市场,安设了电灯和自来水道等公共设施。房屋计划,英美各国于第二次世界大战后始相继施行,其目的在于供给低收入阶层,使其享受标准房屋居住,而青岛则于30 年代已倡导实行,推行不过 5 年,即成效明显,并为汉口市等地方政府学习效仿。[7]

① 《青岛妇女救济事业》,《益世报》1932 年 1 月 5 日,第 9 版。

② 青岛市政府秘书处编印:《青岛市政府行政纪要》(1933 年),"工务"编,内部资料,1933 年,第 58 页。

③ 《市政府训令内字第 4898 号》(1932 年 7 月 11 日),青岛市档案馆藏,B21-1-19。

④ 《青岛市第五至第九和青村平民住所概况清册》,青岛市档案馆藏,A21-2-40。

⑤ 青岛市政府招待处编印:《青岛市政要览》,"社会"篇,编者 1937 年版,第 31 页。

⑥ 《平民住所统计表》(1936 年 1 月),青岛市档案馆藏,B21-3-283。按照表中统计,房间总数为 3744 间,与《青岛市政要览》所计略有出入。

⑦ 《青岛市府训令内字第 11283 号》(1934 年 12 月 30 日),青岛市档案馆藏,B21-3-102。

表 4.5 青岛市平民住所一览表[①]

住所名称	地址(路名)	门牌	公建或私建(原名)	房间数目	住户数目
第一平民住所	台西五路	2	公建(谭爱伦捐)	172	149
第二平民住所第一院	四川路	70	公建	268	267
第二平民住所第二院	四川路	70	公建	200	299
第二平民住所第三院	四川路	70	妇女正谊会建	100	100
第三平民住所第一院	台西四路	2	平民自建	125	127
第三平民住所第二院	台西四路	2	平民自建	85	65
第三平民住所第三院	台西四路	2	平民自建	104	139
第三平民住所第四院	台西五路	4	平民自建	122	103
第四平民住所第一院	观城路	110	自建(脏土沟)	298	326
第四平民住所第二院	观城路	67	自建	61	56
第五平民住所	嘉祥路	5	自建(上马虎窝)	167	157
第六平民住所	四川路	21	自建(下马虎窝)	182	143
第七平民住所	城武路	28	自建(挪庄)	799	600
第八平民住所	贵州路	3	公建(刘子山捐)	357	354
合 计	8 所 14 院,合计 3040 间房 2885 户				

注:第二住所第三院厨房及挪庄保留的旧房在房间统计数内,则有房 3323
间。

附记:平民住所均系平房,每间 12 平方公尺,一门一窗,唯四川路二住所二
院每间附厨房一间。公建者,每月每间租金 1 元,带厨房者每月租金 1.5 元;自
建者,由公家施给地皮,不收租权金,并永远免除地租地税。

三、住房改造与移民的城市化

近代青岛住房改造,不仅改善了贫民的居住条件,也促成其生活方式的变
化与城居习惯的培养,固定的住所有助于推动乡村移民物质层面、身份层面、

---

① 《青岛市平民住所一览表》(1935 年 12 月),青岛市档案馆藏,A17-2-1104。

行为乃至文化心理层面的城市化进程。

1.青岛平民住房改造,改善了移民的生活条件

从德占胶澳制定相当完善的土地制度开始,青岛的住房已经市场化了,在市区谋求固定住所基本是有一定资产的人才可能实现的愿望。移民的个人差异(包括其资金、知识、技能与观念等)、市场和社会群体间的分工与社会生活圈的划分,阻碍了农村移民充分进入市场,以获得住房和高薪职业,市场体系将其剥离出有房者的队伍。涌现于青岛的大量乡下人需要政府强有力的资金补偿与制度支撑,虽然移民没有户口、就业等方面的制度壁垒,但对于高房价的青岛城市生活而言,在杂院寻求栖身之所耗费了他们的大半收入。移民群体多半从事苦力等半稳定职业,高房租和棚户拆迁随时会使他们的收入缩水,严重制约了他们生存与发展的上升空间,影响其对城市生活方式的适应与融入,住房的市场化和高房租降低了移民的生活质量。而平民住房政策实施后,贫民在杂院中的房租由每间5元左右下降为1元,对于一般工人每月10元至20元、洋车夫12元左右的收入来说,生活开支大大减少。如贫民孙贵业,在家乡因父亲遭绑架,致令家贫无以栖身,后来青岛,在药铺佣工,每月大洋4元,其妻周氏缝纫每月赚洋一二元不等,二子尚在褓褓,母亲带外甥女亦要来此养活,生活不足糊口,更无租房之资,借钱在沧口路有记院三层楼顶三角屋内存住,每月租价5元,其租住平民院的申请获得同意后,于1933年5月3日携全家一起入住四川路平民住所,①一家人不用再挤在楼顶的三角屋里了,每月1元的租金也极大地降低了生活成本。

2.稳定的住房,是移民获得市民身份的根本途径,并增加了他们对公共资源的分享机会

外来人口在居住、就业等城市生活各方面融入城市居民社会的程度,是衡量其城市化进程和阶段的标准。外来人口经过集中化(形式城市化)、常住化阶段(过渡城市化),逐渐过渡到市民化阶段(实质城市化),②而在此进程中,

① 《领租平民住房卷》,青岛市档案馆藏,B21-1-15。

② 王桂新、张得志:《上海外来人口生存状态与社会融合研究》,《市场与人口分析》2006年第5期。

常住化具有决定性的铺垫与启下作用。临时住所受到拆迁威胁的平民，常常作出返乡的选择。在 1936 年的青岛菠菜地棚户迁移事件中，第三批拆迁的 189 家棚户中，自愿回籍者有 21 户。[1]在青岛公建住所中居住的贫民，如果没有特别的违法案件或不良记录，租住期实际已经永久化。于外来移民而言，由棚户、寄居户向平民院的迁移，是社会身份的重大转折，平民住所给原来寄居棚户区 10 年甚至 20 年的移民提供了稳定的生活空间，实现了住所由临时向固定、地域由边缘向市区的转变，也体现了政府的认可与接纳，其身份由移民向市民过渡。在青岛，获得固定住所与谋生和取得保人的资格紧密相联，1936年鉴于市区小偷猖獗，政府决定"举行挑贩免费登记，必须取保及有确实住址，始许营业"[2]。另外，在政府提供的求职、小额贷款的社会救助体系中，最关键的要求是觅取保人，保人是有固定的居所、正当的职业，并连续居住两年以上的青岛居民，实质上，保人资格无异于正式的市民身份的政府认定。

3.政府对移民住所的整顿与检查推动了乡下人对城居生活的适应

居民们将要面对的生活与他们原来的农村、棚户生活相比，有着较大的差别。传统中国人的房屋，承担着祭祀、婚姻、财产分配、家庭义务和社会职能等诸种任务，从院址、院墙、院门、庭院、正室、房梁、屋檐的外观装饰到上梁、搬迁、祭灶、居家等仪式，渗透了代代相传的文化选择与农业社会的生产习俗。对于大多数进城谋生的乡下人而言，原来独门大院、鸡犬相闻的熟人社会不复存在，代之而来的是高密度的陌生人群体和烦琐的城市规章，他们需要按照一个"城市人"的标准去生活。传统的随意处置生活物品和废品的习惯也面临着一系列问题。初来青岛的农民仍然保留着他们原有的生活习惯，于院中搭盖草棚、砖砌炉灶和鸡窝，但都被勒令拆除。青岛于建筑之管理，"皆有良规遵行，不仅花园洋房皆颁有建筑管理规则，即贫民杂院亦颁有建筑应守之规则，违章建筑绝不容许存在"[3]。每个平民院内设有管理员，住户要服从管理员

① 《为呈报本区菠菜地棚户肃清情形造具一览表》(1936 年 2 月 29 日)，青岛市档案馆藏，B21-3-171。

② 《西镇建设办事处提案》(1936 年 2 月)，青岛市档案馆藏，A17-2-928。

③ 李先良：《青岛与八年抗战》，《山东文献》第 5 卷第 2 期，1979 年 9 月，第 69 页。

的指挥监督。住所内不得赌博、吸烟、酗酒、行凶及私藏违禁物品，犯者勒令退租，并送法庭惩处，住所内每晚 10 时应一律熄灯。①拖欠房租 3 个月以上②，或者有打仗情事者一律被驱逐出所，住户无铺保或铺保不合、无保单者③，也不得居住。住户必须往垃圾桶中倾倒垃圾，在公共厨房中做饭，定时使用自来水，并于特定的污水道里处理生活脏水，洗衣、洗澡、便溺都有专设场所，原属私人的空间公开化，移民的日常行为受到制度的规约，自给自足的生活方式为商业化运作所代替。

平民院建筑一年后，卫生状况不容乐观，各住户喂养鸡、鸭，晒衣的竿、绳纵横，柴草、瓦块、炉火乱堆，男女儿童任意便溺。四川路平民住所在建成之初配备了 4 处厕所、3 个污水池、3 个垃圾场、1 处浴池，并新建了下水道等设施，但是"各污水道堵塞已久，无人疏通，便溺横流，臭气四溢。又因该处住户类多智识缺乏，不讲公益，秽物随地倾弃，灰池形同虚设。雨水沟强半淤塞，污水池湮灭无迹，公共浴池亦曾变为粪坑。凡此种种，遂成污秽狼藉不可向迩之现状"④。管理员多次巡查晓喻⑤，整理院内卫生，加强院内管理，包括督促扫除院落，赴清洁队接洽拉除脏土办法，找粪便包商来所商拟厕所掏除办法，赴工务局请求派工修理下水道，勒令住户拆除院中鸡窝棚灶，调查住户有无不正当行为，利用菜园户掏挑脏水，铺垫厕所所有通道并掏除积溺，修理南北二大门，布告大门开锁时间，添设公共炊房，厕所添安壁灯 4 个，督促修理下水道，赴工务局请求派工修理院中道路等。⑥工务局建议勒令违反卫生章程的住户迁出住所，整顿后的马虎窝、脏土沟、挪庄等处，"庭院清洁，门牌光亮，秽垢已不多见"⑦。

各杂院每半个月要接受一次各区联合办事处的调查，各办事处教育、社

---

① 《平民住所管理及租赁细则》(1930 年)，青岛市档案馆藏，B22-1-106。

② 青岛市社会局：《第一、二平民住所欠租各户办理迁移》，青岛市档案馆藏，B21-1-13。

③ 《青岛市社会局指令第 472 号》(1933 年 5 月 18 日)，青岛市档案馆藏，B21-3-133。

④ 《关于整理平民住所意见的呈和指令》(1933 年)，青岛市档案馆藏，B21-3-133。

⑤ 《关于整理平民住所意见的呈和指令》(1933 年)，青岛市档案馆藏，B21-3-133。

⑥ 《关于整理平民住所意见的呈和指令》(1933 年)，青岛市档案馆藏，B21-3-133。

⑦ 《西大森海关后平民生活之一斑》，《青岛时报》1934 年 2 月 26 日，第 6 版。

会、工务等股的负责人会根据调查结果督促有关里院与个人进行整顿。从1933~1934年第三区(管理台东一带)办事处的工作报告来看,政府最注重者为里院清洁、平民教育和改善风俗事宜。[1]从日常生活规则的渗透开始,乡村移民逐渐适应城市生活。对平民住所的统一规划,使政府加强了对移民的社会控制,也有助于移民对城市生活方式的深切体会与逐渐认同。居住数年以后,随着平民的社会流动,一些原有住户开始将公建房转租、分租或包租出去[2],显示出乡村移民对城市住房交易行为的迅速适应。

4.平民住房建设将城市平民纳入公众视野,加强了社会群体间的互动

新住所建成后,原来在市内享有盛名的脏土沟、上马虎窝、下马虎窝等处贫民窟有了新的以路命名的街道,青岛广大贫民和社会组织对平民住所的关注度也急剧上升。平民住房建设是青岛市社会救助的重要环节,并与平民教育、自治活动等政府计划紧密相连,牵涉到城市体制对移民的容纳与保障、移民的社会发展与资源获取。住房建设给羁留城市多年的移民以实质性的安置和规划,并推动了政府启动建立在住房体系上的平民教育活动与组织间邻的自治方案,成为移民融入社会的基石。大众媒体与公益组织也逐渐关注台西的平民区,自平民住房计划启动后,青岛媒体开始大量增加对政府惠民工程与平民院生活的报道,相关的社会教育机构和个人、社会慈善组织如红万字会也开展了有针对性的社会扶持行动,社会异质群体间的互动往来一定程度上推动了移民融入城市社会的进程。

当然,对移民住房进行集中改造与兴建,容易形成对移民的地理隔离。如城市地理学者认为的:"廉价房屋的地区化特征反映了城市结构的一个重要方面,即它将少数群体导入一个狭窄的生活空间,从而使他们与其他人群隔离开来。"[3]将密度较大的城市贫民集中到特定地区统一安置,或对其住房进

① 《青岛市市区第三区联合办事处工作报告表》(1933年10月—1934年8月),青岛市档案馆藏,B32-1-768。

② 《市政府训令内字第12154号》(1935年12月6日),青岛市档案馆藏,B21-3-102。

③ 〔美〕保罗·诺克斯、史蒂文·平奇著,柴彦威、张景秋等译,《城市社会地理学导论》,商务印书馆2005年版,第216页。

行整顿与翻修，有效维护了城市的清洁，控制了传染病的发生，并对城市火灾和犯罪有一定预防作用。但同时，也造成社会群体的居住分隔，平民住所与城市公共文化设施相隔甚远，体育场、图书馆、水族馆与城市公园等主要集中在青岛前海一带的富裕居民区，而台西平民分享的则是附近电厂的煤灰、火车站与小港码头的嘈杂。与其他地区相比，这里依然是城市贫民窟，对平民的分区集中安排，无疑强化了对平民社会下层身份的认同，并长期影响了青岛市民的居住选择，市南、市北等区作为核心地段，集中了城市上层，吸引了有产者的目光，台西不仅是平民居住区，也逐渐成为城市贫困地段的标识。

政府改造住房的实施意图也阻止了更多乡下人分享这项福利事业。"有碍市容"成为政府整理各棚户区的首要理由，维护城市的形象往往比给予民众实际的利益更为迫切，也因如此，并非所有城市平民都能享受到政府的住房优惠。相对于庞大的外来移民，政府公建住所的数量非常有限，获准进入平民住所的住户，几乎都在人数相对集中的棚户区居住了 10 年以上。凡有力自建者，政府给予官地令其自建住所，无力自建者由公家代建住所，令其租住，但在政府对棚户调查结束后新迁移的住户，不得迁入新建平民住所，因而新近迁来城市的移民，尽管生活拮据也难以获准入住。原来一些欲行改造的棚户区仍然相继为新来移民所填充，住所虽然不断修筑，而棚户不能真正绝迹，这固然因为政府的资金和地皮有限，平民住所兴修的初衷也制约了棚户问题的彻底解决。

四、乡下人对平民院的改造

由青岛政府与民间力量共同兴建的平民住所，使台西镇逐渐形成了完整的城市街区格局，移居已久的乡下人也逐渐开始了一种新的生活。按照国民政府的设想，兴建平民住所的目的，不仅仅是改善市容、整顿公共卫生，更寄希望于平民住所成为一个可以实现自治的区域，有其政治改造之用心所在。但政府欲养成民众现代人格的目标尚未实现，乡下人已不知不觉中将传统乡村生活方式又移植到新的平民大院中。

"新旧交杂,是中国现代化过程中一个最明显的现象"①,卢汉超、冯客等的研究都揭示了此点, 到底是进口货嵌入日常生活还是传统习俗嵌入城市社会, 在现代物质文化的渗透力超过我们想象的同时, 传统观念的习惯力量亦超乎刚性的制度规定。诚然,如史华慈教授研究中所揭示的,将传统与现代两个范畴截然对立,是中国近代史研究中一个极大的谬误。事实上,传统与现代都不是简单、静止或有同构性指涉的概念,二者本身是一个不断演进、变化的存在,里面包含的思想、质素复杂万端而且常常互相冲突。一个快速变迁的现代化城市中,其实包含了许多传统的质素。②

就下人移居城市,原有的生活方式并不能断然决然地更新,在家乡培养出来的生活习惯、方言口音、民俗风尚、行为规范、价值观念依然坚劲,他们将一些传统的生活方式移植到城市里,包括饲养家畜、种植农作物、拜祭财神等。贵州路一带在平民院兴建前为荒凉空地,除了菠菜地的贫民窟以外,差不多全荒废着。一些从乡间逃荒来的乡下人在青岛举目无亲,找不着工作,生活艰难,便在春季来临的时候,开掘那些比较平整的荒地,开设农圃,施种下肥,种些菠菜、葱等,每到春天,那菠菜便葱绿可爱,生气勃勃。即使在平民院兴建过程中,这些土地上被开发出一处处欧化的富人别墅和一些事业机关的职工宿舍,以及作为制革厂、洗衣铺、制果工厂的红瓦小房,平民也都搬到平民院里去了,但在广场南边,也还是有一片一片的菠菜地,贵州路上还有不少一方一方的小菜畦,有的甚至比一个方桌大不很多。③乡民的耕作情节甚至连政府管理人员都想要充分发挥其作用,平民住所管理员刘裕先向市政府建议将第二住所南大门内的空地令住户开垦出来种麦,并与公家伙分。④

就是住进平民院,养殖业也还是兴旺着,到了新年,更是俨然农村气象,在挪庄村内,家家户户贴着崭新的春联,写着"天增岁月人增寿,春满乾坤福满

① 李孝悌:《恋恋红尘:中国的城市、欲望和生活》,"序",上海人民出版社2007年版,第24页。

② Benjiamin Schwartz, *The Limits of "Tradition Versus Modernity": The Case of the Chinese Intellectuals*, 转引自李孝悌:《恋恋红尘:中国的城市、欲望和生活》,上海人民出版社2007年版,第275页。

③ 《贵州路一带之速写》,《青岛时报》1936年4月12日,第6版。

④ 《刘裕先呈》(1933年9月24日),青岛市档案馆藏,21-3-133。

门"、"四时吉庆，八节平安"一类的吉利话，其中只有两家的春联，写着"创造新世界，还我旧山河"、"中华新世界，民国万年春"这样富有爱国思想的话语。各家屋里的陈设不尽相同，却有一个共同点，便是家家正面供着财神，两旁贴着"兴家立业财源主，治国安邦福禄神"的对联，财神的面前有香有烛。村里的贫民妇女，都是紧紧地裹着小脚，甚至七八岁小女孩子也都迈着三寸不移的小步。①其他贫民居处的妇女们，也是庄户打扮的占多数，偶尔有几个服装奇异的，常会令人怀疑其是否为正道人家。②所谓挪庄新村，外观是新的，但传统的因素却随处可见。

1930年，市政府颁布平民住所管理及租赁规则、细则，并随时根据实际情况进行修正，如住户的清洁，水费的调整，电灯、院丁等的安排，社会局每年都开展平民院和杂院的调查与登记，公安局与工务局亦随时督促检查。但随着移民的增多，住房压力的加大，居民们不断挑战平民院的管理规则，住所的卫生状况一直是管理者颇为棘手的问题，包租、分租、顶租现象也层出不穷。③

正如当时媒介所言，都市是个百冶炉，它的生活方式丰富多彩，复杂的、古董式的绅士地主，吃斋念佛的太太闺秀，为数不少，前进维新的青年志士，自由摩登的姑娘小姐，自然更多，思想既不统一，生活尤为特殊，举止阔绰，享受豪华的诚然有，然而那些不卫生而非人生活的穷苦大众，恐怕比农村里穷人还有过之呢。④城市社会学者认为："随着时间的推移，城市的每一部分、每个角落都在一定程度上带上了当地居民的特点和品格。城市的各个部分都不可避免地浸染上了当地居民的情感。其效果便是，原来只不过是几何图形式的平面划分形式，现在转化成了邻里，即是说，转化成了有自身情感、传统，有自身历史的小地区。"⑤都市生活的光怪陆离、万象杂陈，浓缩了百年近代中国的发展与固守，在城市中，没有什么是被社会进化彻底淘汰的，随着乡村移民的

---

① 《挪庄新村观光记》，《青岛时报》1934年3月3日，第6版。

② 《西大森一带之速写》，《青岛时报》1936年4月20日，第6版。

③ 《市政府训令内字第12154号》(1935年12月6日)，青岛市档案馆藏，B21-3-102。

④ 《富润里之杂写》，《青岛时报》1936年5月12日，第6版。

⑤ R.E.帕克等著：《城市社会学——芝加哥学派城市研究文集》，华夏出版社1987年版，第5页。

进入，乡村传统被自然地植入到城市底色中。

小　结

　　乡村移民融入城市要经历求职、定居、适应、融合等系列阶段，他们需要获得正当的工作、稳定的收入、固定的住所，遵循城市生活规范，参与城市的正常活动。按照融合度的不同，乡村移民的社会融合包括三个层面：经济层面、社会层面、心理层面或文化层面。经济层面的适应是立足城市的基础；社会层面是城市生活的进一步要求，反映的是融入城市生活的广度；心理层面的适应是属于精神上的，反映的是参与城市生活的深度，只有心理和文化的适应，才说明流动人口完全地融于城市社会。[①]从经济层面来看，移民的社会融合有其物质外观，体现在收入、衣着、住房等静态视觉符号上；在社会层面上，体现在身份转变、工作方式、日常生活与社会交往等动态符号中；而心理和文化层面则深潜在移民思想意识中，透过移民物质与日常生活的程式反映出来。

　　乡村移民可以在漫长的工作经历、日常生活与微观体验中努力改善自身经济状况，提高社会地位，逐渐领会城市生活的规则与经验。但政府大规模的社会建设规划和切实的改造活动，更有助于从体制层面提供助力，使移民加强对城市生活的了解、适应与融入。

　　1930 年代，青岛市政府开展了大规模的平民住房改造和社会教育活动，已经在青岛定居多年的外来移民的住房问题与文化教育得以进入政府的施政视野中。青岛平民住房改造，改善了移民的生活条件。稳定的住房，是移民获得市民身份的根本途径，并增加了他们对公共资源的分享机会，刺激了异质社会群体间的互动，很大程度上推动了移民融入城市生活的进程。而声势颇为壮观的社会教育运动，使广大不识字的成年民众——他们基本是各类或新或老的外来乡村移民——由此获得学习都市文化、做合格市民的各项规范的训练与熏陶，从而提高了他们的文化程度与生存技能，促使其城市生活经验的增进，以及民众现代观念的养成，在乡村移民由传统向现代转化的过程中发

---

① 　任远、邬民乐：《城市流动人口的社会融合：文献述评》，《人口研究》2006 年第 3 期。

★

第
四
章

271

政府对乡下人的改造

挥了重要作用。

　　但政府主导的教育与住房改造政策并未获得理想的效果。一方面，政策本身存在诸多问题；另一方面，相关政策没有得到真正的贯彻落实，产生了文本规定与实践执行的偏差与错位，甚至遭到乡村移民无声而强大的集体抗议。城市在吸引与改造乡下人的过程中，也受到乡下人习俗的改造，不仅乡村原有的行业（如塾师与相士）、技艺（种植与养殖等）、饮食（火烧与窝窝头、煎饼等）被移植进来，传统的风俗习惯（年节与婚丧仪式等）也保全下来。如同近代中国其他开埠的口岸城市一样，青岛引进了现代物质文明，也延续着传统风俗习惯，成为西方制度文明与本土强势习惯间的交结点。

第五章 CHAPTER FIVE

乡下人与城市犯罪

国民政府在推行平民住房与教育改造等公共政策，以解决现代化进程中出现的各类社会问题时，也相继出台了系列法律法规，倡导主流价值观念，维护社会安定，巩固统治秩序。但中央政府仿照西方司法制度建立的法律系统，使背负乡村深重记忆、打着乡土烙印的乡下人面临着不同规范系统的制约。本章以青岛1930年代的犯罪记录为例，将近代青岛城市犯罪问题置于文化冲突的理论视野中考察，试图审视两种异质文化交接处的乡下人的都市境遇以及城市制度与生活方式对乡村移民的挑战与排斥，[①]以进一步认识城市化进程中

---

① 相对于民国以来乡下人进城的文学叙事的规模化、丰富性与自觉化，史学对都市乡下人生存境遇的深度审视无疑略显单薄，基本是对乡村移民的宏观面相（包括规模、数量、流向、职业、生活状态）的描述。随着北京、上海史的深入研究，对乡下人的微观描述与社会互动已经有了交叉的成果，如〔美〕卢汉超著，段炼等译：《霓虹灯外——20世纪初日常生活中的上海》，上海古籍出版社2004年版；〔美〕韩起澜著，卢明华译：《苏北人在上海（1850—1980）》，上海古籍出版社2004年版。这类有关近代大都市工人和市民生活的著作涉及乡民与市民在城市的碰撞、传统风俗与现代文明的对接，但有关城乡的文化碰撞尚有足够探讨的空间，从犯罪社会学角度来看乡下人的都市境遇当属一个可行的视角。

的犯罪现象，揭示乡下人进城的历史情境中城乡文化规范的碰撞问题。同时，相对于经济与政治层面的探讨而言，本章对研究近代城乡关系可能提供一个互补性的视角，尽管民国时期论及城乡关系时已从道德的良否、人性的善恶作了情绪性和定性式的比较，[①]但迄今为止，两者间文化层面的实证研究依然缺乏。[②]

犯罪是以主流价值观念为标准所作的对当事人言行的否定性评判，是个人与社会关系紧张的表现与产物，无疑涉及对犯罪人的道德观念、群体规范等文化背景的考量。当西方犯罪学将犯罪原因从生理、个性与心理特征的探讨转向社会环境、制度等宏观结构时，一种从文化差异、文化隔阂、文化分离的视角分析犯罪与文化间直接或间接的因果关系的理论诞生了，这便是1930年代索尔斯坦·塞林创立的文化冲突理论。时至今日，文化冲突所指称的现象并未在学科间获得一致的看法，但基本都指涉意义的冲突，即社会价值、利益和规范的冲突。塞林认为，犯罪产生于文化冲突。文化冲突是文明生长过程的一种副产品，是行为规范从一个文化复合体或区域迁移到另一个文化复合体或区域的结果。犯罪是解决文化冲突的一种反常行为。[③]如此，通过近代犯罪记录可以管窥城市与乡村间的文化冲突以及城市对乡村移民的排斥情形。

---

① 雪村：《都市集中与农村集中》，《东方杂志》第 12 卷第 9 号，1915 年，第 6~7 页；坚瓠：《都市集中与农村改造》，《东方杂志》第 18 卷第 17 号，1920 年，第 2~3 页；筑山：《乡下老和文明》，《农民》，第 5 卷第 26 期，1930 年，第 1 页。

② 关于城乡文化的连续性，学界着笔较多，如王斯福、赵世瑜等指出城乡间在民间信仰与宗教表征的相通之处，以城市为载体的官方传统对以乡村为载体的地方传统的渗透与反融合关系。参见〔英〕斯蒂芬·福伊希特旺：(即王斯福)《学宫与城隍》，施坚雅主编：《中华帝国晚期的城市》，中华书局 2000 年版；〔英〕王斯福：《帝国的隐喻：中国民间宗教》，江苏人民出版社 2008 年版；赵世瑜：《狂欢与日常——明清以来的庙会与民间社会》，生活·读书·新知三联书店 2002 年版。但对二者间文化层面的冲突及情境则少有论著分析。

③ 〔英〕布罗尼斯拉夫·马林诺夫斯基、〔美〕索尔斯坦·塞林著，许章润、么志龙译：《犯罪：社会与文化》，广西师范大学出版社 2003 年版，第 129~171 页。

第一节　近代青岛犯罪现象概述

ERSHI SHIJI ZHI ZHONGGUO

犯罪,是一个因文化而异、因时代而异的概念。南京国民政府时期,中国引进、采用西方国家的法律原则和制度,从 1928 年开始颁布第一部刑法典——《中华民国刑法》后,不断补充修订,至 1937 年初步形成基本的法律框架。犯罪包括违警罪与刑事罪,违警罪系指妨害公共安宁秩序、善良风俗等违反警务上作为或不作为义务的行为,是针对轻微危害社会行为的一种制裁措施,虽然与违犯刑法规定的刑事罪轻重不同,但在民国时期也被视为犯罪行为而要接受一定的处罚[①]。刑事罪是触犯国家刑法,具有刑事违法性,应受到处罚的行为。这些界定均立足于特定的为国家所认可的社会规范与道德准则的基础上,并与政治制度相一致。民国时期的法律体系以西方资本主义国家大陆法系为蓝本,渗透了进步、自由、公正、平等、私有权等近代价值诉求。

---

①　时人有认为违警犯不过是违犯警章,并非犯罪者,参见赵志嘉编:《违警罚法详解》,上海世界书局 1929 年版,第 20~21 页。但本书认为违警罪亦属犯罪,原因有三:一、按照中国违警罪渊源于法国的情形来看,法国将犯罪分为违警罪、轻罪与重罪;二、当今学者如孟庆超认为国外的违警罪是作为犯罪行为而进行的一种处罚,参见孟庆超:《简评 1943 年〈中华民国违警罚法〉》,《行政法学研究》2003 年第 3 期,第 49 页;三、从青岛市行政纪要和统计汇编等政府编纂的内部资料来看,违警罪与刑事罪均被载入犯罪案件的统计栏中。

德国自 1898 年强租胶澳,便输入现代西方法律思想,对青岛地区进行社会管制,此后,传统的乡村地区移植了西方现代法制观念与相关制度。从德租日占至国民政府统治,青岛从外力阑入开始,中断了原来中国本土的传统规范序列,在城市管理制度中楔入异质的现代文化准则,且成为占统治地位的行为规范,现代法制体系日渐成为城市控制的重要工具。尤其是从 1929 年青岛设为特别市到 1937 年抗日战争时被日本再度占领,8 年间,青岛的政局相对稳定,社会相对安宁,关于犯罪的档案资料与报刊记录较为详实。此期也是山东出现移民高峰和青岛城市化快速发展的时期,大量农村人口进入城市,犯罪数量不断增加。

所谓犯罪现象,"是指一定时空中所表现出来的各种犯罪事实和犯罪人情况的总和"。它包括三个层次:一是犯罪状态,"指一定时空内犯罪的发生量及其比率、类型、危害程度、时空分布,以及犯罪人的构成状况(如年龄、性别、职业、出身、民族、所在地区、文化程度等)"。二是犯罪特点,"即犯罪现象中所表现出来的基本特点,如某一阶段某类犯罪的大量发生,某类地区在犯罪性质、类型或手段上具有某种共同性,某类罪犯因季节差异导致犯罪行为在罪种上的规律性变化,等等"。三是犯罪规律,"即在一定时空条件,犯罪行为的出现与消失、增加与减少,以及犯罪人的变化的一般趋势"。[①]根据档案记录,本书能够据以考察的包括一定时间范围内青岛犯罪的发生量及其比率、犯罪类型、罪犯的构成状况等。

一、罪犯人数

自 1925 年至 1932 年,青岛的犯罪案件不断增加(见表 5.1)。从已破获的刑事案件来看,北洋政府统治时期案件较少,呈现先增后减之态势,1925 年下半年刑事案件共计 336 件,1927 年全年 481 件,1929 年下半年达 864 件,即 1920 年代每年不超过 1000 件,但至 1931 年下半年则激增至 1915 件,1932 年达 3053 件,1933 年为 2811 件。从情节最轻微的违警罪的情况来看(见表 5.2),

---

① 吴鹏森编著:《犯罪社会学》,中国审计出版社 2001 年版,第 76~77 页。

1925 年下半年违警案总计 257 起，1931 年有 5901 人，1932 年到 1933 年违警者均达 7000 人以上。

表 5.1　胶澳商埠局警察厅和青岛市公安局刑事案件表[1]

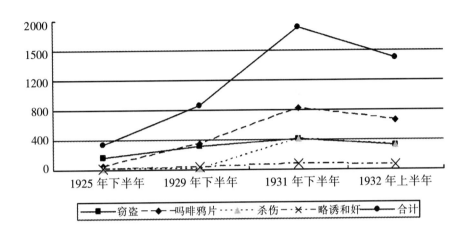

总体来看（见表 5.3），1925 年至 1933 年间，城市犯罪人数不断增加，其中，违警犯人数增速最快，特别是 1931 年至 1932 年罪犯最多，但至 1933 年又再度减少。从 1933 年至 1936 年，罪犯人数较前期大幅减少。从现有的资料看，1935 年上半年新加的刑事被告羁押人共 534 名[2]，1936 年 1 月份和 3 月份的预审刑事案件为 137 起和 161 起，违警案件仅为 93 起和 104 起。[3]

1930 年代罪犯数量的增加与移民的大量进入和青岛政局的变化有关。从城市人口的增加方面来看，青岛开埠前仅有乡村人口约 8.3 万人，[4]至 1913 年

① 　1925 年数据见民国《胶澳志》卷三，"民社志十一·犯罪"，台北，成文出版社 1968 年影印本，第 449~456 页。1929 年数据见《青岛市公安局办理罪犯统计表》，青岛市政府秘书处编印：《青岛市行政统计汇编》（18 年度下期），"公安"编，编者 1929 年版，第 32 页。1931 年下半年和 1932 年上半年数据见《青岛市公安局破获案件统计图表》（20 年度），青岛市政府秘书处编印：《青岛市行政统计汇编》（20 年度），"公安"编，编者 1932 年版，第 24 页。

② 　《民国二十四年年度刑事被告羁押一览表》下卷（1936 年 7 月），青岛市档案馆藏，A68-4-152。

③ 　《市政府纪念周公安局报告》（1936 年 1 月和 3 月），青岛市档案馆藏，A17-2-919。

④ 　民国《胶澳志》卷三，"民社志一·户口"，台北，成文出版社 1968 年影印本，第 231 页。

表 5.2　胶澳商埠局警察厅(未注明按人犯或案件计)[①]、

青岛市公安局(按人犯计)[②]违警案件表

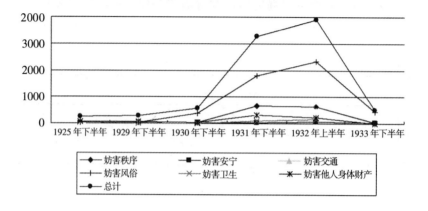

日德战争前，青岛总人口为 18.9411 万人，其中市区华人有 5.3312 万人。[③]1927
年总人口 32.2148 万人，市区华人为 13.35 万人，[④]1931 年人口总数为 40.0025
万人，[⑤]至 1936 年全市人口达 57.51 万人，其中市区华人 21.6836万人。[⑥]1927
年至 1937 年，10 年间人口增加 25 万余人，乡村移民日益成为城市人口的主
体。另一方面，从政治整饬的情形来看，北洋时期的罪犯较少，"不是因为社会

---

①　1925 年数据见民国《胶澳志》卷三，"民社志十一·犯罪"，台北，成文出版社 1968 年影印本，
第 456~457 页。

②　1929 年数据见《青岛市公安局办理罪犯统计表》，青岛市政府秘书处编印：《青岛市行政统计汇
编》(18 年度下期)，"公安"编，编者 1929 年版，第 32 页。1930 下半年和 1931 年上半年数据见《青岛市公
安局处理违警案件统计表》，《青岛市公安局业务报告》(19 年度)，内部资料，1931 年。1931 年下半年和
1932 年上半年数据见《青岛市公安局违警犯统计表》，《青岛市行政统计汇编》(20 年度)，"公安"编，编者
1932 年版，第 23 页。1933 年数据见《民国二十二年青岛市违警统计月报》(1933 年 7 月至 12 月)，青岛市
档案馆藏，A17-3-1082、1083。

③　张武：《最近之青岛》，出版地不详，1919 年，第 4~6 页。

④　民国《胶澳志》卷三，"民社志一·户口"，台北，成文出版社 1968 年影印本，第 231 页、234~246
页、355 页。

⑤　《二十年六月青岛市全市出生率、死亡率统计表》，青岛市政府秘书处编印：《青岛市政府市
政公报》第 24 期，1931 年 9 月。

⑥　青岛市政府招待处编印：《青岛概览》，编者 1937 年版，第 6~7 页。

表 5.3　胶澳商埠局警察厅和青岛市公安局刑事案件和违警犯数量统计表①

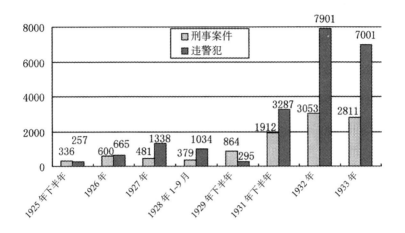

安定,而可能是军人专政,法院不能恪尽职守所致"②。至 1929 年,青岛刺杀案迭出,政府加紧防务。1930 年 3 月,余晋龢任青岛市公安局长,因其曾两度主管港务事宜,对于青岛地方情形较熟。为加强治安,余晋龢在青岛设立马路派出所,安装电话,召集长警集中训练。③1930 年 5 月至 1931 年 8 月间,青岛市政府和公安局陆续颁布《禁止未成年者吸烟饮酒规则》(1930 年 5 月)、《取缔公共场所吐痰简则》(1930 年 12 月)、《取缔各公园维持秩序风俗简则》(1931 年 1 月)、《取缔各项肉质简则》(1931 年 1 月)、《请愿警察简则》(1931 年 1 月)、《取缔旧货营业规则》(1931 年 2 月)、《取缔饭食物营业简章》(1931 年 2 月)和《取缔捡拾遗失物规则》(1931 年 8 月)。④其中,《请愿警察简则》规定凡各

---

① 　1925 年数据见民国《胶澳志》卷三,"民社志十一·犯罪",台北,成文出版社 1968 年影印本,第 449~456 页。1929 年数据见《青岛市公安局办理罪犯统计表》,青岛市政府秘书处编印:《青岛市行政统计汇编》(18 年度下期),"公安"编,编者 1929 年版,第 32 页。1931 年下半年和 1932 年上半年数据见《青岛市公安局破获案件统计图表》(20 年度),青岛市政府秘书处编印:《青岛市行政统计汇编》(20 年度),"公安"编,编者 1932 年版,第 24 页。

② 　民国《胶澳志》卷三,"民社志十一·犯罪",台北,成文出版社 1968 年影印本,第 446 页。

③ 　骆金铭:《青岛警察沿革》上编,青岛市公安局 1934 年版,第 15~16 页。

④ 　青岛市政府招待处编印:《青岛市市政法规汇编》上卷,"公安"编,出版地点与时间不详,第 90 页、91 页、94 页、127 页、133 页、68 页。

官署公共机关及商号住宅可以申请由公安局拨派长警当川守卫，每岗至少4名，[①]青岛警察力量由此加强，达2400余人，其训练与设备也逐渐增进，青岛治安状况有所好转。"十八年国府统一后，市政当局，力加刷新，对于建设方面，日起有功，而公安设备，亦渐周密，咸称乐土。"[②]

二、犯罪类型

受政府施政目标、警政风貌、经济状况与移民数量的影响，青岛不仅犯罪数量年有不同，其犯罪类型亦在不同时期存在差异。1920年代的刑事犯中以窃盗为最多，次则鸦片，再次为杀伤，自1931年后鸦片犯明显增多（见表5.4），占43%，其次为窃盗和杀伤，各占22%。1936年上半年法院新关押的被告人中，窃盗、诈欺、侵占、强盗、抢夺、行使伪币、赃物等经济性案件占80%以上。[③]违警案件中，1929年前以妨害他人身体财产、妨害秩序类案件比例最多，至1930年后妨害风俗者大量增加，占每年违警案件总数的50%以上，1933年上半年达到80%，[④]其中又以类似赌博、形迹不检者为最。违警案件中妨害秩序类居第二位，1927年占19.8%，[⑤]1931年占17%，其中多为违章经营、口角纷争、不报户口等细故所致。从1931年度的统计数量来看，7201件违警案中，妨害风俗者有4104件，其中类似赌博有3225件，行为不检、四处游荡者775件；妨害秩序中，不报人事变动者506件，违章经营者391件，妨害交通者889件，妨害他人身体者488件。可见，因赌博而违警者人数最多。违警犯数量与类型的变化反映出，警政部门的施政要点从1920年代的维持治安、缉盗防匪，转为整顿社会风气、加强政府管理。

---

① 青岛市政府招待处编印：《青岛市市政法规汇编》上卷，"公安"编，出版地点与时间不详，第68页。

② 骆金铭：《青岛风光》，"序"，兴华印书局1935年版，第1页。

③ 《民国二十四年年度刑事被告羁押一览表》下卷（1936年7月），青岛市档案馆藏，A68-4-152。

④ 《民国二十二年青岛市违警统计月报》（1933年7月至12月），青岛市档案馆藏，A17-3-1082、1083。

⑤ 民国《胶澳志》卷三，"民社志十一·犯罪"，台北，成文出版社1968年影印本，第456~457页。

表 5.4　1931 年青岛市公安局违警案件、刑事案件类型表①

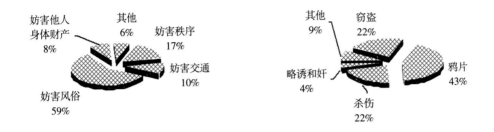

妙害他人身体财产 8%
其他 6%
妨害秩序 17%
妨害交通 10%
妨害风俗 59%

其他 9%
窃盗 22%
略诱和奸 4%
杀伤 22%
鸦片 43%

三、罪犯构成

从被告人的性别来看,男犯为女犯 6 倍至 18 倍多。违警犯中,1929 年下半年男犯是女犯的 7.68 倍,1931 年度达 17.65 倍,1933 年下半年是 6.15 倍。②刑事案件中,1929 年下半年男犯是女犯的 9.29 倍,1931 年度为 6.5 倍,1936 年上半年为 14.26 倍。③总犯罪人数越多的年份,男性被告人比例越大。男性犯窃盗等侵财型和妨害风俗型案件最多,女性犯诈欺等侵财型、妨害家庭和妨害风化案件较多。女性被告人的稀少,首要原因在于近代中国女性的活动范围局限于家庭,社会交往少,所引致的人际冲突事件较少。第二,女性的生理特点使得她们无力去强夺别人,体力较小,因此财产、暴力和破坏类犯罪较少。第三,法律对女性犯罪的处罚相对宽容,如犯四等以下有期徒刑或拘役之宣告,

---

①　青岛市政府秘书处编印:《青岛市行政统计汇编》(20 年度),"公安"编,编者 1932 年版,第 22 页、24 页。

②　1929 年下半年数据见青岛市政府秘书处编印:《青岛市行政统计汇编》(18 年度下期),"公安"编,编者 1929 年版,第 32 页。1931 年数据见青岛市政府秘书处编印:《青岛市行政统计汇编》(20 年度),"公安"编,编者 1932 年版,第 22 页。1933 年数据见《民国二十二年青岛市违警统计月报》(1933 年 7 月至 12 月),青岛市档案馆藏,A17-3-1082、1083。

③　1929 年下半年数据见青岛市政府秘书处编印:《青岛市行政统计汇编》(18 年度下期),"公安"编,编者 1929 年版,第 32 页。1931 年数据见青岛市政府秘书处编印:《青岛市行政统计汇编》(20 年度),"公安"编,编者 1932 年版,第 26 页。1936 年上半年数据见《民国二十四年度刑事被告羁押一览表》下卷,青岛市档案馆藏,A68-4-152。

有相当条件以后或可缓刑，并且妇女犯轻罪的，可以从宽免予检举。①第四，城市中女性人口总量低于男性，1930 年代，青岛的女性人数比男性少 9 万余人，相应的犯罪人数也较少。

从年龄来看，20 岁以上 40 岁以下的青壮年罪犯人数众多（见表 5.5），占 1931 年度违警犯总数的 70%，占 1936 年上半年新发刑事被告人的 77%。刑事案中窃盗、杀伤、诈欺三项尤以 20 岁以上者居多数，16 岁以下的少年犯十分罕见。20 岁以下的刑事犯中，十之六七犯窃盗，十之二三犯伤害，而 50 岁以上的被告基本犯鸦片案和窃盗、侵占、行使伪币等经济案。②

表 5.5　青岛市公安局违警犯③、刑事被告④年龄统计表

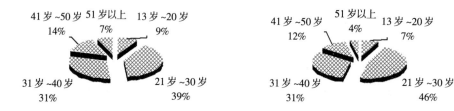

从被告人的身份来看，基本是社会底层和弱势群体（见表 5.6）。工人最多，占罪犯人数的 1/3 强；其次是无业者和商贩，各占 1/5 强。如 1931 年的违警犯中，工人占 47.3%，商人占 28.4%，无业者为 16.7%；1932 年工人占 48.7%，商人占 27.4%，无业者占 17%。刑事犯职业类型在警政统计中并未显示，从 1936 年上半年法院新收刑事罪犯来看，534 名犯人中，工人（包括苦力）占 36%，无业者占 25%，商人占 16%，农民占 5%。⑤其中，无业者、苦力因生活贫困从事窃盗案最多，工商业者以犯鸦片案最多，诈欺、窃盗、侵占、私盐等经济案

　　① 严景耀：《北京犯罪之社会分析》，李文海主编：《民国时期社会调查丛编》（底边社会卷上），福建教育出版社 2005 年版，第 214~215 页。

　　② 《民国二十四年年度刑事被告羁押一览表》下卷，青岛市档案馆藏，A68-4-152。

　　③ 青岛市政府秘书处编印：《青岛市行政统计汇编》（20 年度），"公安"编，编者 1932 年版，第 23 页。

　　④ 《民国二十四年年度刑事被告羁押一览表》下卷，青岛市档案馆藏，A68-4-152。

　　⑤ 《民国二十四年年度刑事被告羁押一览表》下卷，青岛市档案馆藏，A68-4-152。

第二,妨害家庭、妨害自由案又次之。青岛全市农民占多数,工人次之,商人与苦力等又次之,但违警案和刑事犯中,农业者仅占 5%左右。1933 年 7 月的警政统计中,发生在市区的有 61 起,在乡区仅 1 起。[①] 考虑到青岛乡区面积占全市的 70%,乡村人口占全市的 50%左右,可知乡区治安情况明显好于市区,或者说乡区处理违法事件较少借助于正式的司法手段。媒体认为:"本市居民已渐习染都市之不良风气,他如盗窃、娼妓及吸食麻醉品等作奸犯科者,亦较其他乡区特多。"[②]

表 5.6　青岛市公安局违警犯[③]、刑事被告[④]职业统计表

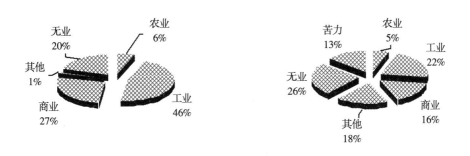

从被告人的籍贯看,绝大多数为 20 世纪 20 年代或 30 年代从乡村来城市安家落户或暂居青岛的外地人。1936 年 1 月份公安局羁押的 267 名刑事被告的记录显示,籍贯为青岛本地的有 34 名,其中务农、打鱼者有 15 人,工人、苦力有 8 名,其他行业如无业、商人、小贩、司机、木匠者共 11 名,其余 233 名外地人中,籍贯为胶县、即墨、平度三县的被告人有 119 人,占一半以上,[⑤]可见,犯罪者以外来移民居多,尤其是青岛附近胶县、即墨一带的农村移民。这并非因为胶东地区农村移民较易于犯罪,而是山东省移入青岛人口,"大都来自邻

①　《青岛市违警登记表》(1933 年 7 月),青岛市档案馆藏,A17-3-1082。

②　《青岛之农村续》,《青岛时报》1934 年 7 月 9 日,"自治周刊"第 99 期。

③　青岛市政府秘书处编印:《青岛市行政统计汇编》(20 年度),"公安"编,编者 1932 年版,第 23 页。

④　《民国二十四年年度刑事被告羁押一览表》下卷,青岛市档案馆藏,A68-4-152。

⑤　《民国二十四年年度刑事被告羁押一览表》下卷,青岛市档案馆藏,A68-4-152。

邑，而以胶县平度为最矣"①。青岛周边县份犯罪者比例较大也反映出青岛城市对周边农民的吸纳能力更强于其他地区。

总体来看，近代青岛犯罪数量较大而以轻微的违警案为多，类型多样而以鸦片、赌博案为最，被告人年龄不一而以青壮年为主，职业多样而以工人和无业者突出，城乡皆有而以移民尤著，处罚方式以罚金为主、拘留为辅。

青岛犯罪的增多引起了社会各界的指责。烟赌现象是媒体社会新闻的重要议题，盗窃案的增加也引起市民的强烈不满。西镇建设办事处鉴于市内小偷活动频繁，住户均感不安，啧有烦言，呈请政府将本市乞丐尽快押送感化所收容，并进行挑贩登记及拾煤儿童调查，以清窃犯来源，市长准予照办。②办事处甚至建议，将捕获的窃犯游行并照相示众，让多数人认识防范，尽管没有获准实行，但表明城市犯罪问题的突出与市民的高度关注。市区盗窃、娼妓及吸食麻醉品等犯罪案件的增加尤其引起媒体的关注，"说到本市的治安，比较号称东方巴黎的上海，总算好得多，平时并没有发生什么暗杀的命案、架票案、抢劫案等等事情，真是鸡犬不惊，配得称世外桃源。可是假使你要注意报上琐小的消息，或者常接近公安局的人员，总会见到也许听到，某处被窃钱财，某家被窃衣物，每月总有数十起之多，眼帘里耳鼓里，得到这些消息，好像又感觉青岛社会太复杂了，小偷太多了"③。素以关心社会、针砭时弊闻名的青岛媒体专栏作家笔名"半老徐娘"者还专门作诗讽诵春节期间城乡大盛之赌风："白板红中带绿发，一心再有杠头花。几番满贯几番笑，的是太平好国家。"④媒体亦强调要提倡正当娱乐，推行社会教育，"以改善其生活，引导其思想，庶几有归入正轨，挽回颓风之望也"⑤。

---

① 民国《胶澳志》卷三，"民社志三·移殖"，台北，成文出版社 1968 年影印本，第 502 页。

② 《青岛市社会局函公安局》（1936 年 3 月 17 日），青岛市档案馆藏，A17-2-919。

③ 《都市的急性社会病：毒品商店的发达和嗜毒者的增加》，《青岛时报》1934 年 2 月 9 日，第 6 版。

④ 半老徐娘：《作几首庄户诗》，《青岛时报》1934 年 2 月 27 日，第 10 版。

⑤ 《青岛之农村续》，《青岛时报》1934 年 7 月 9 日，"自治周刊"第 99 期。

第二节 近代青岛犯罪的个案审视

ERSHI SHIJI ZHI ZHONGGUO

1930 年代青岛犯罪案件中,记录较详者集中于烟赌、窃盗、诈骗、拐卖潜逃等四种类型。

一、烟赌案:物质与精神生活的碰壁

例 1. 即墨妇人孙王氏,年 24 岁,亲夫已故,经人介绍,与天津人赵有朋(年 28 岁)姘度,住易州路某里。赵某并无正当职业,二人遂在家以售卖鸦片为业(为隔壁住户张秋之告发)。①

例 2. 平度人李日书,年 31 岁,素无职业,前在博兴路高丽吗啡馆当包役。因被该管警所查获,判处徒刑 6 月,昨日期满,释放外出,以无处投奔,又赴博兴路高丽吗啡馆投其旧主人。该鲜人嫌其无能致被警察捉获,拒而不收,李某以值此严寒冬天,无处存身,岂不冻饿而死,一时情急,竟以头触碰墙壁。有人报告该管警所。②

---

① 《售卖鸦片邻居报警》,《正报》1933 年 11 月 27 日,第 10 版。

② 《李日书穷极生疯》,《正报》1932 年 12 月 31 日,第 10 版。

青岛 1930 年代的刑事被告人中，鸦片案占最大比例，包括携带、收藏、吸食、售卖、贩运烟土、烟具和其他毒品者，并以吸食者为最。自 1858 年清政府撤销禁烟令，以"洋药"之名征收税款，至 1928 年国民政府厉行禁烟，70 年间，鸦片均由政府专卖，成为合法交易。鸦片容易成瘾，能缓解病痛，稍有资产者已经惯于此道，甚至作为馈赠嘉宾的礼品。在民众眼中，吸食鸦片成为一件正常的事情，但进入城市后，原有的习惯遭遇了法律的挑战。从案例 1、2 看，犯售卖烟案者多为在城市没有正当职业、丧失生活来源的外来移民，吸食者以工人、苦力和无业之人居多。如青岛小港区，工厂和行栈较多，拉大车的苦力人数集中，"其有嗜毒之工人，则多以日韩人所设之吗啡馆为日常住宿之处。据目见者云，工人仅以一角之代价，即可同时解决一夜住宿及一次吸毒之需"[①]，相对于一间房需要三到四元的租金而言，烟馆住宿实惠至极。即使如此，嗜毒者对于烟馆都负有债务，只要工人不戒烟，债主也不追讨积欠，作为一种烟馆的羁縻方法。[②]这些烟馆多为日本人、韩国人开设，有足够的鸦片货源供给这些辛苦一天需要放松的工人们。由于日本在青岛的特殊地位，中国法律对其基本没有约束力。据 1934 年的调查，青岛市区售卖毒品的日、韩烟馆多达 158 家，仅苦力集中的大小港一带就有 42 家。[③]因此青岛市政府的缉烟行为只是治标不治本，尽管吸食者一旦被捕获，就面临着 30 元以下的罚款或 3 个月以下的监禁的处罚，但烟片案却屡禁不绝，难收实效。

例 3．即墨路裕丰栈经理何子彦，年 35 岁，即墨人，昨（16 日）晚 9 时余，因栈务清淡，无甚工作，遂倡议其栈伙三人等发起竹城之战，借资消遣，当径一致赞同。因嘈杂之声，被巡警抓获。[④]

例 4．王来成等三人均拉洋车，一人拉大车，因拉回来都没事，就打麻雀

① 《小港办事处调查小港区工人种类及车辆数量改良办法》（1935 年），青岛市档案馆藏，B22-1-153。

② 《呈为拟具邻闾编制草案备文》（1936 年 2 月），青岛市档案馆藏，B21-2-34。

③ 《青岛市公安局调查各分局辖境售卖毒品日韩人数一览表》（1934 年），青岛市档案馆藏，B22-1-15。

④ 《闹着玩　裕丰栈老板伙计作竹城战》，《青岛日报》1932 年 12 月 18 日，第 5 版。

为戏。①

例5. 供词:我们四人在家都是挑小挑的,并不常来青岛,这是初次来青,我们这纸牌是在平度门村买的,每百付二元钱,来这里卖二元五角,住在恒太栈,不定卖在谁家,不料走到沧口被老总查着。②

赌博在刑事犯中比例较大,类似赌博则在违警罪中比例最大,方式有纸牌、麻将、牌九、骨牌、押宝等。赌博行为一般发生在商栈和杂院里,一方面是因为生意清淡、无事可做,赌博可供消遣;另一方面,冬季严寒或工作疲惫时,赌博可以忘掉寒冷、调节身心,而苦力铺与行栈中成群的单身汉、同乡同业的熟悉度,也便于他们组织这项娱乐却违法的活动,纸牌出售者也浑然不知自以为"正当"的牟利行为违反了城市里的禁令。从青岛档案馆1931年赌博卷看③,18个案件中,多则30人聚赌,少则4人,以车夫、苦力居多,参与者多为同乡或同业中人。也有直接在街头墙角公开赌钱者,一些拉车的苦力找不着活干,穷极无聊,"大家便蹲在地上,压小宝……他们以血汗换来几个钱,是极不易的,但是弄到赌博,便毫不顾惜"④。被抓获者各处以2元至5元的罚款,无力缴纳者,则拘留2日至5日,处罚的轻微与精神的需要并不能真正使他们断然禁赌,因此,赌风炽烈,丝毫未减。

二、窃盗案:城市经济的挤压

例6. 贾成章,33岁,平度人,以拉大车为生,因为有病没法生活,所以才偷了卖水饺的宁裕美等人的毛呢鞋和脸盆。⑤

例7. 吴尧森,31岁,平度人,来青岛六七年,住西大森高丽吗啡馆内,吸

---

① 《二分局送赌犯王来成等四名一案》(1931年1月31日),青岛市档案馆藏,A17-3-890。

② 《五分局送王东福等贩运赌具一名》(1931年3月8日),青岛市档案馆藏,A17-3-890。

③ 《赌博卷》(1931年),青岛市档案馆藏,A17-3:890~894。

④ 《济南路小大车之苦力帮》,《青岛时报》1936年2月14日,第6版。

⑤ 《二分局送宁裕美等告贾成章窃盗一案》(1931年8月17日),青岛市档案馆藏,A17-3-773。

食海洛因有瘾，每天吸两三角钱，是惯窃犯。①

例8. 周刚勤，33岁，东阿人，住邱县路，无业，其供词："以前拉大车，前几天下雨，没拉车，没吃的，出去要饭吃，到一家院内要饭，见楼台上挂着一块猪肉，就拿起来了，不料被警士查获。"②

例9. 丁文祥，诸城坡兰人，45岁，在堂邑路日商增幸洋行当苦力把头，并管理该行仓库钥匙，于11月30日上午趁仓库发货之际，弄出洋线半件(20捆)，托同乡捎至家中(诸城老家)，不久即被发现。③

例10. 供词：王正礼，17岁，日照人，哥哥在交通银行出苦力，他叫王茂生，我是由家来找哥哥，见日本人打皮球将鞋脱在地下，后来他进到屋内吃饭去，我上前将鞋偷得，被警士识破。④

大量的盗窃案记录显示，除一部分是惯窃犯外，偷窃者大多是因为疾病、吸毒、无业或失业而导致生活窘迫情形下的应急之举，"因穷不可奈"⑤而偷包占初盗犯的多数。惯窃犯中吸毒者为数不少，"为嗜好所迫，零丁无依，意行偷窃"⑥是许多作案者的共同心理。也有部分盗窃案是利用职务之便，有机可乘时，顺手牵羊，换得钱花，或取其所需，自己使用，包括佣工偷主顾家的衣服用具，管仓库者偷线头生铁，拉车者偷花生米或麻袋等。城市居民物质财富的匮乏、财物的近便可得、冷漠的人际关系，使人们实施财产犯罪的代价较低，监督力弱。贫民窃犯的机动性十分有限，造成大宗财产损失的犯罪案件非常罕见，盗窃的物件主要有：棉袄、布头、鞋、帽子、棉被、麻袋、生铁、花生米、自行车、票夹等。多数窃犯作案时手段拙劣，甚至丝毫不加掩饰，一旦得手，就神色紧张，举止仓皇，遇到盘诘，则言语支离。或偷得钱包，将其置于帽中，而铁链

---

① 《侦缉队送窃犯嫌疑吴尧森等一案》(1931年11月13日)，青岛市档案馆藏，A17-3-773。

② 《三分局送无业游民周刚勤等案》(1936年2月8日)，青岛市档案馆藏，A17-3-1539。

③ 《侦缉队送窃犯丁文祥一名一案》(1931年12月4日)，青岛市档案馆藏，A17-3-775。

④ 《二分局送王正礼窃盗一案》(1931年8月24日)，青岛市档案馆藏，A17-3-770。

⑤ 《一分局送万庆祥诉张保玉绺窃皮夹一案》(1931年9月17日)，青岛市档案馆藏，A17-3-772。

⑥ 《三分局送无业游民周刚勤等案》(1936年2月8日)，青岛市档案馆藏，A17-3-1539。

却垂于脑侧;或光天化日,径入人家,取门口之物,犹入无人之境。作案人数的个体性、手段的原始性、动机的单纯性、抓获的高比例性、身份的低层次性,这些城市发展初期盗窃案的一般特点反映了城市贫民应对经济困境时的自然纯朴、可气可怜的一面,也透视出城市生活对外来移民的挑战。

三、诈骗案:交往模式的考验

例11. 莒县人王相,日前由大连来青,当日拟转乘轮船返籍,因未得便,未能成行,乃投宿大沽路三义栈。昨日下午1时,王某饭毕,由客栈走出,行经天津路时,突与诱骗惯犯王作信相遇。该犯见王相乡愚可欺,乃凑至近前,问长说短,最后王某受其所惑,毫不疑异,跟随骗犯王作信,径奔沧口路。至有记院门前时,尚有骗犯程子英等在该处等候,见王相到来,拥向前,将其拖至有记院内楼上屋中,将王某衣袋之国币15元搜去。王相见事不妙大声呼喊,及到该处守望警士胡宏庆赶到,骗犯三名业已逃跑,当场只将巡风犯程子英及张学礼之母张赵氏等嫌疑犯2名,连同王相,一并带回警所。

据王相供:我说是莒县人,他说他是莒县三十里铺人,认我是同乡,并且他还说,有个老乡因在家里和他兄弟斗殴,负气跑出来,现在住在他家,他并托我把那个人带回家去,我不愿意,他非叫我跟他去不可。

据程子英供:年44岁,益都县人,现住东平路和兴里,在后海沿卖青菜、拉大车为生,我和张学礼熟识,今天我到沧口路有记院去找他,听着他屋子里有打吵子的。我认识张学礼,有姓王的姓金的,是因为赌博打吵子的,至于掏的王相的钱,大概是王作信和金书英拿去了。他们打起来,我才到屋里去,他们在屋内赌博,我是在门外巡风,统共这样骗钱的事,我们做过四五次了,我共分使了五六元钱。这次骗王相的钱,我们是在张学礼屋内。[1]

例12. 即墨乡民赴南万盐场买盐,行至该町西首,忽遇一郑姓某,自称现

---

① 《合伙设圈套专诈骗远来乡愚》,《正报》1936年11月26日,第10版。与此案类似者还有潍县人来青岛贩运花生米的赵振德被冒充老乡者行骗,见《流氓二人结伙行骗,赵振德被诓损失四百元》,《青岛时报》1936年3月16日,第6版。

充盐巡，并能包办盐税。该乡民等乃深信不疑，当交现洋 20 元，买盐将近 2000 斤之谱，旋即有矫某、孔某、万某等帮同装盐。行至数里，竟与验员王子平、巡官许某相遇，以该乡民卖贩私盐，有干禁例，欲查缉之。①

例 13. 本市迩来时常发现流氓诈骗乡愚事件，昨午 12 时，有高密县人郑春林，年 32 岁，因其兄郑春祥在本市东镇顺兴路 40 号经商，特由家来青寻找。昨午由四方车站下车，即雇佣洋车赴东镇。伊由家起行时，曾带猪肉 4 斤，盖以乡间价格较廉，以备在青过年之用，不料行至武林路大康纱厂门前铁桥洞下，遇见二人，均着蓝色长衣，令其住车，声言彼系公安局稽查，你携带私肉，有违禁令，应带局罚办，郑即哀求释放。后二人声称需给 20 元，始能放你，当时郑某只带 15 元，即取出交此二人。一人先携之而走，一人跟其赴东镇拿取不足之 5 元，及至东镇郑春祥处，犹未出破绽，取出大洋 4 元、钞票 1 元与此人。迨其走出数武，洋车夫对其言此人非衙门人，乃冒充者，郑闻言当即追上，扭获送至四区第二派所。经警长讯问，供称名孙传正，年 28 岁，平度人，住四方隆兴纱厂宿舍，因年关经济窘迫，故本日伙同王某，在四方诈骗钱财等语。该警所当即派警赴四方查缉王某，王已远遁，遂将孙传正解送分局讯办。②

城市里的诈骗案数量较大，情形复杂，有银行骗案、保险骗案、招工诈骗、贸易诈骗、婚姻诈骗等，而记录最多者为诈骗钱财案，尤其是乡下人在城市遭遇骗局的事件屡屡见诸报端。行骗者的手段，一是自称老乡，利用乡土观念获取对方的信任，再在商业活动或交谈中相机行骗；二是冒充城市执法人员或经商者，利用乡下人见识浅陋、胆怯心虚的心理诈骗钱财。初来青岛的乡下人往往是骗子下手的重要目标，他们对于城市管理制度、社会规则缺乏了解，对身穿制服的官员保有敬畏，对城里奸商的交易伎俩缺乏足够的认识，以往乡土生活中熟人社会间质朴互信的交往模式使他们丧失了辨别意识与警惕心理，他们也急于得到城里人的指点与引路，因而易于陷入早期移民青岛的"老乡"们的圈套中。

涉案者也有女性，据报道，青岛一中年妇人行骗，其行骗方法，为行走于马

① 《乡民购盐途中遭骗》，《中华报》1931 年 12 月 3 日，第 2 页。

② 《冒充公务员诈骗乡愚　被人看破扭送警所》，《青岛时报》1934 年 2 月 7 日，第 6 版。

路间,蹲于路旁,怀中藏一胶皮孩,向人声言系贫妇,或称系自乡间来青岛寻找家人未获,路旁产子。凡好善者,各予以资助,已发现数次。[1]此案是行骗者利用进城乡下人的弱者地位,以博得城市人的同情而达到目的。

四、拐卖潜逃案:婚姻观念的冲击

例14. 供词:潘锡法,34岁,平度人,在辽宁路永成栈当厨役,今年春回家,到了昨日回来时,我女人不知何往,后找着她同尚修海姘度。潘金氏,24岁,平度人,以前住青海路长兴里,因交不上房租,尚修海叫我同住,于前几天搬到锦城路与尚修海姘度,夫找我回去,不愿意。[2]

例15. 1931年4月,刘秉均与钟宪武一同来青岛,钟称刘"欠外债与人家闹乱子,刘走了,妻在家,人家向她要钱,她就跟我来青岛"。[3]

供词:刘秉均,40岁,济宁人,1931年,钟宪武将我妻李氏及女儿拐来青岛,法院判他6个月,后来我带妻回家,妻不愿,又跑回来,仍旧与钟同居。钟宪武,39岁,济宁人,在青岛出苦力,从法院出来三四个月又遇见他女人要饭吃,又在一处同居,已4年,现在他来又在法院起诉告我拐带。[4]

例16. 孙文泗,56岁,胶县人,务农为业,其妻孙薛氏乃续弦,半老徐娘嫌夫丑老,于日前以探亲为名,私行潜逃来青,借居易州34号其娘门姊妹家中,后孙找到带回,大讲自由恋爱之新说,一时将孙老头气昏,孙将妇告公安局。[5]

例17. 在沧口公大纱厂工作的高密女子侯秀珍,方在妙龄,姿色秀丽,在三年前,即与一厂内铁匠杨乃歧热恋,陈仓暗度,为时已久,嗣月即珠胎暗结。唯恐乃母发觉,随即延医将胎打去,于去岁偕杨逃往天津小刘庄。其母请天津法院

---

① 《妇女行骗》,《青岛时报》1936年3月16日,第6版。

② 《二分局送潘锡法指控尚修海霸占伊妻一案》(1932年11月16日),青岛市档案馆藏,A17-3-1036。

③ 《一分局送刘秉均告钟宪武诱拐伊妻一案》(1932年3月9日),青岛市档案馆藏,A17-3-1037。

④ 《一分局送刘秉均告钟宪武拐带一案》(1936年7月25日),青岛市档案馆藏,A17-3-1609。

⑤ 《嫌夫年老 竟欲离婚》,《中华报》1931年12月5日,第3页。

捕获。①

例18．小村庄门牌70号住户周田氏，年46岁，日照县人，其夫于七八年前在原籍病故，伊遂来青与人姘度。有女周玉现年20岁，在原籍小王庄周姓家为人佣工，而周家有一男佣名胡善兰，年26岁，彼二人间发生暧昧情事，日前男女二人因在主人家诸多不便，遂相偕逃来本市，住居山西路20号，实行组织小家庭。事被周田氏闻知，当于昨日上午报告公安四分局六派出所，将周玉及胡善兰一并捕获，送公安总局讯办。②

大量的诱拐、诱骗、拐卖案件中，有一些妇女是因为生活所迫或轻信乡亲而进城为娼或为妻，但档案记录表明，多数女性是自愿地离开原来的家庭生活。像例14、15中这样的女性还有许多，她们或者因丈夫交不上房租，或者因其他方面的经济窘境，在城市与老乡同居或主动为娼，即使丈夫再三请求也不回家。在生活压力面前，女性的生存意识远远超过传统贞洁观念的约束。

一些女性因家庭矛盾、口角之争而选择离家出走，并把城市作为她们的避难所。如赵张氏因受丈夫虐待，便自行由胶县的婆家逃来青岛，以捡破烂为生，托乡亲在青岛租赁房屋，被丈夫赵小生发觉后，以拐卖潜逃罪告发。③还有的女性是为改善不幸处境、追求幸福生活而到城市谋生，如刘江妮，18岁，朱荣成，22岁，都是益都人，二人两情相悦，因刘在家受继父虐待，两人相约离家，去济南没找到事做后，又到青岛投奔朱荣成的姐姐。两人行踪被刘父发觉，到青岛公安第五分局告发，朱荣成被判有不法行为。④又如张孙氏，21岁，即墨人，丈夫两年前去世，孙氏在家受婆母虐待，不给吃喝，迫不得已，来到青岛以讨饭为生，一个月后，遇到老乡司克滨，由司领往仲家洼为其赁房居住，供认是自己跑出，不是被拐卖，并与司已证婚，但还是被婆母告发。⑤赵张氏，19岁，诸城人，因受婆母天天责骂和丈夫的经常殴打，带了三毛钱逃来青岛，

① 《侯秀珍酷嗜自由　愿与情侣共偕白首　宁死不愿随乃母回家》，《正报》1937年1月26日，第7版。

② 《男女私奔》，《青岛时报》1934年3月19日，第6版。

③ 《四分局送赵小生告赵张氏被拐潜逃一案》（1932年12月19日），青岛市档案馆藏，17-3-1038。

④ 《五分局送朱荣成诱拐刘江妮一案》（1932年7月6日），青岛市档案馆藏，17-3-1036。

⑤ 《四分局送张于氏告司克滨诱拐妇女一案》（1932年4月7日），青岛市档案馆藏，17-3-1035。

丈夫找来后,跳海寻死也不愿回家,被丈夫以潜逃罪告发,供词中表示如果丈夫来青岛,自己还是愿意跟丈夫生活。[1]

离家出走是乡村女性重大的人生选择,她们转换环境的压力来自于丈夫的暴力虐待、婆媳不和、生活压迫、债务纠纷、自主择偶等家庭原因和个人目的。而这些女性进入城市后,很快面临城市生活的压力,经济困难迫使她们通过择偶来改善自身处境,或做暗娼,或与他人姘居,一女不侍二夫、夫唱妇随的传统观念逐渐在个人应对生存危机的处境中消融。也有的女性进入城市后,随着活动范围的扩大、两性接触的增加、自由恋爱观的冲击,萌生了自己择偶的想法,如例 16 中的孙薛氏借自由恋爱的新式观点反省自己的婚姻,挑战旧的观念,反映了城市生活对女性的冲击。例 17 中的女工侯秀珍,甘冒未婚先孕、私奔之妇道禁律,尝试着寻找自己的幸福,展示出城市生存环境对传统包办婚姻、夫权至上观念的挑战。大量的女性私奔案例表明,女性的家庭解放不仅是先进知识分子借助传媒发起的宣传运动,也是广大底层人民基于生活压力与人性自然欲求的实际选择。城市的混杂与包容成为追求幸福、自由人生的"庇护所",无论她们最终是否遂其所愿,她们的选择至少传递出她们对于城市的向往之情。城市职业的分隔与人数的庞大,使城市分裂成许多小世界,如帕克所说:"这些小世界互相毗连,但却不互相渗透。这样,个人便可以十分便利而迅速地从一种道德环境转入另一道德环境……所有这些特点,都使得城市生活带有了一种浅表、冒险的性质,它使得社会关系复杂化,并产生新的、彼此相差甚大的人格类型。而同时,它又提供各种机会和冒险,使城市生活益发富于刺激性,让年轻人及涉世未深者感到它特别有诱惑力。"[2]

刑事案件中,还有杀伤案,或者为谋钱财,或者为泄私愤,多与案犯个性及其经济状况有关。如平度县人杨高成在台东镇昌平路 19 号开杂货铺为业,其同乡王绪寿至杨处借贷钱款,杨未允。第二天下午 3 时许,王竟手持菜刀将杨

① 《三分局送赵张氏潜逃不愿回籍投海一案》(1932 年 4 月 26 日),青岛市档案馆藏,17-3-1039。

② 〔美〕R.E.帕克等著,宋俊岭等译:《城市社会学——芝加哥学派城市研究文集》,华夏出版社1987 年版,第 42 页。

之屋门拨开,直向铺上乱砍,伙友苏姓头部被砍三刀,曲姓被砍两刀,伤势均重,王于行凶后旋即逃逸。①

五、违警案：乡土习俗与城市规范的冲突

1928 年南京国民政府颁布了《违警罚法》,共 9 章 53 条,包括妨害安宁、妨害秩序、妨害公务、诬告伪证及湮没证据、妨害交通、妨害风俗、妨害卫生、妨害他人身体财产等 8 种违警事件,目的在于加强城市管理、整顿社会秩序、保障公共安全。违警犯是犯罪行为中最轻微的一种,对其处罚也最轻微,主罚有拘留、罚金和训诫三种形式,即使两罪并罚,拘留也不超过 30 日,罚金不超过 30 元。

在城市生活的人们,穿衣、行走、经商、娱乐、搬迁等都会受到相应的硬性规章的约束。警察在市区每个重要路口都有岗亭,如 1936 年,青岛"共有长警 1900 余人,并酌量地方情形,设置分驻所,共 29 处,派出所共 75 处,守望岗共 223 处,凡冲要地带,偏僻处所,皆星罗棋布,防务缜密"②。城市的规章条约对来自乡村的移民尚缺乏足够的传播渠道,他们也没有相应的心理准备。第一次社会化过程中习得的经验与技能足够他们在乡村生活中应对裕如,但在城市琐碎繁杂的规范面前,以身试法往往成为他们适应新生活环境的指导途径。档案中对违警案统计资料较多,但情节不详,从 1933 年下半年的违警案卷③看,受罚原因包括：游荡街头、形迹不检、骑车无照、不报户口、夜间拉车不燃灯、无照为娼、聚赌纸牌、街头口角、道路设摊、因细故殴人、骑车碰伤行人、采折他人菜果、随意倾倒秽土、酗酒喧嚣、不加注意致生火警、无照行商等。上述受罚行为在乡村几乎全部是公开、公正、合情、合理的,发生火警不仅不会受罚,而且能得到乡亲们的资助与同情；碰伤行人,轻者并不介意,严重者自行调解。施行"礼治"的乡土社会,有声望的士绅是民间矛盾的仲裁者与终结者,只有杀人掠货、聚众叛乱等重罪才会受到官府的律令处理。

---

① 《无赖王绪寿借贷不遂深夜行凶》,《青岛时报》1933 年 11 月 20 日,第 6 版。

② 青岛市政府招待处编印：《青岛概览》,编者 1937 年版,第 59 页。

③ 《警政统计》(1933 年),青岛市档案馆藏,A17-3：1080~1083。

第三节　乡下人犯罪与城乡文化冲突

ERSHI SHIJI ZHI ZHONGGUO

　　城市犯罪档案和新闻媒体的报道,折射出近代青岛犯罪的原因:其一,犯罪是当事人个体心理失调与生理需要刺激下的反常行为,包括家庭关系紧张、个人不良习惯、性欲的冲动等,拐卖、强奸等案件多与此因素相关。其二,犯罪是因为社会危机震荡下社会功能失范而产生的群体现象,如社会环境变化带来的经济生活的压力、牟利的诱惑、失业与就业不充分等。窃犯与诈骗者的大量出现正是其在城市生活压力下的应变之举,或者是不良习惯与经济困窘交相作用的无奈选择,如媒体所言:"'盗贼'这是最不名誉的事体,他们为什么要去做窃盗偷人家呢? 我们不用问他,请到公安局拘留所和法院看守所,或是感化所参观参观那些窃盗罪犯,那一个不是皮包着骨头面黄肌瘦的些嗜毒犯呢!"①其三,犯罪是由不同文化规范、不同价值观念的磨合、碰撞所引致的行为冲突。文化是人类群体在历史发展中形成的整套生存规范、行为模式,不同时期、不同地区及不同社会群体都在漫长的生活中发展了不同的文化规范。殷海光先生认为:"不同的文化之最核心的差别乃规范特征之不同。许多文化冲突之最后'决战'乃规范特征之战。"②近代中国处于社会结构重组、城

---

①　《都市的急性社会病:毒品商店的发达和嗜毒者的增加》,《青岛时报》1934 年 2 月 9 日,第 6 版。

②　殷海光:《中国文化的展望》,上海三联书店 2002 年版,第 59 页。

乡脱节发展、阶级分化严重和异质文化冲击加强的激烈变动时期，面临的不仅有传统文化与现代文化的纵向冲突，也有本土与外来文化、农村文化与城市文化的横向冲突，异质文化传播与接触的过程中势必因规范的不同产生冲突，而导致犯罪。

因为前述两种原因亦是城市贫民犯罪的共同原因，而从乡村移民的犯罪类型来看，第三种因素更体现出其移民的特点，故本书亦着力于对乡下人犯罪与城乡文化冲突的分析。城市化的推进不仅意味着乡村人口向都市流动和集中，导致都市规模的扩大，也意味着城市生活方式、价值观念和制度体系在整个社会逐渐占据主导地位，并向进城移民渗透，为此，必然引起个人与个人、个人与社会之间的矛盾和冲突，也会导致包括违法犯罪在内的各种社会问题的产生。

"犯罪，一般被看成是'病态的'和行为的反常现象。它是对风俗和习惯的背离。"①那么因时代转变出现的对正常习惯与行为的重新理解与评判，便将犯罪问题与文化范畴联系起来。近代青岛的犯罪记录显示，犯罪与社会结构失衡、生活压力息息相关，也与受传统习惯濡染的乡村移民对近代城市生活规范的不适应有关。冯客在研究中国近代司法体系时认为，"现代化渗透进民国体制的方方面面"②，尽管对于农村地区未必如此，但城市却在教育、司法、工务、社会等方面推广现代化标准，通过一系列奖惩规则来加以支撑，以鼓励正确的道德行为，实现国家认同感和民族凝聚力的加强。中国犯罪社会学先驱严景耀先生曾以丰富详实的例证剖析了城乡文化冲突在导致犯罪中的重要影响，认为："犯罪不是别的，不过是文化的一个侧面，并且因文化的变化而发生异变。它是依据集体的一般文化而出现的，它既不是一个离体的脓疮，也不是一个寄生的肿瘤。它是一个有机体，是文化的产物。"③众多的实例表明，犯罪是社会结构失衡、社会环境变化的产物，相对于乡村文化的静止、封闭、简

① 严景耀著，吴桢译：《中国的犯罪问题与社会变迁的关系》，北京大学出版社 1986 年版，第 1 页。

② 〔荷〕冯客著，徐有威等译：《近代中国的犯罪、惩罚与监狱》，江苏人民出版社 2008 年版，第 10 页。

③ 严景耀著，吴桢译：《中国的犯罪问题与社会变迁的关系》，北京大学出版社 1986 年版，第 2 页。

单、有序、团体和温情,都市文化是变化、开放、复杂、无序、个人和冷漠的,正像犯罪学的标签理论所认为的,"任何行为本身都不是犯罪性的。对犯罪的界定是由当权者通过制定法律以及警察、法庭和相关机构对法律进行解释而完成的"①。国民党政权实现对全国的统治后,颁布大量的公共规范以控制和改良个人习惯,维护社会秩序,但犯罪的法律定义与大部分人原有的规范并不相符合。

乡下人进城后,他们仍然按照传统乡村的风俗习惯、生活方式行事,而在经济制度、管理规则与乡村迥然不同的都市,原来无可厚非、习以为常的行为,遭遇到的不仅是刘姥姥进大观园般的耍笑,还会严重地触犯城市法规,日常的习惯在他们进城后成为越轨行为而受到惩罚。"他们完美地形成的行为规范进入城市后与新的社会环境不能适应而妨害了他们自己。他们的旧习惯还想主宰他们的日常生活,但这些旧习惯已失去了支持。另一方面,它们不能应付新环境、新危机所提出的新要求,因为城市生活的新的社会环境的不稳定以及和顽固的旧习俗的抵触而产生新问题。"②

一、旧习惯的新挑战

青岛的畜肉宰杀与免疫制度实施以来,不少进城的乡下人依然秉奉着传统的赶集习惯,集市上的猪肉比都市菜场的售价低廉得多,他们纷纷骑着车或乘坐公共汽车奔赴李村市集,十斤至百斤地买回市里,开店自用或备用,但总是受到稽查警的严格盘查。因为违反宰杀制度而被没收或罚款,甚至不辞辛苦从乡下老家带回猪肉也受到惩治,这样的事情几乎每到年关便会大量发生,私运畜肉而受处罚反映了乡村交易习俗在城市的受限。③

---

① 〔美〕安东尼·吉登斯著,赵旭东等译:《社会学》第4版,北京大学出版社2003年版,第266页。

② 严景耀著,吴桢译:《中国的犯罪问题与社会变迁的关系》,北京大学出版社1986年版,第58~59页。

③ 《私贩猪肉被警查获》,《青岛时报》1934年2月2日,第6版;《买肉十数斤罚洋五元》,《青岛时报》1934年2月11日,第6版。

298

　　赌博是近代乡村主要的娱乐方式，青岛地区开埠前，从除夕到元宵，"赌风极盛，称谓'耍春'。口上商民玩叶戏、扑老鸡、掷升官图、打满地锦者，在在皆是，官衙皆然，概不加禁，称为'公赌'。至有设场于肆街以广招泛诱，□□□□，倾家折产，富有之家，瞬成穷棍。□□□□□伯云：官不加禁，以其与共利也"①。在山东广大乡村，居民率真朴实，但烟赌未能禁绝，青岛市长沈鸿烈在谈治市方针时，对烟赌现象极为关注，"目下我国市乡习惯之最坏者，厥为鸦片赌博二种"②，并设置禁赌会、禁烟会等组织以强行限制。青岛移民很自然地将传统习惯带到城市生活中，却面临不同规范的约束并沦为罪犯。

　　农村社会少有骗人的机会，他们生活的空间范围是有限的，邻里之间的相互监督力很强，从小到老的成长经历都呈现在乡亲们的眼里，彼此很熟悉，互相信任是一种美德和基本的交往原则。而在城市里，地广人稠，流动性大，环境陌生，人际关系淡漠，骗术花样众多，人们易于受骗。甚至到城市的乡下人也开始学会骗取乡亲的信任，解决自己的生活难题。③

　　乡村传统的娱乐习俗，如赌博、纸牌、唱淫戏等，到了城市里成为整顿与处罚的对象。倾倒垃圾，随意吐痰、便溺，衣着不检，沿街闲逛等日常行为在市区会受到罚款或监禁的惩治。凡牛、羊、猪等兽肉非经牲畜检查处之检验而有验印者不得贩卖，在公园和公共处所内不得放声高歌、酗酒滋事或醉卧吐酒、口角纷争及斗殴，也不得设有类似赌博性质之玩具，不得在公共场所赤身露体及有放荡行为，不得有任意采折园内树木花草等情事，违犯者不听警察劝导或禁止者处以1日至10日拘留或1元至10元的罚金。④公安局对各种恶习陋规，主要采取罚款与拘留的惩处方式，每年缴纳的罚金成为公安局一项重要的收入来源。从违警案件的罚金处置看，四成用于奖励破案警士，二成用于第三科提成（辖刑事、违警股等），一成给原送案机关（各分局），一成留公

---

　　①　胡存约：《海云堂随记》，青岛市档案馆等编：《德国侵占胶州湾资料选编（1897—1898）》，山东人民出版社1986年版，第22页。

　　②　《沈市长对乡老宣布施政方针》，《青岛时报》1932年12月12日，第3版。

　　③　《妇女行骗　自称路产》，《青岛时报》1936年3月16日，第6版。

　　④　青岛市政府招待处编印：《青岛市市政法规汇编》上卷，"公安"编，出版地点与时间不详，第133页、90页。

安总局作为公费。①抓获违警者的警士能得到二角至一元的奖金。罚金处理体系助长了对进城乡下人的违警事件的关注度,亦间接导致违警事件的大量出现。

前述犯罪案例表明,犯罪人多是社会危机和个人危机发生时失去适应能力的受害者,正是旧传统与新法律的矛盾、社会变动与个人反应脱节的社会情境与文化冲突导致大量犯罪行为尤其是违警罪的产生,如严景耀先生所说:"我们不要把犯罪看成是非法的和反社会的行为,而把它看作是对我们的风俗习惯、智慧及我们自己的文化的挑战。"②

二、现代观念的传统制约

"文化本来就是传统,不论哪一个社会,绝不会没有传统的。衣食住行种种最基本的事务,我们并不要事事费心思,那是因为我们托祖宗之福——有着可以遵守的成法。"③近代中国处于从传统社会向近代社会的深刻转型中,人类文明形态的转换带来从宏观社会结构到微观价值观念的重大变化,乡村移民步入城市时面临共时性的异质文化,形成了各种行为失范现象,背负传统与乡村双重文化规约的人们在城市中面临相似的社会生活境况时极易引发犯罪。如在乡村中,拿别人的衣物、瓜果并不会沦为罪犯,至多受到族规的惩罚,而家族也有义务为落魄者与生活困难者提供经济与道义的援助,甚至对富人财物的占有,有时会被视为侠义的壮举,在城市则属于盗窃行为。

在乡村生活,长期的教化使个人享有随心所欲不逾矩的便利,进城后,新环境、新制度中渗透的新观念使他们传统的价值观念面临着巨大考验,两种价值观念体系夹缝中的个体在接受新观念的同时又面临旧法则的制约,如与乡土文化中的家族规范密切相关的男权至上、公婆权力、性隔离与包办婚姻

---

① 《二十三年五月份本局处罚违警罚金及提成充实数目清单》,青岛市档案馆藏,A17-3-1229。

② 严景耀著,吴桢译:《中国的犯罪问题与社会变迁的关系》,北京大学出版社1986年版,第205页。

③ 费孝通:《乡土中国》,《费孝通文集》第5卷,群言出版社1999年版,第357页。

等习俗。大量犯罪记录显示出乡村女性自发地逃离家庭进入城市的原因是公婆与丈夫虐待、口角纷争、生活艰难和私奔的诱惑。但她们进入城市中的引路人、同行者和给她们提供衣食方便的乡亲，往往被指控为犯有拐卖与霸占罪，即便是逃往城市谋生的妇女自身，尽管在城市中已经找到工作或住处，但只要公婆或丈夫起诉，也会受到法律制裁。如前述案例中的孙薛氏和侯秀珍，她们有自由恋爱的愿望，打算抛弃旧的婚姻或主动选择自己的配偶，但最后由于丈夫与母亲的报案都没有成功。在法院的离婚判决中，许多女性开始利用现代法律解决旧式婚姻，或寻求法律手段保护其新式婚姻，但因对新式法规并不熟悉也会屡屡受挫。如王孝浦和李龙两对夫妻的离婚案中，都是女方对丈夫的家庭暴力、不务正业不满，要求离婚，但法院以不能提出确切证据为由驳回女方的请求。[①]毕王氏因丈夫有婚外情行为要求离婚，但因超过二年的起诉期也未能如愿。[②]也有些女性很幸运地成功了。在栾刘氏与栾振山的离异案中，夫妻俩都是从青岛乡区迁移到市区居住，但女方对丈夫并不满意，因栾振山偷东西被判处三年多徒刑，栾刘氏两次离家出走未成，去法院请求离婚，获得批准。[③]

三、城市生活的新问题

萨瑟兰将犯罪解释为"文化成长过程中的副产品，是从家族主义协作型文化向个人主义竞争型文化变迁的附属物"[④]。乡村社会关系是以家庭和宗族为纽带建构起来的，个人最重要和最基本的所属群体便是这种初级群体，其成

---

① 《王王氏与王孝浦离婚案》、《侯祥云与李龙离异案》(1934年)，《山东青岛地方法院关于人、民事案件报部判词表册》，青岛市档案馆藏，A68-4-234。

② 《毕王氏与毕元顺离异一案》(1932年)，《山东青岛地方法院关于人、民事案件报部判词表册》，青岛市档案馆藏，A68-4-234。

③ 《栾刘氏与栾振山离异案》(1932年)，《山东青岛地方法院关于人、民事案件报部判词表册》，青岛市档案馆藏，A68-4-234。

④ 布罗尼斯拉夫·马林诺夫斯基、索尔斯坦·塞林：《犯罪：社会与文化》，广西师范大学出版社2003年版，第151页。

员间互动频繁,彼此亲近,认同意识强,有共同的血缘、利益、价值观念和传统习俗等维系彼此的关系,家族和集体在个人生存中占据着重要地位,乡民们安土重迁,珍视泥土。城市社会关系则以个人血缘、地缘、业缘关系为纽带建立,除了家庭和乡亲,更重要的社会关系是正式的、契约性的、由规章制度维系的商业、工业组织等次属群体,城市的商业逻辑渗透到生活的每个环节,没有消费便无从生存,消费理性、经济利益在个体生存中占据着重要地位,与乡村社会的内聚性强、节奏缓慢相反,城市社会联系松散、竞争激烈。"在城市环境的影响下,人们对地方的依恋感情被破坏了,首属团体中原有的抑制作用和道德训诫被削弱了,因而大城市中的不良习惯和犯罪现象都有所增加。"①

国内外学者的研究表明,农村的犯罪率历来较低,而且以暴力犯罪多而财产犯罪少。②但进入城市的乡下人,面临着生存环境的重大转变,正是这种转变与随之而来的适应问题促使了犯罪的大量发生,如盗窃案、私贩猪肉案、拐卖案等。农村原来基于道德的社会控制,被基于成文法律的社会控制所取代。在城市管理以正规的法律形式取代民俗乡约的实践过程中,交杂着诸多移民的不适应行为,法律的标尺在为生活奔波的贫民眼中类似于文明的暴力。城市为他们提供季节性就业机会时,他们也脱离了传统乡村的宗族救助体系。在城市住房保障、失业救助体系尚未建立、健全时,冬季工作机会的减少(源于青岛冬季旅游业的萧条)、城市生活成本的高昂、1930年代世界经济危机的影响,对在城市立足未稳的乡村移民随时是致命的打击,偷盗、为娼是可能解决生存危机的救命稻草,吸食鸦片、玩纸牌、打麻将是生活压力下调节身心、缓解痛楚最便捷的方式。

如果说城乡规范冲突导源于不同的文化体系或文化区域的差异,在城市安顿下来的移民们,先天的机会不足与资源匮乏,使他们在迈入城市的门槛时已经显现贫富分化的差距,并在后来的发展中被迫忍受低薪的职业、恶劣

---

① 〔美〕R.E.帕克等著,宋俊岭等译:《城市社会学——芝加哥学派城市研究文集》,华夏出版社1987年版,第25页。

② 〔美〕路易丝·谢利著,何秉松译,罗典荣校:《犯罪与现代化——工业化与城市化对犯罪的影响》,中信出版社2002年版,第40页;严景耀著,吴桢译:《中国的犯罪问题与社会变迁的关系》,北京大学出版社1986年版,第25页。

的居住条件，处于城市的边缘地带中。与原有的城乡文化差异导致的违法犯罪不同，进城后的社会分化过程，使移民及其后代长期处于贫困处境中，即使居住城市已经十七八年①，却无力改善生活状况，如果沾染新的恶习，如嫖娼、吸毒，则更易于走上偷窃的犯罪道路。

以西岭贫民生活为例，他们多为日照与赣榆籍，他籍者寥寥可数，这二处民性强悍，数百里扶妻携子，辗转来青，人地生疏，"其衣服褴褛，食物粗劣，房舍狭陋、矮小"，"壮年男子，多以拉大车、洋车、做工等为生，此辈所入较优，勤苦者固多，而游手好闲，流入流氓者，亦不乏其人"。"老年女子，为人缝补，或打海蛎子，及拾草与在家煮饭，颇有自食其力之概。中年女子，本正当工作之时，乃为子女所累，亦雌伏家庭，做屑琐工作。子女之多，殊足惊人，甚有一对夫妇有子女七八人者，少年女子多往工厂做工，在家闲住者殊鲜，幼女以拾煤核、拾草、打海蛎子等，补助生活。"一些少年，禀性强悍，又未受教育，家长放任其自谋生活，"遂习于窃盗，或割破装袋，抢取商号连载之花生粮食或其他货物，成群结队，势莫可遏，初以原谅，不与计较，后竟成风，视为固然，名之曰'吃马路'"。②在城市成长的下一代面临生活压力，失去接受良好教育的机会，谋生成为迫切需要，以致有以抢劫、偷盗为业者，或染上烟赌恶习，成为城市治安之一大隐忧。这样的贫民群体，挣扎在温饱线上，但真正冻死饿毙者非常少，屡见报端横死街头者多是些吸食鸦片等毒品、身体羸弱的瘾君子。

法国比较法学家勒内·达维德在分析中国的法律传统时认为："中国人民一般是在不用法的情况下生活的。他们对于法律制定些什么规定，不感兴趣，也不愿站到法官的面前去。"③中国传统社会处理人际关系的准则是"礼"，人们之间的争端基本是通过诉讼之外的程序协商解决。随着近代社会环境的变化，人们也开始利用公共权力机构维护自己的权益，在前述案件，特别是在拐卖、潜逃案和诈骗案中，受害者能找到所属的警察驻所，申诉自己权益受到侵犯；对于售卖鸦片者，隔壁住户能主动举报，受骗者会自觉将行骗者扭送到附

---

① 《李长发结伙抢劫未遂并拒捕枪杀线探一案》（1937年4月3日），青岛市档案馆藏，A17-3-1539。

② 《西岭贫民生活之一瞥》，《青岛时报》1933年3月6日，"自治周刊"第31期。

③ 〔法〕勒内·达维德著，漆竹生译：《当代主要法律体系》，上海译文出版社1984年版，第487页。

近派出所报案；妻子出逃或与人姘居，家人能诉诸法律手段，到公安局寻求解决方式，而不是按照传统做法，请求有声望者调解。冯客对 1920 年代北京等地司法案件的研究也表明："首都普通居民利用警察和法律来追求他们的公正观念。""许多与性相关的案例最初是由家庭成员报告给当局的……包括通奸在内的许多其他案例是通过公众引起警察的注意。"[①]触犯法律与寻求法律的保护，成为移民融入城市生活的一种困境和表征。

小　结

近代青岛犯罪数量较大而以违警案为多，类型多样而以烟赌案为最，职业多样而以工人和无业者突出，城乡皆有而以城市移民尤著。数量最多的鸦片罪和妨害风俗罪反映了乡村移民的城市境遇：一方面，他们的传统习惯面临近代城市规则的处罚；另一方面，接受现代观念的移民们又遭遇着传统力量的制约。具体案例表明，个人行为、习惯的不合时宜，构成青岛移民犯罪尤其是违警罪的主要原因。

诚然，"本土文化的近现代史不仅是传统与现代间的一种对照与抗争，也是两者间的一种协调与适应"[②]，但现代化观念强力输入后的城市社会并没有给传统规范留下足够的包容空间。对北平等城市的研究表明，近代中国刑事犯罪数量最大者为鸦片罪和偷窃罪[③]，违警最多者则为类似赌博[④]。对吸食鸦片和赌博行为，民初法律已经有惩戒规定，但至国民党统治时期，鸦片案和类似赌博案大量增加，分别占全部刑事犯和违警犯的 1/3 强。不是无意或故意的

---

① 〔荷〕冯客著，徐有威等译：《近代中国的犯罪、惩罚与监狱》，江苏人民出版社 2008 年版，第 90~91 页。

② 〔美〕黄宗智：《法典、习俗与司法实践：清代与民国的比较》，上海书店出版社 2003 年版，第 4 页。

③ 〔荷〕冯客著，徐有威等译：《近代中国的犯罪、惩罚与监狱》，江苏人民出版社 2008 年版，第 226 页；严景耀著，吴桢译：《中国的犯罪问题与社会变迁的关系》，北京大学出版社 1986 年版，第 20 页。

④ 内政部统计司编印：《全国警政统计报告》（1931 年下半年—1933 年），内部资料，1933 年—1935 年版。

伤害与盗窃,而是个人行为、习惯方面的不合时宜,构成民国犯罪的主要原因。由此可见,政府在改良国民身体素质、行为习惯和社会风气方面着力较多,现代卫生与文明观念在政府执政理念中亦有相当的渗透力度。以烟赌案为代表的无数违法个体的类似行为模式,恰恰是为传统社会的法律、风俗和常规所包容的,或者说是某种文化熏陶下的产物,但法制层面的近代化及法律执行的严肃无情,压制、批判及至嘲弄和否定了乡下人原有的习俗与心理。以犯罪及其处罚为中介,传统的乡村文化规范在城市壁垒中丧失了原有的合法性与权威性①,犯罪也由此可视为城市文化规范对乡村文化规范的优势,在法律的强力压制下,一些乡村文化规范逐渐被边缘化。携带传统文化规范的乡下人在都市的犯罪境遇,传达了传统与现代文化优劣高下的价值衡量。如周锡瑞所言,城市的治安规则将官方的愿望诉之于文字,"并使我们了解到在新城市形成过程中官方对市民一些公共行为的排斥"②。如果说,近代城市中的大量犯罪产生于传统与现代文化规范的冲突,那么,以法律为手段的仲裁结果则代表着官方和主流的意识形态,将这种文化规范间的差别赋予了理性的价值判断,并可能在现代化的城市中植入蔑视传统文化和乡下人的情绪反映。

青岛的犯罪案例折射出移民原有习惯与城市法规的差距,法律规定了人们应当做什么和不应当做什么,却很少考虑他们会做什么和不会做什么。"在民国时期,由于在中国社会实际之上强加了一部高度洋化的法典,可以预料,法律与习俗之间的差距拉得更大了。"③国民政府的法律体系以西方资本主义国家大陆法系为蓝本,渗透了进步、自由、私有权等近代价值诉求,但其规定有悖于中国民众的众多习惯,所以,"在整个民国时期,大多数犯人是穷人或

---

① 许多传统的习俗依然执拗、顽强地渗透在城市生活中,如鞭炮、旧历年节、年画等屡禁不止。

② 〔美〕周锡瑞:《华北城市的近代化——对近年来国外研究的思考》,《城市史研究》第21辑,天津社会科学院出版社2002年版,第5页。

③ 〔美〕黄宗智:《法典、习俗与司法实践:清代与民国的比较》,上海书店出版社2003年版,第5页。

弱势群体,尤其是失业者、农民、手工业者或工人"①。当大量农民进城并对按照现代西方观念建构与发展起来的城市法律体系构成冲击时,政府似乎尚未找到有效的管理威胁城市生活的异乡人的途径。以法律体系为代表的近代城市管理规则的刚性规定及其实施,使乡下人的城市融入面临一定的困境,也使得其适应与融入城市的过程必定充满着迷惑与痛苦。

---

① 〔荷〕冯客著,徐有威等译:《近代中国的犯罪、惩罚与监狱》,江苏人民出版社 2008 年版,第 103 页。

第六章 CHAPTER SIX

城市人与乡下人的互动

　　传统乡村的衰落与沿海都市的兴起不仅催生了1920年代以来乡土文学的兴盛、农村问题的大论战与乡村建设的高潮,也刺激了城市大众传媒(包括书籍、报纸、杂志)对农村社会与乡下人的关注。这些城市出版物涉及不同层次、以不同方式来到青岛的乡下人的城市见闻与生活,以及城市知识分子、商人或先入城者对青岛乡下人的印象。本章通过管窥近代青岛大众传媒(包括在青岛出版的报纸、杂志,也包括以近代青岛为背景在异地出版发行的小说等读物)中进城乡下人的城市感受,以及城市不同阶层(主要是知识分子)对乡下群体的形象呈现,审视1930年代城市知识人对中国乡村与乡下人群体的弱化现象和城乡鸿沟在认知与心理层面的形成。文学评论界关注乡下人或乡下人进城的文学叙事可谓蔚然成风,对

乡土文学的研究已经取得系列成果，但从对乡下人的集体记忆中研究中国城乡关系及乡下人的城市境遇，学界关注不多[①]。从文化层面看，对乡下人的书写，彰显了特定时期中国城市与乡村的隐性关联，它有别于经济联系、人口流动、政治管理，而是从城市人与乡下人的互动来考察二者的心理疏离。

[①] 可见者有：David Faure and Taotao Liu (eds.). *Town and Country in China: Identity and Perception*. Palgrave Publishers, 2002；Taotao Liu. *Local Identity in Chinese Fiction and Fiction of the Native Soil*；David Faure and Taotao Liu（eds）. *Unity and Diversity: Local Cultures and Identities in China*. Hong Kong: Hong Kong University Press, 1996. pp.143~145。指出中国的乡土文学呈现出一种城市与乡村、精英与民众的分离景象。杰华的《都市里的农家女》（江苏人民出版社 2006 年版）分析了现代性与新中国成立前后的农民问题。

第一节　从《乡下人逛青岛》与《山雨》
看乡下人的城市际遇

ERSHI SHIJI ZHI ZHONGGUO

　　1932年,寓青作家王统照以北方农村社会的崩溃为背景创作了《山雨》[①],写农民奚大有在家乡饱受灾难困苦后前往青岛谋生的经历。《青岛时报》是1930年代前中期青岛发行量最大、经费最丰、连续时间较长[②]的都市报纸,其对农村的报道围绕两个方面:一是在专门的《自治周刊》中定期刊载为配合政府的乡村自治计划而开展的对青岛各个村落的调查报告;二是在文学副刊和本地新闻栏中描述对各地农村和青岛市区乡下人的观感,尤其是自1934年连载的《乡下人逛青岛》的写实小说,描述了乡下人的城市感受。王德威在论述小说史时,指出:"由涕泪飘零到嬉笑怒骂,小说的流变与'中国之命运'看似无甚攸关,却每有若合符节之处。""小说的天地兼容并蓄,众声喧哗。比起历

---

　　①　《山雨》1933年由上海开明书店出版,当年,茅盾的《子夜》亦版,1933年因而被称为"子夜山雨年"。但《山雨》出版后不久即被国民党统治当局查封,未能在社会产生更大反响。

　　②　受虚的《青岛写真记》载:"青岛地方虽小,而新闻业甚为发达……除《民国日报》为党报,《大青岛报》、《青岛新报》、《山东新报》为日人所办外,其余均系商报。就中要以《青岛时报》与《大青岛报》销得最多。"(《金钢钻月刊》,1934年第1卷第5期,第5~6页)又据凌遇选的《青岛新闻事业概况》载:青岛各报中以《青岛时报》消息灵通,设备最先进,经费最宽裕。在1930年代前中期,发行量总在二三千份左右。(《中外月刊》,1936年第1卷第10期,第70页)

第六章

309

城市人与乡下人的互动

史政治论述中的中国，小说所反映的中国或许更真切实在些。"①王统照在"跋"中亦写道："《山雨》，意在写出北方农村崩溃的几种原因与现象，以及农民的自觉。""小说中的事实并没有什么夸张——我觉得一点没有，像这样的农村与其中的人物在中国太平常了，并不稀奇。我在文字中没曾用上过分夸大的刺激力。"②而《乡下人逛青岛》涉及的时事与地理背景、事件逻辑均与近代青岛社会一致，所述内容亦当近于事实，由此，将其作为近代中国乡下人进城的资料解读当不致错谬。本节通过分析小说《乡下人逛青岛》和《山雨》中城里人与乡下人的碰撞，透视乡下人对自己的社会地位与生存处境的体味、对城市的印象及其对城市人挑战的回应。

一、《乡下人逛青岛》：上层农民的城市之旅

《乡下人逛青岛》自 1934 年 5 月 12 日~8 月 22 日连载于《青岛时报》，共 68 期，从故事情节来看，并未结束，但所述乡下人进城的过程相当完整，对乡下人的城市际遇亦费相当笔墨，可以作为了解初次进城的乡下人状况的一个窗口。全文分为 18 个片断，包括：动机、拜年、起程、下了火车、刘剥皮的烦恼、刘剥皮转恼为喜、吴三坏毛遂自荐、大金真是一个败家精、又吵了一场嘴、七木匠的繁华梦、洗澡坐电梯、看戏坐包厢、吃官司、大舞台、老太爷的高谈阔论、赶驴的都能做大官、电影院、打麻将，描述了吴三坏在春节后进城的原因、过程，以及到青岛后享受城市新兴生活方式并与城里人交往的经历。

1.感受城市生活

故事的主人公——吴三坏，是农村中的状师，凭着能写讼纸、与衙门头子关系熟，"霸讼"一方，并且他还会看风水、相面、算六爻卦、写拘魂贴、择吉全婚，他能言善辩，是地方上"顶有本事的人"③。他生活优裕，往年"洋钱烟土，一

---

① 王德威：《想象中国的方法：历史·小说·叙事》，"序"，生活·读书·新知三联书店 1998 年版，第 1 页。

② 王统照：《王统照文集》第 3 卷，山东人民出版社 1981 年版，第 306~307 页。

③ 老枚：《乡下人逛青岛》（二），《青岛时报》1934 年 5 月 13 日，第 10 版。

齐跑来"①。随着农村破产、律师业兴起,其生意大受影响。同村七木匠的儿子小道士,在青岛一家日本人开的商店当店员兼听差。当年秋天,吴三坏最小的女儿——大金,经小道士为媒,嫁给刘剥皮为妻。刘剥皮虽然也是乡下人出身,但是他到青岛做事已经 20 多年,以前也是给日本人当听差,此后积蓄有方,成为经营着 8 辆人力车、兼放高利贷的"财主"。吴三坏则因为生意的衰落,加上每年去青岛玩两趟的七木匠的动员,以及女儿的极力主张,便带上两个小孙子,同七木匠随刘剥皮夫妇和小道士前往青岛。

一行 7 人于正月初五从吴家村出发,在离村一里远的车站坐汽车赴蓝村火车站,再沿胶济铁路到达青岛,途中虽不至谓备感艰辛,也称得上颇受折磨。他们经过一刻钟的苦战挤上汽车,女人、孩子都挤出了眼泪,崎岖的汽车路颠簸得吴三坏父女头晕目眩。下车时为了给被踩了一脚的大金复仇,七木匠和刘剥皮同汽车上勇猛的乘客展开一场"鏖战",还负了轻伤。经过近 4 个小时的汽车、火车旅程,在讨论火车的神速与惊叹窗外的景致中,吴三坏一行到达青岛。

在青岛,吴三坏经历了人生的若干次第一,他第一次看见平坦清洁的马路,恨不得躺在马路上打一个鲤鱼翻身的滚。孙子小马和小五一,东望望,西瞧瞧,满脸是惊异和欢娱。②吴三坏执意地不肯坐洋车,他说:"走在这样又平坦、又干净的马路上,是福气! 不乐意走的叫作没有福。"他第一次坐了电梯,心里异常的骄傲高兴,觉得自己的身子,一时不能自主,飞一般地升到三楼,似乎有点头晕,走出电梯,"才算是魂归本位"。他第一次去公共澡堂洗澡,便努力地尝试着新的休闲方式,搓背、修脚、理发,样样都不错过。正月初七,他又逛了青岛最热闹的四方路、潍县路、博山路和易州路,七木匠还请吴三坏在平民乐院广兴里听了鹧鸪戏,晚上又去大舞台目睹了让吴三坏大开眼界的京戏,初八去明星电影院观看了让他目瞪口呆又如醉如痴的有声电影。

因为刘剥皮还算青岛中层社会的一员,经营着人力车并放高利贷,手头流通的钱达 5000 多块,与警察局的王巡官、日报社的屈社长都有一定的交情,又

---

① 老枚:《乡下人逛青岛》(一),《青岛时报》1934 年 5 月 12 日,第 10 版。

② 老枚:《乡下人逛青岛》(二十四),《青岛时报》1934 年 6 月 21 日,第 10 版。

值春节期间,这使吴三坏充分见识了城市的繁华热闹、整洁亮丽以及生活的方便与食物的丰盛。"他想:在青岛这个地方住,只要有钱,什么也都便利,也都买得到,你看,一睁眼吃的也有,喝的也有,那多么样痛快呀!"①面对每天接触着的新事物,吴三坏既坚守自己的习惯,也绝不拒绝品尝新的生活。他钟情于鸦片、烟卷,对王太太的雪茄表现出有尊严的节制;他喜欢京戏大鼓,对电影也在起初的震撼后表现出愉快的接纳。与其他乡下人(如七木匠和先进城的刘剥皮)相比,他肯动脑筋,年纪虽大,却对新鲜事物保持着强烈的好奇心。他想了解火车的速度为什么这么快,以前两天两夜才能到青岛,现在四个钟头就到了。他想要明白电灯不用油就明亮的道理。他对开电梯的说道:"你开快一点,试一试是什么滋味?"听见打骨制麻将的声响,他也想看看究竟。

吴三坏来到城市,并非完全耽于享乐,而是随时想在这个陌生的地方有一席之地。进城前,他打算摆一个卦摊,附带着给人家写写信,作作诉状,后来看到女婿事业兴旺,又毛遂自荐地为女婿当帮手,这些事业规划虽然没有实现,但吴三坏并未放弃作长久之计的打算。

2.吴三坏的"洋相"

吴三坏很想保持"乡下圣人"的尊严,但在新奇的城市生活与城市人眼中,他也出足了洋相。在开往青岛的火车上,吴三坏想小便,可不知道地方,又不愿请教别人,幸喜无意之中,小孙子要方便,这才由小道士指明了茅厕的所在。"他站在厕所的门口,扯下裤子来就尿,被一个警察过来推了他一把,就把他推进厕所去,那警察也随手将厕所的门'砰'的一声就关上了。三坏被警察一推,火车又支援得厉害,他不觉一阵头晕,头盖骨碰在厕所里面的木壁上。尿水淋在裤子鞋袜上,热腾腾地直冒白气,及至他赶快的拢住裤子,站立稳当,尿已经撒完了,头上却碰起一个大磨凸来。"②他又不知道如何开厕所门,着急得要命,小道士见三坏在厕所里不出来,便过去开门探看,门向里面开时,又将三坏碰了一下。火车之行,使三坏无辜受了不少罪。到青岛后,他第一次去澡堂,池子里太滑了,吴三坏又只顾寻思在青岛的幸福时光,起身的时

---

① 老枚:《乡下人逛青岛》(三十九),《青岛时报》1934 年 7 月 12 日,第 10 版。

② 老枚:《乡下人逛青岛》(二十二),《青岛时报》1934 年 6 月 19 日,第 10 版。

候,摔了一个鲤鱼大翻身,并喝了一口洗澡水。

在明星大戏院看电影时,吴三坏看见四五个黄头发蓝眼睛的鬼子,有男的,也有女的,不觉得吓一大跳。又看看影院里面的布置,有些像县城里的礼拜堂,更觉得莫名其妙。他看见荧幕上两辆汽车"嘟"的一声,碰到一起,以假为真,不觉喊道:"啊呀,我的娘!"由此获得了影院中许多人的侧目。他看见电影里女人纵情地跳舞,男人肆意地饮酒,这一切的形象和中国社会的风俗习惯,尤其是和乡下人的风俗习惯,以及吴三坏的礼学教育,完全处在相反的地位。所以当电影演到拥抱和接吻,吴三坏就不觉有点愤愤不平,手里指着,口里不自主地骂起来:"他妈的,他妈的,哧,不要脸!"斥骂声从吴三坏口里不住地向外放射,引得请他们看电影的王巡官太太格格地笑起来。大金也向三坏低低地说道:"爹,你是做什么,像痴了一样。"可是王太太笑得前仰后合,没法收住。①吴三坏对于尝试新事物毫不抗拒,但表现出来的大惊小怪,又使得这个乡下人在城市人眼中,甚至在先几个月进城的女儿眼中都有些不合时宜了。

"吴三坏"这个名字本身充满了作者对这个"乡下能人"的质疑与定性,在作者笔下,吴三坏最大的嗜好是抽大烟,而且技术高超,似乎只有鸦片能唤醒他的全部活力与智慧,能调动他所有的积蓄;他6个月不洗澡,双脚像用黑油漆刷过的熊掌,还喜欢闻脚丫的臭气;他在儿孙面前作威作福,将刘剥皮给四个小孙子的叩头钱收入囊中;他自作聪明,不肯认输,不承认第一次坐火车和对城市生活的无知;他善于作壁上观,七木匠两次打架时,他不是呐喊加油,就是溜之大吉。这个在乡下极有尊严与地位的老头在城市人面前形象扫地,无论是个人卫生、兴趣爱好,还是生活习惯、亲情友情等方面无一可取之处。

3.与"城里人"的交往

从城市生活的资历来看,大致有四种层次:一是像吴三坏这样的初次进城者;二是像七木匠那样每年到青岛待一段时间的熟客;三是像刘剥皮、大金、小道士这样已经在城市定居并与乡村保持联系的务工者;四是城里人,如摩登时尚的王巡官太太。

关系微妙的吴三坏和七木匠,因为都喜好吸食鸦片,并因七木匠的儿子是

---

① 老枚:《乡下人逛青岛》(六十二),《青岛时报》1934 年 8 月 14 日,第 10 版。

吴三坏女儿的媒人，将大金嫁到城里，使得两人的关系相当亲密，七木匠能经常跑到吴三坏或其女儿家中蹭吃蹭喝。但两人在村里的地位并不能相提并论，吴三坏因为识文断字、能掐会算、能说会道，尤其会写讼状，是村里的能人、乡下的圣人。七木匠则是村里的小手艺人，所以他常常附和着吴三坏，对吴三坏也相当恭敬。两人都爱打算盘，但吴三坏能用他识人的慧眼与老到的周旋，将视财如命的刘剥皮哄得肯为自己花钱，他洞察刘剥皮的吝啬与心病、女儿与女婿间的强弱关系，周旋其中，得以享受城市生活。而七木匠则专注于揩油，他不错过任何免费与不花钱的机会，在三坏家吃饭，席卷一空；与吴三坏家一同进城，免了车钱、候车的茶水钱；在青岛，他紧紧追随着吴三坏，不用自己花钱就能享受到洗澡、听戏、看电影的欢愉；在戏院他拼命喝着免费茶水，以省下家里的茶叶。当然他也付出了跟班的代价，进城挤车时，他因为大金呕吐时弄脏他人的衣服而代为道歉，下车时帮刘剥皮打架受了轻伤。

七木匠也有强于吴三坏的独到之处，因为儿子在日本人家里当仆役，他每年来青岛玩几趟，除了在日本主顾家里帮助小道士跑腿以外，还在一家宁波人开的木器铺里帮工。七木匠常常能拿到帮忙的几块工资，到高丽人那里去，买上一块钱的海洛因；或钻到大众娱乐场所广兴里去，喝上半斤白干，吃上一顿包子大餐，听一夜当地最流行的鹧鸪戏；有的时候，还会跑到东海楼去打个茶园。比起吴三坏来，这段城市经历足以使他对城市的生活与新奇的事物比较熟稔，见闻更为广博。进城的履历成为他傲视吴三坏的重要资本，诉说他在青岛的那些繁华梦使他在见闻与心理上缩小了与吴三坏间的地位差距，也能将吴三坏唬得感叹一番。特别是离开村落的环境，进入城市生活，七木匠的优势便益发显露出来，"青岛之于七木匠，简直是刘姥姥游过数次以后的大观园了"①。他时不时在吴三坏面前卖弄他的"见闻"，诸如火车、飞机、电梯的用处，以及关于火车头制造与外国人的传闻等，每每使吴三坏很气愤：一个大字不识的人居然也能有这样的见识！

吴三坏随时固守着他作为乡下能人的地位，压制七木匠的气焰。他不理解七木匠所说的飞机的速度与广播的异地收听，但会拿七木匠不懂的会土遁的

---

① 老枚：《乡下人逛青岛》(二)，《青岛时报》1934 年 5 月 13 日，第 10 版。

土行孙、会飞的孙行者、顺风耳、千里眼这些稍有一定知识的乡下人才知道的能人作为他见识广博的参证。七木匠在青岛最感荣耀与趾高气扬的事情莫过于请吴三坏这个第一次到青岛来的土老头在广兴里的包厢里听鹧鸪戏了，但吴三坏并不感激，反倒觉得鹧鸪戏是乡下人才听的，而自己却是喜欢京戏与大鼓的，特别是当刘剥皮请他们在大舞台听了京戏后，吴三坏开始有点瞧不起七木匠，因为七木匠迷恋的是广兴里和东海楼那种下流地方，比起这大舞台来，那简直是天壤云泥之隔。而七木匠到大舞台来听戏，也是第一次，他将大舞台比一比广兴里的双和茶楼，不觉惭愧起来。对城市时尚的了解与接触成为显示及至区分个体社会地位的一种标识。

在先进城并已获得固定工作和城市人身份的乡下人眼中，吴三坏与七木匠则成为他们欺压与嘲笑或同情的对象。七木匠请吴三坏听完戏，年轻的茶房嫌七木匠赏的茶钱太少，见他执意不肯多给钱，又欺负七木匠的土头土脑，便由争吵发展到与七木匠拳脚相向。幸亏刘剥皮与办案的王巡官是同乡，又是八拜之交，七木匠又摆出一副弱者的样子，这场官司就不了了之。王巡官太太原来是青岛的电话生，从装扮、社交到阅历都是十足的现代女性的典范，不仅看电影时吴三坏的大惊小怪让她大笑不已，在刘剥皮与大金面前也是风韵与派头十足，刘剥皮夫妻与王太太打交道亦表现得相当乖巧，一呼即应。

刘剥皮在城市打拼多年，"剥皮"二字是对其极度吝啬的真实写照。刘剥皮对于吴三坏与七木匠到青岛去玩耍，又喜又惧。喜的是，可以借此夸耀自己的富有，惧的是吴三坏、七木匠连吃带喝，加上路费大烟，是一笔不小的开销。吴三坏的奉承以及大金的威力使他放了好几次血，心痛之余，也对乡下老头的讲排场与花销大不胜厌烦。大金嫁给都市有钱人，一下身价倍增，不仅从前与她吵架的乡邻前来巴结，就是父亲也不敢对自己随便呵斥了。大金虚荣骄矜，对亲人出手大方，荣归故里时，她极力欢迎父亲前往青岛，借此炫耀自己的"豪华"生活。大金呈现出一个乡下女姓与都市女性的嫁接形象，她的一身打扮，从镯子、胭脂、花粉，以至衣服、鞋袜，集合了古今中外各种的式样，既有巴黎运来的花粉胭脂，也有乡下女人通行的短袄，绣花鞋却是上海妓女们最流行的式样。在大金自己认为是漂亮极了，便是刘剥皮、七木匠、吴三坏等，也觉得大金这样一修饰，成了一个最好看的美人。而在作者看来，"错过了乡下人，谁都能看出这样的修饰,恰恰当当的成了一个二半吊子"①。大金在王太太的培训下学会了打麻将,加入了街坊邻居的妇女讨论会并打了几次胜仗,学会了下澡堂、看戏,她的生活透露出强烈的都市气息,来到青岛虽然只有 3 个月左右的时间,但对城市文化的习得能力超强。尽管她是刘剥皮家里唯一不会生钱的东西,但刘剥皮却对大金的"挥霍"无可奈何,因为大金会以打离婚官司获赔 1 万块钱的赡养费相威胁。

《乡下人逛青岛》中折射出城市人与城市生活的优势。在青岛,作为城市人的代表,王巡官太太表现了她的潇洒与从容,她穿梭于各类乡下来的人群中,纵横捭阖,笑对一切。刘剥皮与王巡官虽然来自乡下,但城市中稳定的职业、不错的收入与社交的广泛赋予他们在吴三坏、七木匠眼中的能耐与地位,以致乡下人要佩服得五体投地。刘剥皮到吴家村探亲,也受到村里人隆重接待,满街满巷挤满了看"青岛客"的人,而大字不识、为吴三坏瞧不起的七木匠也以城市见闻唬住了吴三坏。在此,城市以及附属于城市空间的事物、人物、事件都成为傲视乡村及乡下人的资本,城乡间的先进与落后、广博与浅陋有了鲜活的注脚。

二、《山雨》：普通农民的逃亡之路

《山雨》是王统照现实主义小说的代表作,小说描述了 1920 年代后期以陈家庄为代表的北方农村衰败、崩溃的过程,以及胶东大地上普通农民的生活处境。《山雨》共分 28 章,按照叙事情节分为 13 个场景:陈家庄农民在地窖中对生活变化的讨论、奚大有卖菜被镇上驻兵抓走及赎回的过程、吴练长和陈庄长商讨预征钱粮、陈葵园征收办学款项、庄民讨论时运与庄民的变化、天旱祈雨及土匪进攻陈家庄、奚大有治伤、败兵逼迫村民服劳役及大有中途率众逃回、陈家庄劳力被迫修路、败兵洗劫陈家庄、奚大有奔赴 T 市(即青岛)谋生、大有回乡、奚大有在青岛与杜烈兄妹的交往及其思想的转变。故事呈现出近代农村与农民命运的巨变,一方面,在时代巨变面前,农村遭受着苛捐杂税、自然灾害、土匪败兵、劳役摊派与外资掠夺的沉重压迫,安宁自足的经济

---

① 老枚:《乡下人逛青岛》(五十),《青岛时报》1934 年 7 月 25 日,第 10 版。

生活日趋失序与崩溃；另一方面，农民日益贫困破产，开始找寻新的出路，或进城打工（如奚大有一家），或流为土匪（如徐利），或当兵（如宋大傻）。小说为近代中国农村的衰落与农民个体命运的跌宕描绘了生动的画卷，也使我们得以体味农民进城后的生活变化与心路历程。

1.离村：从身到心的诀别

《山雨》中的主人公奚大有是传统中国典型农民中的一员，他不善言辞、安分老实、性情温和、没读过书，只是处处随着乡村中的集团生活走，一步也不差。他筋肉结实，身体强壮，诨名"大力"，①只知道要光着膀子流汗干活，别的一概不想。大有对庄稼活有着很深的了解，庄稼就是他的一切，在他看来，老老实实做庄稼活是天经地义也是最正经的事。他品行端正、俭省度日，不会抽旱烟，喝酒有节制，生存的目的就是为了维持一家大小简简单单的衣食住行，他规规矩矩地做人做事，对于种种不好的事情从不越轨半步。大有对外面的世界很少思考，这既超出他的经验也无须他费神，他对自己平静的生活相当满足，向来没有重大的忧虑，也没有强烈的欢喜，不轻易沉闷，也不轻易狂欢，种地、收获、养家、生子组成他平板不变的生活序列，并练成他固定而少变化的心情。大有对村庄与土地有相当深厚的感情，他的生命与土地、树木、小河、村庄浑然一体，从未想过要离开世代依存的陈家村。

但整整一年来接踵而至的天灾人祸中断了他的生活常规，击溃了他的自尊，扰乱了他的心理，他的身体与精神逐渐崩溃。先是去镇上卖菜时因为几个铜板的关系被官兵关到监狱里毒打，父亲奚二叔将卖地换来的 50 块大洋作为赎金救出了他，此后父亲在失望痛苦中吐血而死。夏天时旱灾侵袭，收成减半，村庄又遭受了土匪的攻击，他中弹负伤，以后又在抽壮丁修路、拉煤时遭到非人待遇。随着败兵进村，家中所有的粮食、衣物与柴草被洗劫一空。屈辱与痛苦使得奚大有的性情与心理发生了变化，他自从在十分拮据中埋葬了父亲后，渐渐学会了喝酒，开始愿意每天多花费 10 个铜板在烟酒杂货店里买得一时痛快，成为杂货店的常主顾。"大有的性格渐渐变成无谓的暴怒"②，脾气

---

① 王统照：《山雨》，《王统照文集》第 3 卷，山东人民出版社 1981 年版，第 24 页。

② 王统照：《山雨》，《王统照文集》第 3 卷，山东人民出版社 1981 年版，第 84 页。

愈变愈坏。劫难使他变得如同愤怒的公牛，却无处发泄，只能自我伤害。这个以前对一切事情不求甚解的乡下人开始思考为什么一样的卖力种地，日子却日益艰难，"他很自然地断定他的未来生活，怕不能单靠这点土地了"①。他被土匪打伤后，从镇上治伤回来，更觉得往后的日子大约没得乡下的安分农人过的。对于俭省度日与保养身子这类事，他已经与从前的思路不同了。因为生活的无常，他觉得家中的田地，甚至自己的身体，像是人家寄放的东西，因此，他并不想戒酒。秋天，大有将儿子送往镇上的学堂，想把孩子变成一个较有力量的人，不至于处处受人欺负。②败兵洗劫后，他发现这残破并充满穷困、疾病、惊吓的乡间已经没有什么可依恋的了，③想起邻村进城打工的杜烈的话"乡间混不了，你去找我"，奚大有决定离开村庄，但心中还预想着两三年后一切乱子过去，乡间恢复往日的丰富后，还回来老老实实做庄稼生活。

到了青岛，奚大有时时怀念着故乡稀稀拉拉的灯火、直爽亲切的言语、炕头上的温暖与夜的沉静。在城市谋生，他失去可靠的土地，觉得像是断了线的鹞子，任凭半空的风吹雨打。他总是幻想着能够安安稳稳像有父亲的时候，到地里下力，便心满意足了！他向同乡打探着家乡的消息，关心邻居朋友们的命运，听说镇上贪官的气焰小了些，便想再回到陈家村过他的旧日子。对家乡的牵挂终于在得知老邻居徐利被捕后爆发了，他毅然返回家乡，铁道旁叶子的干香与泥土的气息都让他备感安慰。在从镇上回村的路上，看着沿途的农家光景，他很懊悔离开了熟悉的生活。但在家乡的所见所闻却让他痛苦，比起两年前的光景，村庄更荒凉了，坍塌了不少茅屋，从前的农场有的变成了烟地。贪官依然作威作福，他牵挂的邻居、村长、伙伴或相继死去，或外出讨饭，故乡的破败与崩溃使他完全明白，他曾经生长的土地如今是一片凄惨、纷乱的战场。祭拜过父亲后，大有对故乡的依恋渐渐淡了下去，他怀着沉重决断的心，像逃犯似的回到青岛，"心里清凉凉地，像是把一切的牵挂全行割断了"④。在残酷的现实面前，守土恋乡的奚大有告别了乡村，如果说第一次离村是急于解决吃饭问

---

① 王统照：《山雨》，《王统照文集》第3卷，山东人民出版社1981年版，第87页。

② 王统照：《山雨》，《王统照文集》第3卷，山东人民出版社1981年版，第119页。

③ 王统照：《山雨》，《王统照文集》第3卷，山东人民出版社1981年版，第214页。

④ 王统照：《山雨》，《王统照文集》第3卷，山东人民出版社1981年版，第292页。

题,这一次进城则是身体与精神的双重逃离。

2.城市的际遇

奚大有卖掉剩下的两亩地,还了债,带着老婆和儿子,在朋友萧达子的帮助下步行到海边,再坐舢板到达青岛,比起坐一元几角的火车能省下不少钱。杜烈帮他们在靠海边的贫民区租了半间屋子,因为没有技术,夫妻俩进不了工厂,只好卖菜饺子为生。虽然对于称分量、讲价钱他完全外行,也喊不出口,但为生存考虑,只得从杜烈那儿借来了5元做小买卖的本钱。奚大有从杜烈工厂所在的沧口坐车到市区,一路上小心谨慎,沿途见到的形状不同、打扮各异的许多人,都让他失去了在乡村时的安全感,倍感紧张。他在车上不敢与人交谈,偏偏车上的汽油味让他呕吐起来,并将酸水溅到对面青年的皮鞋尖上,他忍受着青年的责骂、车上人轻视的微笑,卖票小伙也在声讨着大有:"土气,坐不了汽车别花钱受罪!带累人。幸而是这位先生,如果是位太太呢?小姐呢?你不是存心教人怄气!"大有的呕吐成为车内人的谈资,然而集中点是旁人都瞧不起这十分土气的乡下人。"大有低着头只觉得脸上出汗,比起前年在镇上被兵士打的两个耳刮子还难过!如果不是在这样的车中,他真想痛痛快快地哭上一场。"①下车后,奚大有摸索着、小心翼翼地往家走,手里紧攥着5元钱的他吸引了晚间寻找生意的暗娼的注意,警士的出现吓跑了暗娼,而对话结巴、模样土气的大有则成为警士盘查的对象,幸亏有邻居的证明,警士放过了大有,并赠给了他一些告诫。

初来城市的大有仔细观察着陌生地方的一切,繁华的大街让他恐慌,富人的忙碌与众多的乞丐让他奇怪,他看到了城市的罪恶:居处附近酗酒的醉鬼、好争斗的船夫、调戏妇女的青皮、无人拾的垃圾、捡煤核的孩子。也有像自己一样从乡间来的安分老实的农人,而更多的是被这都市原有的罪恶冲刷过的贫民,他们因环境的逼迫学会了种种方法,玩弄、欺负他们的伙伴。但奚大有很快适应了城市的街道、环境与生活,经过几个月的奋斗,除去能够吃饭外,他把乡间的土气也去了不少。他穿上帆布青鞋、青对襟小夹袄,去了布扎腰,虽然脸上还有些愣气,可不至于到处受别人的侮弄了,小买卖能养活一家人,

---

① 王统照:《山雨》,《王统照文集》第3卷,山东人民出版社1981年版,第233页。

儿子去当了学徒，手里还有点余钱。①

　　由于作者旨在关注农村的破产，对于大有进城后的生活情形着力较少，但从有限的文字叙述中，可以看出大有卖饺子的生意逐渐惨淡，不得已去码头上扛货，又被工头开除下来，随后加入了人力车夫的行列，这是他在青岛从事最久的职业，已经干了一年。他曾想过找杜烈进工厂当工人，但连年工潮，工厂用人并不增加，挑选也很严格。大有也过惯了农民的生活，虽然有时亦很忙碌，却不像在转着、响着的机器旁边那样，一刻都偷闲不得，他知道自己没有杜烈那么多年的惯习，没有本事，又不灵巧，便死心塌地地放弃了到工厂去的想法。大有从此成了洋车夫中的一员。虽然城市生活水平和车租都较高，但每天的收入还不太坏。儿子在铁工厂当学徒，每月发零花钱，一家人的收入比初来时好得多了，有时一个月还能够有几元钱的储蓄。不过大有一家仍然还得住海边的小木板屋子，闻臭鱼腥的味道。②难过的是，他拉车载客，那些阔太太给钱时从不正眼相看，只是将钞票扔在地上，大有凭力气挣钱，但获得报酬时并不像收割庄稼那样从容、那样恬适。

　　生活像一条链子把他捆得紧紧的，一天不学着赛跑，一天得空着肚子。半夜里回到木板屋子，甚至有现成饭也难以下咽，一觉醒来，又得到车厂去拖木把子。只有春秋时在马路旁的绿阴下喝几个铜板的苦茶，吃油果，没有生意时听听谈天，算是他的消遣。因为奔跑用力，大有一天都不能缺少高粱酒的刺激，至少每天要一角钱以外的酒钱，像用饭一样的消费。他自己被生活剥削得没有更大的希望了，由败落的乡村挤到这里来，精力加倍消毁，旧日好安静与富于储藏的心理渐渐被城市的压力吸收了去，所余的只是一点挥发过度的余力与"得过且过"的念头了。而其他过惯了车夫生活的，闲起来斗斗纸牌，嗑嗑瓜子，唱小调，他们似乎比大有快活，因为与乡间生活比较，无疑是好得多。

　　《山雨》中，离开乡土置身于现代都市的乡下人除了奚大有，还有先于他进城的杜烈兄妹，去本地县城的陈葵园和宋大傻，他们都不同程度发生了变化。杜烈机智干练、充满力量、乐观通达，宋大傻见利忘义、日益圆滑，陈葵园则卑

---

　①　王统照：《山雨》，《王统照文集》第 3 卷，山东人民出版社 1981 年版，第 242 页。

　②　王统照：《山雨》，《王统照文集》第 3 卷，山东人民出版社 1981 年版，第 262~263 页。

鄙歹毒、贪污腐化。杜烈的妹妹杜英，17岁便随哥哥来到青岛，进烟厂做工，除学会了包卷烟的本事，晚上还在补习学校读书识字，她聪明能干、坚决果敢，是同乡中进城后转变最快的一个。她下了工以后仿佛一个女学生，晚上看一些新书，接受工艺与思想都很快，并表现了与她年龄不相称的觉悟与见识，俨然已经是具有革命思想的激进青年的一份子了。她能言善辩，处处让大有觉得自己的浅陋，而这样的交锋也启发了大有对生活的思考。

3.进城：从物到心的投入

奚大有在家乡衰败前，从未想过要离开，陈家庄外的一切对他而言都是"外边"，他永远不明白大家所说的"外边"是什么景象。他目睹这些年来向"外边"跑的人一年比一年多，下关东、上欧洲做工、闯Ｔ岛，有的一去便没了消息，有的过个十年八年忽然怪模怪样地回来了，回来又重新出去。往近处的"外边"也有一两年回家一次的，可是他向来觉得与那些"不安本分"的人谈不到一处，他甚至没有单独出过一次门。"他意识中总觉得凡是手艺人就不大规矩，穿得要整齐，说话也漂亮，用不到老大的力气却会拿到钱，这与他家传的事业不是一行。例如编席子、编蒲鞋，这类手工他从没想到也是手艺，何况并不是他家的正业。"[1]大有对于邻村在青岛做工的杜烈一月能拿七八块钱，并打算将妹妹带到青岛一点儿不欣羡，反而觉得有些荒唐。

大有为生活所迫进城后，经历了迷惑、屈辱和生活的重压，但他不断寻找生存的机会并拼命工作。无论是卖小吃，还是当车夫，解决吃喝是没有问题的，而且当学徒的儿子每月可以拿回家3元钱，比起家乡的破败，生活有了明显改善，他也知道了汽车、电灯、电话与许多新奇的衣服，渐渐适应了城市景象。不过他时时怀念着乡村，城市的一切，无论是街景还是花草，同乡还是生活，都会勾起大有对乡村的回忆与思念。他依然早起晚睡地为生活奔波，但念念难忘的是自己破败的乡村与忧愁的乡邻们，他也时常后悔冒昧地离开熟悉的家园。无论是与同乡杜烈兄妹还是与同行的车夫讨论起现实生活，大有都显得格格不入，他不仅感到自己知识的缺乏，也伤感自己眼界的局限，怀乡之情常常困扰着他。

---

[1]　王统照：《山雨》，《王统照文集》第3卷，山东人民出版社1981年版，第30页。

而从儿子那里听说正直勇敢的邻居徐利被捕入狱后，大有再也按捺不住对乡邻的思念，拿着家中几乎所有的积蓄，坐着火车，回到家乡。日夜思念的陈家庄，一切都没有改观，并比奚大有两年前离村时的状况更加糟糕，面对亲邻与故友的厄运，大有的回乡之心彻底断绝了。

回到城市后的一个月里，大有每天的酒量渐渐减少，"却老是好在住工的时候，吸着旱烟象想什么事。有时虽然拉着座儿飞跑，一到人车不很拥挤的街道上，那种引起他寻思的各种话就蓦地逗上心来"[1]。他的精神搅动得厉害。经历生活的磨难后，不爱思考问题的奚大有也开始琢磨命运的无常与出路，他日益觉察出自己的浅陋和迂拙。通过与杜烈兄妹俩的交往，他渐渐知道：为什么自家的乡村是那样的衰落，为什么抵抗不了外国货，外国人为什么老是欺负自己人。新鲜的理论使他渐渐忘了自己的年龄与旧日的事情。大有逐渐明白忠厚老实是容易吃亏的，他与杜烈讨论公道，渐渐地有了自己的信心，决定不能这样安然地混下去。虽然小说没有交代大有在城市的最终命运，但原有木讷、信命、无忧无虑的大有显然已经变成敢于表达、爱动脑筋、充满忧患意识并日益觉悟的国民了。奚大有在城市的物质生活有所改善时，其精神状态也日益恢复，往日对农田的思考也转移到对城市个体境遇与国家危机的思考中，一个新的投入现实生活的生命又复苏了。

三、不同的城市生活，相似的城市际遇

《乡下人逛青岛》与《山雨》，描写了一批进城的乡下人，无论是在城市生活20余年的刘剥皮，在城市谋生几年的杜烈，还是刚刚入城的吴三坏、奚大有等人；无论是在乡土生活中有一定地位的能人，还是如奚大有这样的自耕农，或是杜烈类的佃农，他们都因为家乡的变动来到城市谋生，乡邻或亲戚成为他们奔向城市的牵线者和引路人。尽管进城乡下人在城市赖以谋生的职业不同，最终的身份各异，但他们在城市的处境都透露出相似的信息。

---

[1] 王统照：《山雨》，《王统照文集》第3卷，山东人民出版社1981年版，第293页。

1.物质改善

如果排除像陈葵园这样依托教育资本在当地县城飞扬跋扈、富甲一方的地方豪强，单纯以进入青岛生活的几位乡下人为考察点，包括刘剥皮夫妇、吴三坏、七木匠父子、奚大有一家以及杜烈兄妹，读者可以发现他们进入青岛后，与原有的乡村生活比较，物质生活水平都有了提高。随着城市生活阅历的增加与生活经验的积累，一些乡下人还能从城市底层跻身城市中上层。如刘剥皮从仆役到车行老板，出入澡堂、影院，享受城市生活的便利与新奇。吴三坏托女婿的福，既过足了他生平最感幸福的鸦片瘾，也充分体验着城市的休闲娱乐方式，并对这种新生活发出由衷的肯定与赞叹。七木匠这个城乡两栖者，更是时时沉醉在对城市生活的满足与幸福回忆中。在家乡无法生存的奚大有与杜烈兄妹，在青岛做工两年后，不仅解决了温饱，还能更新服饰，并生成杜烈"乡间混不了，你去找我"的英雄底气。

2.心理冲击

乡下人进城，一切新鲜的事物与非常规的行为都引起他们的好奇，视觉的冲击与认知的改变也震荡着他们原有的生活方式、价值观念。亲身体验新兴城市的异样生活对乡村能人吴三坏的心理搅动更大，他接受了传统礼教的熏陶，对有声电影中的两车相撞惊骇不已，对男欢女爱场面破口痛骂，但内心渐渐陶醉其中。在认可与接受新式事物与生活方式面前，"吴三坏"们表现出足够的好学与积极精神。而曾在乡村底层生活，后来又在城市底层打拼的杜烈兄妹看到的则是外国的压迫、机器的压榨、乡村的破产、东北的沦陷，他们接受了新知识，从乡下的无知青年转变为机智干练、充满新思想与新力量的城市工人队伍中的有识者。奚大有来到城市后，不得不干起他从前瞧不起的"手艺人"的活儿，以前他的庄稼是命根，是他最亲密的伴侣和播种希望的地方，而拉人力车的生涯渐渐使他产生得过且过的念头。在与杜烈兄妹的交谈和自己再度返乡进城的见闻中，大有也开始从混日子中走出来，个体的差别、命运的捉弄使他从父辈那里继承而来的反抗性日益滋长，新的希望与信念使大有焕发了新的面貌。

3.身份歧视

乡下人进入陌生的城市文化环境中，往往显出拘束、紧张或者与城市人衣着行为的不协调和不合宜，表现出所谓的土气，并受到城里人的歧视。像七木匠这样每年都要到青岛玩两次的常客，也不免受到在戏园服务的茶房的轻视，这茶房多半也是乡下人出身，但城市的经历与职业却不免让他对新来的乡下人另眼相看。从《乡下人逛青岛》一文的基调来看，也充满了对各类进城乡下人的调侃甚至揶揄，大金追求美本无可厚非，但其集古今中外各种服饰于一身的装扮使其在城里人眼中成为一个十足的二半吊子。刘剥皮、吴三坏有着习性的弱点，他们爱财如命、不讲卫生，他们时时盘算着自己的利益，但并不构成对他人财产或人身安全的威胁，他们的行为正合乎他们的出身与经历，却在大众文学中成为十足的笑料。有着中国农民传统美德的奚大有进城后，也因坐公交车呕吐捎及旁人而受到车上城里人的语言围剿与人格污辱。拿着借来的 5 元钱走在街上，大有的土气也格外使暗娼与巡警对他高度关注。语言与行为被歧视，似乎成为进城乡下人共同面对的尴尬遭遇。

4.投入城市

尽管在城市生活会遭遇新老城市人的歧视，但与破败的乡村生活相比，城市能给乡下人提供生存或者享受的机会。七木匠每年都会到青岛帮工，并到东海楼、广兴里等平民乐园挥霍他的报酬，享受城市的安乐。吴三坏自从进城见识了城市丰富的物质与便利的生活后，便筹划着长驻此地，进城前摆卦设摊、自谋生计的想法也被做女婿高参、坐收实利的谋划取代。他守着旧的生活习惯，也积极尝试新的休闲方式，并坚定了城市真好的信念。而奚大有，这个对土地一往情深的农民，在第一次进城后，尚时时怀念家乡的生活与邻里，并计算着回家再买地过安稳日子。但乡村的崩溃、乡邻的悲惨结局粉碎了大有对乡村的期待，他毅然决然地回到城中，思考着生活的巨变。在杜烈兄妹的启发与感染下，大有产生了新的朦胧想法，不是牵挂着乡村，而是反省城市的生活。他的天地不再局限于工作场所与居家一隅，而是走向海边、公园与小山，从城里的求生者渐渐成为安心定居、投入城市生活的一员。这些进城的乡下人，一方面想坚守乡村的文化模式，一方面又切实地融入新的城市生活中；一方面抗拒着城市罪恶的冲击，一方面又为城市的物质文明所吸引。迁居城市后，城乡的现实差异产生的城市吸引力与乡村排斥力诱使或迫使不同阶层的乡下人投入到城市生活中，渐渐启动了从乡下人转变为城里人的心路历程。

客观而言,《乡下人逛青岛》与《山雨》这两部小说均非旨在描述乡下人的城市生活,前者意为暴露乡下人的丑态,为城市大众提供笑料,呈现的乡下人或是悭吝一族,或为鸦片烟鬼,或虚荣自大,或圆滑世故,或肮脏,或愚蠢,作者讽其可愚,责其可鄙;而《山雨》则旨在提示乡村破产的原因,并写出农民的自觉,对乡下人的城市之行是哀其不幸,望其必争。但两文无形中折射出的乡下人的城市境遇则是相似的:乡下人的进城之旅充满了无奈,其城市生活则呈现不平衡的发展,一方面物质生活有所改善,另一方面精神层面倍受打击。进城的乡下人对城乡差异的体味更为深刻,并呈现出身心双重弃乡村奔城市的态势。

第二节　城市人印象中的"乡下人"

ERSHI SHIJI ZHI ZHONGGUO

　　近代以来，伴随着城乡交通联系的加强与城市信息的冲击，城市在经济发展、物质环境、生活方式及至价值判断上获得了优越于农村的傲态。在城市人眼中，乡村的破败、枯燥与乡下人的困窘、浅陋成为一种集体记忆，并通过占据社会主流话语地位的知识分子传递出来。尽管城市里的乡下人在经济层面日益融入城市生活，但社会心理中城里人对乡下人的歧视与疏离现象却逐渐漫溢开来。在此历史进程中，传统"乡下人"话语在近代青岛的聚焦与变化成为体味乡村与乡下人在城市境遇的一面窗口。

一、对"乡下人"的传统记忆

　　青岛，明清时隶属即墨县与胶州，直到明万历年间，即墨县"偏在本省东北一隅，舟车不通，商贾罕至。居民耕田之外，别无生理"①。"近城市者，别无生理，止以耕田度日；滨海洋者，田多盐碱，则以捕鱼为生。"②嘉靖十八年（1539

---

①　许锃：《即墨图说》，万历《即墨县志》卷十，"艺文"，中国和平出版社 2005 年版，第 121 页。

②　许锃：《通商》，万历《即墨县志》卷十，"艺文"，中国和平出版社 2005 年版，第 129 页。

后,即墨始与苏北运河中枢淮安有通商往来,至隆庆年间,商业渐兴。①但仅金家口等个别小镇有货殖之便,至清同治年间,此地"民俗恋乡土,富商显达不多睹焉,平居守田园事耕农,高粱黍菽与甘薯糁米杂植,此外则鱼盐之饶,果蓏之毓,间有育蚕,不得其法,闾阎生计,如是而已",而胶州湾东、北沿岸"人迹罕经者不下百余里,皆荒山海滩河泊"。②乾隆二十八年(1763),即墨县共 104 268 户,174 374 口,而城内仅 345 户,1689 口,四关共 1733 户,8534口。③此时的城是传统意义的地方政治权力中心,而非具有广大辐射效力的经济与社会发展中心。明至清初,胶州"人民朴野,以农为务,士敦经术,俗多狷介,衣冠文物有古先王之风。生性阔疏,民贫俗俭",即墨县民"以樵苏为业,鱼盐为利,淡泊自足,不尚文饰。士好经术,人务耕织,礼义之风有足称者"。④

　　青岛开埠前,还处于典型的农耕地区,在这样只有职业差异而未有城乡分野的时期, 多数乡下人, 终其一生的活动范围限于其村庄周围十里的方圆之地,城市对更多乡下人是未知的、神圣的所在,乡村则是乡下人,而且是朝为田舍郎、暮登天子堂的知识分子的寄托之所,他们对乡村有强烈的归属感,并在既定的社会规范中生生不息。传统史学和方志对于大事与异人的追寻,以及大众文学的沉寂使得寻求传统社会中乡下人的声音尤其艰难。当地民歌流传的无非是"二月二下龙抬头,当今皇帝使金牛;正宫娘娘来送饭,保佑黎民天下收"⑤之类的劝农歌与感叹人情冷暖的俗语。

　　尽管青岛没有关于"乡下人"的文字记录,不妨从同处于传统农业社会的其他地区加以援引说明。就笔者所查阅的资料来看,"乡下人"一词最早见于晚明的民间文献典籍如《古今杂剧》、《山歌》中,至晚清时期在白话小说尤其

---

①　许铤:《通商》,万历《即墨县志》卷十,"艺文",中国和平出版社 2005 年版,第 129 页。

②　(清)林溥修,周翕镶等纂:同治《即墨县志》卷一,"方舆·疆域",台北,成文出版社 1976 年影印本,第 115~116 页。

③　(清)林溥修,周翕镶等纂:同治《即墨县志》卷五,"赋役·户口",台北,成文出版社 1976 年影印本,第 293 页。

④　(清)严有禧纂修:乾隆《莱州府志》,《中国地方志集成·山东府县志辑 44》,卷二"风俗",凤凰出版社、上海书店、巴蜀书社 2004 年版,第 57 页。

⑤　民国《胶澳志》卷三,"民社志二·方言",台北,成文出版社 1968 年影印本,第 361 页。

是《官场现形记》、《二十年目睹之怪现状》中使用频率渐高，指称乡村民众，并包含着乡下人识见浅陋的意味和乡下人进城时的自卑心理。如果用中国基本古籍库的全文搜索系统进行统计，"乡下人"的出现频率远远少于与乡下人同义的"农民""农夫""农人"等词语，而且主要出现于散曲、小说、笑话中，远未能为官方话语系统所包容，是一种民间口语，但为数不多的记录中亦可使我们品味这一群体在城里的地位。

首先，从指称对象来看，"乡下人"是在乡村居住并生存的群体或个人，他们以耕织为业，日出而作，日落而息。在传播情境中，与他们进行互动的基本是城里(官方治所)的士人、官人和商人，乡下人进城是为了生存所需：挑柴卖粮、告状访亲、赶集购物，如《红楼梦》中刘姥姥所说的，"我们乡下人到了年下，都上城来买画儿贴"[①]。社会常态下，他们的进城是随意的、自发的、分散的个人活动。"乡下人"是城里人对来自城外乡间居民的泛称，也是乡民在城里人、在官员们面前的卑称。

其次，从意义系统来看，在城里人眼中，乡下人具有的特征是：模样、智力、见识、习俗甚至是运气都与城里人不同；不着丝绸、洋布、洋呢，而是自织粗布；他们不知书、不识礼，见识有限，不会说话，不懂缙绅之家的规矩礼俗，[②]胆小、没义气，不会游山玩水，[③]不关心世事变幻，[④]在智力上似乎也比城里人低一等，并成为城里士人、官商、坊间人暗算、欺负和取乐的对象。[⑤]

在乡下人自己看来，他们不会撒谎，不会有好运气，不会骑马、纳妾[⑥]。乡下人害怕进城，也害怕城里人，因为"乡下人一味老实，城里人十分介轻狂"[⑦]。

① 曹雪芹、高鹗：《红楼梦》(中)，人民文学出版社 1982 年版，第 546 页。

② 李宝嘉：《官场现形记》，人民文学出版社 1957 年版，第 1 页、6 页。

③ 名教中人编：《好逑传》，中州书画社 1980 年版，第 6 页。

④ 杨钟义：《雪桥诗话》(三集)，沈云龙：《近代中国史料丛刊续编(240 辑)》，台北，文海出版社 1975 年版，第 1324 页。

⑤ 吴趼人：《二十年目睹之怪现状》，华夏出版社 1995 年版，第 297 页、576 页；李宝嘉：《官场现形记》，人民文学出版社 1957 年版，第 8 页。

⑥ 吴趼人：《二十年目睹之怪现状》，华夏出版社 1995 年版，第 33 页、14 页、320 页、321 页。

⑦ 冯梦龙辑：《山歌》，江苏古籍出版社 2000 年版，第 49 页、98 页。

328

一则笑话形象地描述了这种心理：一位乡下人穿着新做的粗布衣服进城，因为出门很早，衣服被露水打湿，到城里后衣服都变得湿软起来，办完事后出城时正好烈日晒干了乡下人的衣服，挺括得还是像以前浆洗过一样。乡下人回去便对他的老婆说："莫说乡下人进城再硬不起来，连乡下人的衣服见了城里人的衣服，都会绵软起来。"①

语言的产生总是滞后于现实生活的发展，可以断言，至少在明末清初，"乡下人"已经成为民众生活中的常用语了。进城后，他们谨小慎微、战战兢兢，以一种自我压制与自我贬抑的方式进行自我保护，但弱者的武器在城里人与读书人面前依然不堪一击：在朝廷命官的高堂之上，他们鼓起勇气压挤出来的权益要求被无视甚至惩罚；在城里读书人面前，他们谦恭的应对被呵斥甚至嘲弄；在街市的商人那里，他们正当的交换行为被压制甚至欺骗。乡下人，这个着眼于居住地域不同的群体称谓，在与城里人互动的生活场景中常常被赋予智商、人格缺陷标识的文化意义。当然，传统记忆中亦不乏文人对乡下生活田园诗般的赞美与对乡下人艰辛、勤勉、朴实的讴歌，但乡下人进城的短暂状态中与城里人的碰撞更多见证了城市与乡村间生活方式、行为举止的差异。明清文学中的乡下人，基本是被作为描写晚清官场黑暗或世态炎凉的陪衬物，在以胶东地区方志为代表的主流话语中，他们依然保持着纯朴、勤恳的品质，并未呈现为一个剥离或游离于其他职业或特定群体的异类和他者。

德占时期，青岛从传统农村发展为近代都市，在殖民体制建立、经济结构转变的过程中，新兴的开埠城市——青岛的社会等级结构也初步形成，其中，来自欧美的统治者占据社会上层，而山东乡民则处于社会底层，并在社会舆论中遭受歧视。包天笑1904年路过青岛时，听悦来公司的账户先生说，青岛可分别出四等人来，"第一等人，不用说了，自然是他们的白种人，尤其是德国的官商，趾高气扬，不可一世。第二等人，中国的官员，或是济南省城来的，或是别省大官，经过此间的。第三等人，便是我们南方来的商人，和他们有生意上往来，他们好像客气一点。第四等人，对于山东的土著乡民，十分虐待，简直奴仆不如了"②。城乡对比折射出来的乡民良否在《胶澳志》中有所体现，作者

① 冯梦龙辑：《笑林广记》，中国戏剧出版社2000年版，第77页。

② 包天笑：《到青州府去》，《钏影楼回忆录》，中国大百科全书出版社2009年版，第281页。

329

第六章　城市人与乡下人的互动

感叹："商埠以内,非土民固有之俗也。"①乡间依然延续旧时的习俗,幼女尚事缠足,壮男犹存发辫,性本勤勉而不尚洁净,子女早婚而不重学艺,"此在闭关自守之日,犹可谓之瑕瑜互见,得失相乘,而当此世界潮流,不免益少损多,相形见绌矣"。有了市区的参照,乡村固然古风犹存,但已不合时宜了。然而,无论是在殖民统治时期,还是在北洋政府统治时期,青岛媒体都没有对乡下人或者农民群体的着意描述,仅仅在论及青岛乡区情况或工人与苦力来源时有所提及,是一个殖民话语下说明种族差异或记录口岸城市发展进程的附属物。

二、1930 年代青岛城市记忆中的"乡下人"

如果说明清时期的乡下人是城里的匆匆过客,更多是民间文学给予他们一定的关注,那么,随着 19 世纪末 20 世纪初期中国政治经济危机的加剧及社会结构的变迁,乡下人因为天灾、兵燹与匪患等灾难大批迁入都市寻求生存机会、定居都市时,"乡下人"已不仅是民间文学的常用词语,更成为知识精英的重要言说对象,是文人们表达现实关怀的自觉观照群体。至 1930 年代,关于乡下人与乡村的记载屡见于城市传媒,呈现出一种集体的自觉意识与对乡村问题的共同关注,报道内容虽然庞杂,但主要涉及物质生活、思想道德的城乡差异与乡下人的城市困境。

1.困苦的乡村与繁华的都市

传统中国按照费孝通的看法是双轨制的管理方式,通过绅权、皇权与乡村进行信息与人力资源的调整,维持着传统城乡的平衡运转。随着晚清科举制的废除与新学的兴起,社会资源配置出现了城乡的差异,乡村精英大量外流,"进一步拉大了近代以来本已存在的城乡差别,城乡一体的乡土文化从此出现了难以弥合的裂痕"②。20 世纪初期以来,随着中国传统乡村经济的凋敝和

---

① 民国《胶澳志》卷三,"民社志二·方言",台北,成文出版社 1968 年影印本,第 362 页。

② 王先明:《变动时代的乡绅——乡绅与乡村社会结构变迁(1901—1945)》,人民出版社 2009 年版,第 68 页。

条约口岸城市的崛起，城乡社会之间的分化日益增大。接受新式教育与西方学说体系的知识分子不断与传统脱离，在中与西、传统与现代的文化序列中，城市与乡村成为知识人与乡下人、先进与落后的对照物，原有的四民社会分层在时代巨变面前演化为多重现代标准交织的社会分化图景。

出身乡下的城市知识分子回到乡村，均不能忘怀乡村的困苦。《青岛时报》专栏作家半老徐娘将回乡见闻以短诗的形式表达出来，指出现在的乡间，较之前几年的乡间，大不相同了。现在的乡间，唯一的进步，只是多添了些机关，多添了些官吏，老百姓多加了些担负，农村社会更多加了些恐怖。[1]

（一）乡下穷人穷泪多，穷泪流尽又奈何？撑着肚皮穷下去，不怨大官怨天爷。

（二）人人无吃又无穿，不论李四与张三。这个年头本不好，何来半块大洋钱？

（三）天天盼望出真龙，惟有真龙保太平。于今真龙出现了，谁知穷鬼还是穷。[2]

（四）求生无路乡间老，于今只向关东跑。跑到关东有饭吃，哪管国家坏与好。

（五）可恨劣绅与土豪，帮同官吏下屠刀。倒悬只有乡下老，不是人间是监牢。

（六）乡间百姓太可怜，不知民国多少年。生生死死付天命，过了一天说一天。[3]

（七）粗面煎饼吃不成，何来大蒜与大葱？二十年前烂衣服，数数补绽十几层。

（八）衙役小鬼官阎罗，杂税苛捐名目多。地下无门天无路，老天不给安乐窝。[4]

① 《半老徐娘漫谭：乡间归来（一）》，《青岛时报》1934年4月24日，第10版。

② 《半老徐娘漫谭：乡间归来（一）》，《青岛时报》1934年4月24日，第10版。

③ 《半老徐娘漫谭：乡间归来（二）》，《青岛时报》1934年4月25日，第10版。

④ 《半老徐娘漫谭：乡间归来（三）》，《青岛时报》1934年4月26日，第10版。

农民生活穷困，无衣少食，衣服破烂，卫生状况极差。经济剥削与政治压迫，使民间如同地狱。"他们的痛苦，真是不胜其写描了，这不过是荦荦较大的几点罢了。现是高唱文明，讲究卫生，他们的环境，怎能够讲究呢？二重的贫乏——生产—学识——哪里能够济事呢！什么天灾人祸，都成了他们的家常便饭，真的求生不得，求活不能，只有引颈待毙！"①乡村土匪横行，政治混乱，横征暴敛。②土匪没进村，农民便贱卖了粮食，破产愈甚，而粮食却日见跌下，农民生活颇感困难。③《山雨》中，北方农村中苛捐连绵、灾荒严重、兵匪横行、徭役繁多，平静安稳的生活一去不返，农民被迫为匪、当兵或进城。

小学生们都加入到乡村痛苦的信息传播氛围中，尚德小学张维庚感叹道：乡村的生活是苦得很的，他们所吃的饭喝的水，吃的蔬菜，都是他们自己辛苦种植得来的，有时候天若不下雨，若是旱坏了五谷，他们就受到困难，五谷不收，饿死的人也是很多的。再说他们的住处，也是很不讲究的，他们的房子用土，非常不坚固，房子顶都是用草盖上的。他们所用的灯，不像我们所用的电灯，都是煤油灯，一点也不亮，而且很麻烦。他们的便所都是挖一个大坑就是，也没有自来水冲，所以很脏。乡村的土匪又非常多，常常出来绑人，所以说乡村的生活是很苦的。④台西小学学生张树声亦认为："农村，有新鲜的空气，有充足的日光，有自然的美景，有淳厚的风俗，正是我们的乐土。可是现在，为了什么战祸、匪灾，以及国际经济的压迫，国内高利的剥削，农村的经济状况是衰落了，破产了，人民困苦流离，已不能再过着安居乐业的生活了。"⑤

城乡两栖过的知识分子将乡村与城市生活进行对比，指出城乡间的不平衡关系：都市在一般农民心目中几乎成为瑶池乐园和黄金窟，故能有充足之吸引力，不但在人口上为然，即乡村金融，亦悉流向都市；反之，乡村之饥荒骚乱恰为农民背井离乡之主因。城乡间最大差别在于生活方面，乡村生活较之

---

① 《农民生活观感》，《青岛时报》1933 年 6 月 29 日，第 10 页。

② 《一个乡民的哀怨续》，《青岛时报》1936 年 5 月 23 日，第 13 版。

③ 《我的故乡》，《青岛时报》1936 年 5 月 25 日，"烽火"第 4 号。

④ 张维庚：《乡村的生活》，《青岛时报》1934 年 12 月 8 日，第 7 版。

⑤ 张树声：《人人应负的农村运动》，《青岛时报》1933 年 11 月 17 日，第 10 版。

都市生活为恶劣,乃最显著之事实。乡村倾向静,文明程度常较低,都市刺激复杂,思想发达;乡村人力常常受制于自然,而城市则人工胜于天然,各种事业易兴。①青岛乡村的调查报告也客观传递了乡村与农民在土地状况、饮食衣着、节庆习俗等方面和城市的差距,农村劳碌、脏乱,日益破败、衰落,失去了原有的宁静与自足,城里人对乡村的回忆充满了感伤、哀怨与失落。

2.罪恶的都市与纯朴的乡村

城市知识分子一方面着眼于经济发展与文明程度的维度上,描述城市的发达,感慨乡村的落后;另一方面,他们将乡村与乡民作为传统道德的坚守地与城市罪恶的映衬者,立足于价值评判,以社会道德为价值取向,指斥城市的罪恶,怀念乡村的美德。

俞康德将都会比作一个放荡的贵妇人:她拿着她那巧夺天工的华美,诱惑了许多的男人拜倒在她的裙下。她为维持她这种放荡的优越地位起见,不惜用种种的欺骗、虚伪、淫邪、奢侈、虚荣的方法。男人们(乡村人)看见了她那外表的美,就不假思索地摩肩接踵地唯恐跑不到她的怀中。农村就好比是一棵极大的果树:这棵树虽然仍旧存在,但是看守果树的,已经差不多全成了老衰无力的人了。都会上的人等待水果成熟的时候,就用尽她那种金钱力、智能力,甚至于武力,把水果连骗带抢地运到了都会。乡村人所能享受的不过只是那些腐烂的、微小的、带着虫眼的而已。②乡村日渐衰落,却疗救无方,城市依然源源不断吸吮着乡村的精华。景台认为乡村风俗习惯之势力极大,使人莫敢不遵,故能抵制不良之行为;社会的同情甚富,故能出入相友,守望相助,疾病相扶持也。而都市中人心对抗之力量甚大,故善者愈趋于善,恶者每易堕落;邻里多不相知,故多虚文的周旋,而缺乏真情的往返。③

城里的乡下人,尽管居处简陋,生活不卫生,"但是他们仍然守道德讲礼义,纯朴忠实的程度,恐怕比市里面住在高楼大厦,生活阔绰的老爷太太、公

---

① 景台:《乡村生活与都市生活之比较》,《青岛时报》1933 年 6 月 26 日,"自治周刊"第 47 期。

② 俞康德:《随想录》,《青岛时报》1933 年 12 月 7 日,第 11 版。

③ 景台:《乡村生活与都市生活之比较》,《青岛时报》1933 年 6 月 26 日,"自治周刊"第 47 期。

子小姐高尚得多"①。在城市生活久的工人，本身会染有都市恶习，不似乡村农夫思想洁白，易受不良嗜好谬误见解之引诱，设欲纠正之改进之，较难于农夫。②即使从乡间新来的老妈，因为还没有染上都市老妈那种狡猾习气，用时比较容易。③在吴伯箫的笔下，乡村的鸡鸣、狗吠、牛耕、挖荠菜、打秋千都别具悠然的景致与温馨的亲情，"人是无猜的乡下人，朴实，纯真，连男的都会红了脸害羞。行不独自去，三三两两俱；彼此招呼着叔叔大爷，姑姑姐姐，那亲切是没有虚饰折扣的"。而大都市的繁华奢靡，富丽与闲暇，是由乡村的奔波与腐臭，秽汗与黑铁换来的。④

臧克家在青岛的诗歌创作(1930~1934)，尤其关注都市底层人们的生活，《捡煤球的姑娘》、《补破烂的女人》、《神女》、《洋车夫》、《两个小车夫》、《小婢女》、《罪恶的黑手》、《文明的皮鞭》、《青岛的夏天》等诗篇申诉了乡下人进城后的悲惨遭遇。如同《到都市去》中母亲的嘱咐：

孩子，你离开了家，我跟去了一个心，

听说机器比猛兽还凶，那不是玩，

一个人命会死在一点的不谨慎！

你数，从都市回来了几个人？

回来的有几个不是一个瘦头挑两根瘦筋？

孩子，我愿你回心转意，

能早回到家乡，

回来时还和去时一样。⑤

臧克家对城市的罪恶与乡村的纯朴感受至深，对于乡下人的都市生活，1946 年他写道：

"人，紧张地立在生活的最前线上，小心地防卫着自己，凶猛地去劫掠别人。没有情感，没有正义，没有友谊，这可以从每一张脸上看出来。我抱着一颗

---

① 《平民院阶级之分析》，《青岛时报》1936 年 3 月 29 日，第 6 版。

② 《劳工教育收效的症结续》，《青岛时报》1933 年 12 月 10 日，第 11 版。

③ 《咬文嚼字室随笔：老妈》，《青岛时报》1934 年 3 月 1 日，第 10 版。

④ 吴伯箫：《羽书》，花城出版社 1982 年版，第 78 页、96 页。

⑤ 臧克家：《到都市去》，《臧克家全集》第 1 卷，时代文艺出版社 2002 年版，第 57 页。

赤热的心,孩子的心,乡下人的心,在失眠,在发痛,在流血……自从闻不到泥土的香气,我的灵魂便消瘦了。都会里没有自然,太阳不是太阳,月亮不是月亮,花草放不出香气,流水也没有声响。还给我,还给我,还给我呀!那天边上的一轮大红太阳,那柳梢上清辉的月亮,那泥土,那清香,那清清楚楚的东西南北,那纯朴,那善良,那感觉这一切的那一副好心情。"①

　　文人们以道德取向为标准指出城乡的断裂与对立,将城市视为外表华丽、道德沦落的贵妇人,认为乡下人虽然生活贫困,却思想纯朴。城市充满了罪恶与诱惑,它诱使人们学会贪财、享乐等各种恶习,变得狡猾与险恶。城市呈现出物质丰富与道德卑劣的畸形发展,而乡村尽管日益崩溃,却是传统美德的精神家园。城乡经济与道德发展间的脱节使得乡下人进城后遭遇了名目繁多的骗局,并面临了种种困境。

3.聪明的都市人与无知的乡下人

　　进城的乡下人,因为生活环境的变化,原有的处事习惯与交往模式面临着巨大的考验,生活方式的差异导致乡下人在城市生活处处碰壁,使城市人获得一种智力与能力上胜于乡下人的优越心理,并按社会进化序列将城市作为先进智识阶层的代表,将乡村和农民视同落后愚昧的化身。

　　乡下人的进城之旅充满了无奈,甚至血腥。方便人们出行的现代交通工具往往成为致人伤亡的罪魁祸首。如21岁的即墨县人侯文许,在家务农为业,因其姊在青岛市阳信路黄公馆充当老妈,文许前往探望,车至仙家寨时,侯将手伸于窗外,不幸被迎面驶来的车挤断臂骨。②农民王兆严,推驾粪车,由东镇行至海泊桥,适有公共汽车从后开来,车笛一鸣,王兆严闻声,一时慌张,急由右向左躲避之际,汽车将其碰倒,受伤甚重。③

　　从沧口坐公交车进城,往返折腾两个多小时,而乡下人,更难过,因为除了坐车受麻烦,还格外吃卖票人的气。④乡下人往往晕车呕吐,不小心吐在城里

①　臧克家:《还给我》,《臧克家全集》第5卷,时代文艺出版社2002年版,第179~180页。

②　《坐汽车伸手窗外挤断臂骨　侯文许不小心》,《青岛时报》1935年7月13日,第6版。

③　《汽车伤人　农人王兆严被撞受重伤》,《青岛时报》1934年2月1日,第6版。

④　《青沧交通:坐公共汽车难,难如坐牛车(下)》,《正报》1935年8月16日,第9版。

人身上更要承担车上的舆论攻击与鄙夷目光的剿杀。①火车上的扒手偷的"尽是些没有钱的人，作小买卖的，乡下刚出门的庄稼人"②。在火车上上厕所也格外受些苦。③乡下人往往不清楚在铁路沿线的哪一站下车，坐过站会要求车警停车，"这乡下人说车刚开，走得很慢，不要紧，恳求他放他下去；一面说着，一面还要往前走。这守车兵生气了，他恶狠狠地喝斥一声，一手把那乡下人推到一个座位上，他自己也就在邻近的一个座位上坐下了"④。对现代交通规则与外在世界的陌生格外使乡下人的旅程多些困难，而在城里人眼中则相当滑稽，其笔下的乡下人进城亦多了些戏谑成分。

进城后，乡下人常常陷入城里人和先进城的乡下人设定的骗局中，或被客栈的服务员（俗称客拉子）包围，以至乡下人视青岛市为行路难关。公安局曾因客拉子在车站争客，动辄妨害客人自由，处罚过客拉子数人，但拉客现象依然猖獗。"闻每次车来青，每客栈派 4 人到站揽客，11 家客栈，共有揽客者 44 名，一遇乡下衣貌之人，则以为乡愚可欺，所有客拉子即一拥而上，将客人困在核心，使其不能动移，常围绕历数十分钟而不散。此虽招揽生意，但是太无秩序，故从本市经过之乡人，皆呼青岛为行路之难关，其意而指客拉子之阻挠。"⑤青岛站上的客拉子，在车警严厉监视之下，还循规蹈矩的，但一有机可乘，也是尽力敲诈。俗语云："上山逢着黑瞎子，下山遇着客拉子"，可见一般民众对客拉子的痛恨与担心。⑥除客拉子以买票为名骗取钱财外，对乡下人进行诈骗的方式还有多种，包括买鸡蛋时让卖者至陌生地点取钱，自己则乘机脱身不给钱⑦，冒充公安局稽查员罚没乡下人带的物品⑧，结伙勒索

① 王统照：《山雨》，《王统照文集》第 3 卷，山东人民出版社 1981 年版，第 233 页。

② 张友松：《由济南到青岛》，《青年界》，1933 年第 4 卷第 3 期，第 62 页。

③ 老枚：《乡下人逛青岛》（二十二），《青岛时报》1934 年 6 月 19 日，第 10 版。

④ 张友松：《由济南到青岛》，《青年界》，1933 年第 4 卷第 3 期，第 67 页。

⑤ 《乡人行路视本市为难关：客拉子包围，使人不能动》，《青岛时报》1934 年 3 月 22 日，第 6 版。

⑥ 《都市罪恶的一页　客拉子欺骗乡下人》，《青岛时报》1934 年 1 月 31 日，第 6 版。

⑦ 《孙思贤等伙骗乡人　买鸡子不付钱　不免进公安局》，《青岛时报》1934 年 2 月 6 日，第 6 版。

⑧ 《冒充公务员诈骗乡愚　被人看破扭送警所》，《青岛时报》1934 年 2 月 7 日，第 6 版。

来青岛采办货物者的钱财①，或以报纸代替钞票实施诈骗②。媒体报道此类诈骗事件时，一方面声讨骗子的恶行，另一方面又给乡下人冠之以"乡愚"之名③，或嘲弄乡下人受害是这些无识之人的咎由自取。"日前有一乡下人，用大洋 200 元在市内买得老头票 150 元，以为得计，既而经人指点，知为伪物，嗒然若丧而已，此以无识之人，而作机械之事，妄想发财，其受害也宜矣。"④乡村诉讼的兴起，也是因为乡人自身的无知。"乡人多为无识之农人，一有嫌怨，即似有不共戴天之仇……大半乡人，都是日处乡隅，地方偏僻，未受教育，终日埋头田亩苦干之辈，一旦有事，自己毫无主义，头脑既昏，手足无措，于是架案者乘机而出……乡人性愚，但能伪造证据，或出证谋害，则为其特具本领。"⑤

相关诈骗案件的报道中，受骗者几乎全为来自乡下的农民，其对陌生人的信任、对交易者的热诚、对政府人员（他们称为衙门人）的敬畏，这些质朴的人际交往常规时时被城里人或先前进城的乡下人利用，成为乡下人受骗的共同原因。诈骗者行骗手段并不高明，却屡试不爽。发财与复仇乃普通人的共同心理，但因知识的缺陷、手段的失效，即被城市知识人视为能力低下。因为城乡间处事与处世规则的差异而产生的乡下人受骗现象，媒体则归结为乡下人智力的缺陷，由此，乡下人有了个特定的名词："乡愚"。

在文人的描述中，乡下人进城后面临着一系列的困境，"在乡间住惯的庄户人，无论智识经验，都没有应付现在都市的能力，所以一走到都市上的十字街头，加入在角逐之群里，处处都要碰钉子，仍然得要拍卖身体赚饭吃"⑥。一

① 《流氓结伙欺诈乡人　连诓带抢得百余元》，《青岛时报》1936 年 3 月 15 日，第 6 版。

② 《欺骗乡人　报纸换钞票》，《青岛时报》1936 年 3 月 22 日，第 6 版。

③ 《冒充公务员诈骗乡愚　被人看破扭送警所》，《青岛时报》1934 年 2 月 7 日，第 6 版。

④ 《时评：一乡下人用大洋二百元买得老头票一百五十元》，《大青岛报》1931 年 4 月 19 日，第 7 版。

⑤ 《乡人诉讼之一斑续》，《青岛时报》1933 年 12 月 17 日，"法学周刊"第 36 期。

⑥ 《谈谈挪庄：昔日席棚蟹舍街巷龌龊难停步　而近红瓦粉墙已成完美平民院》，《青岛时报》1936 年 3 月 2 日，第 6 版。

些乡下人生活无着，会选择返乡。①媒体所代表的中小知识分子与臧克家、老舍、王统照等寓青作家不同，后者将乡下人进城后的不幸际遇主要归之于上层社会的剥削，前者则将其指斥为乡下人的土气、愚昧，但两者都表现了城市社会的黑暗与城市流氓的狡诈，以及农民个体智识的缺陷。

在青岛方言中，有一个讥讽乡下人的代名词："老巴子"②，最早是统指"四川人"或"四川佬"，但这个词汇最初的含义到清末之后已经丢失殆尽，不再特指"巴人"，广义上指"农民"、"乡下人"、"粗人"、"野人"、"没有知识的人"或"外地人"，意思是"土气"、"傻瓜"、"没有见识"；而就狭义来说，"老巴子"是青岛人对于乡下人的一种鄙称，有贬低别人的意思。③这句口头语折射出青岛在开埠以来随着城市的发展与乡村移民的增加，当地人对外地人、城里人对乡下人的歧视。任银睦认为"老巴子"一语体现了青岛市民对乡下人的排外心理与地域优越感，"是由现代都市与传统农村在社会发展上的距离而在称呼上表现出来的人格心理落差"④。

三、"乡下人"话语的差异及其思考

传统话语体系中的"乡下人"，是对不同于城市知识群体或上流阶层的个体职业或地域的指称，抛开城乡之间在经济、政治上的依赖与制约关系，在文化心理上，城市与乡村已经因为外显的生活方式、行为习惯差异而表现出城里人与乡下人之间不同的个体意识。对于聚城而居的官僚、士人、商民而言，来自乡村的人们因其在服饰、胆识、眼界、谈吐、举止、交往等自我表达方面的不合宜而被列为"乡下人"这一特定的群体，这种话语层面的区隔显示出明清时期中国传统城乡关系在文化层面的分化。但在晚清商埠城市兴起前，大众

---

① 沙吉：《到都市去》，《青岛时报》1935 年 7 月 10 日，第 15 版；《菠菜地贫民迁移纠纷》（1936年 2 月），青岛市档案馆藏，B21-3-171。

② 或称为老耙子。

③ 王铎：《青岛掌故》，青岛出版社 2006 年版，第 351 页。

④ 任银睦：《青岛早期城市现代化研究》，生活·读书·新知三联书店 2007 年版，第 213~214 页。

文学基本将乡下人作为权势阶层的一个陪衬，着眼于社会不同阶层的断裂和地域的差异而非城乡的鸿沟，发挥些说明城镇贪官、奸商与富贵家庭德性不仁的点缀作用，并不构成对整个乡下人群体的着意描摹。由于在宏观经济、政治、文化结构方面的一体化，城乡间保持着密切的、平衡的社会各因素的互补与互动关系，如施坚雅所说："在中国，基本的文化裂隙是阶级与职业（其间有千丝万缕的联系）的文化裂隙，也是地区（是个可以层层相套的精巧层级）的文化裂隙，而不是城市与腹地的文化裂隙。"①中国的城市相对于古代汪洋大海似的乡村而言，并不具有相当数量与规模的市民群体，且隐含在宏阔的职业分层的框架之下，城乡之间的些微心理差异并未呈现于主流话语中，但它如同酵母般积淀在城市人的内心深处，遇到适宜的气候变化将很快发散开来。19 世纪末 20 世纪初的城市化启动正为其提供了适宜的热度。

尽管古代文人作品中不乏对农村悲苦情形和城市奢靡生活的描述，如杜甫的《三吏》、《三别》等，但其主要着眼于社会不同阶层的断裂和地域的差异而非城乡的鸿沟。20 世纪上半期，乡村与乡下人成为现实主义作家与城市媒体关注的群落，不是作为点缀或陪衬，而是中心甚至焦点。而且，由舆论界引导的这种城市是道德的陷阱与现代的象征、农村是纯朴民风的守望地与落后思想的大本营的贬低乡下的情绪迅速化为一种大众心态，"乡下人"一语，由此构成城市一端对农村另一端的经济及至话语优势，不仅包括空间区域和职业的差异，也涉及社会身份与地位的分隔。

当然，乡村也会勾起知识分子温情的回忆与深切的向往，如臧克家在散文集《乡土情深》中表达了对纯朴的乡村和乡下人的热爱，认为他们比那些野心勃勃的城市人善良、亲切，沈从文则对乡村充满田园理想的回归渴望。但无论乡村是被象征为必须摧毁的古老社会的落后代表，还是被怀旧的人们视为与城市现代化病态相疏离的田园守望，乡下人都成为无助、无知、弱势的"他者"。城市知识群体间出现如 Raymond Williams 提出的现象：很明显的，一般将

---

① 施坚雅：《导言：中国社会的城乡》，施坚雅主编，叶光庭等译：《中华帝国晚期的城市》，中华书局 2000 年版，第 319 页。

乡村视为一个过去的意象，而将城市普遍看成是一个未来的意象。①新与旧、城与乡、智识与闭塞成为知识分子自觉的比对，"结果这就为现代性的现在和未来扫清了道路，身处其中，控制并影响着这个现代性的不是'农民'，而是那些受过教育的城市精英"②。

从史料来看，多数乡下人进城后生活逐步改善、踏实定居城市且逐渐习惯了都市生活，并与乡村生活相比表现出来一定程度的满足感。进城后的多数乡下人从事着工人、洋车夫、苦力等职业，但他们的生活并非悲惨世界，而是一个工资待遇与生活状况有很大级差的复杂混合体。③德占时期，寓青华人中的下级如码头苦力及人力车夫，"每日得有一元以上之进款，故彼处谋生，较上海、天津等处稍易"④，其生活亦好于青岛乡民。1933 年世界经济危机前，岛上营苦力生活的人们，"在收入方面，真还不错，每天赚个块儿八角，总不是怎样难的事，如果好好的干，不但生活不发生问题，有的人能够省吃俭用，利权子母，积年累月，弄得家道小康的，确也大有人在"⑤。青岛市内的贫民，"苦力居多，其初来自外县恒属赤贫，来青二三年后稍知奋勉者大都变赤贫为次贫，更由次贫而化小康者不乏其人"⑥。进厂工作能解决多数乡村移民的温饱与住宿问题，一方面，都市工人工资较乡村工人高百分之七十余。⑦另一方面，乡村饥荒骚乱，交通阻塞，教育不兴，农业不进，经济困难，社交缺乏，生活枯寂；而城市则安定整洁，交通便利，富有生机，物质丰富，思想发达，娱乐较多。城市生活也充满了各种机会，一个技术熟练的工人，往往可以轻松养活一家人，并稍有积蓄。1930 年代初，工人们还能改善自己的生活，从吃三等面到吃二等面。各商号或工厂工人，金钱稍微活动一点的，都有买脚踏车这样便利的东

---

① Raymond Williams .*The Country and the City*, London Chatto and Windus, 1973, introduction.

② 〔澳〕杰华著，吴小英译：《都市里的农家女》，江苏人民出版社 2006 年版，第 36 页。

③ 裴宜理的《上海罢工》（江苏人民出版社 2001 年版）对上海纱厂不同地域与分工的工人待遇之差异有详尽说明。

④ 乐水：《青岛闻见录》，《小说月报》，1934 年第 6 卷第 1 号，第 9 页。

⑤ 《大小港：苦力生活几濒绝路》，《青岛时报》1936 年 5 月 11 日，第 6 版。

⑥ 民国《胶澳志》卷三，"民社志五·生活"，台北，成文出版社 1968 年影印本，第 376 页。

⑦ 《乡村生活与都市生活之比较续》，《青岛时报》1933 年 9 月 11 日，"自治周刊"第 58 期。

西,所以在青岛市就有一万多辆。①进城的乡下人除部分沦为乞丐、盗贼,或因家乡兵匪平息、生活无着而返回家乡,呈现向下或水平的社会流动外,尚有一些乡村移民逐渐适应城市生活并迅速崛起为城市工商界精英。青岛各厂主要工程负责人或经理本人,均系德管时代之工人出身,②这些原来的普通工人成为1930年代第一产业各条生产线上的管理者或者买办阶层。青岛行栈商和中小企业主多出身于乡下人,主要靠个人奋斗而致富,如尹致中、曹海泉和陈孟元等。③总体来看,乡下人进入青岛后,其生活状况与个人发展较在乡村时多有所改善,也正因为如此,青岛一直吸引着山东的农村青壮年,其人口总数亦在1927年、1931年、1936年相继突破30万、40万和50万,呈现快速增长的态势。

乡村的崩溃与现实社会弱肉强食的生存规则使乡下人进城后面临着真切的生活危机,媒体与文学对此的描述是一种现实生活的触动与反映,但为何此时知识群体表现出声气相同的对农民身份弱化的倾向性?这样一种文学与史实的一定背离也许可以从书写者的时代氛围与社会情境中探寻原因。鸦片战争之后,军事、外交的失败与异域文明的冲击给中国带来的不仅是经济萧条、民变频仍,也有精英群体对传统帝制国家政治与文化信念的动摇,自古以来只闻夏变夷、未闻夷变夏的教条随着"师夷长技以制夷"的呼吁化成精英群体心理地震前的征兆。正如观察者所认为的,皇权的衰落导致了中国知识分子的认同危机以及后来他们为实践自己作为知识和道德领袖的传统角色而寻找新道路的斗争。发生在这个斗争进程的最重大的逻辑性转换的基础,是一种全新的时代观念和一种新的国家目的论。④半个多世纪的出路选择中,从器

---

① 《本市各种车辆状况之调查续》,《青岛时报》1934年3月13日,第6版。

② 董志道:《青岛工业之鸟瞰》,《青岛工商季刊》,第3卷第2号,1935年6月,第6页。

③ 山东省政协文史资料委员会编:《山东工商经济史料集萃》第1辑,山东人民出版社1989年版,第188页、209页、83页。

④ Didötter. Frank. *Sex, Culture and Modernity in China: Medial Science and the Construction of Sexual Identities in the Early Republican Period*. London: Hurst and Company,1995.p9.转引自〔澳〕杰华著,吴小英译:《都市里的农家女》,江苏人民出版社2006年版,第33页。

物层面、制度层面到文化层面，从洋务运动的富国强兵、维新与新政的社会改革到辛亥革命的政治革命，宣告了两种异质文化的不同命运。一方面，中国传统文化开始边缘化的进程；另一方面，置身其中的知识分子开始以新的知识体系诠释中国社会问题，从达尔文的社会进化论到马克思的共产主义理论，西方现代话语体系开始在主流文化中占据制高点。新的学说伴随着新文化运动的日益深入在中国大地上回响，从强国保种到文化反思，至 1920 年代，"几乎所有的知识分子都普遍接受了这样一种说法，即中国的问题就出在'国民性'上存在严重的缺陷"[①]。检视传统文化、改造国民性成为知识界新的潮流，在此过程中，儒家学说、传统礼教、道德常规等思想观念受到重新的评判，并被贴上"封建"、"迷信"之类的查禁封条，中国大地开始吹响文化启蒙运动的号角。在现代性的旗帜下，"共产主义与非共产主义者都重新定义传统中国文化和尤其是依附于乡村的绝大多数者。对于精英而言，中国乡村人口现在是落后的，是民族发展和解放的主要障碍，对他们来说，乡土中国依然是那些由于迷信在智力与文化上残疾的农民的封建社会"[②]。王德威以"被压抑的现代性"这个观念检视了从晚清以降，在"感时忧国"的主流论述下，整个文学与文学史写作传统被净化、窄化的过程："'被压抑的现代性'亦泛指晚清、五四及30 年代以来，种种不入(主)流的文艺实验。在追寻政治(及文学)正确的年代里，它们曾被不少作家、读者、批评家、历史学者否决、置换、削弱或者嘲笑。从科幻到狎邪，从鸳鸯蝴蝶到新感觉派，从沈从文到张爱玲，种种创作，苟若不感时忧国或呐喊彷徨，便被视为无足可观。"[③]知识人借乡下人针砭时弊，"以下属群体受到的压迫作为证据，来讨伐中国的政治和文化"[④]。由此，乡村以及伴生其中、世代栖居的"乡下人"成为都市读书人的剖析对象，并开始了被重新

---

① 〔澳〕杰华著，吴小英译：《都市里的农家女》，江苏人民出版社 2006 年版，第 34 页。

② Cohen. Myron L. *Cultural and Political Inventions in Modern China: the Case of the Chinese "Peasant". Daedalus: Journal of the American Academy of Arts and Science.* vol. 122, No. 2, p. 154.

③ 〔美〕王德威著，宋伟杰译：《被压抑的现代性：晚清小说新论》，北京大学出版社 2005 年版，第 11 页。

④ 〔美〕贺萧著，韩敏中、盛宁译：《危险的愉悦：20 世纪上海的娼妓问题与现代性》，江苏人民出版社 2003 年版，第 29 页。

定义尤其是否定的趋向。乡下人成为近代中国文学着力描写的个案，从鲁迅《阿 Q 正传》中的阿 Q、王统照《山雨》中的奚大有、老舍《骆驼祥子》里的祥子到茅盾《子夜》里的吴老太爷等，这些进城的乡下人构成现代文学史民众画像长廊中耀眼的明星，其形象却很少有积极正面的，他们无知无助，因循守旧，自我麻醉，知识人对他们更多饱含了"哀其不幸，怒其不争"的同情与鞭笞。

从城市发展历程来看，青岛是新兴的殖民城市与通商大埠，中西与城乡间的对比在这里有更鲜明的展现。在德日殖民者优越感加强的同时，当地人及传统事物被漠视，有地位的华人亦以欧化为尚。乡村在中国及至世界经济体系中的从属地位及城乡间的生活差异，使城里人易于形成鄙薄乡下人之普遍心态。

明清以来对乡下人有明显的歧视，限于世俗小说中，而在近代受到西方文明冲击的开埠城市中，乡下人进入知识阶层引导的主流舆论中，成为媒体、大学教授、小学生共同关注的对象。接触西方思想的中国知识群体并没有给乡下人的传统惯习留下足够的包容空间，至 1940 年代，在"商人的卑视乡下买主态度，也在日益加甚"[①]的同时，青岛媒体中已经将乡下人进城作为专栏"一日一笑"的素材[②]。国家民族话语体系下城市知识分子对乡下人的个人感觉与另类情绪体验并没有适度的容纳[③]，乡下人与城市交通、商业、娱乐等场所规则格格不入的"异样"行为，与城市家庭、工作与社区生活迥然有别的个人表现，往往被受近代观念濡染的知识群体聚焦和放大，并遭遇质疑、棒喝或者戏谑。[④]

---

①　《乡下主顾常遭白眼》，《民言报》1948 年 1 月 19 日，第 3 版。

②　《乡下人买马》，《青岛民言报晚刊》1946 年 7 月 27 日，第 3 版；《乡下人进城》，《青岛民言报晚刊》1947 年 2 月 28 日，第 3 版；《乡愚来青卖年货　不报户口进警局》，《民治报》1949 年 1 月 21 日，第 4 版。

③　《山雨》虽然旨在探求乡村崩溃的时代巨变下农民个体的心理历程，也不能忘怀要写出农民的自觉。

④　近代上海的研究亦可以折射出城市知识分子与市民对于乡下人的言语嘲讽、生活中的歧视和城乡间的心理距离，参见忻平的《从上海发现历史——现代化进程中的上海人及其社会生活（1927—1937）》（上海人民出版社 1996 年版，第 253~259 页）、卢汉超的《霓虹灯外——20 世纪初日常生活中的上海》（上海古籍出版社 2004 年版，第 6~11 页）。

综上所述，伴随着近代知识分子主体意识的觉醒和救国取向的变化、中国乡村的日益衰败以及城乡经济发展与社会生活的悬殊，青岛知识群体在追求文明、进步等的现代话语体系下，对乡村与乡下人的处境予以了高度关注，并形成弱化"乡下人"的共趋性倾向。"乡下人"话语在近代的聚焦与变化折射出近代中国的城市与乡村、城里人与乡下人在经济发展、生活形态差距扩大的同时，其社会心理分化也逐渐扩大，从生活实践到理性判断，乡村—乡下人逐渐被城市—城里人分离、弱化与疏远。这种疏离现象也警醒我们：城市舆论在象征体系方面形成的稳定的、主导性的城优乡劣的价值判断亦构成城乡对立的文化表现及原因，缩小城乡差别因而不仅仅是一个单纯的物质层面的努力，观念与意义体系的解构与建构将是必要途径与重要目标。

小　结

大众传媒，无论是报纸、期刊，还是书籍，都是城市文化的载体和社会舆论的阵地，都记录了一定时期世事人情的流转变迁，传达了一个时代中掌握话语权的城市知识群体对事物的价值判断与情感体验。对文字的记载，存在着两种解读方式，一是重视传播内容，即"说了什么"，将作品视为个体见证时代的资料，浸淫其中，体味小说或新闻中主人公的人生经历与城市生活；二是重视传播者与传播情境，即"谁在说"，将作品视为特定时代的集体记忆，揣摩时代，领会书写者所体现的群体症候。

从传播内容来看，以《乡下人逛青岛》和《山雨》两部小说为例，尽管因为个体原有的社会地位、性格习惯与人际关系的差异，乡下人进城的原因、途径及在城市生活的职业与状况等个人际遇并不相同，但仍然呈现出一定的共性：乡下人进城之旅充满了无奈，并都是经由亲朋乡邻的指引而得以入城；进城后物质生活都有不同程度的改善，都面临着视觉与心理的双重冲击，并遭遇到新老城里人的身份歧视；迁居城市后，城乡的现实差异产生的城市吸引力与乡村排斥力诱使或迫使不同阶层的乡下人投入到城市生活中，渐渐启动了从乡下人到城里人的心路历程。由此可见，乡下人的城市生活呈现出不平衡的发展，一方面物质生活有所改善，另一方面精神层面倍受打击。进城的乡下人对城乡差异的体味更为深刻,并呈现出身心双重疏离乡村的态势。

从传播者与传播情境来看,明清以来对乡下人的个别与边缘化的歧视现象,在近代城市化的进程中日益扩大,乡下人成为媒体、大学教授、小学生等知识群体与主流舆论共同审视的对象。青岛知识群体对乡下人的原有习惯与个体感受并没有足够的包容,救国与进步成为多数知识精英衡量一切生活习惯的标尺,新与旧、城与乡、智识与闭塞成为知识分子自觉的比对,城市文学表现出声气相同的对农民身份弱化的倾向性,由此构成一个特定地域——城市和一个特定人群——城里人对乡村与乡下人的认知模式与心理疏离。

有识者指出:"我国的现代化进程归根结底是个农民社会改造过程,这一过程不仅是变农业人口为城市人口,更重要的是要改造农民文化、农民心态与农民人格。"[①]当社会主流意识将中国目前所追寻的现代化目标的实施重心放在农民群体身上,并日益关注其心理变迁时,也不能忽视农民群体在知识人心目中的形象建构,没有对农民,尤其是作为其进城时的社会身份——乡下人的个体生命尊重与对其文化的理解,缺乏对乡下人生活历程接纳与包容的心理氛围与社会情境,改造农民可能形成更大的城乡之间的心理裂隙。

---

① 秦晖、苏文:《田园诗与狂想曲——关中模式与前近代社会的再认识》,中央编译出版社1996年版,第2页。

结　语　PERORATION

　　布洛赫认为："史学的主题就是人类本身及其行为，历史研究的最终目的显然在于增进人类的利益。"①而走进历史，人类的利益，尤其是一个特定的庞大群体——农民的利益常常被研究者所忽视。中国城市化进程的萌发与启动处于小农经济汪洋大海般的包围之中，中国城市的生成与发展亦是以农村移民为主力军逐步建设与发展的。这是一个不可回避的事实。现代化过程中，外来力量单方面的刺激或阻碍也许不是对近代中国的发展与挫折进行逻辑论证的唯一尺度，具有决定意义的是吸收、修正、采纳，是现代与传统、中国与西方、乡土与城市在特定时空下的对接。而这种接触、磨合、冲突、继承与创新，正是以人为载体的。在将政治与经济的历史还归为人的历史的史学观念转换之下，寻求人的变化、生存、机遇与处境，正是史学最引人入胜之风采所在。对进城乡下人际遇的观照，在折射一个群体城市命运的同时，也为近代城乡关系之演绎提供社会学与文化层面的思考。

----

　　①　〔法〕马克·布洛赫著，张和声、程郁译：《为历史学辩护》，中国人民大学出版社 2006 年版，第7 页。

一、城市里的乡下人：融入与疏离

城市化是一个包含着多语境与多学科知识的话语，从近代中国城市的发展来看，是一个乡村变为城区、乡下人变为城市人的转化过程，中国城市启动的外力推动型模式，使得这样一个转化过程充满着无奈、阵痛甚至血泪。

从青岛城市的产生与早期发展来看，它既不是一个传统都市，也不是真正意义上的约开商埠，而是在德国强制性武力与高额资金注入下从渔村改造而来的殖民城市。在建立"模范殖民地"的宏愿下，德国占领青岛后严格按照现代城市标准进行了规划，无论是外在景观设计，还是行政管理制度，均渗透着强烈的异域文化色彩，青岛亦形成"规制"文化特色：严整肃穆、多元有序。其后，从日本第一次占领时期直到国民政府统治期间，均延续了德占时期城市规划的等级区分和管理条规的齐备严苛，大量外籍人员的定居、城市工商业的外向发展使青岛呈现出浓厚的近代都市风情。虽然自日占之后华洋分离的格局被打破，但青岛乡区与市区的分隔，市区中休闲商业区与工厂苦力区，市区与台东、台西两镇的区别等区域、等级的划分形成的空间隔离隐现于整个青岛城市化发展进程中，形成城市不同区间、市民与乡民间排斥心理的历史缘由。也正因青岛城市的启动呈现外力强行揳入的形式，其市区建设体现了近代都市典范的样式，使得青岛异质文化间的对比与差异尤其突出，本土与西方、传统与现代、乡村与城市的图景并存于海湾一隅，赫然有别。

青岛的美丽、整洁与洋气吸引了海内外游客，更成为乡下人的庇护所与寻梦园。20世纪初期，山东内地乡村日渐贫困与动荡，而青岛则相对安定，其工商业的发展也需要更多劳动力，近代工业企业的用人制度和招工办法使大批乡民跟随包工头或店主来到城市，这使得近代中国农民的进城具有被迫性与跟从性的特点。近代城乡流动相当自由，基本没有受到各种预设体制壁垒的阻挡，无论是户籍管理还是求职规章中并没有城乡的截然差别，但是对于移民中的社会越轨者采取遣返原籍或亲属管制的对策折射出城乡的地域差异终究使都市居民产生了境遇之别。

除去德占日据时期第一代移民的后代，在青岛开埠后的40年间，乡下人构成青岛居民的主体,他们也是青岛的难民、贫民、苦力、劳工,他们遍布这个城市几乎所有的下层及至底层职业。因为先赋条件的不平等,乡下人是在知识、金钱、名望、社交等决定一个人社会地位的各项资本都毫无准备或准备不足的情况下进城,这制约了他们在城市中获得收入多、地位高的职业。虽然一些乡下人在奋斗多年以后可以跻身社会上层或获得更好的机会,但近代城市金字塔式的职业结构决定了进城的乡下人托起了这个分层体系的塔基。近代青岛如同其他城市一样充满了陷阱,也充满了希望,与文学的个案深描不同,历史中的乡下人完全可以凭借先天的社会关系网络与后天的勤奋与磨砺实现身份转换,改变自己的处境,甚至进入上层社会。对于一些女性而言,她们开始从职业要求转变到谋求婚姻与家庭的改观。

在文学与史学领域中, 人力车夫与工人常常成为乡下人进城生活状况的代表,并呈现一种普遍性的对进城乡下人同情和对城市黑暗社会控诉的基调。从农民自身的人生选择与职业生涯来说,无论是工人、人力车夫,还是其他从事着各类城市底层职业的乡下人,他们都因生存所需而努力适应新的城市生活,以极大的坚韧或灵活面对城市生活的挑战。他们的工资因季节与年份的不同而有差异, 在经济形势较好或旅游旺季时, 他们每天多则可有一元以上的收入,少则二三角,可以维持一个人的生计。多数进城乡下人的工作收入基本是维持糊口型,与在乡村时家无隔夜粮的状况相比,他们的生活状况无疑是有所改善的。一些商贩、店员与工人还能寄钱回家乡,提高家庭的收入与威望,他们增长的见识与成绩也使其在同乡中成为一种意见领袖①。而进城乡下人的收益与乡民们的尊敬也反过来刺激更多青年人对城市产生向往。乡下人进城后尽管承担了城市中最脏、最累、最危险、最卑贱的工作,但他们依然坚持下来,并将新的职业化为他们在城市中的生活方式,如女工的早出晚归,车夫的风雨兼程,商贩的大声吆喝……这就是进城乡下人的日常生活,每天获得物质报酬,闲暇时间喝茶打牌,乡下人亦能苦中作乐。像上海的乡下人

---

① 在青岛附近胶县的台头村,"年轻人可能去青岛当学徒,如果获得成功,所有村民和集镇上的人都把他看成最好的商人,他周围总有一批人请他推荐,或跟他商量他们的计划"。(见〔美〕杨懋春著,张雄、沈炜、秦美珠译:《一个中国村庄:山东台头》,江苏人民出版社2001年版,第182~183页。)

那样，"由于贫穷，他们无法享受一个现代化城市所提供的大部分便利，不得不容忍社会对他们的歧视。但所有的艰难和伤害没能迫使他们离开城市。恰恰相反，他们尽可能地将家庭成员从乡村接往城市"①。我们难以想象离乡背井、骤然进城的乡下人在完全不同于原有职业生活与社会交往的城市中打拼所曾经历的艰辛与困惑，以及带家属者面临的经济压力与单身者面临的精神苦闷，但他们在城市生存了下来，或者竟至小有积蓄。与媒体和知识人眼中的弱者形象不同，其生存状况已经诠释出乡下人的强者意志，亦证明其融入城市生活的努力。

乡村移民融入城市要经历求职定居、生活适应、心理融入等系列阶段，他们需要获得正当的工作，有稳定的收入、固定的住所，遵循城市生活规范，参与城市的正常活动。按照社会学界关于融合度的层次划分来看，乡村移民的社会融入包括三个层面：经济层面、社会层面、心理层面或文化层面。只有心理和文化的适应，才说明流动人口完全地融入于城市社会。②从近代青岛来看，影响移民社会融入的决定因素是工作与住房，这二者间亦是互相制约的关系，有了工作，即有收入，可以租屋居住，而无工作者，如果有固定住所，则有保人资格，可作为自己或帮助他人寻找工作的资本。两者中，工作更为重要，由此，一份相对稳定的工作，便可以使移民由流动转为定居状况，有利于其进一步从社会交往与文化心理层面融入城市。

而能否获得工作或获得怎样的工作，则又往往由乡村移民进城前后的社会关系决定。在青岛，血缘与地缘关系是乡下人进城谋生的重要渠道。青岛工商业发展的初期，工人店伙多来自包工头、企业家与商人的故乡，从而形成一个既定的人际关系基础，为后续乡下人进城提供了渠道。另一方面，晚清以来，在胶东半岛各县已经按地域分布形成特定的行业，黄县和潍县多出商人，文登县多出力夫，海阳县多出水手，即墨多出矿工。③行业与籍贯的交汇，亦使

①　〔美〕卢汉超著，段炼、吴敏、子语译：《霓虹灯外——20世纪初日常生活中的上海》，上海古籍出版社2004年版，第4页。

②　任远、邬民乐：《城市流动人口的社会融入：文献述评》，《人口研究》2006年第3期，第88页。

③　刘素芬：《烟台贸易研究(1867—1919)》，台北，商务印书馆1990年版，第100页。

后来移民按照乡缘与业缘关系各自集中在特定行业中。同业间亦通过姻亲巩固或延伸各自的关系，如刘剥皮与大金的结合即系曾与刘剥皮同为仆役的小道士的撮合。通过刘剥皮，大金及其家人又来到了青岛，而刘剥皮则因与王巡官义结兄弟，更进而认识了报社的主编。通过同乡、婚姻、同业等关系，处于其中的乡下人开始编织一张城市生活的关系网，并为他们处理各项棘手的生活问题提供了方便。也有利用教会关系的进城者，人类学家杨懋春便因母亲信教，得以结识传教士并进入城市中的教会学校。滕虎忱因为教友的协助，从苦力考入德国水师工务局船坞厂当学徒。人如蜘蛛一般，到一个陌生的地方都会以最大努力吐丝结网，营造自己的生存环境，而这张网也为乡下人定居生活提供了最重要的安全保障。

对青岛乡下人日常生活的考察显示出，其融入城市生活的适应过程也伴随着乡土生活在城市的植入过程，乡村的饮食着装、风俗节庆一如往日，移民随地摆摊、养鸡种地，如同置身乡村。乡下人对原有生活的共同记忆构成声气相同的巨大力量，即使德占当局要强行拆毁天后宫，国民政府屡次要求取消旧历年节，市政府出台禁鞭与改良婚丧礼仪文告，均不能达到理想效果，从而使近代青岛在西方政治、经济、文化的影响下又浸染了中国的传统文化与乡土气息。在此意义上，城市具有中国文化的合理内核而非西方冲击下的复制品，亦可见乡下人融入城市生活之努力与顽强，他们也成为青岛历届政府为建设现代都市目标而要集中改造的对象。

乡下人在乡村经济崩溃或在城市生活的吸引中，从狭小的村落社区中解放出来，从一种制约进入另一种制约。他们脱离旧式家庭与家族的庇护与约束，与新形式的社会组织相接触，个人自主面对新的生活环境与工作问题，接受一个城市新的更系统与规章化的城市管理制度的安排。德占日据时期，在严密的法令规章和强硬的司法惩罚下，青岛区的中国人生活在重重限制与监视下，接触并适应新的生活环境。工人们按照严格的规章进行劳作，火车站的苦力按照规定的价格与流程给旅客服务，洋车夫们规规矩矩地按照先后顺序排队等候客人，小孩们都知道严守森林法规。国民政府管理后，中央与各级政府依照市政府组织法和建设现代都市的要求，出台系列规定，包括保人制度、大规模的民众教育运动、平民住房改造计划、政府救助体系、城市交通与各项管理制度以及法律,建立了一个与乡村控制体系完全不同的新型管理模式。

实现社会融入需要个体或群体的主动反应,也需要市政管理机构的制度铺垫,它隐藏在日常生活的行为模式与价值观念中,也体现在社会制度安排上,包括就业、住房、教育和培训、健康等方面的福利政策。对于处于弱势地位的农村移民而言,制度层面的支持与扶助计划能给个体提供更强有力的融合途径。

青岛市政府将一切城居平民纳入社会教育框架中,并着手整顿乡村移民积年已久的贫民窟问题。从政策制定来看,这些措施旨在传播现代文明观念,提高平民文化素质,改善居住条件,有利于乡下人融入城市生活中。但对于乡村移民而言,生存问题比接受教育更为迫切与必要,脱离相应社会保障支撑的平民教育加重了平民的负担,乡下人以默默坚守自己原有生活的方式无声地对政府的改造计划进行抵抗与消解,而民众较低的参与度也使盛行一时的社会教育效果大打折扣。在住房建设中,青岛市政府安顿新老移民的差异、平民区的范围划定以及市容重于民生的施政理念,也重新定格了都市中的核心区与边缘区及附属其中的社会群体的不同类别。从制度层面促进民众的现代性,不能脱离开当时移民的实际需要,但毋庸讳言的是,青岛市政府在 1930 年代振兴市面、繁荣经济、建设乡村的诸多努力,以及改造市民的各项教育、社会事业的开展,促进了一些移民,尤其是老移民及其后代的城市化进程。

像一些社会学者所关注的,或许,不平等不可避免地源自人类的本性。但这还不够,不平等不是天性注定的,它是一种社会建构,是我们过去行为的结果。①在乡下人进城的宏阔历史场景中,乡下人及乡村被想象与定格为愚昧、落后的与城市对立的另一方。不同的社会群体具有不同的生活方式、价值观念和行为准则等,乡下人进城后,将乡土社会的传统习俗带入城市,由此产生了城乡文化的碰撞,但各方力量并不平衡,从而产生拥有话语权的一方对另一方的傲视。携带更多传统因子的乡村移民,其与城市精英或城市规范的差别更容易凸显,以致更有可能发生各种紧张和冲突,从而影响乡村移民的融入。近代以来,以物质和知识作强大后盾的社会阶层逐渐获得在文化体系中

---

① 〔美〕戴维·格伦斯基编,王俊等译:《社会分层》第 2 版,华夏出版社 2005 年版,第 53 页。

的支配权,国民政府实施的各项城市建设工程,共同传达了一个信息:以现代文明为标尺改造传统文化模式与行为规范,而由民众自发形成的、强烈无声的抵抗——犯罪,则宣示了西方现代文明植入进程中的无力感和传统习俗的顽强生命力,政府当时对此尚缺乏足够的心理准备与有效的文化调适手段。如果说法律层面因为文化差异而对乡村移民施以某种不平等的惩处可以视之为文明的暴力的话,那么乡村移民因为移植乡间习俗而被禁止或因为碍于城市形象而被遣返回籍,亦可视为中国近代城市在引进西方文明过程中对中国传统观念与习俗的制裁。乡下人的城市犯罪记录,某种程度上显示了国民政府制度设计的近代化与国民行为实践的传统化间的距离,以及政府权威体系对进城乡村移民的制度性疏离。

一个社会有多种享有不同利益与社会资源的群体,乡村移民可以说在资金、权力、知识、社会关系等众多定位个人身份的资源上是最弱的分散的个人。在客观上已经失去可见的实物权力时,他们的失语状况又被与他们并不在同一价值理念上的城市知识人代言,他们的失势局面被一个拥有城市管理者身份的权力集团所关注,并被按照现代话语与模式进行定性甚或改造。透过寓青文人的作品与大众传媒的报道,我们可以发现关于进城乡下人形象的客观现实与象征性现实的脱节,文人以敏锐的人文关怀,以普世价值的衡量尺度,以局外人的同情姿态书写的乡下人群体,反映了先知先觉者们对于社会问题的忧虑与对于不合理现象的批判,也构筑了城乡认同的信息环境。政府强化社会控制的城市管理体制在使都市乡下人对城市行为规范适应之时,也固化了意识形态中近代中国的城市与乡村图景,现实社会这两种强势话语力量的交结共同营造了城乡差异的认同危机。

在显见的强势声音后,还有隐藏着的乡下人的信息传递力量。进城的乡下人充当了城乡间信息与物质流动的中介,他们成为乡下人眼中的城里人,并以经济的改善与见识的广博,成为乡民尊崇的对象。城市与乡村间的差异与评判也随着乡下人的城乡流动不断传播与扩散。经济上的机遇、日常生活的便利、社会生活的丰富,赋予城市之于农村难以匹敌的有利条件。杜烈、刘剥皮、大金、奚大有以及台头村进城谋生的青年小伙们,他们回乡后都获得了从未进城的乡下人的称赞与羡慕。以进城乡下人为载体传递的城市物质丰富、生活更好的视觉形象，也渐渐转化为乡民对城乡优劣的心理判断与情绪反应。

青岛的城里人基本是早期乡村移民的后代，但青岛城市人独创了一种俗语——"老巴子"，讥讽乡下人"土气"、"傻瓜"、"没有见识"。"老巴子"成为青岛人对于乡下人的一种鄙称，这样一个带有强烈心理排斥意味的词语在近代青岛盛行，并由早期的移民后代称呼来自他们祖籍的乡下人，折射出城市人与乡下人划清界限的刻意用途和群体间的心理疏离。

因而，在乡下人离开土地，逐渐适应并融入城市社会的过程中，职业及社会地位的转换加剧了乡下人对城乡差异和城市优越性的强烈认知，他们固然感情上还在依恋着故土，但乡村残破的现实境况又使他们逐渐在生活方式及至心理层面与乡村疏远。致富的移民返乡又给更多乡民以心理的刺激，诱使了部分乡民离村进城。同时，进城的乡下人也遭遇了城市人及老一代移民的嘲讽，他们作为乡土文化的承载者，在与代表城市主流文化的知识人与商业群体的碰撞中，因为职业、形象等的不同而被列为另类群体，成为城市语境中的"乡下人"——一个代表着土气、无知甚至落后的群体。城市的异质生活方式与制度规范给予乡下人以外在约束，而相对于这些社会规范来说，城优乡劣的意识形态给予乡下人更强大的束缚。不仅是物质层面的差距，更有心理层面的疏离，使乡村与乡下人承受着双重压力。

二、城乡对立与城乡间的认同危机

一个世纪以来，从学术层面探讨传统城乡关系者，主要立足于两者间政治、经济与文化方面的联系，并基本确认了他们的对立与统一关系。但其间亦有细微的分别：海外学者以施坚雅为主，关注晚清时期的城乡关系，强调城市与乡村间的紧密联系；国内学者主要从人口、资金、原料与产品流动分析民国时期都市与农村在经济上既依存又分离的趋势。

海外学者的近代中国研究主要集中在人类学领域中对乡村的关注与中西比较视野中对城市的分析，城乡关系作为一种对乡村尤其是城市研究的副产品尽管未得到足够论证，但学者们基本体认了传统中国城乡文化的一致性与城乡关系的一体性，指出中国的城乡分割并不像在西方国家和现代中国那样截然分明，中国城市的文化与经济传统植根于广大的农村腹地，形成城乡连续体的关系。

　　施坚雅、牟复礼、科大卫等学者以欧洲城市为参照系，从中国城市的发展历程中寻找其历史特征，并以城乡连续体来界定中国传统的城乡关系。牟复礼指出，与欧洲不同，中国不存在都市优于乡村的概念。"无论是城垣还是城郊集中区的实际边界，都没有在建筑方面把城市从乡村分开。服装式样、饮食方式、交通工具，或是日常生活的其他显见的方面，也都没有显示出城乡之间特有的区分。"[①]中国古代城乡关系的独特性——城乡连续体，"是以城市外形、建筑与服装式样方面的证据为依据的，是以士大夫（也许还有民众）心理上的城乡态度，文化活动的结构、性质，甚至以对经济生活模式的某些浮光掠影得来的证据为依据的。它启示我们，中国人生活的重要集中区——城市，是以与我们意想中别处的前现代城市互不相同的方式，与中华民族的整个存在互相联系着的"[②]。施坚雅尽管感觉到了为乡村士大夫所没有的中国城市文化生活的强度，但依然认可牟氏的主要论点，指出："在中国，基本的文化裂隙是阶级与职业（其间有千丝万缕的联系）的文化裂隙，也是地区（是个可以层层相套的精巧层级）的文化裂隙，而不是城市与腹地的文化裂隙。"[③]并第一次从实证角度通过建构中国的集镇体系网络分析了市场格局中城乡的密切关联，这组研究关注城乡之间在贸易区间、行政区间、地理区间的紧密性和连续性而非城乡的隔绝与对立。周锡瑞指出："多数从事中国研究的欧美学者普遍认为，在近代以前的中国，城乡之间没有截然的区分，它们仅是一个渐进的统一体。"[④]台湾学者刘石吉亦认为，"中国一直没有都市优越性（Urban Superiority）

---

　　① 〔美〕牟复礼：《元末明初时期南京的变迁》，施坚雅主编，叶光庭等译：《中华帝国晚期的城市》，中华书局 2000 年版，第 129 页。

　　② 〔美〕牟复礼：《元末明初时期南京的变迁》，施坚雅主编，叶光庭等译：《中华帝国晚期的城市》，中华书局 2000 年版，第 133 页。

　　③ 〔美〕施坚雅：《导言：中国社会的城乡》，施坚雅主编，叶光庭等译：《中华帝国晚期的城市》，中华书局 2000 年版，第 319 页。

　　④ 〔美〕周锡瑞：《华北城市的近代化——对近年来国外研究的思考》，《城市史研究》第 21 辑，天津社会科学院出版社 2002 年版，第 13~14 页。

的观念，也一直不轻视农村和乡土的生活方式及文化，可以说几乎没有明显的都市文化或都市特性。城、乡之间几乎没有界线。"①

但从晚清开始，中国城乡趋于两极化，城乡日益对立。一些海外学者试图找出理解城市发展和城乡关系的中西文明中的跨文化对应物，②强调晚清城市像欧洲城市一样，经历了从中世纪后期到近代早期的转变，并发展和巩固了它们独有的城市特征，而与乡村截然不同。他们认为城乡连续体低估了城市人口、资金、文化的集中和城市独特的行政与商业功能。罗威廉在关于晚清重要商业城市汉口的系列著作中，检验并否定了韦伯关于中国城市特征的诸多预设结论，指出 19 世纪中国城市的基本社会经济与政治特征与西方现代国家的早期城市有相当大的共性，如它们在贸易中的集散地作用、理性有序的市场、城市利益群体通过非官方的协调达到公共性的目标、市民的社区意识与公共领域的萌芽等等。③周锡瑞从城市文化层面支持了罗威廉的观点，认为"这种文化体现在小说里，体现在商人或文人的生活方式里，体现在古董商店、妓院和茶馆里——这是一种与乡村社会完全不同的生活方式"④。

与一些学者将城乡对立视为城市与乡村两大空间实体的二元分化不一样，卢汉超关注城市内部的两极分化现象，指出城市中的摩登与传统是并存的，认为："近代中国城乡鸿沟最明显地反映在成千上万农村人口移居城市但在城内过着赤贫生活这一不移的事实之中。""如果我们离开时髦的通衢大街

---

① 刘石吉：《传统文化的据点——城市抑或乡村》，姜义华、吴根梁、马学新编：《港台及海外学者论中国文化》上册，上海人民出版社 1988 年版，第 181 页。

② 〔美〕朴忠焕：《乡村与都市：当代中国的现代性与城乡差异》，《中国农业大学学报(社会科学版)》2007 年第 2 期，第 44~45 页。

③ 〔美〕罗威廉著，江溶、鲁西奇译：《汉口：一个中国城市的商业和社会(1796—1889)》，中国人民大学出版社 2005 年版；〔美〕罗威廉著，鲁西奇、罗杜芳译：《汉口：一个中国城市的冲突和社区(1796—1895)》，中国人民大学出版社 2008 年版。

④ Esherick, Joseph W. *Modernity and Nation in the Chinese City*；Joseph W. Esherick. *Remaking the Chinese City: Modernity and National Identity, 1900—1950*. Honolulu: University of Hawai'I Press. 转引自〔美〕朴忠焕：《乡村与都市：当代中国的现代性与城乡差异》，《中国农业大学学报(社会科学版)》2007 年第 2 期，第 47 页。

到一般市民生活的小街弄堂去看看，我们就得到第二张图像了。与第一张图像相比，第二张图像较少被人注意，它大约不能被称为'近代化'，但却是更实际的图像。用'都市村庄'或'小镇生活方式'来形容这张图像也许更为适当。"①

尽管这些研究的中心论点与研究视角有所差异，但双方都是建立在西方中心论的基础上，将西方作为认识中国的参照体系，来体认中国城乡关系由传统的一致性向近代的断层与对立转变。近年来，有更多的学者认为，在明清时期独具特色的城市文化已经出现，但是大多数学者仍然赞同城乡之间的根本差异是近代的产物，至民国时期特别是国民党统治时期，市政府的建立将城市变为与周围乡村分离的独立政治体，城乡间的经济与文化鸿沟不断扩大。②

在中国都市畸形发展与乡村疲敝的社会环境下，在美国、丹麦等欧美国家都走上归农之举的田园都市计划的国际环境影响下，国内学者也更多将都市与农村视为此消彼长的对立关系。如梁漱溟指出："现在中国社会，其显然有厚薄之分舒惨之异者，唯都市与乡村耳。"③翟克认为都市增大与农村疲敝是世界各国普遍的现象。④毛泽东在对湖南与江西实地调查的基础上论述国民党统治区城乡关系的对抗性与矛盾性。⑤亦有学者更为关注都市与农村之间相互依存的联系。⑥费孝通先生认为，"从理论上说，乡村和都市本是相关的一体"⑦，至于舆论界对城乡关系性质的不同认识，其原因是对赖收租为生的消费性旧式城市与恃工商业发展的生产性新兴都会未加区别。⑧

与民国时人关注救国出路的应急型分析相比，当代学者的研究更具有一

① 〔美〕卢汉超：《中国近代城市史研究的若干理论问题》，张仲礼主编：《中国近代城市企业·社会·空间》，上海社会科学院出版社1998年版，第395页、401页。

② 周锡瑞：《华北城市的近代化——对近年来国外研究的思考》，《城市史研究》第21辑，第14页。

③ 《梁漱溟全集》第5卷，山东人民出版社1992年版，第216页。

④ 翟克：《中国农村问题之研究》，国立中山大学出版部1933年版，第38页。

⑤ 《毛泽东选集》第1卷，人民出版社1991年版，335~336页。

⑥ 如顾凤城、常燕生、陈序经、步毓森、言心哲等。

⑦ 费孝通：《乡村·市镇·都会》，《大公报》1947年5月11日，第2版。

⑧ 《费孝通文集》第1卷，群言出版社1999年版，第104~105页。

种历史感和更饱满的数据支撑，开始关注时间序列下城乡关系的传统与近代比较，并从特定地区内城乡之间人口、资金、原料、产品等方面的横向流动考察了两者的彼此依存与制约，从而相应地有两种表述语境：一是强调城乡关系的近代性与畸形性，①并指出城乡间联系性加强与对抗性矛盾加剧的两极化态势；②二是肯定了城乡间的对立统一关系，对立统一关系表现在城乡之间生产要素的互通有无，③而在对立与统一间，研究者更强调都市对农村的剥削，城乡发展的严重脱节，即两者间的分离性。④

　　近代城乡关系的对立统一性是与中国古代和近代西欧城市相比较而言的。对于中国古代的城乡关系，马克思所说的"亚细亚的历史是城市和农村无差别的统一"⑤被众多学者确认为是对中国古代城乡关系的高度概括，并从古代中国城乡间无明显的社会分工，都是自给自足的自然经济特征的角度进行了初步阐释，⑥指出古代中国城乡关系"体现出农村在政治上依附城市，而农村在经济上制约城市的特点。城市与农村被自然地划分为政治中心和经济腹地，在整个社会体系中承担着不同的社会职能"，"城市与农村的关系表现为一种天然牧歌般的联系"。⑦

---

①　宫玉松：《中国近代城乡关系简论》，《文史哲》1994 年第 6 期，第 36 页。

②　何一民主编：《近代中国城市发展与社会变迁 (1840—1949 年)》，科学出版社 2004 年版，第 415 页。

③　隗瀛涛、田永秀：《近代四川城乡关系析论》，《中华文化论坛》2003 年第 2 期，第 33~35 页；戴鞍钢：《近代上海与周围农村》，《史学月刊》1994 年第 2 期；何一民主编：《近代中国城市发展与社会变迁(1840—1949 年)》，科学出版社 2004 年版，第 452 页；王跃生：《近代中国人口的地区流动》，《人口与经济》1991 年第 4 期，第 56~59 页。

④　又参见戴均良主编：《中国城市发展史》，黑龙江人民出版社 1992 年版，第 362 页；徐勇：《中国城市和乡村二元社会结构的历史特点及当代变化》，《社会主义研究》1990 年第 1 期，第 35 页；何一民主编：《近代中国城市发展与社会变迁(1840—1949 年)》，科学出版社 2004 年版，第 464 页。

⑤　《马克思恩格斯全集》第 46 卷(上)，人民出版社 1979 年版，第 480 页。

⑥　隗瀛涛：《近代重庆城市史》，四川大学出版社 1991 年版，第 16 页；何一民主编：《近代中国城市发展与社会变迁(1840—1949 年)》，科学出版社 2004 年版，第 415 页。

⑦　何一民主编：《近代中国城市发展与社会变迁 (1840—1949 年)》，科学出版社 2004 年版，第 451 页。

谢和耐曾指出蒙元时期城市对农村的经济税收剥削,使"农村人口不断减少,人们都拥向都市"①。徐勇也认为"无差别的统一"指秦统一前,秦统一中国后,城乡间是剥削与被剥削、掠夺与被掠夺的关系,城乡分离的格局逐步定型。②中国古代的城乡是什么关系?学界探讨尚不够深入,而直接从古代城乡关系出发直接研究民国时期的城乡转型。

从明清小说关于乡下人的记忆来看,明至清初,民众内心对于城里的商人与官僚以及城市还是有相当的敬畏的,"乡下人",这一着眼于居住地域空间不同的群体称谓,在与城里人互动的生活场景中已被赋予智商与人格有所缺陷的文化标识。明清小说中对进城乡下人的嘲讽与欺压,似可说明即使在经济与主流文化层面,城乡保持着一致性,城市没有体现出对乡村的优越感,但作为政治权力中心,城市仍然保有它的威严与尊崇,并在民众心理中流露出对城市的敬畏,这样一种心理积淀在近代城市兴起与乡村经济崩溃的反差下再次爆发出来,酿成城乡分裂的心理鸿沟。同时,20世纪以来,接受近代知识与观念体系培育的精英们,在探索国家图存之路的过程中,发起了文化启蒙运动,重新检视传统文化与中国农民,将"乡下人"群体纳入主流话语,而城乡间的心理距离由隐约至此逐渐明朗,城乡间的对立亦在社会舆论与大众心理层面发散并漫溢开来。

城乡间迥异的生态环境、经济格局与人文氛围从外在景观上构架了城乡的外形差别,社会流动与生存空间的改善途径赋予城市以希望之光。在物质文明的冲击下,城市拥有了超越乡村的先天优势,而作为后天建构的文化现象,政府主导的教育、住房改造活动与媒体信息传播所营造的象征性符号系统更强化了城乡间的认同危机,赋予乡下人弱势与劣势形象,对乡下人的弱化与歧视成为城市化进程中城乡分化的副产品,"乡下人"亦从文学的忧思成

结 语

PERORATION

359

---

① 〔法〕谢和耐著,刘东译:《蒙元入侵前夜的中国日常生活》,江苏人民出版社1995年版,第73页。

② 徐勇:《中国城市和乡村二元社会结构的历史特点及当代变化》,《社会主义研究》1990年第1期,第32~34页。

为社会的问题①。

　　而今，"乡下人"的话语，跨越了世事变迁、时代流转之后，依然缠绕在我们的现实生活中，并生发出社会变迁中日益重要的问题，如城乡认同、身份壁垒、传统文化认同等。当今的中国都市，依然像近代上海那样体现着"世界性与地方性并存、摩登性与传统性并存、贫富悬殊、高度分层"②的混杂性文化特点，有中有西，有土有洋，中西混杂，现代与传统交叉。但在表象上多元的同时，在价值判断与行为取舍方面，看似多元的文化形貌在主流话语中常常呈现抑此崇彼、尊卑有别的不同境遇。对于乡下人，他们与城市生活与交往规则格格不入的"异样"行为，与城里人衣着、举止迥然有别的个人表现，我们依然延续着以现代文明为标尺的棒喝与歧视。如果承认多元文化的存在有其时代与历史的合理性与必要性的话，那么以多元包容的心态去接近、理解那些不同的文化景观，不仅合乎理性与道德，更有助于中国社会健康、和谐地发展。

---

　　①　近代社会学家孙本书在《现代中国社会问题》一书中，总结归纳了当时国内外社会学家对"社会问题"的种种理解，他认为这些理解可以归纳为四种。第一种是从社会变迁和文化失调的角度来理解社会问题的产生；第二种观点认为，社会问题并无特殊内容，无论什么社会情况，只要引起社会上多数人的注意，并且需要社会集体采取行动来调整和补救的，就是社会问题；第三种是社会学中的社会心理学派的观点，认为社会问题不仅是一种见得到的现象，而且主要是人们的一种心理状态，是一种价值判断；第四种是社会全体或一部分人的共同生活或社会进步发生障碍的问题。（孙本文：《现代中国社会问题》第1册，上海，商务印书馆1946年版，第1~7页；郑杭生主编：《社会学概论新修》，中国人民大学出版社2003年版，第358页。）本书所指社会问题即指时人的心理状态，对城乡文化差异普遍赋予价值高下的评判，以及由此产生的城市傲态。

　　②　熊月之：《乡村里的都市与都市里的乡村——论近代上海民众文化特点》，《史林》2006年第2期，第76页。

参考文献 REFERENCE DOCUMENTS

ERSHI SHIJI ZHI ZHONGGUO

一、主要档案资料

1.《青岛市公安局第一至第五分局管界贫民调查表》(缩微卷),青岛市档案馆藏,B21-3-69。

2.《青岛市平民住所一览表》(缩微卷),青岛市档案馆藏,A17-2-1104。

3.《青岛市社会局整理杂院卷、工业调查表》(缩微卷),青岛市档案馆藏,B21-3-89。

4.《青岛市社会局公建平民住所杂卷》(缩微卷),青岛市档案馆藏,B21-3-102。

5.《青岛市社会局建筑贫民住所计划大要》(缩微卷),青岛市档案馆藏,B21-1-4。

6.《请领租平民住所卷》(缩微卷),青岛市档案馆藏,B21-1-15、B21-3-133。

7.《青岛市社会局贫民迁移及平民住所纠纷案卷》(缩微卷),青岛市档案馆藏，B21-3：155~172。

8.《济良所、贫民习艺所卷》（缩微卷），青岛市档案馆藏，B38-1：478~486。

9.《青岛市社会局上马虎窝第五住所领地建设卷及整理铁路沿线草房板棚卷等》（缩微卷），青岛市档案馆藏，B21-3：138~142。

10.《失业工人调查表》（缩微卷），青岛市档案馆藏，A17-2：573、1128~1131。

11.《1933—1936年度感化所游民人数统计表》（缩微卷），青岛市档案馆藏，B21-3-283。

12.《市区第一、二区里院整理会案卷》（缩微卷），青岛市档案馆藏，B21-2-32、B21-3-182。

13.《青岛市杂院一览表》（1935年）（缩微卷），青岛市档案馆藏，A17-2-1118。

14.《平民住所受理及租赁规划卷》（缩微卷），青岛市档案馆藏，B22-1-106。

15.《小港办事处调查小港区工人种类及车辆数量改良办法》（缩微卷），青岛市档案馆藏，B22-1-153。

16.《青岛市兽车人力车调查表》（缩微卷），青岛市档案馆藏，B22-1-421。

17.《民国二十四年年度刑事被告羁押一览表》（缩微卷），青岛市档案馆藏，A68-4-152。

18.《青岛市公安局赌博卷》（缩微卷），青岛市档案馆藏，A17-3：889~894。

19.《青岛市公安局诱拐、拐带、拐卖妇女案卷》（缩微卷），青岛市档案馆藏，A17-3：1035~1041。

20.《青岛市公安局盗窃案卷》（缩微卷），青岛市档案馆藏，A17-3：769~775。

21.《笔录判决案卷》（缩微卷），青岛市档案馆藏，A39-1：990、3103、3373。

22.《山东青岛地方法院关于人（民）事案件报部判词表册》（1930年），青岛市档案馆藏，A68-4-234。

23.《青岛市公安局土匪案卷》（缩微卷），青岛市档案馆藏，A17-3：572~578。

24.《青岛市警政统计》(缩微卷)，青岛市档案馆藏，A17-3：1080~1088。

二、报纸期刊

1.《沧口民众》

2.《晨报》

3.《大公报》

4.《大青岛报》

5.《东方杂志》

6.《东海时报》

7.《都市与农村》

8.《华年周刊》

9.《交通杂志》

10.《金钢钻月刊》

11.《民言报》

12.《农民》

13.《农情报告》

14.《青岛晨报》

15.《青岛工商季刊》

16.《青岛画报》

17.《青岛教育》

18.《青岛快报》

19.《青岛日报》

20.《青岛社会》

21.《青岛时报》

22.《青岛市职工补习教育概况》

23.《青年界》

24.《山东文献》

25.《社会半月刊》

26.《申报》

27.《申报年鉴》

28.《申报月刊》

29.《铁路月刊》(胶济线)

30.《文艺报》

31.《小说月报》

32.《协和报》

33.《益世报》

34.《正报》

35.《中国社会》

36.《中国青岛报》

37.《中华报》

38.《中外经济周刊》

39.《中外月刊》

三、其他主要文献资料

1.白眉初：《中华民国省区全志》第4卷《山东省志》，北京师范大学史地系1925年版。

2.〔日〕白泽保美著，白埰达译：《德意志时代青岛营林史》，出版地不详，1940年版。

3.包天笑：《到青州府去》，《钏影楼回忆录》，中国大百科全书出版社2009年版。

4.曹雪芹、高鹗：《红楼梦》(中)，人民文学出版社1982年版。

5.陈真、姚洛、逢先知合编：《中国近代工业史资料》第2辑，生活·读书·新知三联书店1958年版。

6.冯梦龙辑：《山歌》，江苏古籍出版社2000年版。

7.冯梦龙辑：《笑林广记》，中国戏剧出版社2000年版。

8.冯友兰：《新事论》，《三松堂全集》第4卷，河南人民出版社2001年版。

9.冯小彭:《青岛市政府实习总报告》,萧铮主编:《民国二十年代中国大陆土地问题资料》第 192 卷,台北,成文出版有限公司和美国中文资料中心 1977 年版。

10.抚瑟:《青岛回顾记》,《新游记汇刊》卷十,"山东",中华书局 1921 年版。

11.公安部户政管理局编:《清朝末期至中华民国户籍管理法规》,群众出版社 1996 年版。

12.国立山东大学化学社编:《科学的青岛》,编者 1933 年版。

13.国民政府法制局编:《国民政府颁行法令大全》上册,北京,商务印书馆 1929 年版。

14.贺伯辛:《八省旅行见闻录》,重庆开明书店 1935 年版。

15.姜培玉编著:《山东经贸史略》,山东友谊书社 1989 年版。

16.胶济铁路管理局车务处:《胶济铁路沿线经济调查报告总编》,编者 1934 年版。

17.胶济铁路管理局总务处编查课:《胶济铁路旅行指南》,编者 1934 年版。

18.胶州市志编纂委员会编:《胶州市志》,新华出版社 1992 年版。

19.老舍:《老舍全集》第 14 卷,人民文学出版社 1999 年版。

20.梁实秋:《梁实秋自传》,江苏文艺出版社 1996 年版。

21.立法院编译处编:《中华民国法规汇编》第 1 册,中华书局 1934 年版。

22.立法院编译处编:《中华民国法规汇编》第 3 册,中华书局 1934 年版。

23.李宝嘉:《官场现形记》,人民文学出版社 1957 年版。

24.李森堡等:《青岛指南》,中国市政协会青岛分会 1947 年版。

25.李文海主编:《民国时期社会调查丛编》(底边社会卷),福建教育出版社 2005 年版。

26.骆金铭编著:《青岛风光》,兴华印刷局 1935 年版。

27.骆金铭:《青岛警察沿革》,青岛市公安局 1934 年版。

28.鲁海:《青岛旧事》,青岛出版社 2003 年版。

29.鲁勇:《逊清遗老的青岛时光》,青岛出版社 2006 年版。

30.毛晋辑:《六十种曲》,汲古阁本。

31.毛泽东：《毛泽东农村调查文集》，人民出版社 1982 年版。

32.名教中人编：《好逑传》，中州书画社 1980 年版。

33.民国《胶澳志》，台北，成文出版社 1968 年影印本。

34.《民国山东通志》第 1~5 册，台北，山东文献杂志社 2002 年版。

35.〔德〕谋乐辑：《青岛全书》，青岛印书局 1912 年版。

36. 内政部统计司编印：《全国警政统计报告》(1931 年下半年—1933 年)，内政部 1933—1935 年版。

37.倪锡英：《青岛》，上海，中华书局 1936 年版。

38.乾隆《莱州府志》，《中国地方志集成·山东府县志辑 44》，凤凰出版社、上海书店、巴蜀书社 2004 年版。

39.青岛人民广播电台交通频道编：《老青岛话青岛街道》，齐鲁书社 2001 年版。

40.青岛市档案馆编：《帝国主义侵略青岛纪实》，青岛出版社 1995 年版。

41.青岛市档案馆编：《帝国主义与胶海关》，档案出版社 1986 年版。

42.青岛市档案馆编：《胶澳租借地经济与社会发展——1897—1914 年档案史料选编》，中国文史出版社 2004 年版。

43.青岛市档案馆编：《青岛开埠十七年——〈胶澳发展备忘录〉全译》，中国档案出版社 2007 年版。

44.青岛市档案馆编：《青岛数字全书》，中国文史出版社 2003 年版。

45.青岛市档案馆等编：《德国侵占胶州湾资料选编(1897—1898)》，山东人民出版社 1986 年版。

46.青岛市公安局编印：《青岛市公安局业务报告》(19 年度)，内部资料，1931 年。

47.青岛市公安局编印：《青岛市公安局业务报告》(20 年度)，内部资料，1932 年。

48.青岛市教育局编印：《青岛教育概览》，编者 1935 年版。

49.青岛军政署：《山东研究资料》第一编，编者 1917 年版。

50.青岛市李沧区政协文史委员会编：《李沧文史》第 4 辑《记忆中的村庄》，青岛出版社 2008 年。

51.青岛市立民众教育馆编印：《青岛市立民众教育馆概况》，内部资料，1937年。

52.《青岛市立民众教育馆图书室概况》，出版者和出版地不详，1936年。

53.青岛市社会局编印：《青岛市商店调查》，编者1933年版。

54.青岛市社会局编印：《一年来之社会行政》，编者1933年版。

55.青岛市市南区政协编：《里院·青岛平民生态样本》，青岛出版社2008年版。

56.青岛市史志办公室编：《青岛市志·海港志》，新华出版社1994年版。

57.青岛市史志办公室编：《青岛市志·劳动志》，新华出版社1999年版。

58.青岛市史志办公室编：《青岛市志·民政志》，中国大百科全书出版社1996年版。

59.青岛市史志办公室编：《青岛市志·人口志》，五洲传播出版社2001年版。

60.青岛市史志办公室编：《青岛市志·体育志》，新华出版社1994年版。

61.青岛市史志办公室编：《青岛市志·文化志／风俗志》，新华出版社1998年版。

62.青岛市史志办公室编：《青岛市志·物价志》，中国大百科全书出版社1996年版。

63.青岛市史志办公室编：《青岛市志·政权志》，五洲传播出版社2002年版。

64.青岛市政府招待处编印：《青岛概览》，编者1937年版。

65.青岛市政府招待处编印：《青岛市市政法规汇编》上卷，出版地点与时间不详。

66.青岛市政府秘书处编印：《青岛市行政统计汇编》（18年度下期），编者1929年版。

67.青岛市政府秘书处编印：《青岛市行政统计汇编》（20年度），编者1932年版。

68.青岛市政府秘书处编印：《青岛市政府行政纪要》（1933年），内部资料，1933年。

69.青岛市政府秘书处编印：《青岛市政府市政公报》第8~89期，1930年3

月~1937 年 7 月。

70.青岛市政府招待处编印:《青岛市政要览》,编者 1937 年版。

71.青岛市政协文史资料委员会编:《青岛文史撷英》(德日占领卷),新华出版社 2001 年版。

72.青岛市政协文史资料委员会编:《青岛文史撷英》(工商金融卷),新华出版社 2001 年版。

73.青岛市总工会工运史研究室:《青岛工人运动史》,中共党史资料出版社 1986 年版。

74.青岛特别市社会局:《青岛指南》,青岛新民报印务局 1939 年版。

75.全国妇联:《中国妇女运动史 1919—1949》第四编,内部资料,1988 年。

76.山东省档案馆、山东社会科学院历史研究所合编:《山东革命历史档案资料选编》第 2 辑,山东人民出版社 1981 年版。

77.山东省档案馆、山东社会科学院历史研究所合编:《山东革命历史档案资料选编》第 3 辑,山东人民出版社 1981 年版。

78.山东省地方史志编纂委员会编:《山东省志·铁路志》,山东人民出版社 1993 年版。

79.山东省地方史志编纂委员会编:《山东史志资料》第 1 辑,山东人民出版社 1982 年版。

80.山东省文化厅史志办公室、青岛市文化局史志办公室编印:《山东省文化艺术志资料汇编》第 22 辑,编者 1990 年版。

81.山东省政协文史资料委员会编:《山东工商经济史料集萃》第 1 辑,山东人民出版社 1989 年版。

82.山东省总工会工运史研究室、青岛市总工会工运史办公室编:《青岛惨案史料》,工人出版社 1985 年版。

83.〔德〕单威廉著,朱和中译:《胶州行政》,上海民智书局 1933 年版。

84.社会局厚生科劳工股,《劳工状况》第 2 期,内部资料,1939 年。

85.实业部国际贸易局编:《中国实业志》(山东省),编者 1934 年版。

86.同治《即墨县志》,台北,成文出版社 1976 年影印本。

87.王度庐:《龙虎铁连环灵魂之锁》,群众出版社 2001 年版。

88.王铎:《青岛掌故》,青岛出版社 2006 年版。

89.王清彬等编辑:《第一次中国劳动年鉴》,北平社会调查部 1928 年版。

90.王统照:《王统照文集》第 3 卷,山东人民出版社 1981 年版。

91.王统照:《王统照文集》第 5 卷,山东人民出版社 1982 年版。

92.万历《即墨县志》,中国和平出版社 2005 年版。

93.魏镜:《青岛指南》,平原书店 1933 年版。

94.〔德〕威廉·马察特著,江鸿译,纪恒昭校:《单威廉与青岛土地法规》,台北,中国地政研究所 1986 年版。

95.〔德〕卫礼贤著,王宇洁等译:《青岛的故人们》,青岛出版社 2007 年版。

96.吴伯箫:《羽书》,花城出版社 1982 年版。

97.吴趼人:《二十年目睹之怪现状》,华夏出版社 1995 年版。

98.杨钟义:《雪桥诗话》(三集),沈云龙:《近代中国史料丛刊续编(240辑)》,台北,文海出版社 1975 年版。

99.谢开勋:《二十二年之胶州湾》,上海,中华书局 1920 年版。

100.杨文洵等编:《中国地理新志》,上海,中华书局 1935 年版。

101.叶春墀:《青岛概要》,上海,商务印书馆 1922 年版。

102.殷梦霞、李强选编:《民国铁路沿线经济调查报告汇编》第 5 册,国家图书馆出版社 2009 年版。

103.臧克家:《臧克家全集》,时代文艺出版社 2002 年版。

104.章伯锋、李宗一主编:《北洋军阀 1912—1928》第 1 卷,武汉出版社 1989 年版。

105.章有义编:《中国近代农业史资料》第 3 辑(1927—1937),生活·读书·新知三联书店 1958 年版。

106.中国人民政治协商会议山东省委员会文史资料研究委员会编:《文史资料选辑》第 14 辑,山东人民出版社 1983 年版。

107.中国人民政治协商会议山东省委员会文史资料研究委员会编:《文史资料选辑》第 16 辑,山东人民出版社 1985 年版。

108.张武:《最近之青岛》,出版地不详,1919 年。

109.中国第二历史档案馆编:《中华民国史档案资料汇编》第 5 辑,江苏古籍出版社 1994 年版。

110.中国民主建国会青岛市委员会、青岛市工商业联合会、工商史料工作委员会编：《青岛工商史料》第 3 辑，内部资料，1988 年。

111.中国人民政治协商会议青岛市委员会文史资料研究委员会编：《青岛文史资料》第 8 辑，编者 1989 年版。

112.中国人民政治协商会议山东省胶州市教科文卫体与文史工作办公室编：《胶州文史资料》第 20 辑，内部资料，2006 年。

113.中国人民政治协商会议四方区委员会文史资料工作委员会编：《四方文史资料》第 1 辑，内部资料，1999 年。

114.中国人民政治协商会议四方区委员会文史资料工作委员会编：《四方文史资料》第 2 辑，内部资料，2001 年。

115.周之佐：《青岛市政府实习报告》，萧铮主编：《民国二十年代中国大陆土地问题资料》第 193 卷，台北，成文出版有限公司和美国中文资料中心 1977 年联合出版。

四、理论及研究著作

1.〔美〕安东尼·吉登斯著，赵旭东等译：《社会学》，北京大学出版社 2003 年版。

2.安作璋主编：《山东通史》近代卷，山东人民出版社 1995 年版。

3.〔美〕鲍德威著，张汉、金桥、孙淑霞译：《中国的城市变迁——1890—1949 年山东济南的政治与发展》，北京大学出版社 2010 年版。

4.〔美〕保罗·诺克斯、史蒂文·平奇著，柴彦威、张景秋等译，《城市社会地理学导论》，商务印书馆 2005 年版。

5.包亚明主编：《后现代性与地理学的政治》，上海教育出版社 2001 年版。

6.〔英〕贝思飞著，徐有威等译：《民国时期的土匪》，上海人民出版社 1992 年版。

7.〔英〕布罗尼斯拉夫·马林诺夫斯基、〔美〕索尔斯坦·塞林著，许章润、么志龙译：《犯罪：社会与文化》，广西师范大学出版社 2003 年版。

8.蔡少卿主编:《民国时期的土匪》,中国人民大学出版社1993年版。

9.曹洪涛、刘金声:《中国近现代城市的发展》,中国城市出版社1998年版。

10.陈翰笙:《陈翰笙文集》,商务印书馆1999年版。

11.陈一筠主编:《城市化与城市社会学》,光明日报出版社1986年版。

12.池子华:《中国近代流民》,浙江人民出版社1996年版。

13.池子华:《农民工与近代社会变迁》,安徽人民出版社2006年版。

14.〔美〕C.赖特·米尔斯著,陈强、张永强译:《社会学的想象力》,生活·读书·新知三联书店2005年版。

15.从翰香主编:《近代冀鲁豫乡村》,中国社会科学出版社1995年版。

16.戴均良主编:《中国城市发展史》,黑龙江人民出版社1992年版。

17.〔美〕戴维·格伦斯基编,王俊等译:《社会分层》第2版,华夏出版社2005年版。

18.费孝通:《费孝通文集》,群言出版社1999年版。

19.〔美〕费正清编,杨品泉等译,谢亮生校:《剑桥中华民国史(1912—1949)》上卷,中国社会科学出版社1994年版。

20.冯和法:《农村社会学大纲》,上海黎明书局1934年版。

21.〔荷〕冯客著,徐有威等译:《近代中国的犯罪、惩罚与监狱》,江苏人民出版社2008年版。

22.顾复编:《农村社会学》,上海,商务印书馆1933年版。

23.〔美〕韩起澜著,卢明华译:《苏北人在上海(1850—1980)》,上海古籍出版社2004年版。

24.何一民主编:《近代中国城市发展与社会变迁(1840—1949年)》,科学出版社2004年版。

25.〔法〕H.孟德拉斯著,李培林译:《农民的终结》,中国社会科学出版社1991年版。

26.黄仁宇:《资本主义与二十一世纪》,生活·读书·新知三联书店1997年版。

27.〔美〕黄宗智:《法典、习俗与司法实践:清代与民国的比较》,上海书店出版社2003年版。

28.〔美〕黄宗智:《长江三角洲小农家庭与乡村发展》,中华书局 2000 年版。

29.黄宗智主编:《中国研究的范式问题讨论》,社会科学文献出版社 2003 年版。

30.黄尊严:《日本与山东问题(1914—1923)》,齐鲁书社 2004 年版。

31.胡汶本等编著:《帝国主义与青岛港》,山东人民出版社 1983 年版。

32.姜义华、吴根梁、马学新编:《港台及海外学者论中国文化》上册,上海人民出版社 1988 年版。

33.〔澳〕杰华著,吴小英译:《都市里的农家女》,江苏人民出版社 2006 年版。

34.〔美〕克利福德·格尔茨著,韩莉译:《文化的解释》,译林出版社 1999 年版。

35.隗瀛涛:《近代重庆城市史》,四川大学出版社 1991 年版。

36.隗瀛涛主编:《中国近代不同类型城市综合研究》,四川大学出版社1998 年版。

37.来新夏:《天津近代史》,南开大学出版社 1987 年版。

38.〔美〕李丹著,张天虹、张洪云、张胜波译:《理解农民中国:社会科学哲学的案例研究》,江苏人民出版社 2008 年版。

39.〔美〕路易丝·谢利著,何秉松译,罗典荣校:《犯罪与现代化——工业化与城市化对犯罪的影响》,中信出版社 2002 年版。

40.〔英〕杰弗里·巴勒克拉夫著,杨豫译:《当代史学主要趋势》,上海译文出版社 1987 年版。

41.〔法〕勒内·达维德著,漆竹生译:《当代主要法律体系》,上海译文出版社 1984 年版。

42.乐正:《近代上海人社会心态(1860—1910)》,上海人民出版社 1991 年版。

43.李长莉:《晚清上海社会的变迁——生活与伦理的近代化》,天津人民出版社 2002 年版。

44.李长莉、左玉河主编:《近代中国的城市与乡村》,社会科学文献出版社

2006 年版。

45.李明伟：《清末民初中国城市社会阶层研究(1897—1927)》，社会科学文献出版社 2005 年版。

46.李孝悌：《恋恋红尘：中国的城市、欲望和生活》，上海人民出版社 2007 年版。

47.李孝悌：《中国的城市生活》，新星出版社 2006 年版。

48.刘海岩：《空间与社会：近代天津城市的演变》，天津社会科学院出版社 2003 年版。

49.刘善章、周荃主编：《中德关系史文丛》，青岛出版社 1991 年版。

50.刘善章、周荃主编：《中德关系史译文集》，青岛出版社 1992 年版。

51.刘素芬：《烟台贸易研究(1867—1919)》，台北，商务印书馆 1990 年版。

52.〔美〕卢汉超著，段炼、吴敏、子语译：《霓虹灯外——20 世纪初日常生活中的上海》，上海古籍出版社 2004 年版。

53.陆安：《青岛近现代史》，青岛出版社 2001 年版。

54.〔美〕罗威廉著，江溶、鲁西奇译：《汉口：一个中国城市的商业和社会(1796—1889)》，中国人民大学出版社 2005 年版。

55.〔美〕罗威廉著，鲁西奇、罗杜芳译：《汉口：一个中国城市的冲突和社区(1796—1895)》，中国人民大学出版社 2008 年版。

56.路遇：《清代和民国山东移民东北史略》，上海社会科学院出版社 1987 年版。

57.麦夷、江美球编著：《城市社会学概论》，贵州人民出版社 1988 年版。

58.〔法〕马克·布洛赫著，张和声、程郁译：《为历史学辩护》，中国人民大学出版社 2006 年版。

59.马敏，朱英：《传统与近代的二重变奏——晚清苏州商会个案研究》，巴蜀书社 1993 年版。

60.《马克思恩格斯全集》第 30 卷，人民出版社 1995 年版。

61.《马克思恩格斯全集》第 46 卷(上)，人民出版社 1979 年版。

62.《毛泽东选集》第 1 卷，人民出版社 1991 年版。

63.〔美〕马若孟著，史建云译：《中国农民经济——河北和山东的农民发展，

1890—1949》,江苏人民出版社 1999 年版。

　　64.〔美〕明恩溥著,陈午晴、唐军译:《中国乡村生活》,中华书局 2006 年版。

　　65.列宁:《俄国资本主义的发展》,《列宁全集》第 3 卷,人民出版社 1984 年版。

　　66.〔美〕裴宜理著,刘平译:《上海罢工:中国工人政治研究》,江苏人民出版社 2001 年版。

　　67.钱钟书:《管锥编》第 1 册,中华书局 1979 年版。

　　68.秦晖、苏文:《田园诗与狂想曲——关中模式与前近代社会的再认识》,中央编译出版社 1996 年版。

　　69.邱国盛:《城市化进程中上海市外来人口管理的历史演进(1840 — 2000)》,中国社会科学出版社 2010 年版。

　　70.邱致中:《都市社会学原理》,有志书屋 1934 年版。

　　71.冉光海:《中国土匪(1911—1950)》,重庆出版社 1995 年版。

　　72.任银睦:《青岛早期城市现代化研究》,生活·读书·新知三联书店 2007 年版。

　　73.〔美〕R.E.帕克等著,宋俊岭等译:《城市社会学——芝加哥学派城市研究文集》,华夏出版社 1987 年版。

　　74.〔美〕施坚雅主编,叶光庭等译:《中华帝国晚期的城市》,中华书局 2000 年版。

　　75.寿扬宾编著:《青岛海港史》(近代部分),人民交通出版社 1986 年版。

　　76.宋连威:《青岛城市的形成》,青岛出版社 1998 年版。

　　77.唐致卿:《近代山东农村社会经济研究》,人民出版社 2004 年版。

　　78.〔德〕托尔斯藤·华纳著,青岛市档案馆编译:《近代青岛的城市规划与建设》,东南大学出版社 2011 年版。

　　79.王德威:《想像中国的方法:历史·小说·叙事》,生活·读书·新知三联书店 1998 年版。

　　80.〔美〕王德威著,宋伟杰译:《被压抑的现代性:晚清小说新论》,北京大学出版社 2005 年版。

81.王守中:《德国侵略山东史》,人民出版社 1988 年版。

82.王守中、郭大松著:《近代山东城市变迁史》,山东教育出版社 2001 年版。

83.〔英〕王斯福著,赵旭东译:《帝国的隐喻:中国民间宗教》,江苏人民出版社 2008 年版。

84.王先明:《变动时代的乡绅——乡绅与乡村社会结构变迁(1901—1945)》,人民出版社 2009 年版。

85.王先明:《中国近代社会文化史续论》,南开大学出版社 2005 年版。

86.王印焕:《1911—1937 年冀鲁豫农民离村问题研究》,中国社会出版社 2004 年版。

87.〔美〕W.I.托马斯、〔波〕F.兹纳涅茨基著,张友云译:《身处欧美的波兰农民:一部移民史经典》,译林出版社 2000 年版。

88.〔英〕沃尔什著,何兆武、张文杰译:《历史哲学——导论》,广西师范大学出版社 2001 年版。

89.吴鹏森编著:《犯罪社会学》,中国审计出版社 2001 年版。

90.武舟:《中国妓女生活史》,湖南文艺出版社 1990 年版。

91.夏明方:《民国时期自然灾害与乡村社会》,中华书局 2000 年版。

92.〔法〕谢和耐著,刘东译:《蒙元入侵前夜的中国日常生活》,江苏人民出版社 1995 年版。

93.忻平:《从上海发现历史——现代化进程中的上海人及其社会生活(1927—1937)》,上海人民出版社 1996 年版。

94.徐康宁等:《文明与繁荣——中外城市经济发展环境比较研究》,东南大学出版社 2002 版。

95.徐甡民:《上海市民社会史论》,文汇出版社 2007 年版。

96.杨秉德主编:《中国近代城市与建筑(1840—1949)》,中国建筑工业出版社 1993 年版。

97.〔美〕杨懋春著,张雄、沈炜、秦美珠译:《一个中国村庄:山东台头》,江苏人民出版社 2001 年版。

98.杨子慧:《中国历代人口统计资料研究》,改革出版社 1996 年版。

99.严景耀著，吴桢译：《中国的犯罪问题与社会变迁的关系》，北京大学出版社 1986 年版。

100.〔美〕阎云翔著，李放春、刘瑜译：《礼物的流动——一个中国村庄中的互惠原则与社会网络》，上海人民出版社 2000 年版。

101.殷海光：《中国文化的展望》，上海三联书店 2002 年版。

102.殷陆君编译：《人的现代化》，四川人民出版社 1985 年版。

103.〔德〕余凯思著，孙立新译，刘新利校：《在"模范殖民地"胶州湾的统治与抵抗——1897—1914 年中国与德国的相互作用》，山东大学出版社 2005 年版。

104.翟克：《中国农村问题之研究》，国立中山大学出版部 1933 年版。

105.张利民：《华北城市经济近代化研究》，天津社会科学院出版社 2004 年版。

106.张利民、周俊旗、许檀、汪寿松：《近代环渤海地区经济与社会研究》，天津社会科学院出版社 2003 年版。

107.张鸣：《乡土心路八十年——中国近代化过程中农民意识的变迁》，陕西人民出版社 2008 年版。

108.张未民：《批评笔迹》，吉林人民出版社 2002 年版。

109.张玉法：《中国现代化的区域研究》山东省（1860—1961）卷，台北，"中央研究院"近代史研究所 1982 年版。

110.张仲礼主编：《近代上海城市研究》，上海人民出版社 1990 年版。

111.张仲礼主编：《中国近代城市企业·社会·空间》，上海社会科学院出版社 1998 年版。

112.赵世瑜：《狂欢与日常——明清以来的庙会与民间社会》，生活·读书·新知三联书店 2002 年版。

113.郑杭生主编：《社会学概论新修》，中国人民大学出版社 2003 年版。

114.周谷城：《中国社会之结构》，上海新生命书局 1930 年版。

115.周积明、宋德金主编：《中国社会史论》下卷，湖北教育出版社 2000 年版。

116.周晓虹：《传统与变迁：江浙农民的社会心理及其近代以来的嬗变》，生活·读书·新知三联书店 1998 年版。

117.周一星:《城市地理学》,商务印书馆 1995 年版。

118.中国现代史学会编:《二十世纪中国社会史研究》,当代世界出版社 1998 年版。

119.庄维民:《近代山东市场经济的变迁》,中华书局 2000 年版。

120.朱建君:《殖民地经历与中国近代民族主义:德占青岛(1897—1914)》,人民出版社 2010 年版。

121.朱维铮:《音调未定的传统》,辽宁教育出版社 1995 年版。

122.朱玉湘:《中国近代农民问题与农村社会》,山东大学出版社 1997 年版。

123.邹依仁:《旧上海人口变迁的研究》,上海人民出版社 1980 年版。

124.David Faure and Taotao Liu.*Town and Country in China:Identity and Perception*.Palgrave Macmillan Publishers,2002.

125.Jefferson Jones.*The Fall of Tsingtau*.Boston and Newyork Houghton Mifflin Company,1915.

126.John E.Schrecker.*Imperialism and Chinese Nationalism:Germany in Shantung*.Harvard University Press,1971.

127.David Faure and Taotao Liu.*Unity and Diversity:Local Cultures and Identities in China*.HongKong University Press,1996.

128.Raymond Williams.*The Country and the City*.London Chatto and Windus,1973.

五、论文

1.蔡勤禹:《青岛开埠与慈善公益事业兴起》,《史林》2010 年第 6 期。

2.陈军整理:《"乡下人进城"论题的多向度对话》,《扬州大学学报(人文社会科学版)》2007 年第 4 期。

3.陈亮:《二十世纪三十年代青岛霍乱流行与公共卫生建设》,中国海洋大学硕士学位论文,2008 年。

4.池子华:《沉重的历史省思——近代中国的乞丐及其职业化》,《中国党政干部论坛》2004 年第 4 期。

5.池子华、王晚英：《20 世纪中国农村人口流动研究概述》，《中国农史》2005 年第 3 期。

6.崔玉婷：《抗战以前青岛华人社会阶层分析》，《文史哲》2003 年第 1 期。

7.戴鞍钢：《近代上海与周围农村》，《史学月刊》1994 年第 2 期。

8.邓小东：《民国时期的乞丐及乞丐救济》，《晋阳学刊》2004 年第 1 期。

9.董良保：《二三十年代青岛城市发展研究(1922—1937)》，南京大学博士学位论文，2005 年。

10.房兆灿：《城市·移民·社会——青岛近代同乡组织研究》，中国海洋大学硕士学位论文，2009 年。

11.高佩义：《关于城市化概念含义的研究》，《城乡建设》1991 年第 1 期。

12.嘎日达、黄匡时：《西方社会融合概念探析及其启发》，《国外社会科学》2009 年第 2 期。

13.宫玉松：《中国近代城乡关系简论》，《文史哲》1994 年第 6 期。

14.〔美〕顾得曼：《民国时期的同乡组织与社会关系网络——从政府和社会福利概念的转变中对地方、个人与公众的忠诚谈起》，《史林》2004 年第 4 期。

15.〔日〕贵志俊彦著，钟淑敏译：《中国都市史研究的课题及其寻求的理论架构》，《近代中国史研究通讯》2000 年第 30 期。

16.郭松义：《农民进城和我国早期城市化——历史的追索与思考》，《浙江学刊》2011 年第 3 期。

17.郭芳：《早期青岛移民社会的构成》，《青岛教育学院学报》2002 年第 4 期。

18.郭谦：《民国时期统治者对城市下层社会的社会调控——以山东为例》，山东大学博士学位论文，2007 年。

19.姜涛：《中国近代人口变迁及城乡人口结构的现代启示》，《战略与管理》1994 年第 4 期。

20.江沛、熊亚平：《铁路与石家庄城市的崛起(1905—1937)》，《近代史研究》2005 年第 3 期。

21.江沛、徐倩倩：《港口—铁路与近代青岛城市变动(1898—1937)》，《安徽史学》2010 年第 1 期。

22.隗瀛涛：《近代中国区域城市研究的初步构想》，《天津社会科学》1992 年第 1 期。

23.隗瀛涛、田永秀:《近代四川城乡关系析论》,《中华文化论坛》2003 年第 2 期。

24.廖礼莹:《德占时期青岛的"华洋分治"与人口变迁(1897—1914)》,中国海洋大学硕士学位论文,2007 年。

25.李东泉:《近代青岛城市规划与城市发展关系的历史研究及启示》,《中国历史地理论丛》2007 年第 2 期。

26.李东泉:《青岛城市规划与城市发展研究(1897—1937)》,北京大学博士学位论文,2003 年。

27.李明欢:《20 世纪西方国际移民理论》,《厦门大学学报》(哲学社会科学版)2000 年第 4 期。

28.林丰艳:《青岛市民文化研究:以报纸所见资料为中心(1922—1937)》,山东大学硕士学位论文,2007 年。

29.林星:《近代东南沿海通商口岸城市城乡关系的透视——以福州和厦门为个案》,《中国社会经济史研究》2007 年第 2 期。

30.刘春玲:《青岛近代市政建设研究(1898—1949)》,吉林大学博士学位论文,2010 年。

31.刘海岩:《近代华北自然灾害与天津贫民化的边缘阶层》,《天津师范大学学报》2004 年第 2 期。

32.刘佳慧:《近代青岛市民心态研究(1898—1937)》,山东师范大学硕士学位论文,2010 年。

33.刘士林:《都市化进程论》,《学术月刊》2006 年第 12 期。

34.刘士林:《都市与都市文化的界定及其人文研究路向》,《江海学刊》2007 年第 1 期。

35.李万荣:《胶澳开埠与青岛早期的城市现代化(1897—1914)》,东北师范大学硕士学位论文,2002 年。

36.卢汉超:《城市人:近代上海的乞丐和游民》,《城市史研究》第 19~20 辑,天津社会科学院出版社 2000 年版。

37.罗志田:《科举制废除在乡村中的社会后果》,《中国社会科学》2006 年第

1 期。

38.鲁西奇：《中国近代农民离土现象浅析——以 1912—1937 年间为中心》，《中国经济史研究》1995 年第 3 期。

39.马庚存：《论中国近代青年产业工人的历史命运》，《史林》2007 年第 6 期。

40.马陵合：《近代人力车夫与城市化症结——以 20 世纪 30 年代上海人力车夫的救济为中心》，《中国社会历史评论》第 4 辑，商务印书馆 2002 年版。

41.马树华：《民国时期青岛的文化空间与日常生活》，《东方论坛》2009 年第 4 期。

42.马树华：《"中心"与"边缘"：青岛的文化空间与城市生活（1898—1937）》，华中师范大学博士学位论文，2011 年。

43.马侠：《人口迁移的理论和模式》，《人口与经济》1992 年第 3 期。

44.孟川：《近代青岛货币金融述论（1897—1937）》，苏州大学硕士学位论文，2007 年。

45.孟庆超：《简评 1943 年〈中华民国违警罚法〉》，《行政法学研究》2003 年第 3 期。

46.彭南生：《也论近代农民离村原因——兼与王文昌同志商榷》，《历史研究》1999 年第 6 期。

47.彭南生：《近代农民离村与城市社会问题》，《史学月刊》1999 年第 6 期。

48.〔美〕朴忠焕：《乡村与都市：当代中国的现代性与城乡差异》，《中国农业大学学报（社会科学版）》2007 年第 2 期。

49.邱国盛：《北京人力车夫研究》，《历史档案》2003 年第 1 期。

50.任银睦：《清末民初移民与城市社会现代化——青岛社会现代化个案研究》，《民国档案》1997 年第 4 期。

51.任远、邬民乐：《城市流动人口的社会融入：文献述评》，《人口研究》2006 年第 3 期。

52.单霁翔：《关于"城市"、"文化"与"城市文化"的思考》，《文艺研究》2007 年第 5 期。

53.盛雷：《"二衙门"的最后时光：1945—1949 年的青岛市商会研究》，华中师范大学硕士学位论文，2009 年。

54.〔美〕史明正:《西方学者对中国近代城市史的研究》,《近代中国史研究通讯》1992 年第 13 期。

55.孙立新,王保宁:《德国殖民统治下的青岛中国人社会(1897—1914)》,《山东大学学报(哲学社会科学版)》2007 年第 2 期。

56.田伯伏:《京汉铁路与石家庄城市的兴起》,《河北大学学报》(哲学社会科学版)1997 年第 2 期。

57.田龄:《德国占领青岛时期的文化政策及其实施》,《史学月刊》2007 年第 9 期。

58.田龄:《德占时期青岛社会风尚的变迁》,《历史教学(高校版)》2007 年第 8 期。

59.王桂新、张得志:《上海外来人口生存状态与社会融合研究》,《市场与人口分析》,2006 年第 5 期。

60.王文昌:《20 世纪 30 年代前期农民离村问题》,《历史研究》1993 年第 2 期。

61.王先明、李丽峰:《近代新学教育与乡村社会流动》,《福建论坛(人文社会科学版)》2005 年第 8 期。

62.王先明:《中国近现代乡村史研究及展望》,《近代史研究》2002 年第 2 期。

63.王印焕:《交通近代化过程中人力车夫与电车的矛盾分析》,《史学月刊》2003 年第 4 期。

64.王印焕:《民国时期的人力车夫分析》,《近代史研究》2000 年第 3 期。

65.王跃生:《近代中国人口的地区流动》,《人口与经济》1991 年第 4 期。

66.吴滔:《书评:*Town and Country in China:Zolentry and Perception*》,《历史人类学学刊》第 2 卷第 2 期,2004 年。

67.吴承明:《中国近代农业生产力的考察》,《中国经济史研究》1989 年第 2 期。

68.肖周燕:《人口迁移势能转化的理论假说——对人口迁移推—拉理论的重释》,《人口与经济》2010 年第 6 期。

69.熊月之:《乡村里的都市与都市里的乡村——论近代上海民众文化特点》,《史林》2006 年第 2 期。

70.徐勇:《中国城市和乡村二元社会结构的历史特点及当代变化》,《社会主义研究》1990 年第 1 期。

71.杨才林：《"作新民"、"唤起民众"——民国社会教育研究》，首都师范大学博士学位论文，2007 年。

72.杨蕾：《民国早期青岛犯罪研究(1923—1927)》，青岛大学硕士学位论文，2010 年。

73.杨蕾：《日本第二次占领时期的都市计划研究》，中国海洋大学硕士学位论文，2007 年。

74.悦中山、杜海峰、李树茁、费尔德曼：《当代西方社会融合研究的概念、理论及应用》，《公共管理学报》2009 年第 2 期。

75.张百庆：《中国城市早期现代化过程中的娼妓问题》，《史学月刊》1999 年第 1 期。

76.张超：《民国娼妓问题研究》，武汉大学博士学位论文，2005 年。

77.张金保：《民国时期山东土匪问题论析——以社会调控论为视角的探讨》，山东师范大学硕士学位论文，2007 年。

78.张丽英：《五卅运动在青岛》，山东师范大学硕士学位论文，2006 年。

79.张庆军：《民国时期都市人口结构分析》，《民国档案》1992 年第 1 期。

80.张伟：《青岛市民社会生活研究(1922—1937)》，青岛大学硕士学位论文，2010 年。

81.赵彬：《近代烟台贸易与城乡关系变迁》，《山东师范大学学报(人文社科版)》2002 年第 2 期。

82.赵洪玮：《德占时期青岛城市发展研究》，山西大学博士学位论文，2008 年。

83.钟建安、陈瑞华：《近年来中国近代城市史研究综述》，《社会科学评论》2007 年第 4 期。

84.仲小敏：《世纪之交中国城市化道路问题的讨论》，《科学·经济·社会》2000 年第 1 期。

85.〔美〕周锡瑞：《华北城市的近代化——对近年来国外研究的思考》，《城市史研究》第 21 辑，天津社会科学院出版社 2002 年版。

后 记 POSTSCRIPT

ERSHI SHIJI ZHI ZHONGGUO

　　本书是在笔者博士论文的基础上修改而成的。回想论文选题之时，颇费周折，源于生活经历、科研活动和专业方向，我选择了近代城乡关系作为研究内容，这也是近年来学界热点。本欲从青岛乡村建设方面加以阐述城乡之联动与分离关系，却了无新意，苦闷之余，得导师王先明教授批评点拨，一夕确定论文题目。于论文开题时又得李金铮教授、江沛教授、侯杰教授与宣朝庆教授悉心指点，去芜存精，论文框架基本形成。特别是宣老师推荐相关著作，提供社会学研究成果，为我利用青岛犯罪资料提供了重要视角。至此，两年多彷徨求索的南开治学路途为之一变，此后的论文写作虽劳力却没有心灵的折磨，并常常有意外收获后的欣喜。

　　2010年春季，论文初稿完成后，得导师王先明教授、天津社科院熊亚平师兄细致审阅，提出许多中肯的修改意见。在论文盲评过程中，得五位匿名评委于立意行文与资料运用等方面指正，再次在力所能及范围内加以修改，最后在论文答辩过程中，首都师范大学魏光奇教授、天津社科院张利民教授、河南大学郭常英教授及南开大学李金铮教授，在对论文肯定的同时，也提出了宝贵意见和建议。在此，对老师们严谨耐心的指导致以诚挚的谢意！

在南开求学的四年中，收获了浓浓的恩情，导师王先明教授知识广博、识见精深、治学严谨，答疑解惑，总能预知，在专题讲授外，并对论文选题、开题报告、行文要点等研究学问的理念方法倾心相授，这些平时上课及交流时的点滴都化成我们享用不尽的宝藏。导师有指点，也有棒喝，"读博南开，未及浸润，心何以安"成为我懈怠时的鼓励语；有关怀，也有教诲，"求真有四个层面：真实、真相、真知、真理，环环相扣，历史研究应该是一个追求真理的认知过程"是我求学时的指南针，虽不能至，心向往之。先生不仅指出我学问中不足，亦教导处世之不敏，过而立之年，能继续得长辈关心，在学业与心智上小有长进，真是人生幸事！时至今日，书稿得以顺利出版，更凝聚着老师大量心血，师恩如父情，难以为报！

非常感谢同门熊亚平、曾耀荣、魏本权、朱军献、罗朝晖、安宝、付燕鸿、杨东和任金帅对我写作的指正和资料的帮助！本书从选题到修改，从初稿到出版，更是一直得到熊亚平师兄的提点，心中感激，不可胜言！非常感谢中国海洋大学马树华博士提供给我大量珍贵的资料，使我的写作得以有柳暗花明又一村的困境之解！感谢在论文资料收集过程中青岛档案馆编研处的周兆利处长、查档处的工作人员，以及无偿提供帮助的赵秀丽、丁守伟、杨蕾等博士！写作过程中，经常与舍友王志萍博士切磋共勉，最困惑的时候与她畅谈整晚，令其梦境中都挣不脱乡下人的话题，在此致歉，更致以谢忱！

感谢提供研究基础并给予我思路帮助的本书中引用到其成果的学术界前辈或同仁们！也真诚地希望前辈、同行们批评指正！

在对博士论文进行修改的过程中，有幸得到青岛农业大学高层次人才基金与教育部人文社科项目青年基金的支持，使本书的研究思路更为明晰，研究前景也日益明确。现在，本研究成果能被列入《二十世纪之中国——乡村与城市社会的历史变迁》丛书，更有赖于山西人民出版社的鼎力支持，蒙莉莉编审多次就本书内容的修改进行沟通，武静编辑对书稿进行了非常细致的审阅，订正了原稿中的诸多错漏之处，使我受益匪浅，她们的敬业精神和严谨态度，令我由衷地感激和敬佩！

柳　敏

2014 年 2 月 1 日